# 工程经济学

佘金凤　编著

U0951983

華東理工大學出版社
EAST CHINA UNIVERSITY OF SCIENCE AND TECHNOLOGY PRESS
·上海·

**图书在版编目(CIP)数据**
工程经济学 / 佘金凤编著. -- 上海 ：华东理工大学出版社，2024. 11. -- ISBN 978-7-5628-7423-2
Ⅰ. F062.4
中国国家版本馆 CIP 数据核字第 2024K47Y87 号

项目统筹 / 左金萍
责任编辑 / 陈婉毓
责任校对 / 张　波
装帧设计 / 徐　蓉
出版发行 / 华东理工大学出版社有限公司
地址：上海市梅陇路 130 号，200237
电话：021-64250306
网址：www.ecustpress.cn
邮箱：zongbianban@ecustpress.cn
印　　刷 / 上海展强印刷有限公司
开　　本 / 787 mm×1092 mm　1/16
印　　张 / 16
字　　数 / 418 千字
版　　次 / 2024 年 11 月第 1 版
印　　次 / 2024 年 11 月第 1 次
定　　价 / 78.00 元

# 前言

FOREWORD

在瞬息万变的现代社会，工程技术不断革新，工程项目日益复杂。面对各种工程技术方案和投资选择，如何做出理性、高效的决策，成为每个工程师和管理者必须面对的挑战。工程经济学正是为了解决这一难题而诞生的。工程经济学是应用经济学的一个分支，它以经济学原理为基础，结合工程技术特点，为工程项目决策提供科学的分析方法和工具，帮助工程师和决策者评估工程项目的经济效益，优化资源配置，并做出更加明智的投资决策。本书将带领读者深入了解工程经济学的核心概念和理论，并通过丰富的案例和习题，帮助读者掌握工程经济分析的技巧，最终实现理性决策，创造更大的经济效益和社会效益。

本书是编者在多年的教学和科研基础上编著而成的。全书采用理论与实例相结合的方法，全面系统地介绍工程经济分析的理论、方法与应用，主要内容包括绪论、资金的时间价值、工程经济分析的基本要素及估算方法、单一项目经济评价指标与方法、多方案经济评价与比选方法、不确定性分析与风险决策、投资项目可行性研究、投资项目的财务评价、投资项目的国民经济评价、设备更新经济分析与决策、价值工程理论与应用等。每章设有内容提要、思政元素、引例、复习思考题、练习题和案例分析题等版块。本书旨在为读者提供一个全面、系统的工程经济学理论体系，帮助读者深入理解工程经济学的基本概念、原理和方法。同时，本书还结合大量实际案例，引导读者将理论知识应用于实践，培养解决实际问题的能力。本书中的案例分析不仅有助于学习者加深对理论知识的理解，而且有助于学习者培养实践能力、批判性思维、决策能力、创新意识以及沟通和团队合作技能，这些都是实际工作中非常重要的素质和能力。

本书的特色主要体现在以下几个方面。

(1) 注重系统性。本书吸取了国内外同类教材的精华，对工程经济学的基本原理及方法进行了完整系统的阐述和介绍；对不同知识模块的内在联系进行了梳理，形成了完整的理论体系。同时，本书还以工程项目决策为主线，对工程项目的可行性研究、经济评价、方案选优、不确定性分析和风险决策等内容进行了深入细致的论述。

(2) 注重实用性。学习工程经济学的目的在于应用。因此，本书特别注重理论联系实际，紧密结合工程项目管理实践，突出各种分析方法的实用性和可操作性，并注重与国家现行的相关法规和标准相衔接。本书除系统地阐述了工程经济学的基本原理及方法外，还通过大量的案例分析，展示了如何将理论知识应用于实际工作。这种理论与实践相结合的方式，使得读者能够更直观地理解工程经济学的应用价值，并在实际工作中灵活运用所学知识。

(3) 注重前沿性。随着科技的进步和行业的发展，工程经济学的理论和实践在不断变化。因此，本书编写时会特别注重内容的时效性，及时引入最新的理论成果和实践经验，确保学习者能够获得最前沿的知识。

(4) 注重培养批判性思维和创新意识。本书不仅注重传授工程经济学的知识，还注重培养读者的批判性思维和创新意识。在案例分析和习题设计中，鼓励读者多角度思考问题并尝试运用所学知识提出解决问题的创新性方案，培养其独立思考和自主学习的能力。

本书体系完整、层次清晰、案例丰富，可作为高等学校工程管理专业和其他经济管理及理工类专业本科生、研究生学习相关知识的教材，也可供各类工程技术人员，如投资咨询部门、规划设计部门和企业从事工程经济分析的人员学习参考。

本书被列为华东理工大学重点规划教材，在编写出版过程中，得到了华东理工大学教务处、华东理工大学出版社的帮助和支持。在此，感谢参与本书编写的蒋景楠老师、李亚迪老师、于跃老师、李娜老师和王婧怡老师，也感谢所有审阅本书的专家学者，他们的辛勤工作和专业见解是本书质量的有力保证。同时，我们也期待听到来自读者的反馈，您的每一次阅读体验都是我们不断改进和完善的动力。

编　者

2024 年 6 月于上海

# 目录

CONTENTS


第 1 章　绪论 …… 001

1.1　工程经济学的产生与发展 …… 002

1.2　工程经济学的基本概念 …… 003

1.3　工程经济学的研究对象和研究特点 …… 004

1.4　工程经济学的研究内容 …… 006

1.5　工程经济分析的基本原则 …… 009

1.6　学习工程经济学的意义 …… 012

第 2 章　资金的时间价值 …… 015

2.1　资金时间价值的概念与影响因素 …… 015

2.2　资金时间价值的衡量尺度和计算方法 …… 016

2.3　资金等值计算 …… 018

2.4　名义利率和有效利率 …… 023

2.5　等值计算实例 …… 025

第 3 章　工程经济分析的基本要素及估算方法 …… 033

3.1　项目总投资的构成、估算与资金筹措 …… 034

3.2　总成本费用的构成与估算 …… 048

3.3　销售收入、利润与税金估算 …… 052

3.4　项目现金流的计算 …… 054

第 4 章　单一项目经济评价指标与方法 …… 059

4.1　工程经济评价指标概述 …… 059

4.2　单一项目盈利能力评价指标与方法 …… 062

4.3　单一项目清偿能力评价指标与方法 …… 074

4.4　单一项目外汇平衡评价指标与方法 …… 076

第 5 章　多方案经济评价与比选方法…… 079
5.1　多方案之间的关系类型 …… 080
5.2　互斥型方案比选 …… 080
5.3　独立型方案比选 …… 089
5.4　混合型方案比选 …… 092
5.5　项目群的评价与选择 …… 094

第 6 章　不确定性分析与风险决策…… 101
6.1　不确定性分析概述 …… 101
6.2　盈亏平衡分析 …… 102
6.3　敏感性分析 …… 109
6.4　概率分析 …… 115

第 7 章　投资项目可行性研究…… 130
7.1　可行性研究的概念和作用 …… 130
7.2　可行性研究阶段 …… 132
7.3　可行性研究的工作程序和要求 …… 137
7.4　可行性研究报告的编制 …… 139

第 8 章　投资项目的财务评价…… 145
8.1　投资项目财务评价概述 …… 146
8.2　投资项目财务评价报表的编制 …… 147
8.3　投资项目财务评价指标与方法 …… 159
8.4　财务评价案例分析 …… 160

第 9 章　投资项目的国民经济评价…… 173
9.1　投资项目国民经济评价概述 …… 174
9.2　国民经济评价中费用与效益的识别 …… 175
9.3　影子价格 …… 177
9.4　国民经济评价参数 …… 181
9.5　国民经济评价方法 …… 182

第 10 章　设备更新经济分析与决策 …… 190
10.1　设备的磨损及其补偿方式…… 191
10.2　设备更新经济分析的特点…… 193
10.3　设备的经济寿命…… 195
10.4　设备大修的经济分析与决策…… 198

10.5 设备更新方案的经济分析与决策…… 200

**第 11 章 价值工程理论与应用** …… 206

11.1 价值工程理论概述…… 207

11.2 对象选择和信息收集…… 211

11.3 功能分析…… 216

11.4 改进方案的制定和实施…… 227

11.5 价值工程成果评价…… 231

11.6 价值工程应用案例…… 232

**附录 复利系数表**…… 242

**参考文献**…… 248

# 第1章 绪　　论

## 内容提要

工程经济学的起源和发展；工程经济学的概念、研究对象、研究特点、研究内容；工程经济分析的基本原则和程序；工程经济学的学科价值。

## 思政元素

(1) 经济意识和风险意识：通过介绍工程项目的经济效益，强调资源节约和高效利用的重要性，培养学生的经济意识；教育学生认识到工程项目投资中存在的风险，以及如何通过科学的管理和决策降低风险。

(2) 社会责任：通过介绍技术实践与社会经济的关系，引导学生认识到在工程设计和实施过程中应承担的社会责任，包括保护环境、维护公共利益和可持续发展等。

(3) 历史使命：通过介绍工程经济学对国家经济发展的重要性，结合国家的发展目标和战略，让学生认识到作为工程经济学者所承担的历史使命和责任。

**引例**

"美丽的铱星神话"即铱星计划，是一个在20世纪90年代末期由摩托罗拉公司发起的全球卫星通信系统项目。1991年，摩托罗拉公司正式决定建立由77颗低轨道卫星组成的移动通信网络，并以元素周期表上排在第77位的金属元素铱来命名。1997年，铱星系统投入商业运营，铱星电话成为唯一在地球表面任何地方都能拨打电话的公众移动通信工具，当时耗资1亿美元的广告宣传将铱星系统推向登峰造极的地位。

从高科技的角度来看，铱星计划的确是一个美丽的故事。铱星系统的一个先进之处是采用了星上处理和星间链路技术，相当于把地面蜂窝网倒置在空中，使地面实现无缝隙通信；另外一个先进之处是解决了卫星网与地面蜂窝网之间的跨协议漫游。其最大特点是通信终端手持化、个人通信全球化，实现了5个"任何"(5W)，即任何人(whoever)都可以在任何地点(wherever)、任何时间(whenever)采取任何方式(whatever)与任何人(whomever)进行通信。铱星系统开创了全球个人通信的新时代，被认为是现代通信的一个里程碑，使人类在地球上任何"能见到的地方"都可以相互联络。然而，尽管铱星计划在技术上取得了成功，但它在商业上却遭遇了失败。2000 年 3 月 18 日，背负 40 多亿美元债务的铱星计划正式宣告破产。整个项目亏损 50 多亿美元。摩托罗拉公司铱星计划的失败是多方面因素综合作用的结果，如市场需求评估不准确、高昂的成本与收益不匹配、技术迭代速度跟不上技术发展迅速、沉重的债务负担等，都是导致铱星计划在经济上不可行的重要原因。

虽然铱星计划失败了，但它为后来的工程经济学实践提供了宝贵的经验。如何平衡技术创新与市场需求、成本控制，以及风险管理等方面，是工程经济学研究需要解决的重要问题。

**思考题：**

(1) 从铱星计划的失败中可以看出工程技术与经济存在什么关系？

(2) 根据案例，工程经济分析对科学决策起到什么作用？

## 1.1 工程经济学的产生与发展

工程经济学起源于 19 世纪末 20 世纪初的西方国家，主要为了解决工程项目的经济评价问题。最早探讨工程经济问题的人物是美国铁路工程师韦林顿(A. M. Wellington)。1887 年，他首次将成本分析方法应用于铁路的最佳长度和路线的曲率选择问题，并著有《铁路位置经济评价》一书，这标志着工程领域中经济评价工作的开始。1920 年，戈德曼(O. B. Goldman)在《财务工程》一书中第一次提出把复利公式应用于投资方案评价，并且批评了当时研究工程技术问题不考虑成本、不讲求节约的错误倾向。1930 年，格兰特(E. L. Grant)教授出版了《工程经济原理》一书，以复利计算为基础对固定资产投资经济评估的原理做了阐述，同时指出人的经验判断在投资决策中具有重要作用。由于格兰特对投资经济分析理论的卓越贡献，后人称之为“投资经济分析之父”。

第二次世界大战结束后，随着西方经济的复兴，工业投资机会急剧增加，出现了资金短缺的局面。在这样的背景下，如何使有限的资金得到最有效的利用，便成为投资者与经营者普遍重视的问题。这种客观形势进一步推动了工程经济分析理论与实践的发展。1951 年，迪安(J. Dean)在《投资预算》一书中具体阐述了贴现法(国内所说的动态经济评价法)，以及合理分配资金的某些方法在工程经济分析中的应用。在随后的 20 年里，学术界对贴现法与非贴现法(国内所说的静态经济评价法)以及贴现法的多种形式的应用进行了比较深入的探讨。到了 20 世纪 60 年代末期，贴现法成为工程经济分析所采用的主要方法。与此同时，风险与不确定投资决策、公用事业投资决策、固定资产更新决策、多阶段投资决策、多目标投资决策等不同类型的项目投资经济评价与决策方法也相继建立起来，计算机与概率论、数理统计等数学方法在投资经济分析中也得到了广泛应用。除此之外，对工程经济分析中如何反映税收、物价变动、资金成本等因素的影响也做了探讨，在此基础上，工程经济分析发展成为经济与工程技术相结合、有广泛实用价值的应用经济科学。

近年来，工程经济分析不仅在理论上有了显著进展，而且在应用上取得了相当程度的普及。无论是一般的生产经营公司、工程承包公司、工程咨询公司，还是专业的投资公司、金融机构，大都配备专门人员或者设有专门机构从事工程经济分析工作，并编印《工程投资评价手册》

《工程投资贷款申请手册》等作为企业开展项目技术经济评价与审批工作的指南。在这些手册中,一般对投资项目可行性研究的内容与要求、投资分类、经济评价标准与方法、贷款申请报告的内容和格式及审批程序等都有明确的规定。对于小型项目,企业通常进行自行评价,大中型项目多由专业的工程承包公司、工程咨询公司、设计院等进行评价。对于靠贷款进行建设的项目,有关贷款部门或金融机构也要求对项目投资的可行性进行审查,否则不予贷款。例如,世界银行在发放贷款前,对贷款项目都要进行审查,并指导贷款的公司或国家进行投资项目可行性研究。

我国对投资项目的分析和评价起步较晚。20世纪50年代初期,我国从当时的苏联引进技术经济分析和论证方法,结合我国"一五"计划建设的需要,不仅对国家的人力物力财力状况、空间布局、技术选择等宏观方面进行了实事求是、周密细致的分析论证,而且对项目具体的选址、产品、规模、原材料供应、劳动组织、工艺流程及设备等都做了可靠的经济分析和评价,这些工作对保证建设项目的质量和提高经济效益起到了重要的作用,形成了工程经济学的雏形。随后,鉴于历史原因,工程经济学的发展有所停滞。直到1978年,尤其是中共十一届三中全会的召开,为我国恢复和发展工程经济分析和评价奠定了基础。1978年成立了中国技术经济研究会,许多省建立了研究会的分支机构。1981年,国务院技术经济研究中心成立,很多高校设置了工程经济专业或开设了工程经济学课程,培养了一大批从事工程经济分析的专业人才。加上政府的宏观指导与政策规定,不仅使工程经济学的原理与方法系统地在宏观与微观经济建设的相应项目评价中得到了广泛的应用,而且使工程经济学的学科体系、理论与方法、性质与对象的研究变得十分活跃。随着有关技术经济或相关的投资理论、项目评价等的著作和文章大量涌现,逐步形成了具有完整体系、符合我国国情的工程经济学学科。

## 1.2 工程经济学的基本概念

### 1.2.1 工程与经济学的一般含义

(1) 工程。工程是指应用科学知识、技术手段和实践经验,通过规划和实施,将原材料、零部件、能源等资源合理地组织和配置,转化为具有特定功能的产品或系统,从而实现人类所需要的特定目标和需求的有组织活动过程。工程包括设计、制造、测试和维护等多个环节,涉及机械、电子、建筑、化工等多个领域。工程在实施过程中需要占用各种资源,而不同的工程因其特性、规模、目的和应用领域的差异,所占用的资源类型和数量会有所不同。

(2) 经济学。经济学是一门研究资源分配和利用的学科,其目的是实现经济效率和资源配置最优化。经济学主要关注的是如何通过市场机制、政府干预和产权制度等手段,实现稀缺资源的合理分配和利用。

### 1.2.2 工程经济学的概念

工程经济学是在工程领域应用经济学的理论和方法,研究如何使工程项目或投资项目取得最佳经济效果的一门学科。它结合了工程学和经济学两个学科的特点,旨在为工程项目或投资项目的决策提供科学依据和评估标准。

工程经济学是工程技术科学和经济科学相互渗透而产生的边缘性学科,以技术-经济系统为核心,研究工程领域中的经济效果、经济规律等问题。它主要用于工程项目的可行性分析、投资决策等，目的是以最小的人力、物力、财力和时间消耗取得最大的经济效益。

工程经济学与经济学有密切的关系。经济学是工程经济学的基础，因为工程经济学研究需要遵循经济学的原理和方法。工程经济学在应用经济学的原理和方法时，结合工程技术的特点，形成自己独特的理论和方法。例如，在工程项目投资决策中，需要考虑项目的投资回报率、资金成本、投资风险等多个方面的经济因素，这些都需要用到经济学的基本理论和分析方法。

总之，工程经济学是经济学的应用分支，它利用经济学的原理和方法，研究工程领域中的经济问题，为工程项目的投资决策提供科学依据。

## 1.3 工程经济学的研究对象和研究特点

### 1.3.1 工程经济学的研究对象

工程经济学研究的是工程项目的经济性方面。这里所说的项目是指需要投入一定资源的计划、规划和方案，并可以进行分析和评价的独立单位。因此，工程项目的含义是很广泛的，它可以是一个拟建的工厂、车间，可以是一项技术革新或改造计划，可以是设备，甚至是设备中某一部件的更换方案，还可以是一项巨大的水利枢纽或交通设施。任何工程项目都可以被划分成更小的、便于进行分析和评价的子项目。例如，拟建一个汽车工厂，采用的是通用轮胎，轮胎可以由本厂制造，也可以向其他工厂购进，甚至进口，这样轮胎一项可以作为一个独立项目进行专门研究。又如，某水利工程，其水坝和引水渠道等在规划和设计上紧密相连，如果把它们分成两个项目则不太合适。

工程经济学通常以工程项目为研究对象，拟建的企业可以是一个工程项目，但企业往往还包括除工程项目以外的经济活动。全面的企业经济活动研究是企业经济学的任务。当然，大的工程项目涉及比企业更大的范围。工程项目的经济性研究还有个出发点问题。社会主义所有制的性质要求工程项目的经济评价应以整个国民经济或整个社会为出发点进行考察，即研究工程项目的宏观经济效果。但是，工程项目的实现必须落实到某个部门或企业等具体单位，这些单位在经济上有相对的独立性，它们关心自己所负责的项目的局部经济效果或微观经济效果。理想的情况是，微观经济效果与宏观经济效果相一致，企业得益越多，社会因此受益越大。在这种情况下，就可以以微观经济效果（如企业经济评价）间接地评价工程项目的社会效果，这种方法更为简便。但是，种种原因使工程项目的宏观经济效果与微观经济效果会有不一致，甚至出现矛盾的情况。例如，当工程项目的投入资源价格偏低，产出产品价格偏高时，从企业的角度往往会过高地评估工程项目的经济效益，甚至把从宏观角度看是不可行的工程项目看成是经济效益很好的工程项目。又如，由于企业经济评价通常不包括工程项目所造成的环境污染和生态平衡遭到破坏等社会损失，因此企业的局部经济效益可能无法弥补给社会造成的其他方面的损失，这种情况是完全可能存在的。当然，相反的情况也可能存在，从整个国民经济来看完全是有利的工程项目，但从部门或企业来看是无利可图的，因而部门或企业就有可能拒绝或消极地对待这些项目。

因此，完整的工程项目的经济评价应包括微观和宏观两个方面，并应以宏观经济效果作为经济评价的主要依据。宏观与微观不一致方面的研究将有助于国家制定合理的政策（如税收、补贴政策等），以合理调整部门或企业的得益。

### 1.3.2　工程经济学的研究特点

工程经济学作为一门应用性交叉学科，具有以下几个显著的研究特点。

(1) 边缘性

工程经济学是一门工程技术与经济交叉的边缘性学科。近代科学技术发展的特点是高度分化与高度综合的统一，一方面科学技术分工越来越细，另一方面不同学科之间的相互渗透越来越深。工程经济学介于自然科学和经济科学之间，是从经济的视角来评价各种技术实践的。它既与经济科学的关系极为密切，如政治经济学、工业经济学、统计学、会计学等，具有社会科学的特点；又与自然科学的关系十分密切，如评价一个技术方案或一项技术措施，离不开具体的技术内容。所以，要实现技术先进与经济合理的统一，不仅要研究经济，还要研究技术、评价技术实践的得失、指出技术发展的方向。

(2) 应用性

技术发展与经济发展的关系及最佳结合的相关因素非常复杂，工程经济学的任务是对具体的问题进行分析、评价，为将要采取的行动提供决策依据。因此，工程经济学是一门应用性学科，是以研究方法论为主的学科，主要研究经济效果的计算、分析、评价方法。工程经济学与生产实践有密切的联系，它的分析数据来源于实践，它的研究成果有待于实践检验。工程经济学研究的方法广泛用于规划、开发、设计、施工、生产等各个环节中。

(3) 预测性

在大多数情况下，工程技术与经济的最佳结合都是在决策之前进行的，只有科学的预测才能进行科学的决策。工程经济学需要对未来的市场变化、技术发展趋势、成本和收益等进行预测，以评估工程项目的可行性和风险。

由于预测在事件实际发生之前进行，因而必须有一定的假设条件或过去的统计数据作为依据，对某些不确定因素，如价格、投资、经营成本、销售额、利润等发生的变化对经济效果所产生的影响进行分析，以做出正确的决策。

(4) 综合性

在很多情况下，工程技术方案的最优化要求多目标、多指标的组合才能实现。这些目标和指标，既包括技术因素，又包括经济因素，可能还包括社会因素，有的是直接影响，有的是间接影响。因此，在研究和处理工程经济问题时，需要综合运用经济学、管理学、工程技术等多个学科的理论与方法，对工程项目的技术方案进行经济效果评价和优选，这就反映了工程经济学综合性的特点。

(5) 数量性

工程经济学是以定量为主的科学，强调使用数学模型和统计方法进行定量分析，以客观的数据和科学的方法支持决策。为了科学地、准确地评价技术方案、技术政策、技术措施的经济效果，工程经济学采用许多定量分析方法。同时，由于数学方法的迅速发展和计算机技术的广泛应用，定量分析的范围日益扩大。对一项技术实践的综合评价，还要采用定性分析与定量分析相结合的方法。但工程经济学主要研究的是定量分析方法，并且逐步把定性分析定量化。

(6) 系统性

工程经济学将工程项目视为一个系统，需要同时考虑经济效益、社会效益、环境效益等多个目标，在这些目标之间进行权衡。因此，在对工程项目进行经济分析时，需要考虑工程项目的所有相关因素，包括技术、经济、社会和环境等因素，还需要考虑工程项目与经济、社会、环境等系统的相互关系和影响。

## 1.4 工程经济学的研究内容

工程经济学是当代技术发展与社会经济发展密切结合的产物，是研究技术领域经济问题和经济规律，研究技术进步与经济增长的相互关系的科学。它的研究内容主要有以下三个方面。

第一，工程经济学是研究工程技术的经济效果，寻求提高经济效果的途径与方法的科学。

工程技术作为人类进行生产斗争的手段，它的经济目的性十分明显。因此，对于任何一种工程技术，在一般情况下，都不能不考虑经济效果的问题，脱离了经济效果这一标准，工程技术的好与坏、先进与落后都无从判断。

既然人类发展技术是为了经济，那么技术不断发展的过程，就是其经济效果不断提高的过程。随着技术的不断创新，人类越来越能够用较少的人力、物力获得更多更好的产品或服务。从这一角度来看，技术的先进性同它的经济合理性是相一致的。凡是先进的技术，一般说来，总是有较高的经济效果；反过来说，较高的经济效果才能证明它是先进的技术。但是另一方面，在技术的先进性和其经济的合理性之间也存在着一定的矛盾。这是因为在实际的生产中，采用技术时不能不根据当时当地的具体的自然条件和社会条件，而条件不同，技术所带来的经济效果就不同。某种技术在某种条件下体现出较高的经济效果，而在另一种条件下就未必如此。可能从长远的发展来看，应该采用某种技术，而从近期的利益来看，则需要采用另一种技术。这类例子有很多。例如，铁路机车的牵引动力从总效率方面进行比较，以电力牵引最优，内燃牵引其次，蒸汽牵引最差。采用电力牵引，可以节省燃料、提高行车速度、降低运输成本，但是需要建设庞大的电力网和许多发电站。因此，目前世界上许多国家仍然将内燃牵引或蒸汽牵引作为主要的牵引方式。由此可见，联系具体的自然条件和社会条件，并非一切先进的技术在经济上都是合理的。

因此，为了保证工程技术最大限度地服务于经济，满足社会的需要，必须研究在当时当地的具体条件下采用哪种工程技术才最为适宜。这个问题显然不是仅由工程技术的先进与落后能够决定的，还必须通过经济效果的计算和比较才能够得到解决。

研究工程技术的经济效果还体现在研究如何用最低的寿命期成本实现产品、作业或服务的必要功能。就工业产品而言，寿命期成本是指从产品的研究、开发、设计开始，经过制造和长期使用，直至被废弃为止的整个产品寿命期内所花费的全部费用。对产品的用户来说，寿命期成本体现为一次性支付的产品购置费与在整个产品使用期限内支付的经常性费用之和。必要功能是指产品用户实际需要的产品使用价值。用最低的寿命期成本实现产品（作业、服务）的必要功能，是提高整个社会资源利用效率的重要途径。

世界上第一辆汽车是 19 世纪 80 年代由戴姆勒（G. Daimler）和本兹（K. F. Benz）制造的。由于生产成本太高，汽车在相当长一段时间内仅是贵族的一种玩物。后来，经过福特（H. Ford）的努力，每辆汽车的售价降至 1 000～1 500 美元，进而降至 850 美元，到 1916 年甚至降至 360 美元。汽车的使用成本因此大大降低，这为汽车的广泛使用创造了条件，最终使汽车工业成为美国经济的一大支柱。汽车工业的发展带动了美国的钢铁、石油、橡胶等一系列工业的发展，同时也极大地改变了人们的生活方式。这一事例说明，在保证实现产品（作业、服务）必要功能的前提下，不断追求更低的寿命期成本，对社会经济的发展具有重要意义。

在我国，许多人尚未充分认识到按产品寿命期成本最低的原则进行经济、技术决策的重要性，主要的表现形式有两种：一种是片面追求产品功能的完善而很少考虑这些功能的必要性及其成本；另一种是过多考虑购置产品时一次性支付的费用而不重视产品使用过程中的经常性开支。后一种表现形式的一个典型例子是，一些企业存在着宁愿承担高昂的维修费用，以维持低效率、高消耗的陈旧设备的运行，也不进行设备更新。

可见，工程经济分析能帮助人们在一个投资项目尚未被实施时估算出它的经济效果，并通过对不同方案的比较，选出最有效利用现有资源的方案，从而使投资决策建立在科学分析的基础之上。工程经济分析还能帮助人们在日常的工业生产活动中选择合理的技术方案，改进产品设计与生产工艺，用最低的成本生产符合要求的产品，从而提高工业生产的经济效益与社会效益。总之，工程经济分析是技术服务于生产建设的一个重要环节，在经济、技术决策中占有举足轻重的地位。

第二，工程经济学是研究技术和经济的相互关系，探讨技术与经济相互促进、协调发展途径的科学。

技术和经济是人类社会发展不可缺少的两个方面，其关系极为密切。一方面，经济发展离不开技术的支持，技术的进步始终是推动经济发展的强大动力。人类社会的发展历史早已雄辩地证明这一点。从18世纪60年代开始，从英国发起的以蒸汽机的广泛应用为标志的工业革命，使生产效率提高到手工劳动的4倍。到19世纪中叶，科学技术的进步使生产效率提高到手工劳动的108倍。自20世纪40年代以来，科学技术迅猛发展所引起的社会生产力的巨大飞跃更是有目共睹的。另一方面，技术总是在一定的经济条件下产生和发展的。经济上的需求是技术发展的直接动力，而技术的进步要受到经济条件的制约。众所周知，任何技术的应用都伴随着人力资源和各种物力资源的投入，依赖一定的相关经济系统的支持。只有经济发展到一定的水平，相应的技术才有条件被广泛应用并进一步发展，如蒸汽机从发明到广泛应用就经历了80年之久。

技术和经济之间这种相互渗透、相互促进又相互制约的紧密联系，使任何技术的发展和应用都不仅是技术问题，而且是经济问题。研究技术和经济的关系，探讨如何通过技术进步促进经济发展，同时在经济发展中推动技术进步，是工程经济学责无旁贷的任务，也是工程经济学进一步丰富和发展的一个新领域。

在这一领域，与工程技术人员的日常工作关系最密切的问题是技术选择问题，即在特定的经济环境下，选择什么技术去实现特定的目标。技术选择分为宏观技术选择和微观技术选择。

宏观技术选择涉及面较广，其影响的广泛性和深远性远远超出一个企业的范围，甚至影响国民经济的发展和社会的进步。例如，解决我国的城市交通问题，是大力发展汽车，还是采用发展公共交通加自行车的办法？再如，我国铁路运输的牵引动力，是以蒸汽牵引为主，还是以内燃牵引为主，或者是以电力牵引为主？这些都是涉及面很广的宏观决策问题，每项决策都与采用和发展的技术有关，而且最终都会影响整个国家经济、技术和社会的发展。

微观技术选择是指企业范围内的产品、工艺和设备的选择。企业生产什么产品，用怎样的方式生产，采用哪种工艺流程，选用什么设备，等等，是影响企业市场竞争力和经济效益的关键问题，因此技术选择是企业生产经营活动中的重要决策。虽然微观技术选择直接涉及的是各个企业的生存与发展，但最终也将影响国民经济的发展。

指导各个层次技术选择的是各级技术政策。每个企业都应该根据自己的发展目标、资源条件和外部环境制定本企业的技术政策，在这种技术政策的指导下进行具体的技术选择，以适应市场竞争和发展的需要。每个产业部门应该根据国民经济发展对本产业部门的要求、本产业部门技术发展的趋势及各种客观条件制定本产业部门的技术政策，用以指导本产业部门的技术选择和发展规划。国家也必须有明确的技术政策，用以指导、调控全国范围内各个层次的技术选择。国家的技术政策影响整个国家长远的经济发展和技术进步。这些政策的制定必须建立在充分了解世界技术发展的大趋势，客观分析国情，深入研究技术和经济关系的基础之上。

世界各国的经济、文化和科学技术的发展存在不平衡，自然条件和资源条件也千差万别。这种不平衡和差别使不同的国家不可能按照相同的模式进行技术选择，尤其是发展中国家不能简单模仿发达国家的技术选择模式。许多发展中国家曾出现盲目效仿发达国家，片面追求最新技术的现象，结果是由于缺乏必要的技术力量和管理经验，以及基础设施和配套工业不健全等，引进的技术无法被吸收，更难以扩散，达不到应有的效果，造成了资源的浪费。

技术的发展具有继承性和累进性，任何新技术的应用都需要相应的社会环境、经济结构、资源条件和相关技术系统的支持。对发展中国家来说，技术选择要考虑本国现存的技术体系和技术基础，要与本国的生产发展水平、生产要素条件、市场需求结构、社会成员的文化教育水平及历史文化背景相适应。技术选择的核心首先是技术采用的效果，而不仅仅是追求技术的新颖程度。所选择的技术可以是世界上的最新技术，也可以是相对较成熟的技术，关键在于技术采用必须能对社会目标、经济目标和环境目标作出最大的贡献。

第三，工程经济学是研究如何通过技术创新推动技术进步，进而获得经济增长的科学。

经济增长，是指在一国范围内，年生产的商品和劳务总量的增长，通常用国民收入或国内生产总值来衡量。经济增长可以通过多种途径来取得。例如，可通过增加投入要素、增加投资（最终形成新的生产能力）、增加劳动力投入等途径来实现经济增长；亦可通过提高劳动生产率，即提高单位投入资源的产出量来实现经济增长。实际上，资金和劳动力投入的增长速度会直接影响经济增长的速度。但是，各国的经济发展历史表明，经济增长的速度与科学技术的发展也有密切的关系。研究表明，在工业发达的国家，后期与前期相比，产出量增长的差额往往大于投入要素增长量的差额。显然，这是技术进步因素所起的作用。

这里所说的技术进步并不仅仅指人们通常理解的技术的发展和进步，而是指在经济增长中，除资金和劳动力两个投入要素增长以外所有使产出量增长的因素，即经济增长因素中去掉资金和劳动力增长后的“余值”。

技术进步可分为体现型和非体现型两类。体现型技术进步是指被包含在新生产出来的资产（如机器设备、原材料、燃料及动力等资金的物化形式）之中，或者与新训练和教育出来的劳动力结合在一起的技术进步。随着科技的发展，新投入资金形成的资产必然把新的科技成就物化在其中，使之与过去的资产相比具有更高的功能。同样，由于教育的发展，劳动力已不再仅仅是单纯的体力提供者，而是有相当高的科学知识水平和劳动技能的生产者或创造者。非体现型技术进步则不体现于新生产出来的资产或新训练和教育出来的劳动力上，而体现在生产要素的重新组合、资源配置的优化、规模经济的效益的提升及管理技术的改进等方面。在现实的经济生活中，两类技术进步同时存在，并在经济增长中共同发挥作用。

技术创新是技术进步中最活跃的因素。它是各生产要素的重新组合，是创新者将科学知识与技术发明应用于工业化生产，并在市场上实现其价值的一系列活动，是科学技术转化为生产力的实践过程。技术创新包括（这里的技术创新是广义的）新产品的生产，新技术、新工艺在生产过程中的应用，新资源的开发，新市场的开辟。

技术创新是在商品的生产和流通过程中实现的。单纯的发明创造不是技术创新,只有当它们被用于经济活动时,才成为技术创新。技术创新是通过由科技开发、生产、流通和消费这样四个环节构成的完整系统,发挥其促进经济增长的作用的。其中,生产和流通是赋予技术创新经济意义的关键环节,缺少这两个环节,科技发明就不能转化为社会财富,也就失去了经济价值,同时消费者(指广义的用户)也不能将各自的反映或评价传递给科技人员,那么发明创造就只能停留在实验室中,无法进入经济领域,无法转化为生产力。

各国经济发展的实践经验表明,哪里的技术创新最活跃,哪里的经济就最发达。技术创新不断促进新产业诞生和传统产业改造,不断为经济注入新的活力,因此各工业发达的国家无不想尽各种办法,利用各种经济、技术政策,力图形成一种推动技术创新的机制与环境。

## 1.5 工程经济分析的基本原则

任何学科的发展、研究和应用都必须从基础开始。工程经济学的基础是一套原则,这些原则为本课程的方法论提供了一套全面的理论基础。

### 1.5.1 经济效益原则

1. 经济效益的概念

工程经济学主要研究物质生产领域内各种技术实践活动的经济效益问题。经济效益是全部经济活动的中心。所谓的经济效益,是指有用的产出和投入的对比关系。经济效益的概念首先强调产出的有用性,即项目实施所带来的产品、服务及其他产出(广义的产品)是有利于市场、有利于经济、有利于社会的,是对繁荣市场、发展经济和推进社会文明进步有贡献的,这是经济效益质的规定性;其次强调产出和投入的对比关系,即以较少的社会资源投入,获取较多的社会产品回报,这是经济效益量的规定性。经济效益概念中的投入不仅包括消耗的社会资源的投入,还包括项目实施所占有的社会资源的投入。在经济学的意义上,由于资源的稀缺性,因而必须格外关注资源的合理配置,应力求使稀缺资源能发挥最大的效用。因此,投入的概念更能准确地反映项目的经济性。

2. 经济效益的表达形式

经济效益主要有以下三种表达形式。

(1) 净效益

$$经济效益=产出(效益)-投入(耗费)$$

(2) 效益耗费比

$$经济效益=产出(效益)/投入(耗费)$$

(3) 净效益耗费比

$$经济效益=净效益/投入(耗费)$$

3. 经济效益的分类

(1) 有形效益与无形效益。有形效益是指可以货币量化的效益,即能实物量度、有价格标准的效益,比如销售收入、利润等;无形效益是指不能货币量化的效益,比如环保、就业、技术扩散等。

(2) 直接效益与间接效益。直接效益是指项目所有人由于实施项目而直接得到的效益;间接效益是指项目所有人之外其他方面从项目实施中得到的并没有体现在项目所有人受益中的效益。比如,汽车制造公司实施节能汽车项目,由于汽车的节能性而增加的产销量、增加的销售收入为直接效益,直接效益表现在项目(或企业)的财务边界之内;其他方面如汽车用户、社会,由于节能汽车的使用而减少的营运开支、减少的社会资源消耗等为间接效益,间接效益表现在项目(或企业)的财务边界之外,因而又被称为建设项目的外部效益。

(3) 宏观效益与微观效益。宏观效益是指站在国民经济的立场上,以社会资源的合理配置和社会财富的增加为标准计算的效益。显然,有形效益、无形效益、直接效益、间接效益均属于宏观效益;微观效益是指站在项目所有人的立场上,以项目为边界,以所有人权益市场价值最大化为标准计算的效益。

(4) 短期效益与长期效益。短期内可以实现的效益是短期效益;未来较长时期内可以实现的效益是长期效益。

### 1.5.2 可持续发展原则

进行工程经济分析必须立足于可持续发展原则,这是实践证明必须坚持的一条原则。首先,应注意资源的可持续利用。任何项目的实施都依赖社会资源的投入,离开资源的可持续利用就不可能有可持续发展。因此,在项目分析与评价中,应关注资源的合理配置,关注资源的节约、节省,关注资源的循环利用,关注稀缺资源的可替代使用等问题。其次,应注意项目和生态—社会系统的协调与优化。必须把项目置于生态—社会系统中来考察项目的“有效性”。全面分析与论证项目的投入、产出对生态—社会系统的影响,致力于项目和赖以存在的生态—社会系统的协调。再次,应从长远和全局的角度分析问题、研究问题,不仅要关注眼前的、局部的利益,更要关注未来的和全局的利益。

### 1.5.3 资源合理配置和有效使用原则

资源合理配置和有效使用是经济效益原则和可持续发展原则的必然要求。面对“资源稀缺性”的基本经济学命题和可持续发展的要求,需要通过工程经济分析,以科学和合理的方法解决工程项目的“资源稀缺性”与人们日益增长的需求之间的矛盾,这包括精心筛选方案,慎重投资决策,努力实现资源的合理配置和有效使用,使资源的边际收益最大化和系统整体优化。

### 1.5.4 可比性原则

工程经济分析是一个优选过程,多方案的经济评价中必须建立共同的比较基础,保证计算口径一致。

(1) 需求可比

各备选方案应满足相同的需求,实现同一经济目标,这样方案之间才有相互替代性,才存在选择问题。例如,房地产项目与厂建设项目同是建设项目,但它们之间不具有可比性,因为前者是满足居住需要,后者是满足生产需要。需求的满足是以产品为特征的,需求可比要求各方案的产品具有可比性,这就要求产品在一定程度上是同质的;同时,各产品要有替代性,这又要求产品之间存在一定的差异。因此,满足需求可比的关键是对有差异的产品进行等同化处理,即对各方案的产品在产量、品种、质量、性能等方面的差异因素进行修正和调整。例如,先在一个方案内以主导产品为主,对其他各相关产品按照某个技术参数进行折算,然后在各个方案之间以主导产品为主进行比较。

(2) 价格可比

价格是工程经济分析中一个十分重要的参数，它可以反映产品的各种信息，如供求关系、质量水平、价值大小等。在成熟市场经济条件下，将市场价格作为计价基础可以满足价格可比的要求。在某些不够成熟的市场经济中，有些领域的价格体系还没有被理顺，将价格作为资源配置的指导信号还存在局限性。这时，如果按照现行价格进行方案的经济评价，可能会虚增或虚减项目运行的效益，误导决策。因此，必要时应以计算价格或理论价格为市场价格的补充和替代，以避免价格"失真"对计算结果的影响。

(3) 时间上可比

时间上可比包括两个方面，一方面是采用相同的计算期作为比较的基础，如果相互比较的方案的寿命期不相同，那么两方案是不能直接进行比较的。在这种情况下，可以通过一定的处理，使方案之间的寿命期变为相同，再进行比较。

时间上可比的另一方面是考虑资金的时间价值，方案在不同时间点发生的费用和收益不能直接进行代数运算，必须进行时间价值换算后进行比较，才会得出正确结论。

### 1.5.5 "有无对比"原则

准确识别和估算项目的效益和耗费是正确评价项目的前提。在识别和估算项目的效益和耗费时，应遵循"有无对比"原则，即分别对"有项目"和"无项目"两种状态下项目未来运行情况进行预测分析，而后通过对比分析确定项目的效益和耗费，保证估算的准确性和可靠度。要避免因为忽略"无项目"时状态自身的可能优化机会，而导致对项目效益估算的虚增或耗费估算的虚减，夸大项目自身的经济效益水平；也要克服因为忽略"无项目"时状态自身的劣化因素，而导致对项目效益估算的虚减或耗费估算的虚增，缩减项目自身的经济效益水平。

### 1.5.6 定量分析和定性分析相结合，以定量为主原则

工程经济分析以定量分析为重点，力求把效益因素货币量化，以提升评价结论的科学性和说服力，但这并不意味着排斥或忽视定性分析的重要性。在进行量化计算之前，要对问题进行定性的描述，以把握问题的全貌，使工程经济分析更全面。另外，对难以量化的因素，也有必要进行定性分析。

### 1.5.7 静态评价与动态评价相结合，以动态评价为主原则

静态评价是指在不考虑时间因素的前提下，用一定的指标考察工程项目的经济性。由于忽略了资金的时间价值，因而评价结论是粗略的，它通常适用于项目初评。动态评价是指在考虑时间因素的前提下，定量计算工程项目的经济效益，并对方案实施情况做出评价。它因为反映了资金的运作规律，所以可以全面地评价项目的经济效益状况，真实地反映项目的经济效益水平，因而是常用的评价方法。

### 1.5.8 统计预测与不确定性分析和风险分析相结合原则

工程经济分析主要是针对拟建项目，即未来项目进行的。因此，评价必须建立在科学统计的基础上，恰当地选择预测方法，以提高评价信息的质量。尽管在统计和预测的方法的选择上力求完善和科学，但由于事物发展的不确定性的存在，评价本身就潜伏着风险，影响决策的有

效性。因此，在进行工程经济分析时，不仅要通过确定性评价揭示项目收益、关注项目收益，还要通过不确定性分析和风险分析揭示风险、关注风险，项目投资人在权衡项目收益和风险后再行决策。

## 1.6 学习工程经济学的意义

工程经济学为什么重要？对于这个问题，许多理工科学生的最初反应是“钱的问题会由别人处理。这不是我需要操心的事情”。实际上，工程技术和经济是紧密联系的，作为一个现代的工程技术人员，不仅需要精通本专业的技术，还必须有经济头脑。这一点对于我国理工科高等学校的学生尤为重要。这是因为，长期以来，工程技术教育与经济管理教育是相互分离的，工程技术专业的学生不学经济，这样就培养出只懂工程技术、不懂经济的学生。他们走上工程技术岗位之后，由于缺少经济知识，没有经济头脑，因而不关心与自己所从事的工作有关的经济问题，如设计产品和选择工艺时不考虑如何降低成本、增加利润，或者不会进行必要的经济分析，因此不能完全适应经济发展的需要。

工程技术人员应当知道，尽管产品是由工人在生产过程中制造出来的，但是产品的技术先进程度和制造费用高低在很大程度上是由工程技术人员在设计产品和选择工艺过程中决定的。如果工程技术人员在设计产品、选择工艺时不考虑市场需求，不考虑生产成本，产品就会缺少竞争力。市场经济环境下，工程技术人员设计的产品要作为商品到市场上进行竞争，如果产品没有竞争力，无人购买，就不能实现其价值和使用价值，生产这种产品的企业也就无法生存与发展。要提高产品的竞争力，就必须在产品设计与制造的全过程中既注重提高其性能和质量，又注重降低生产成本，做到“物美价廉”。一个理工科学生，如果不学习必要的经济知识，就无法在未来的工作中正确处理工程技术与经济的关系，就难以确保自己的工作真正有益于社会。

美国麻省理工学院电机类专业的早期毕业生到一家公司工作后设计了一种电机，其在技术上够得上一流水平，但因成本太高、价格太贵，在市场上就卖不出去。美国的教育家从中找出的原因是他们不懂经济。后来这所著名的学校成立了斯隆管理学院，对未来的工程师进行经济知识教育，让他们懂得什么是市场，什么是竞争，什么是成本，以及如何使产品做到既物美又价廉。美国贝尔实验室的工程技术人员曾在1960年成功研制了一种电子电话交换机，联机试验证明其性能良好，优于当时世界上广泛使用的纵横式电话交换机。但是，开发出来的这种新产品并没有被马上投入生产，原因在于成本太高。为了使这种新产品具有经济上的竞争力，确保其能在市场上替代老式的纵横式电话交换机，贝尔实验室和西方电器公司组织设计师和工艺师以低于纵横式电话交换机的成本为目标，设法降低电子电话交换机的成本。贝尔实验室的工程技术人员经过三年努力，终于把电子电话交换机的成本降低到纵横式电话交换机的水平。至此，西方电器公司的董事会才决定停止纵横式电话交换机的生产，转而生产电子电话交换机。可见，如果要把工程设计付诸生产，实现其真正的价值，仅有技术上的先进性是不行的。因此，作为一个工程师，不仅必须精通本行业的专业技术，具有较强的解决技术问题的实际能力，而且要有强烈的经济意识和解决实际生产问题的本领，能够进行经济分析和经济决策。

在企业工作的工程技术人员，最终的发展方向可能有三个：管理人员、专业技术人员和学者。从国内外的实际情况看，工程师有担任企业高层领导职务的广泛可能性。已有越来越多的工程师成为公司的负责人,或关键部门的领导人,或决策者最亲近的参谋人员。所以,工程师必须克服单纯技术思维,学习经济知识,掌握进行经济分析和经济决策的技能。

经济分析是为经济决策服务的。决策是一个过程,它包括提出问题、制定目标、拟订方案、分析与评价,以及最后从若干个备选方案中选出最佳的或比较理想的方案。在经济工作和技术工作中做到决策科学化,是时代提出的要求。要达到这一要求,未来的工程师或管理者必须做到以下几点。

(1) 准确了解国家的经济、技术发展战略和有关政策

国家的发展战略和有关政策是牵动全局的、影响长远的重要依据,其中,国家经济发展战略是在各项具体工作中设定决策目标的依据。没有明确的目标,拟订方案就是盲目的,分析与评价就缺乏标准,也就谈不上决策科学化。国家的各项经济、技术政策是为实现发展战略服务的,是在各项具体工作中进行决策时所要考虑的重要的外部条件。例如,产业政策反映了国家从国民经济整体发展的角度对重要资源在各产业部门间配置与流动的总体布局;技术政策表明了国家对技术发展方向和发展重点的总体要求。只有在各项经济工作和技术工作中都严格执行国家的产业政策和技术政策,才能保证整个国民经济的健康发展。税收政策,金融政策,物价政策,外贸、外汇政策,等等,也都会对具体的经济、技术决策产生深远的影响。所以,准确了解国家的发展战略和有关政策是实现决策科学化的重要前提。

(2) 要会做预测工作

在复杂的经济工作和技术工作中,单靠对本部门、本企业所处环境的某种感觉进行决策越来越不起作用了,会出现很多失误。因此,对经济和技术的未来发展情况做出准确的预测,无疑能为做出正确的决策提供依据,减少或避免发生决策失误,少犯错误。所以,对任何决策来说,预测都是一个关键问题。所谓预测,是指对与决策问题有关的各种内部、外部情况进行预计,对尚未发生的或目前还不明确的事物进行事先估计和推测,对事物发展将要出现的结果进行探讨和研究。科学的预测是决策科学化的重要组成部分,是科学化决策的重要工具。

(3) 要学会拟订多个替代方案并从中选择最优方案

事物的好与坏、优与劣,都是相互比较而言的。所以,在决策过程中,只有拟订一定数目的、具有一定质量的备选方案进行对比选择,才能保证决策的科学性。如果只有一个方案,没有任何替代方案可供比较选择,这样做出决策是很危险的。

在一定的经济、技术条件下,要解决一个问题,可以根据不同的经验,从不同的角度构思出多种途径和方法。在构思出多个方案之后,还要进一步确定各个方案的细节,估计各个方案的执行结果。这就要求将预计的各个方案影响决策目标的全部后果毫无遗漏地揭示出来,客观地加以描述。这里包括直接后果和间接后果,有形后果和无形后果,有利方面和不利方面,通过综合比较从中选出最好的方案。不应该先验地对某个方案有主观的偏爱,使技术经济分析工作流于形式。

(4) 要善于把定量分析和定性分析结合起来

以定性分析为主的决策方法,是一种在占有一定资料的基础上,根据决策者的经验、直觉、学识、洞察力和逻辑推理能力进行决策的方法。这种决策方法具有主观性,属于经验决策法。

随着应用数学和计算机的发展,经济决策中引入了更多的定量分析方法。定量分析方法的引入,使得决策不再以感觉为基础,而以定量分析为基础,决策更具有科学性。这是因为,定量分析不仅能使与决策问题有关因素的研究更加精确化和深刻化,而且有利于发现研究对象的实质和规律。特别是对决策中不确定性因素和风险问题,可以通过定量分析做出相对准确

的判断,便于决策者选择。

当然,采用以定量分析为主的决策方法并不排斥定性分析,甚至可以说,定性分析还是少不了的。这是因为经济问题十分复杂,变化很多,有的指标根本无法用数量表示,因此必须做定性分析。正确的做法应该是把定量分析和定性分析结合起来,同时加强调查研究,提高定性分析的客观性,减少主观成分。

综上所述,学习工程经济学,树立经济观点,增强经济意识,掌握经济分析和经济决策的方法与技能,提高解决实际的工程经济问题的能力,对理工科学生和工程技术人员来说至关重要。

## 复习思考题

1. 工程经济学的基本概念是什么?请简述其发展过程。
2. 工程经济学的研究对象是什么?
3. 工程经济学有哪些研究特点?
4. 简述工程经济学的研究内容。
5. 简述工程经济学分析的基本原则。
6. 简述工程技术人员在决策过程中应具备哪些知识和能力。
7. 简述工程经济学国内外研究现状。

## 案例分析题

你的一位朋友打算在大学城花 100 万元投资一栋小型公寓楼进行出租。她计划自己出资 10 万元,并从当地一家银行获得剩余 90 万元的抵押贷款,每年向银行支付抵押贷款 1.05 万元。你的朋友估计,公寓楼和地面的年维护费用为 1.5 万元。公寓楼内有四套公寓(每套内有两间卧室),每套公寓的月租金为 400 元。

请根据案例资料回答以下问题:

(1) 你朋友的这个打算有问题吗?如果有,那么是什么问题?

(2) 她有哪些替代方案?(至少找出两个)。

(3) 估计备选方案的经济效果和其他所需数据。

(4) 选择一个区分备选方案的标准,并以此建议你的朋友采取何种行动。

(5) 除成本外,尝试至少根据一个标准对备选方案进行分析和评价。

(6) 根据你和你的朋友所获得的信息,你的朋友应该怎么做?

# 第 2 章　资金的时间价值

## 内容提要

资金时间价值的概念、意义和影响因素；资金时间价值的计算；不同时间点的资金等值换算；名义利率和有效利率之间的关系以及对决策的影响。

## 思政元素

(1) 时间观念：引导学生了解时间对于个人成长、学习、工作和休闲活动的重要性，以及如何通过有效的时间管理来提高生活质量和工作效率。

(2) 理性消费：结合资金时间价值的概念，引导学生建立理性的消费观念，避免盲目追求即时满足和过度消费。

(3) 价值观和风险意识：帮助学生建立正确的价值观和财务观，提高他们的风险意识和自我管理能力，避免陷入“校园贷”等不良金融行为，促进个人和社会和谐发展。

**引例**

李四有机会购买一间价值 100 万元的公寓，预计年租金收入为 5 万元，年租金增长率为 3%，而房产价值的年增长率为 5%。如果李四现在购买并持有这间公寓 10 年，然后出售，可以计算其投资回报。李四的总回报将是 10 年的租金收入加上出售房产时的增值。如果李四认为未来有更好的投资机会，他可能会选择等待。

**思考题：**

(1) 李四购买的公寓的投资回报是多少？这个回报的大小与什么有关？

(2) 如果李四选择等待，在这个等待期间，他错过了什么？

## 2.1　资金时间价值的概念与影响因素

资金是以货币或财产形式存在的财富，可以用来创造更多的财富。大多数工程经济研究涉及长期资金，因此必须考虑时间的影响。也就是说，今天的一元比一年或很久以后的一元更有价值，因为它可以赚取利息(或利润)。因此，资金具有时间价值。人们常说，一个人对金钱能做的最冒险的事情往往是什么都不做！

资金的时间价值，是指将一定量资金投入经济活动一段时间后所产生的增值或经济效益。如参加银行储蓄可获得利息，投资项目可获得纯收益，这些资金的利息和纯收益是资金时间价值的具体体现。

资金以利息和利润形式的回报是工程经济研究的基本要素。首先，将利息和利润支付给资金提供者，作为他们放弃资金使用的补偿。资金提供者能够从资金中实现回报，这作为一种激励，促使他们通过储蓄积累资金，从而推迟即时消费，以创造未来的财富。其次，利息和利润是对投资者允许他人或组织使用其资金所承担风险的支付。一般情况下，投资者必须决定他们资金的预期回报是否足以证明参与一个提议中的项目或企业是合理的。如果投资一个项目，那么投资者至少希望获得的回报等于他们因不将其用于其他可用的、风险相当的替代机会而牺牲的金额。因此，无论是涉及借贷资金还是股本资金，都存在资金使用成本，这意味着项目或企业必须提供足够的回报，以在财务上吸引资金或财产的提供者。

资金时间价值的大小受多种因素的影响，总的说来，影响资金时间价值的因素主要包括：

(1) 资金的使用时间：在单位时间的资金增值率一定的条件下，资金的使用时间越长，则资金的时间价值越大；资金的使用时间越短，则资金的时间价值越小。

(2) 资金数量的大小：在其他条件不变的情况下，资金数量越大，资金的时间价值就越大；反之，资金的时间价值就越小。

(3) 资金周转的速度：资金周转越快，一定时间内等量资金的时间价值越大；反之，一定时间内等量资金的时间价值越小。

(4) 经济效益：资金投资的效益高低也会影响资金的时间价值，效益越高，资金的时间价值增长得越快。

(5) 通货膨胀率：通货膨胀会降低货币的购买力，从而影响资金的实际时间价值。

(6) 投资风险：投资的风险性也会影响资金的时间价值，风险升高，为了补偿这种风险，资金的时间价值可能会被要求更高。

## 2.2 资金时间价值的衡量尺度和计算方法

### 2.2.1 资金时间价值的衡量尺度

既然资金的时间价值直接体现为利息或纯收益形态的增值，那么客观上必然存在资金随时间增值的速率，可以用来作为不同时间点的资金价值的换算率，这种换算率就是计算资金时间价值的尺度。这方面的尺度有两种：① 银行利率；② 动态投资收益率。

可以设想，当资金所有者决定把资金投入某一工程项目时，他就必须放弃利用该资金于其他有利可得的机会。例如，他不再可能把该资金放在银行里去赚取利息。因此，项目投资人希望该项目的动态投资收益率至少要大于银行利率。这是由于把钱存入银行可稳拿利息，而投资企业要承担一定的风险。

在完全市场经济社会，由于自由竞争和价值规律发挥充分的作用，各部门、各行业之间有一个平均的动态投资收益率，而银行利率就在该平均的动态投资收益率附近上下浮动。因此，各行业普遍采用银行利率作为计算资金时间价值的尺度。

动态投资收益率和银行利率是一个国家或经济组织资本运营水平和盈利能力的反映。我国现行的银行利率带有一定的政策性，用它作尺度还不能完全反映资金的时间价值。在社会主义市场经济条件下，虽然国家公布了社会折现率，但在国民经济各部门、各行业之间并不存在一个统一的、平均的收益率(或利润率)，因为资金在各部门发挥的经济效益是不同的，为此应该由各主管部门确定各自的标准投资收益率来作为其衡量尺度。

### 2.2.2　资金时间价值的计算方法——单利法与复利法

利息的计算方法可分为单利和复利两种方法。利息的计算期又称为计息期，计息期可以是一年或更短、更长的时间，工程项目多以一年为计息期。

1. 单利法

在资金运动过程中，只考虑原始投入的资金(本金)产生利息，而此利息不再产生利息的计算方法叫单利法。单利的利息 $I$ 与投入的本金 $P$ 及所约定的计息期数 $n$ 的乘积成正比，即

$$I \propto Pn$$

令其比例常数为 $i$，则单利的利息公式为

$$I = Pni \tag{2-1}$$

当 $n=1$ 时，$i=I/P$，所以 $i$ 的含义为每个计息期内本金增值的百分率，称为利率。计息期为年时称为年利率或年息，计息期为月时称为月利率或月息。

采用单利法求本利和 $F$ 的公式为

$$F = P + I = P(1+ni) \tag{2-2}$$

**【例 2-1】**　已知银行 3 年定期存款的年利率为 5%，现存入定期为 3 年的本金 10 000 元，问 3 年到期时可取得多少利息？本利和为多少？

解：到期应得利息　$I = Pni = 10\,000 \times 3 \times 5\% = 1\,500$(元)

本利和　$F = P + I = P(1+ni) = 11\,500$(元)

单利法计算的出发点是资金在被投入生产部门后的全部作用时间内，每年(或每个周转期)以一定的投资收益率为社会提供一定的经济效益(纯收入)，但是这部分纯收入不再投入生产建设中，不进行扩大再生产。所以，单利法仅是从简单再生产的角度计算经济效果的。

2. 复利法

在资金运动过程中，不仅有本金产生利息，此利息在下一个计息期内转化为本金，也产生利息的计算方法叫复利法。显然，这种方法比较客观地体现了资金的时间价值。

**【例 2-2】**　现借款 10 000 元，年利率为 5%，按复利计息，则第 3 年年末应偿还多少？

解：用表 2-1 求解。

**表 2-1　每年的利息**

| 计息期 | 年初欠款 $P$/元 | 年末利息 $I$/元 | 年末欠款总额 $F$/元 |
|---|---|---|---|
| 第 1 年 | 10 000 | 10 000×5%=500 | 10 000×(1+5%)=10 500 |
| 第 2 年 | 10 500 | 10 500×5%=525 | $10\,000\times(1+5\%)^2=11\,025$ |
| 第 3 年 | 11 025 | 11 025×5%=551.25 | $10\,000\times(1+5\%)^3=11\,576.25$ |

从表 2-1 中可以明显看出这种利息反复产生利息的效应。计算结果与【例 2-1】比较，复利法计算由于体现了利息的时间价值，3 年后的本利和比单利法计算多了 76.25 元。当本金越大、计息期越长、利率越高时，两者的差额就越悬殊，因此对于大型工程项目，更应注意时间因素。

## 2.3 资金等值计算

### 2.3.1 资金等值的概念

资金的时间价值表明，在不同的时间付出或得到同样数额的资金，其经济价值是不等的。也就是说，一笔数额确定的资金的经济价值随着时间的不同而不同。同样，根据资金时间价值的概念，数额不同的资金在不同的时间因素作用下可能会具有相等的经济价值。例如，在年利率为 8%的条件下，现在的 100 元与 5 年后的 146.93 元是等值的，即

$$100 \times (1+8\%)^5 \approx 146.93(\text{元})$$

同样地，5 年后的 146.93 元对应目前的数额为

$$146.93 \times \frac{1}{(1+8\%)^5} \approx 100(\text{元})$$

将这两笔资金折算到任何确定的时间，都可以计算出它们的数额是相同的。如折算到第 3 年，则分别为

$$100 \times (1+8\%)^3 \approx 125.97(\text{元})$$

$$146.93 \times \frac{1}{(1+8\%)^2} \approx 125.97(\text{元})$$

正是由于资金时间价值的存在，不同时刻发生的资金支出或收入不能直接相加，为达到支出或收入的时间可比性要求，必须进行资金的等值计算。

等值计算是工程经济分析中的一个重要内容。在比较工业项目或技术方案时，应对该项目或方案的各项投资与收益进行对比，而这些投资与收益往往发生在不同的时期，于是就必须将其按照一定的利率折算至某一相同的时间点进行等值计算，使之具有可比性。通常，一个工程项目建设往往是投资支出发生在前，投资收入发生在后。在计算项目费用、效益时，如果把现值的投资支出和将来值的投资收入做对比，就不能得出正确的结论。为了保证收支的可比性，获得准确的经济评价，必须把不同时间点的价值换算成相同时间点的价值，然后进行对比。例如，把一项工程的将来值收入换算成现值收入，然后在现值的基础上进行现值收入和现值支出的对比，计算它的投资效益，或者把该项工程的现值支出换算成将来值支出，然后在将来值的基础上进行将来值支出和将来值收入的对比，计算它的投资效益。

### 2.3.2 资金等值计算涉及的几个术语

(1) 现金流量图和时间标尺

在计算投资项目的经济效益时，常用到所谓的现金流量图，即把项目的现金收支情况在一根时间标尺上形象地表现出来，如图 2-1 所示。

**图 2-1　现金流量图和时间标尺示意图**

如图 2-1 所示，时间标尺是一条水平线从 0 到 $n$ 标志着经济活动的时间推移过程。最左端为 0 时间点，代表当前、现在时刻。时间点 2 代表已经历 2 个计息期(年)，它相当于第 2 个计息期的末了和第 3 个计息期的开始。

现金流量图是把各个计息期期初发生的或期末结算的现金支出和收入，用带箭头的线标绘在上述时间标尺的相应时间点上而构成的。箭头指向表示现金流动的方向，通常以垂直向上表示正现金流量(现金流入)，以垂直向下表示负现金流量(现金流出)，如图 2-2 所示。

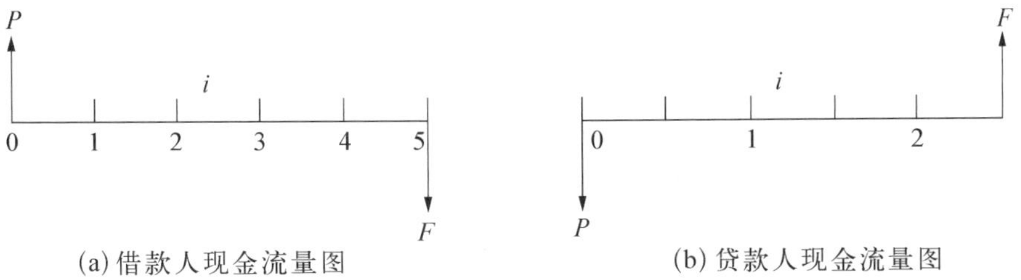


**图 2-2　借款人和贷款人现金流量图**

现金流量图比较直观地揭示了项目的现金流量，根据项目给定的条件(如折现率 $i$)，可以计算各时间点的现值或将来值。

(2) 时值与等值

一定量的资金在运动过程中所处某一时刻的价值称为时值。而等值是指不同时间点的绝对值不等的金额，却具有相等的时间价值。例如，当年利率为 10%时，今天的 100 元，一年后的今天就达到 110 元，这 110 元就是今天的 100 元在一年后的时值，就其价值来说，这两者是相等的。依此类推，下列这些资金的数额不同却是等值的(年利率为 10%)。

| 2021 年 10 月 1 日 | | 2022 年 10 月 1 日 | | 2023 年 10 月 1 日 |
|---|---|---|---|---|
| 90.91 元 | ⇔ | 100 元 | ⇔ | 110 元 |

(3) 现值($P$)与贴现

现值(present value，用 $P$ 表示)指的是未来某一时间点的资金或现金流量按照特定的利率折算到现在的价值。将资金在运动过程中未来某一时刻发生的现金流量折算成现在时刻的价值，这种折算过程叫作贴现(或折现)，如图 2-3 所示。

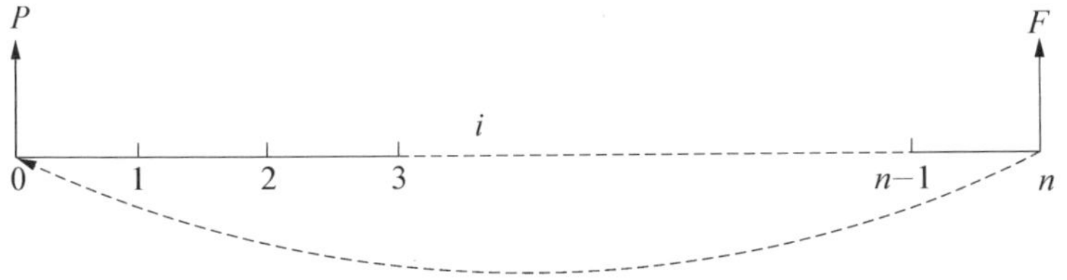


**图 2-3　贴现现金流量图**

(4) 将来值($F$)

将来值也叫终值(future value,用 $F$ 表示),指的是现在某一金额在未来某一时间点,按照一定的利率增长后的价值。现在的资金一旦投入经济活动,经过一定的时间就增长为新的资金值,即未来某一时刻的金额。求将来值的现金流量图如图 2-4 所示。

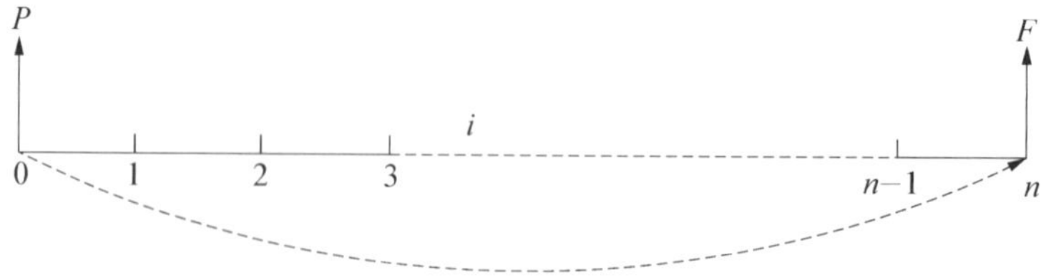


**图 2-4 求将来值现金流量图**

(5) 年金($A$)

资金活动是多种多样的,有的是逐年等额投入,到期一次回收,也有的是一次投资后逐年等额回收。一系列连续地发生于每个计息期(年)期末的等额的现金流量称为年金(annuity,用 $A$ 表示)。其现金流量图如图 2-5 所示。

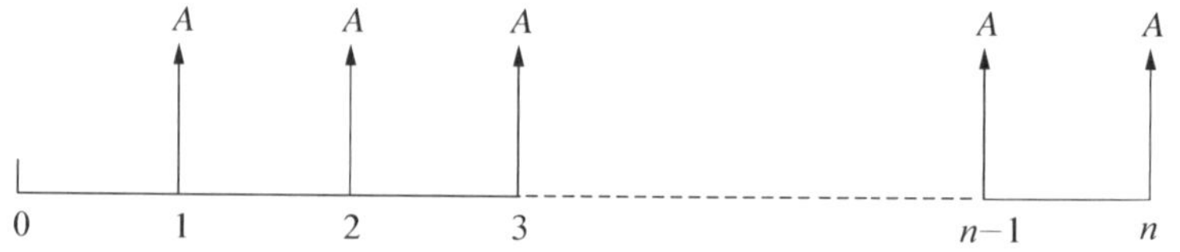


**图 2-5 年金现金流量图**

## 2.3.3 复利等值换算公式

常用的复利等值换算公式有 6 个,可分为两大类,主要表明 $P$,$F$,$A$ 三者间的变换关系,如图 2-6 所示。

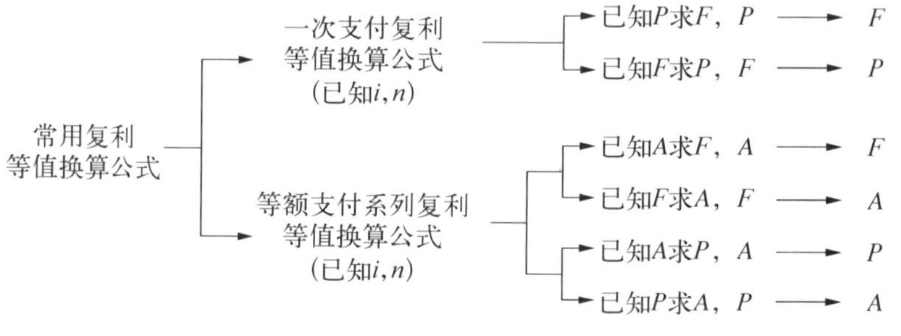


**图 2-6 常用复利等值换算公式分类**

$P$—现值;$F$—将来值;$A$—年金;$i$—利率,一般指年利率,以百分数表示;$n$—计息期数,一般以年为单位

1. 一次支付复利等值换算公式

(1) 复利终值公式

$$F=P(1+i)^n \tag{2-3}$$

式(2-3)用于已知某笔资金 $P$ 按年利率 $i$ 进行投资，计算 $n$ 年后的本利和，其现金流量图模式见图2-4。通常把 $(1+i)^n$ 称为一次支付复利终值系数，用符号 $(F/P, i, n)$ 表示，利用这个系数可以由现值 $P$ 求出将来值 $F$。为便于计算，按照不同的 $i$ 和 $n$ 求出 $(F/P, i, n)$，并列入复利系数表(包括后续各个系数)以备查用，见附录。于是式(2-3)可改写成

$$F = P(F/P, i, n) \tag{2-3a}$$

**【例2-3】** 某企业技术改造，向银行贷款10万元，年利率为5%，到第5年年末还清贷款，按复利计算需偿还本利共多少？

解1：按式(2-3)计算。

$$F = 10 \times (1+5\%)^5 \approx 12.76(万元)$$

解2：查表计算。

$$F = 10(F/P, 5\%, 5) = 10 \times 1.276 = 12.76(万元)$$

(2) 复利现值公式

$$P = F\frac{1}{(1+i)^n} \tag{2-4}$$

式中，$\frac{1}{(1+i)^n}$ 为一次支付复利现值系数，用符号 $(P/F, i, n)$ 表示，利用这个系数可以由将来值 $F$ 求出现值 $P$。式(2-4)的现金流量图模式见图2-3。式(2-4)可改写成

$$P = F(P/F, i, n) \tag{2-4a}$$

式中，利率 $i$ 在贴现公式中又称为贴现率(或折现率)。

**【例2-4】** 为了在5年后得到1 000万元，按年利率10%复利计息，现在应投入多少资金？

解：$P = 1\,000(P/F, 10\%, 5) = 1\,000 \times 0.620\,9 = 620.9$(万元)

2. 等额支付系列复利等值换算公式

(1) 年金终值公式

$$F = A\left[\frac{(1+i)^n - 1}{i}\right] \tag{2-5}$$

式(2-5)推导过程如下：由图2-2(b)知 $F = A + A(1+i) + A(1+i)^2 + \cdots + A(1+i)^{n-2} + A(1+i)^{n-1}$，此式为一等比级数，其首项为 $A$，公比为 $1+i$，根据等比级数求和公式得 $F = \frac{A[(1+i)^n - 1]}{(1+i) - 1} = A\left[\frac{(1+i)^n - 1}{i}\right]$。

式(2-5)表示连续等额的期末借款(或投资)金额 $A$，按年利率 $i$ 复利计息，求经 $n$ 次借款

(或投资)后的本利和 $F$。式中$\frac{(1+i)^n-1}{i}$称为年金终值系数,用符号$(F/A, i, n)$表示,利用这个系数可以由年金 $A$ 求出本利和 $F$,所以式(2-5)可改写成

$$F=A(F/A, i, n) \tag{2-5a}$$

式(2-5)或式(2-5a)的现金流量图模式如图 2-7 所示。

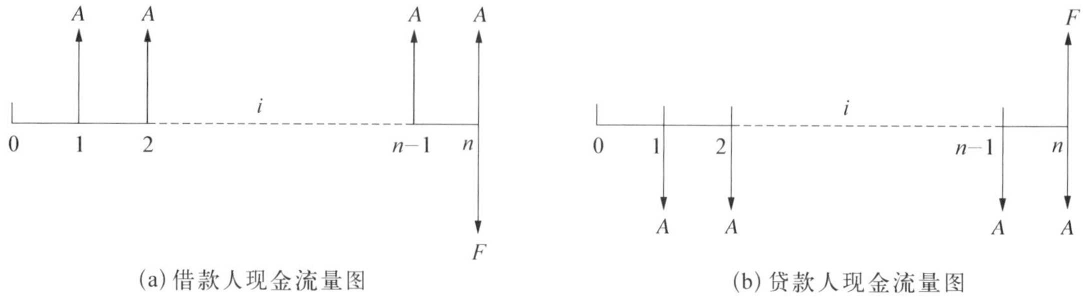


**图 2-7　等额支付系列年金-终值现金流量图**

**【例 2-5】** 连续 5 年每年年末借款 100 元,按年利率 6%复利计息,到第 5 年年末共需还款多少?

解 1:按式(2-5)计算。

$$F=100\times\left[\frac{(1+6\%)^5-1}{6\%}\right]\approx 563.7(\text{元})$$

解 2:查表计算。

$$F=100(F/A, 6\%, 5)=100\times 5.637=563.7(\text{元})$$

(2) 偿债基金公式

$$A=F\left[\frac{i}{(1+i)^n-1}\right] \tag{2-6}$$

式(2-6)用来计算要在 $n$ 年后得到一笔偿还的资金 $F$,从现在起每年年末应该存储的资金 $A$ 是多少。式中$\frac{i}{(1+i)^n-1}$称为偿债基金系数,用符号$(A/F, i, n)$表示,利用这个系数可以由将来值 $F$ 求出年金 $A$。式(2-6)可改写成

$$A=F(A/F, i, n) \tag{2-6a}$$

**【例 2-6】** 为了要在 5 年之后得到资金 563.7 元,按年利率 6%复利计息,从现在起的连续 5 年每年年末应该存储多少资金?

解:$A=563.7(A/F, 6\%, 5)=563.7\times 0.177\,4\approx 100(\text{元})$

(3) 资金回收公式

$$A = P\left[\frac{i(1+i)^n}{(1+i)^n - 1}\right] \tag{2-7}$$

式中，$\frac{i(1+i)^n}{(1+i)^n-1}$为资金回收系数(或资金恢复系数)，用符号$(A/P, i, n)$表示，利用这个系数可以由现值 $P$ 求出年金 $A$。于是上式可改写成

$$A = P(A/P, i, n) \tag{2-7a}$$

现在一次借款(或投资)，逐年均衡偿还的计算，可以用图 2-8 表示。

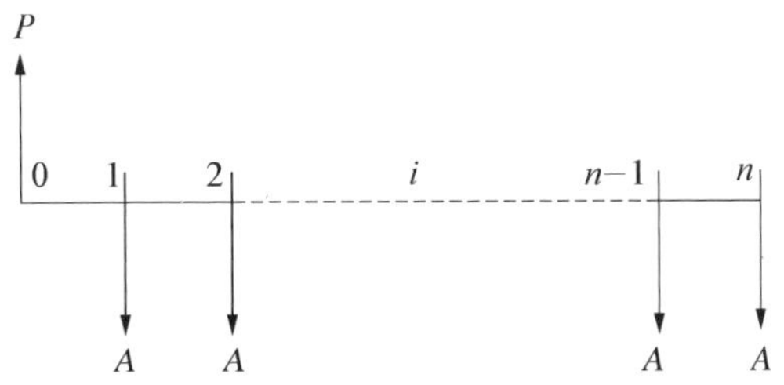


**图 2-8　等额支付系列年金-现值现金流量图**

**【例 2-7】** 某企业向银行贷款 10 000 元，年利率为 10%，在今后 5 年的每年年末等额偿还本息，求每年的偿还值。

解：$A = 10\,000(A/P, 10\%, 5) = 10\,000 \times 0.263\,8 = 2\,638$(元)

(4) 年金现值公式

在 $n$ 年内，每年年末等额支付(或收入)一笔年金，按年利率 $i$ 复利计息，它们相应的期初借款(或投资)为

$$P = A\left[\frac{(1+i)^n - 1}{i(1+i)^n}\right] \tag{2-8}$$

式中，$\frac{(1+i)^n-1}{i(1+i)^n}$为年金现值系数，用符号$(P/A, i, n)$表示，利用这个系数可以由年金 $A$ 求出现值 $P$。故上式可改写成

$$P = A(P/A, i, n) \tag{2-8a}$$

**【例 2-8】** 今后 5 年内每年年末可以收入 2 638 元，若年利率为 10%，则目前应投入的资金金额为多少？

解：$P = 2\,638(P/A, 10\%, 5) = 2\,638 \times 3.790\,8 \approx 10\,000$(元)

## 2.4　名义利率和有效利率

通常所用的利率是以 1 年为 1 期计息的，称为年利率，但实际的计息期不一定是 1 年，当

计息期小于1年，例如半年、3个月、1个月……这时就出现了名义年利率和有效利率(实际年利率)两个不同的概念。名义年利率定义为计息期利率乘每年的计息期数。例如，对于计息期为1个月，每个计息期的利率为1%的名义年利率就等于12%，这种复利方式常写成“年利率12%，每月计息一次”，其中的“年利率12%”指的是名义年利率。但按复利方式，则实际年利率并不是12%，而应稍大一些，这是由于该复利方式实际上是在1年内以1%的利率按复利计息了12次。如果以本金1元按此复利方式计算，那么1年后的本利和应为

$$F=P(1+i)^n=1\times(1+1\%)^{12}\approx 1.1268(\text{元})$$

这1年内的实际利息为

$$I=F-P=1.1268-1=0.1268(\text{元})$$

于是其实际年利率为

$$i=\frac{I}{P}=\frac{0.1268}{1}=0.1268=12.68\%$$

综上所述，有效利率等于按1年内的计息期数及计息期利率复利计息所相当的年利率。显然，当计息期为1年时，实际年利率等于名义年利率。但当计息期短于1年时，两者就出现差异，实际利率大于名义利率。这是名义利率没有考虑在1年之内先前计息期所得利息的时间价值的缘故。因此，实质上，名义利率和有效利率两个概念的区别，相当于单利和复利两个概念的区别。名义年利率 $r$ 与有效利率 $i$ 的关系可由复利公式求得。当1年之内的计息期数为 $m$ 时，实际年利率为

$$i=\left(1+\frac{r}{m}\right)^m-1 \tag{2-9}$$

如果利息在每一个可能的时刻都被加到本金上，并且新的本金立即开始产生利息，就成为连续复利。连续复利公式为

$$F=Pe^m \tag{2-10}$$

例如：对于“年利率6%，每半年计息一次”的实际年利率可应用式(2-9)计算，按题意，其计息期数 $m=2$，则实际年利率为

$$i=\left(1+\frac{6\%}{2}\right)^2-1=0.0609=6.09\%$$

为了说明实际年利率随着计息期缩短或年计息次数增加而升高的情况，在表2-2中列出部分数据。

**表2-2 $i$ 与 $r$,$m$ 的关系**

| | $r=6\%$ | $r=12\%$ | $r=24\%$ |
|---|---|---|---|
| $m=1$ | 6.000 | 12.000 | 24.000 |
| $m=2$ | 6.090 | 12.360 | 25.440 |
| $m=4$ | 6.136 | 12.551 | 26.248 |
| $m=12$ | 6.168 | 12.683 | 26.824 |
| $m\to\infty$ | 6.184 | 12.750 | 27.125 |

【例2-9】 某人存储1 000元，共存储10年。试计算：

(1) 以“年利率6%，按季复利”的方式计息，期末可得多少？

(2) 以“年利率6%，连续复利”的方式计息，期末共可得多少？

解：(1) 应用复利公式计算时可采用两种方法。

法1：按季复利计算。

$$F=P(1+i)^n=1\,000\times\left(1+\frac{6\%}{4}\right)^{10\times4}\approx1\,814(\text{元})$$

法2：先求得实际年利率，然后按年复利计算。

$$i=\left(1+\frac{r}{m}\right)^m-1=\left(1+\frac{0.06}{4}\right)^4-1\approx0.061\,36=6.136\%$$

$$F=P(1+i)^n=1\,000\times(1+6.136\%)^{10}\approx1\,814(\text{元})$$

(2) 应用连续复利公式求将来值，按式(2-10)计算。

$$F=Pe^{rn}=1\,000\times e^{6\%\times10}\approx1\,822(\text{元})$$

## 2.5 等值计算实例

进行资金等值计算需要应用上述各计算公式。在套用公式时，应注意“死套活用”。所谓“死套”，是指要严格按照公式中 $P$，$F$，$A$，$i$，$n$ 的含义、相互关系及利息公式的应用条件进行套用。$A$ 是各期期末的支付，$F$ 发生在 $A$ 的最后一期，$P$ 则发生在 $A$ 的最前一期的初始值，$i$ 是计息期的有效利率，$n$ 是计息期数。只有当计息期与支付期相同时，才能直接套公式。所谓“活用”，是指灵活应用公式，不能直接采用公式时修改相关条件，使之符合利息公式。此外，应把现值、将来值看成相对的概念。现值并非专指一笔资金“现在”的价值，它是一个相对的概念。将第$(t+k)$个时间点上发生的资金折现到第 $t$ 个时间点，所得的等值金额就是第$(t+k)$个时间点上资金金额的现值。同样的道理，将第 $t$ 个时间点上发生的资金折现到第$(t+k)$个时间点，所得的等值金额就是第 $t$ 个时间点上资金金额的将来值。当计息期与支付期不同时，灵活进行转化，使计息期与支付期一致，从而求得资金的等值。

### 2.5.1 不同时间点的等值计算

【例2-10】 某企业以年利率8%向银行借款10 000元，准备在4年内将本利还清。这笔借款有好几种归还方法，简单起见，选了下列三种方法，试分析这三种方法。

方法一：每年年末归还2 500元借款，加上当年借款的利息，4年还清。

方法二：前3年每年年末仅归还借款的利息10 000×8%=800(元)，第4年年末归还全部借款和第4年借款的利息。

方法三：前3年年末均不归还，第4年年末归还借款和借款的4年利息。

解：三种归还方法归纳于表2-3中。

表 2-3　三种归还方法

| 方法(1) | 年序(2) | 年初欠款(3) | 欠款利息(4)=8%×(3) | 年末欠款(5)=(3)+(4) | 归还欠款(6) | 年末总归还(7) | 现金流量图(单位：元)(8) |
|---|---|---|---|---|---|---|---|
| 一 | 1 | 10 000 | 800 | 10 800 | 2 500 | 3 300 | 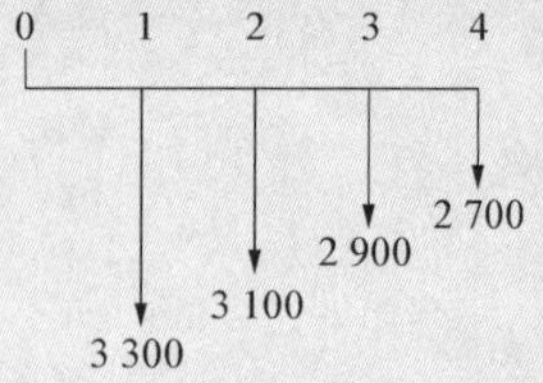 |
| | 2 | 7 500 | 600 | 8 100 | 2 500 | 3 100 | |
| | 3 | 5 000 | 400 | 5 400 | 2 500 | 2 900 | |
| | 4 | 2 500 | 200 | 2 700 | 2 500 | 2 700 | |
| | | | 2 000 | | 10 000 | 12 000 | |
| 二 | 1 | 10 000 | 800 | 10 800 | 0 | 800 | 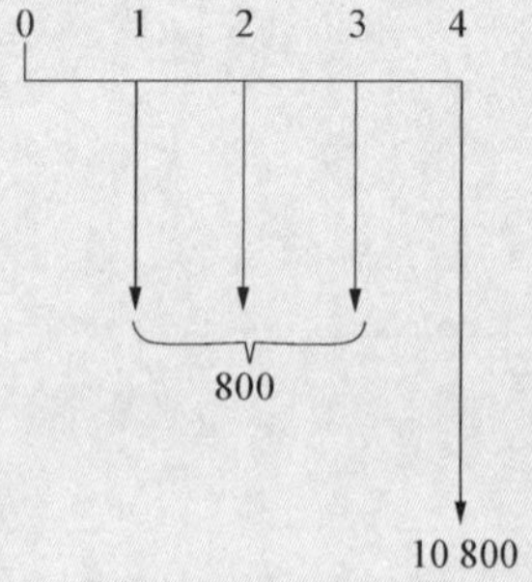 |
| | 2 | 10 000 | 800 | 10 800 | 0 | 800 | |
| | 3 | 10 000 | 800 | 10 800 | 0 | 800 | |
| | 4 | 10 000 | 800 | 10 800 | 10 000 | 10 800 | |
| | | | 3 200 | | 10 000 | 13 200 | |
| 三 | 1 | 10 000 | 800 | 10 800 | 0 | 0 | 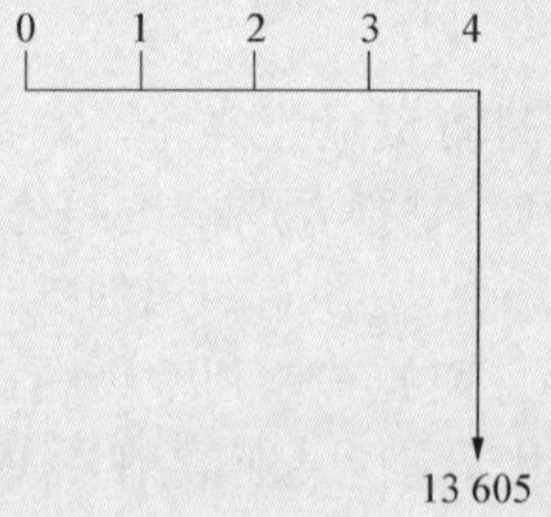 |
| | 2 | 10 800 | 864 | 11 664 | 0 | 0 | |
| | 3 | 11 664 | 933 | 12 597 | 0 | 0 | |
| | 4 | 12 597 | 1 008 | 13 605 | 10 000 | 13 605 | |
| | | | 3 605 | | 10 000 | 13 605 | |

从表 2-3 中可以看出，这三种归还借款的方法，不但互相等值，而且与 10 000 元现款等值。

方法一的现值：

$$P=300(P/F,8,1)+3\,100(P/F,8,2)+2\,900(P/F,8,1)+2\,700(P/F,8,1)\approx 10\,000(元)$$

方法二的现值：

$$P=800\times\left(\begin{matrix}P/A,8,3\\2.577\,1\end{matrix}\right)+10\,800\times\left(\begin{matrix}P/F,8,4\\0.735\,0\end{matrix}\right)\approx 10\,000(元)$$

方法三的现值：

$$P=13\,605\times\left(\begin{matrix}P/F,8,4\\0.735\,0\end{matrix}\right)\approx 10\,000(元)$$

通过计算说明这三种方法的现金流量是等值的，因为任何时间其相应的值都相等。

在工程经济分析中，等值是一个非常重要的概念。在方案的比较中，都采用等值概念进行分析和选定。

## 2.5.2　计息期为一年的等值计算

当计息期为一年时，有效利率与名义利率相同，可以利用 6 个等值换算公式直接进行等值计算。

**【例 2-11】**　当利率为多少时，现在的 300 元等值于第 9 年年末的 525 元？

解：
$$F=P(F/P,\ i,\ n)$$
$$525=300(F/P,\ i,\ 9)$$
$$(F/P,\ i,\ 9)=\frac{525}{300}=1.750$$

从利息表上查到，当 $n=9$ 时，1.750 落在 6%和 7%之间。从 6%的表上查到 1.689，从 7%的表上查到 1.838。用直线内插法可得

$$i=6\%+\left(\frac{1.689-1.750}{1.689-1.838}\right)\times 1\%\approx 6.41\%$$

计算表明，当利率为 6.41%时，现在的 300 元等值于第 9 年年末的 525 元。

**【例 2-12】**　当利率为 8%时，从现在起连续 6 年的年末等额支付为多少，才能与第 6 年年末的 1 000 000 元等值？

解：　$$A=F(A/F,\ i,\ n)=1\,000\,000\times\begin{pmatrix}A/F,\ 8,\ 6\\ 0.136\,3\end{pmatrix}=136\,300(\text{元})$$

计算表明，当利率为 8%时，从现在起连续 6 年 136 300 元的年末等额支付与第 6 年年末的 1 000 000 元等值。

**【例 2-13】**　当利率为 10%时，从现在起连续 5 年的年末等额支付为 600 元，问与其等值的第 0 年的现值为多少？

解：　$$P=A(P/A,\ i,\ n)=600\times\begin{pmatrix}P/A,\ 10,\ 5\\ 3.790\,8\end{pmatrix}=2\,274.48(\text{元})$$

计算表明，当利率为 10%时，从现在起连续 5 年 600 元的年末等额支付与第 0 年的现值 2 274.48 元等值。

## 2.5.3　计息期短于一年的等值计算

如计息期短于一年，仍可利用以上的等值换算公式进行等值计算，这种计算通常会出现下列三种情况。

(1) 计息期和支付期相同

【例 2-14】 年利率为 12%，每半年计息一次，从现在起，连续 3 年，每半年 100 元的等额支付，问与其等值的第 0 年的现值为多少？

解：每个计息期的利率 $i=\frac{12\%}{2}=6\%$

计息期数 $n=3\times 2=6$

$$P=A(P/A,\ i,\ n)=100\times\begin{pmatrix}P/A,\ 6,\ 6\\ 4.9173\end{pmatrix}=491.73(\text{元})$$

计算表明，按年利率 12%、每半年计息一次计算利息，从现在起连续 3 年每半年 100 元的等额支付与第 0 年的现值 491.73 元等值。

【例 2-15】 求等值状况下的利率。假如有人目前借款 2 000 元，在今后 2 年内分 24 次偿还，每次偿还 99.80 元，复利按月计算。试求月有效利率、名义利率和年有效利率。

解：
$$A=P(A/P,\ i,\ n)$$
$$99.80=2\,000(A/P,\ i,\ 24)$$
$$(A/P,\ i,\ 24)=\frac{99.80}{2\,000}=0.0499$$

查表，上列数值相当于 $i=1.5\%$。因为计息期是一个月，所以月有效利率为 1.5%。

名义利率
$$r=(\text{每月 }1.5\%)\times(12\text{ 个月})=\text{每年 }18\%$$

年有效利率
$$i=\left(1+\frac{r}{n}\right)^{n}-1=\left(1+\frac{18\%}{12}\right)^{12}-1\approx 0.1956=19.56\%$$

(2) 计息期短于支付期

【例 2-16】 按年利率 12%、每季度计息一次计算利息，从现在起连续 3 年的年末等额借款为 1 000 元，问与其等值的第 3 年年末的借款金额为多少？

解：其现金流量图如图 2-9 所示。

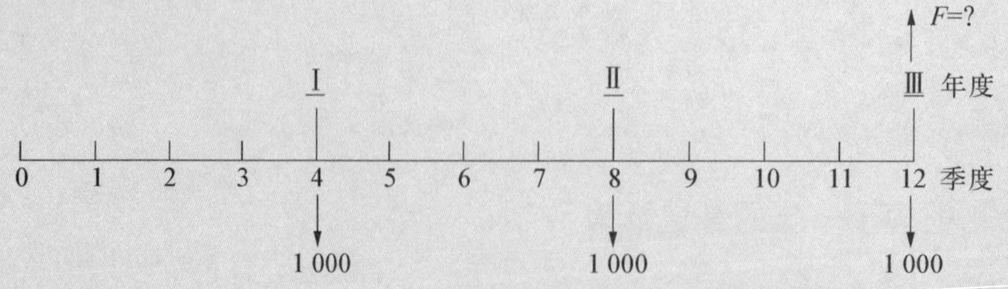


**图 2-9 按季计息年度支付的现金流量图(单位：元)**

每年向银行借款一次，支付期为一年，年利率为 12%，每季度计息一次，计息期为一个季度，属计息期短于支付期。因为利息按季度计算，而支付在年底，这样计息期期末不一定有支付，所以本题不能直接采用利息公式，需要进行修改，使之符合利息公式，修改方法有如下三种。

第一种方法：取一个循环周期，使这个周期的年末支付转变成等值的计息期期末的等额支付系列，其现金流量图见图 2-10。

图 2-10 将年度支付转化为计息期期末支付(单位：元)

$$A = F(A/F, i, n) = 1\,000 \times \binom{A/F, 3, 4}{0.239\,0} = 239(\text{元})$$

其中
$$r = 12\%, n = 4$$
$$i = 12\% \div 4 = 3\%$$

经过转变，计息期和支付期完全重合，可直接利用利息公式进行计算，并适用于后 2 年。本题的现金流量图变成图 2-11。

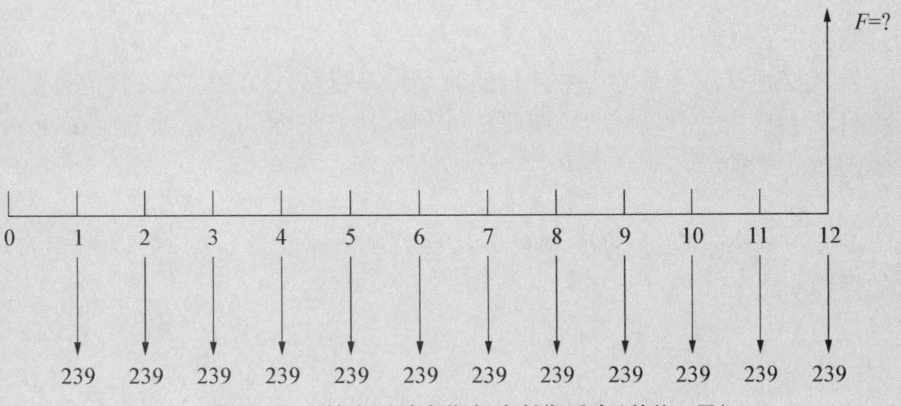


图 2-11 转变后计息期与支付期重合(单位：元)

$$F = A(F/A, i, n) = 239 \times \binom{F/A, 3, 12}{14.192} \approx 3\,392(\text{元})$$

第二种方法：把等额支付的每个支付看作一次支付，求出每个支付的将来值，然后把将来值加起来，这个和就是等额支付的实际结果。

$$F = 1\,000 \times \binom{F/P, 3, 8}{1.267} + 1\,000 \times \binom{F/P, 3, 4}{1.126} + 1\,000 \approx 3\,392(\text{元})$$

式中，第一项代表第 1 年年末借的 1 000 元将计息 8 次；第二项代表第 2 年年末借的 1 000 元将计息 4 次；最后一项代表第 3 年年末借的 1 000 元。

第三种方法：先求出支付期的有效利率，本例的支付期为一年，然后以一年为基础进行计算。年有效利率是

$$i=\left(1+\frac{r}{n}\right)^{n}-1$$

现在 $n=4$，$r=12\%$，所以

$$i=\left(1+\frac{12\%}{4}\right)^{4}-1\approx 0.125\,5=12.55\%$$

由此可得

$$F=1\,000\times\binom{F/A,\ 12.55,\ 3}{3.392\,3}\approx 3\,392(\text{元})$$

其中 $(F/A,\ 12.55,\ 3)=3.392\,3$ 由下列方法求得：

$$(F/A,\ 12\%,\ 3)=3.374\,4,\qquad (F/A,\ 15\%,\ 3)=3.472\,5$$

$$(F/A,\ 12.55\%,\ 3)=3.374\,4+\frac{3.472\,5-3.374\,4}{3}\times 0.55\approx 3.392\,3$$

通过三种方法计算表明，按年利率 12%，每季度计息一次计算利息，从现在起连续 3 年 1 000 元的年末等额借款与第 3 年年末的借款金额 3 392 元等值。

(3) 计息期长于支付期

通常规定存款必须存满完整的一个计息期时才计算利息，这就是说，在计息期期间存入的款项在该期不计算利息，要到下一期计算利息。因此，计息期期间的存款应放在期末，而计息期期间的提款应放在期初。

**【例 2-17】** 假如某人在一年内的财务活动的现金流量图如图 2-12 所示。试求按季计息的等值现金流量。

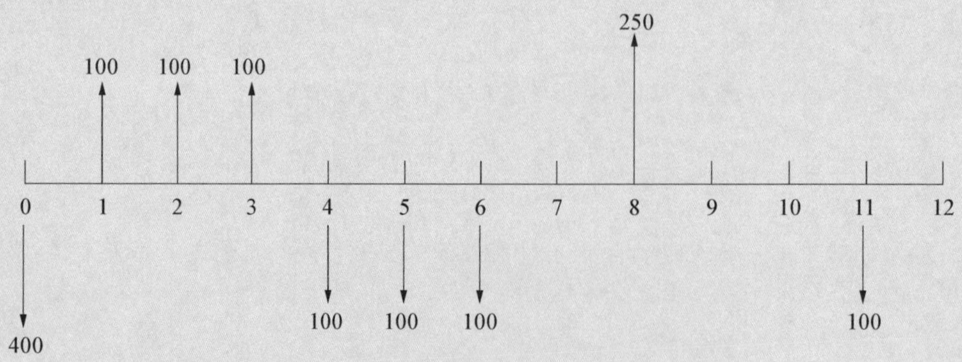


**图 2-12 某项财务活动的现金流量图(单位：元)**

解：若复利按季度计算，则这个流量图可以加以整理，得到等值的现金流量图(图 2-13)。按照这个图，计息期和支付期相同，计算可以通过利息公式进行。

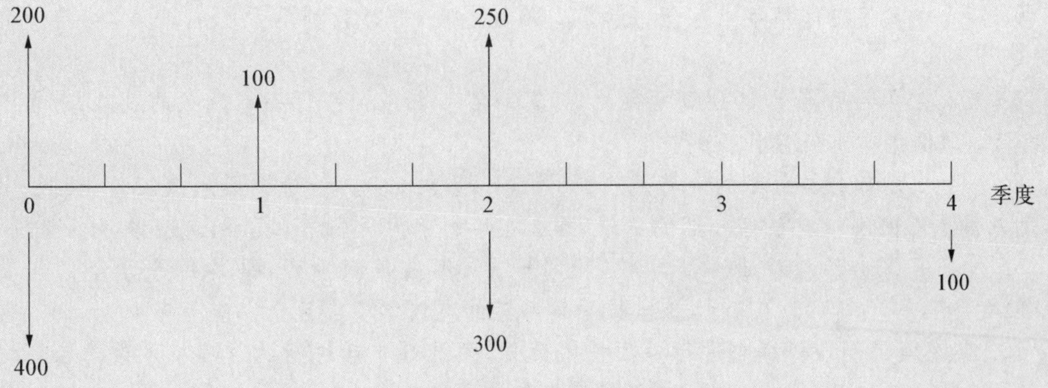


**图 2-13　按季计息整理的现金流量图(单位：元)**

如年利率为 8%，每季度计息一次，这项财务活动等值于年底的 262.30 元，以存入为正、取出为负，计算如下：

$$F=(400-200)\times\left(\begin{matrix}F/P,\ 2,\ 4\\1.082\end{matrix}\right)-100\times\left(\begin{matrix}F/P,\ 2,\ 3\\1.061\end{matrix}\right)+(300-250)\times\left(\begin{matrix}F/P,\ 2,\ 2\\1.040\end{matrix}\right)+100=262.30(元)$$

## 复习思考题

1. 什么是资金的时间价值？举例说明资金为什么会具有时间价值。
2. 如何理解资金等值？试述资金等值三要素是什么。
3. 如何绘制现金流量图？
4. 试述现值与贴现的概念。
5. 利息的计算方法有哪两种？如何计算？
6. 试述名义利率与有效利率的概念及相互关系。

## 练习题

1. 某地科技工业园欲设立每年 50 万元的奖学金，以投资教育。在年利率为 10%的条件下，试求这笔奖学金永久年金的现值。

2. 假设希望在第 5 年得到 1 000 元的存款本息，银行年利率为 8%，现在你应该在银行存入多少？

3. 某人在银行存入 20 000 元，他希望在 3 年后取出这笔钱，已知存款 1 年期的利率是 6%，3 年期的利率是 7%，试计算利息，哪种方式更适合？

4. 某企业为购买一套设备，向银行借款 200 万元，年利率为 10%，借款期为 3 年，3 年后一次还清，则第3年年末，该企业应该一次偿还银行多少本利和？

5. 上列企业，购买设备后，年收益为100万元，每年年末存入银行，年利率为6%，按照复利计算，则第3年年末共收益多少？

6. 某人在7年内每年年末存入银行10 000元款项，若存款利率为8%，则第7年年末银行存款额为多少？

7. 某人在7年后需要10 000元存款，打算每年年末存入银行一定数额的款项，若存款利率为8%，则每年年末应存款多少？

8. 一个俱乐部会员每年的会费是9 000元，一期为5年。如果该俱乐部实行先付费后活动，加入俱乐部时须一次预存一期的费用，那么在年利率为7%的情况下，现应该存多少？

9. 投资5 000万元新建一所学校，准备于10年内收回投资，平均每个学生的学费是12 000元/年，当年利率为6%时，该学校平均每年的在校学生数目至少应为多少？

10. 某企业计划自筹资金进行一项技术改造，预计5年后进行的这项技术改造需用资金300万元，银行年利率为8%，问从今年起每年年末应筹款多少？

11. 某化工厂购置一台设备花费100万元，估计可用10年，残值不计。设备投入运转后，每年年末需支付保险、保养和操作费用20 000元，从第2年开始，由于维修量增加，每年维修、保养费递增20 000元。按照年利润10%计算，这台设备的年经营费用为多少？

12. 计算以下各题现值借款的等额支付值为多少。

(1) 现借款50 000元，年利率为4%，每年年末偿还一次，5年还清债务。

(2) 现借款300 000元，年利率为8%，每年年末偿还一次，20年还清债务。

(3) 现借款150 000元，年利率为10%，每半年计息一次，每年年末偿还一次，10年还清债务。

(4) 现借款200 000元，年利率为12%，每月计息一次，每月月底偿还一次，5年还清债务。

## 案例分析题

### 小华的“校园贷”陷阱

小华是一名在校大学生，因追求更好的学习和生活条件，决定购买一台高端笔记本电脑和一些时尚的电子产品。由于手头紧张，小华通过网络广告了解到网络平台公司的“校园贷”服务，被其“低门槛、快速放款”的宣传所吸引，遂提交了贷款申请。小华在没有完全理解合同细节的情况下，签订了一份按天计息、年化利率高达36%的贷款合同，贷款金额为10 000元。小华用贷款购买了电脑和电子产品，短期内感到非常满意。随着时间的推移，小华发现贷款的利息每天在累积，而且由于是按天计息，即使只逾期一天，利息也会迅速增加。几个月后，小华意识到由于复利效应，他的债务比预期增长得更快。原本以为可以通过兼职工作偿还的贷款，现在看起来越来越难以负担。由于学业压力和找不到稳定的兼职工作，小华无法按时还款，债务额迅速累积。小华开始逾期，该公司的催收部门开始频繁联系他，给他带来巨大的心理压力。逾期后的罚息和滞纳金使债务额进一步增加，小华陷入了债务危机，感到绝望。小华的困境引起了学校和社会的关注，学生会和一些非政府组织开始介入，为他提供法律和财务咨询。

请根据案例资料回答以下问题：

(1) 小华的贷款合同的利率为多少？为何他没有意识到实际承担了36%的利率？

(2) 小华陷入债务危机的根源是什么？

(3) 这个案例给你带来的启示是什么？

# 第3章　工程经济分析的基本要素及估算方法

## 内容提要

项目现金流的基本要素，如投资、成本、收入、利润、税收等的概念和构成；各要素的估算方法；各要素与现金流的关系；项目现金流的计算。

## 思政元素

（1）责任意识：通过准确估算数据对工程经济分析的重要性，引导学生对项目负责、对社会负责的责任感。

（2）诚信教育：通过案例分析，让学生认识到在数据估算中保持诚信的必要性，避免数据造假和误导性陈述。

（3）科学精神：引导学生在进行数据估算时，应采用科学的方法和严谨的态度，追求数据的真实性和准确性。

**引例**

某绿色能源公司是一家致力于可再生能源开发的企业。该绿色能源公司计划在一个阳光充足的地区投资建设一座大型太阳能发电站，以扩大其在可再生能源市场的份额，并委托一家工程咨询公司进行工程经济分析。工程咨询公司开始收集项目的基本信息，包括土地成本、设备费用、建设周期、预期发电量等。由于缺乏当地详细的气象数据，工程咨询公司在估算预期发电量时，使用了一般地区的平均日照时数，导致发电量被高估。工程咨询公司在估算建设成本时，未能充分考虑当地劳动力成本较低的优势，导致成本被高估。另外，工程咨询公司未能准确预测长期的运营和维护成本，包括太阳能板的清洁、维修和更换费用；没有充分考虑政策变化和市场竞争的影响，如政府补贴的不确定性和竞争对手的价格战。该绿色能源公司根据工程咨询公司提供的工程经济分析报告，认为项目具有很高的投资回报率，决定投资该项目。项目实施后，该绿色能源公司发现实际发电量远低于预期，运营成本也超出了预算，项目未能产生预期的现金流量，该项目给公司带来了沉重的财务压力。

**思考题：**

(1) 评价这个太阳能发电站项目的经济效果需要哪些数据？这些数据跟会计数据有何不同？

(2) 该绿色能源公司投资失败的原因是什么？

## 3.1 项目总投资的构成、估算与资金筹措

### 3.1.1 项目总投资的构成

项目总投资是指投资项目从前期准备工作开始到全部建成投产为止所发生的全部投资费用。

建设项目总投资包括建设投资和流动资金投资两大部分，其中建设投资又由 6 个部分组成，如图 3-1 所示。

- 建设项目总投资
  - 建设投资
    - ① 固定资产投资
    - ② 无形资产投资
    - ③ 预备费
    - ④ 开办费
    - ⑤ 建设期借款利息
    - ⑥ 固定资产投资方向调节税
  - 流动资金投资

**图 3-1 建设项目总投资构成**

项目总投资所形成的资产，根据资产特性可分为固定资产、无形资产、递延资产和流动资产。项目总投资与形成资产之间的关系如图 3-2 所示。

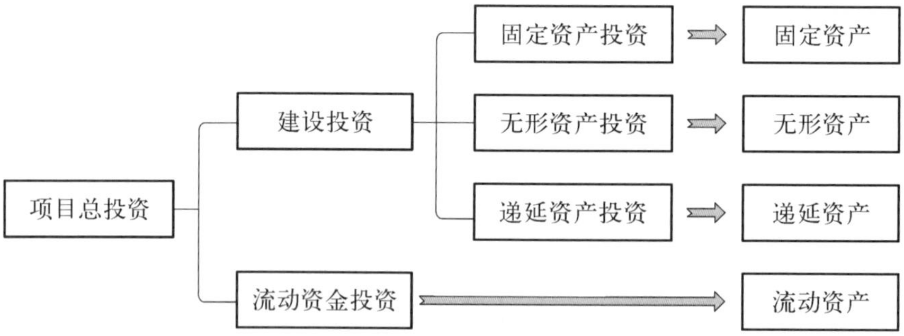


**图 3-2 项目总投资与形成资产之间的关系**

### 3.1.2 建设投资估算

建设投资由建筑工程费、设备及工器具购置费、安装工程费、工程建设其他费用、基本预备费、涨价预备费、建设期借款利息、固定资产投资方向调节税构成。其中，建筑工程费、设备及工器具购置费、安装工程费形成固定资产，工程建设其他费用可形成固定资产、无形资产和其

他资产。基本预备费、涨价预备费、建设期借款利息在可行性研究阶段采用简化计算方法，一并计入固定资产。

1. 固定资产投资估算

（1）固定资产投资是指为形成固定资产所花费的全部费用。固定资产投资构成如下。

① 工程费用。工程费用是指直接构成固定资产的项目费用。工程费用可分为建筑安装工程费、设备及工器具购置费。建筑安装工程费是指用于项目建筑工程与安装工程的费用，一般包括地基工程、土建工程、管道工程、电气照明工程等的费用。建筑工程费由直接费、间接费、计划利润和税金组成；安装工程费是指对购置设备的就位、装配和各种辅助设施的铺设所支出的费用。设备及工器具购置费是指投资中用于购买设备、工器具和仪器的部分费用。

② 工程建设其他费用。工程建设其他费用是指在从工程筹集到工程竣工验收、交付使用的整个建设期间，除建筑安装工程费和设备及工器具购置费以外，为保证工程建设顺利完成和交付使用后能够正常发挥效用而发生的各项费用。这方面费用包括土地征用费、青苗补偿费、居民安置费、拆迁费、勘察设计费、临时设施费、研究试验费、供水供电费、专利费、职工培训费等。

（2）固定资产投资的估算

① 单位生产能力估算法

这种方法是根据已建成的、性质类似的建设项目的固定资产投资额和生产能力来估算拟建项目的固定资产投资额和生产能力的一种方法。其公式如下：

$$I_2 = Q_2\left(\frac{I_1}{Q_1}\right)f \tag{3-1}$$

式中，$I_2$、$I_1$ 分别为拟建项目和已建项目的固定资产投资额；$Q_2$、$Q_1$ 分别为拟建项目和已建项目的生产规模；$f$ 为物价换算指数。

② 指数估算法

其公式如下：

$$I_2 = I_1\left(\frac{Q_2}{Q_1}\right)^m f \tag{3-2}$$

式中，$m$ 为生产规模指数（$0 < m < 1$）。根据统计资料，$m$ 的平均值大约为 0.6，故又称此方法为 0.6 指数法。该法仅适用于同类型的项目，且项目规模扩大的幅度不能超过 50 倍。当 $\frac{Q_2}{Q_1}$ 为 0.5～2 时，$m$ 近似取 1；当 $\frac{Q_2}{Q_1}$ 不大于 50，且拟建项目规模的扩大靠增大设备规模达到时，$m$ 的取值一般在 0.6～0.7，当靠增加相同规模设备数量达到时，$m$ 的取值一般在 0.3～1。

**【例 3-1】** 某化工企业拟建设年产 70 万吨乙烯的装置，已知建设年产 30 万吨乙烯装置的投资额为 60 000 万元，试估算拟建项目的投资额（$m=0.6$，$f=1.2$）。

解：由式(3-2)知　$I_2 = 60\,000 \times \left(\frac{70}{30}\right)^{0.6} \times 1.2 \approx 119\,706.73$（万元）

③ 比例估算法

这种方法是根据已有的同类项目主要设备的费用占整个项目固定资产投资总额的比例等

统计资料，估算拟建项目固定资产投资额的一种方法。其公式如下：

$$I=\frac{1}{K}\sum_{i=1}^{n}Q_iP_i \tag{3-3}$$

式中，$I$ 为拟建项目的固定资产投资额；$K$ 为已建项目主要设备投资占其总固定资产投资的比例（%）；$n$ 为设备种类数；$Q_i$ 为拟建项目中第 $i$ 种设备的数量；$P_i$ 为拟建项目中第 $i$ 种设备的单价（到厂价格）。

设备投资在项目固定资产投资中所占的比例较大，且与其他投资呈正相关关系，因此运用该法可得出拟建项目的固定资产投资额，但准确性差一些。

④ 详细估算法

这种方法是先将构成固定资产的各个部分加以估算，然后把对各个部分估算的结果汇总，从而得出固定资产投资总额的一种方法。

A. 建筑工程费的估算

建筑工程费由直接费、间接费、计划利润和税金组成。直接费包括人工费、材料费、施工机械使用费和其他直接费，可按建筑工程量和当地建筑工程概算综合指标估算。间接费包括施工管理费和其他间接费，一般以直接费为基数，按间接费率估算。计划利润以建筑工程的直接费与间接费之和为基数，按照规定的费率计取。税金包括营业税、城市维护建设税和教育费附加等。

B. 设备购置费的估算

设备购置费一般按设备原价和运杂费率估算。

其计算公式如下：

设备购置费＝设备原价×（1＋运杂费率）

设备运杂费率依据各部门的费率标准确定，具体项目可查阅相关行业的数据手册及规定。

C. 安装工程费的估算

一般根据设备购入价和相应的安装费率或设备质量和相应的安装费加以估算安装工程费。其计算公式如下：

安装工程费＝设备购入价×安装费率

安装工程费＝设备质量×每吨设备安装费

D. 工程建设其他费用的估算

关于这一部分的估算，国家有相应收费或取费标准的规定，估算时可根据项目的具体情况和有关部门的规定进行分项估算。

2. 无形资产投资估算

（1）无形资产是指由特定主体控制，不具有独立实体，对生产经营活动能长期持续地发挥作用，并具有获利能力的资产。无形资产具有以下特点：

① 无形资产无独立实体，但依托于实体。例如，土地使用权、专利权与机器设备、厂房等各项实物资产相比，最明显的区别是不具有独立实体，但往往必须依托于实体而存在。

② 无形资产具有排他性。无形资产对生产经营活动能长期持续地发挥作用，具有获利能力，并由一定的主体排他性地占有。如果仅仅是偶尔对经济发挥作用，不具有持续性，就不能被视为无形资产。即使能持续地发挥作用，但由于不能被排他性地占有，如政府发布的经济信息、公有技术、未经技术鉴定和未入贸易市场的技术等，也不是无形资产。

③ 无形资产是一种无形财产权。无形资产与固定资产相比不具有实物形态，但无形资产也属于生产资料或生产条件范畴。例如，专利权、商标权、土地使用权等都是通过企业的生产经营活动及土地的使用开发加以体现的。无形资产的存在使有形资产运营更有效益。

(2) 无形资产投资的估算

无形资产包括土地使用权、知识产权、专有技术和其他无形资产四部分。

估算无形资产投资，原则上可按取得该项无形资产时的实际成本计价。无形资产可通过购入、自创和外单位投入等途径取得。

用货币购入的无形资产，应当按实际支付的价款计价作为投资。通过自创并依法申请取得的无形资产，须按照开发过程中的实际支出进行估算，估算一般采用完全重置成本法。若自创无形资产有账面价值，则使用物价指数调整到现价即可；但大多数自创无形资产没有账面价值，此时可用细节调整法或市价调整法估价。

① 细节调整法。将无形资产创建时实际发生的材料和工时消耗量按现行价格和费用标准计算汇总，以得出重置成本。具体计算公式如下：

$$无形资产重置成本=\sum材料实际消耗量\times现行价格+\sum实耗工时\times现行费用标准$$

② 市价调整法。当自创无形资产在市场上有类似的无形资产出售时，可根据类似无形资产的市场售价及无形资产自创成本与市场售价的一般比率确定无形资产的重置成本。具体计算公式如下：

$$无形资产重置成本=类似无形资产市场售价\times成本市价系数$$

$$成本市价系数=同行业一组无形资产的成本\div相应的无形资产售价$$

市价调整法主要是将无形资产的市场价格调整为现行成本。自创无形资产的价值要按实际支出估算，而不能按市价估算，须剔除市场售价中的利润和税金。

商誉与企业整体同时存在，故只有在企业合并的情况下才能估算入账。当专有技术和商誉需要估算时，应通过法定评估机构评估确认。

3. 预备费估算

预备费亦称不可预见费，它包括基本预备费和涨价预备费。基本预备费是指在投资估算时，无法预见今后可能出现的自然灾害、设计变更、工程内容增加等情况而需要增加的投资额。其计算公式如下：

$$基本预备费=(工程费用+其他费用)\times基本预备费率$$

基本预备费率按部门规定执行，但会因可行性研究精度的提高而降低，一般情况下，基本预备费率在8%～15%。

涨价预备费是指在项目建设期内，由于受到物价上涨因素的影响而需要增加的投资额。对于大型新建项目，由于程序上的问题，从编制总概算到正式开工往往要间隔几年时间，所以此类项目的涨价预备费应分为建设前期和建设期两部分。建设前期是指总概算编制年到开工年的年份，建设期是指项目从开工到竣工投产的年份。其估算可以根据部门和行业的具体规定进行，一般按复利计算。

A. 建设前期涨价预备费的计算公式

$$R_0=P[(1+r_0)^n-1] \tag{3-4}$$

式中，$R_0$ 为建设前期涨价预备费；$P$ 为总概算编制年的固定资产投资；$r_0$ 为年涨价率(或物价上涨指数,%);$n$ 为开工年与编制年的时间差(年)。

B. 建设期涨价预备费的计算公式

$$R=\sum_{t=1}^{n}P_t[(1+r)^t-1] \tag{3-5}$$

式中,$R$ 为建设期涨价预备费;$P_t$ 为第 $t$ 年的计划投资额;$r$ 为年涨价率(%);$n$ 为建设期(年)。

4. 开办费估算

开办费是指企业在筹建期间所发生的各种费用,主要包括生产职工培训费,注册登记和筹建期间起草文件、谈判、考察等发生的各项支出,销售网的建立和广告费用,筹建期间人员工资、办公费、培训费、差旅费、印刷费、注册登记费,以及不计入固定资产和无形资产构成成本的汇兑损益和利息支出。企业在筹建期间发生的下列各种费用不应计入开办费:应当由投资者负担的各种费用;为取得各项固定资产、无形资产所发生的各种费用;筹建期间应当计入资产价值的汇兑损益和利息支出等各种费用。开办费形成项目投产后的递延资产,并在项目投产后的前几年内逐年摊销。

投资项目的开办费应当按实际可能发生的支出估算。例如,咨询调查费应根据需要咨询调查的内容和咨询机构的收费标准进行估算;人员培训费须按照培训人员的数量、培训项目、费用标准等进行估算;筹建人员的工资应按照筹建人员的数量、工资等级标准、奖金水平等情况予以估算;不计入资产价值的汇兑损益和利息支出应依据实际可能发生的汇率变动趋势和利息支出做出估算。

5. 建设期借款利息估算

建设期借款利息是指项目建设期间固定资产投资借款的应计利息,按规定应计入项目总投资。

建设期借款利息的估算,要根据资金筹措方案中拟定的不同贷款资金的来源渠道分别进行。由于估算利息发生在项目贷款正式执行以前,而不同贷款的利率是根据不同的经济形势经常调整的,因此往往无法确定贷款执行时的实际利率,估算时一般可选用银行的现行贷款利率。对于国外贷款,则可根据贷款协议书或贷款意向书规定的利率进行计算。建设期借款利息的计算分为以下两种情况。

① 贷款总额一次性贷出且是利率固定的贷款,计算公式为

$$I=P[(1+i)^n-1] \tag{3-6}$$

式中,$I$ 为利息;$P$ 为本金;$i$ 为利率;$n$ 为计息期数。

② 贷款总额分年均衡发放,假定各种借款均在年中支用,即当年借款额按半年计息,以后年份全年计息,计算公式如下:

各年应计利息=(年初借款本息累计+本年借款额/2)×年利率

国外贷款利息的计算,还应该包括贷款银行根据贷款协议向贷款方以年利率的方式收取的手续费、管理费、承诺费,以及国内代理机构向贷款单位收取的转贷费、担保费、管理费等。

**【例3-2】** 某项目建设期为3年,各年借款分别为100万元、50万元和80万元,借款年利率为10%。计算该项目建设期借款利息。

解:根据公式列表,计算结果如表3-1所示。

表3-1　建设期借款利息

| 借　款　年 | 本年借款/万元 | 年末借款利息/万元 | 本息合计/万元 |
|---|---|---|---|
| 第1年 | 100 | 5 | 105 |
| 第2年 | 50 | 13 | 168 |
| 第3年 | 80 | 20.8 | 268.8 |

6. 固定资产投资方向调节税估算

固定资产投资方向调节税是国家为了贯彻产业政策，控制投资规模，引导投资方向，调整投资结构，加强重点建设，促进国民经济持续、稳定、协调发展而开征的税种。凡是用各种资金进行固定资产投资的各级政府、机关团体、部队、国营企事业单位、集体企事业单位、私营企业、个人独资企业等单位和个人，都应缴纳固定资产投资方向调节税。

为了拉动内需，繁荣投资市场，我国政府在1999年第四季度公布，暂时取消对固定资产投资方向调节税的征收。

## 3.1.3　流动资金的构成与估算

项目总投资中的流动资金形成项目运营过程中的流动资产。

1. 流动资金的构成

流动资金是项目建成后保证其生产经营活动得以正常进行所必需的资金。由于这部分资金需要在投产前、后集中使用以形成企业的流动资产，在项目整个生产期内长期保持和周转使用，因此流动资金投资是项目投资的重要组成部分。流动资金根据其在再生产过程中的价值形态的不同，有储备资金、生产资金、成品资金、结算资金和货币资金五种价值形态，如图3-3所示。

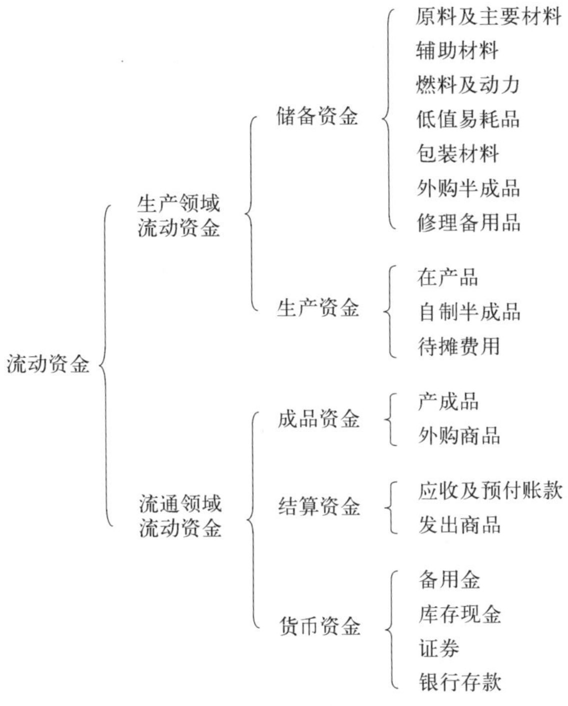


图3-3　流动资金的表现形态

2. 流动资金的估算

(1) 扩大指标估算法。扩大指标估算法又称为粗略估算法或比例估算法，它是根据流动资金与某经济指标的比例关系估算流动资金的一种方法，基本公式如下：

流动资金＝拟建项目某经济指标×流动资金与该指标的比例

上式中的经济指标是指销售收入、经营成本、总成本费用、固定资产投资、单位产量等。流动资金与这些指标的比例关系，应根据同行业平均先进水平确定。

用扩大指标估算法估算流动资金简便、快速，但估算的精度不高，同时也不能反映流动资金的结构及形成，该法可在项目初选阶段使用。

(2) 分项详细估算法。分项详细估算法是国际通用的方法，基本公式如下：

流动资金＝流动资产－流动负债

流动资产＝应收账款＋存货＋货币资金

流动负债＝应付账款

应收账款＝年销售收入÷周转次数

其中：周转次数＝360÷最低周转天数

存货＝外购原材料、燃料及动力＋在产品＋产成品

其中：外购原材料、燃料及动力＝年外购原材料、燃料及动力费÷周转次数

在产品＝(年外购原材料、燃料及动力费＋年工资福利费＋年修理费＋年其他制造费用)÷周转次数

产成品＝年经营成本÷周转次数

货币资金＝(年工资福利费＋年其他费用)÷周转次数

其中：年其他费用＝制造费用＋管理费用＋财务费用＋销售费用－(工资福利费＋折旧费＋摊销费＋修理费)

应付账款＝年外购原材料、燃料及动力费÷周转次数

用分项详细估算法估算流动资金，可按表 3－2 进行。

**表 3－2　流动资金估算表**　　单位：万元

| 序号 | 项目 | 最低周转天数 | 周转次数 | 投产期 | | 达到设计能力生产期 | | | | | 合计 |
|---|---|---|---|---|---|---|---|---|---|---|---|
| | | | | 4 | 5 | 6 | 7 | 8 | … | $n$ | |
| 1 | 流动资产 | | | | | | | | | | |
| 1.1 | 应收账款 | | | | | | | | | | |
| 1.2 | 存货 | | | | | | | | | | |
| 1.2.1 | 原材料 | | | | | | | | | | |
| 1.2.2 | 燃料 | | | | | | | | | | |
| 1.2.3 | 在产品 | | | | | | | | | | |
| 1.2.4 | 产成品 | | | | | | | | | | |

续　表

| 序 号 | 项　目 | 最低周转天数 | 周转次数 | 投产期 | | 达到设计能力生产期 | | | | | 合计 |
|---|---|---|---|---|---|---|---|---|---|---|---|
| | | | | 4 | 5 | 6 | 7 | 8 | … | $n$ | |
| 1.2.5 | 其他 | | | | | | | | | | |
| 1.3 | 现金 | | | | | | | | | | |
| 2 | 流动负债 | | | | | | | | | | |
| 2.1 | 应付账款 | | | | | | | | | | |
| 3 | 流动资金 | | | | | | | | | | |
| 4 | 流动资金本年增加额 | | | | | | | | | | |

注：原材料、燃料栏目应分别列出具体名称，分别计算。

**【例3－3】** 某拟建项目第4年开始投产，投产后的年生产成本和费用的估算如表3－3所示，各项流动资产和流动负债的最低周转天数如表3－4所示。试估算投产阶段需要投入的流动资金。

**表3－3　成本费用估算表**　　单位：万元

| 序号 | 项　目 | 投产期 | | 达产期 | | |
|---|---|---|---|---|---|---|
| | | 4 | 5 | 6 | 7 | … |
| 1 | 外购原材料 | 2 055 | 3 475 | 4 125 | 4 125 | |
| 2 | 进口零部件 | 1 087 | 1 208 | 725 | 725 | |
| 3 | 外购燃料 | 13 | 25 | 27 | 27 | |
| 4 | 外购动力 | 29 | 48 | 58 | 58 | |
| 5 | 工资及福利费 | 213 | 228 | 228 | 228 | |
| 6 | 修理费 | 15 | 15 | 69 | 69 | |
| 7 | 折旧费 | 224 | 224 | 224 | 224 | |
| 8 | 摊销费 | 70 | 70 | 70 | 70 | |
| 9 | 利息支出 | 234 | 196 | 151 | 130 | |
| 10 | 其他费用 | 324 | 441 | 507 | 507 | |
| 11 | 总成本费用 | 4 264 | 5 930 | 6 184 | 6 163 | |
| 12 | 经营成本 | 3 736 | 5 440 | 5 739 | 5 739 | |

**表3－4　最低周转天数**

| 序　号 | 项　目 | 最低周转天数 |
|---|---|---|
| 1 | 应收账款 | 40 |
| 2 | 存货 | — |

续 表

| 序 号 | 项 目 | 最低周转天数 |
|---|---|---|
| 2.1 | 原材料 | 50 |
| 2.2 | 进口零部件 | 90 |
| 2.3 | 燃料 | 60 |
| 2.4 | 在产品 | 20 |
| 2.5 | 产成品 | 10 |
| 3 | 现金 | 15 |
| 4 | 应付账款 | 40 |

解：流动资金估算如表 3-5 所示。

**表 3-5 流动资金估算** 单位：万元

| 序号 | 项 目 | 最低周转天数 | 周转次数 | 投产期 | | 达产期 | | | 对应于表 3-3 中的成本费用项目 |
|---|---|---|---|---|---|---|---|---|---|
| | | | | 4 | 5 | 6 | 7 | … | |
| (一) | 流动资产 | | | | | | | | |
| 1 | 应收账款 | 40 | 9 | 415 | 604 | 638 | 638 | | 12 |
| 2 | 存货 | — | — | | | | | | |
| 2.1 | 原材料 | 50 | 7.2 | 285 | 483 | 573 | 573 | | 1 |
| 2.2 | 进口零部件 | 90 | 4 | 272 | 302 | 181 | 181 | | 2 |
| 2.3 | 燃料 | 60 | 6 | 2 | 4 | 5 | 5 | | 3 |
| 2.4 | 在产品 | 20 | 18 | 190 | 278 | 290 | 290 | | 1+2+3+4+5+6 |
| 2.5 | 产成品 | 10 | 36 | 104 | 151 | 159 | 159 | | 12 |
| 3 | 现金 | 15 | 24 | 22 | 28 | 31 | 31 | | 5+10 |
| | 小计 | — | — | 1 290 | 1 850 | 1 877 | 1 877 | | |
| (二) | 流动负债 | | | | | | | | |
| 4 | 应付账款 | 40 | 9 | 354 | 528 | 548 | 548 | | 1+2+3+4 |
| (三) | 流动资金(一)—(二) | | | 936 | 1 322 | 1 329 | 1 329 | | |
| (四) | 流动资金本年增加额 | | | 936 | 386 | 7 | | | |

(3) 定额天数法。定额天数法也是常用的流动资金估算方法，使用此法仍要按流动资金的构成分项估算，其基本公式如下：

流动资金＝以货币表现的每天平均周转额×定额天数

① 储备资金的估算。储备资金是指从用货币资金购入原材料、燃料、备品备件等各项投

入物开始，到这些投入物投入生产使用为止占用流动资金的最低需要量。储备资金的估算，可以按主要投入物的品种类别逐项进行，公式如下：

某种主要投入物的流动资金定额＝该投入物的单价×年耗量/360×储存天数

年耗量＝消耗定额×设计年产量

储存天数＝在途天数＋验收天数＋整理准备天数＋保险天数

各种主要投入物的流动资金定额之和除以其所占储备资金的百分比，即得到项目的储备资金。

② 生产资金的估算。生产资金是指从投入物投入生产使用开始，到产成品入库为止的整个生产过程占用流动资金的最低额。生产资金的估算，原则上应按品种逐一进行，公式如下：

生产资金＝设计日产量×估算单位成本×生产周期×在产品成本系数

生产周期是指产品从投料到加工完成、验收入库经历的全过程所需要的时间。

在产品成本系数＝在产品平均单位成本÷产品单位成本×100％

③ 成品资金的估算。成品资金是指从产成品入库开始，到发出商品、收回货币为止占用流动资金的最低额。成品资金应按成品种类分别估算，然后汇总计算，公式如下：

成品资金＝产品平均日产量×估算单位成本×定额天数

定额天数包括成品储存天数、发运天数和结算天数。

以上各项流动资金总和，即该项目的定额流动资金基本需求量。

④ 其他流动资金的估算。其他流动资金包括结算资金和货币资金等非定额流动资金，必要时也要对它们进行估算。由于较难事先确定非定额流动资金占用量，一般可参照类似企业的平均占用天数估算。如预付账款主要是购买原材料、燃料等预付而占用的资金，可以按原材料、燃料等一个月的耗用量来计算。又如货币资金定额可以按总成本与原材料、燃料、辅助材料等差额的半个月耗用量进行计算。上述定额流动资金与非定额流动资金之和，即项目全部流动资金。

### 3.1.4　资金来源与融资方案

融资方案分析是指在投资估算的基础上，研究拟建项目的资金渠道、融资形式、融资结构、融资成本、融资风险，比选推荐项目的融资方案，并以此研究资金筹措方案和进行财务评价。

1. 融资主体组织形式选择

研究融资方案，首先应明确融资主体，由融资主体进行融资活动，并承担融资责任和风险。项目融资主体的组织形式主要有既有项目法人融资和新设项目法人融资两种形式。

(1) 既有项目法人融资形式。这是指依托现有法人进行的融资活动。其特点如下：一是拟建项目不组建新的项目法人，由既有项目法人统一组织融资活动并承担融资责任和风险；二是拟建项目一般是在既有项目法人资产和信用的基础上进行的，并形成增量资产；三是从既有项目法人的财务整体状况考察融资后的偿债能力。

(2) 新设项目法人融资形式。这是指新组建项目法人进行的融资活动。其特点如下：一是项目投资由新设项目法人筹集的资本金和债务资金构成；二是由新设项目法人承担融资责任和风险；三是从项目投产后的经济效益情况考察偿债能力。

2. 资金来源选择

在估算出项目所需要的资金量后，应根据资金的可得性、供应的充足性、融资成本的高低选择资金渠道。资金渠道主要有：① 项目法人自有资金；② 政府财政性资金；③ 国内外银行等金融机构的信贷资金；④ 国内外证券市场的资金；⑤ 国内外非银行金融机构的资金，如信托投资公司、投资基金公司、风险投资公司、保险公司、租赁公司等机构的资金；⑥ 外国政府、企业、团体、个人等的资金；⑦ 国内企业、团体、个人的资金。

融资方式一般分为直接融资和间接融资两种方式。直接融资方式是指投资者对拟建项目的直接投资，以及项目法人通过发行(增发)股票、债券等直接筹集的资金。间接融资方式是指从银行及非银行金融机构借入的资金。

3. 资本金筹措

资本金是项目投资中由投资者提供的资金，对项目来说是非债务资金，也是获得债务资金的基础。国家对经营性项目实行资本金制度，规定了经营性项目的建设都要有一定数额的资本金，并提出了各行业项目资本金的最低比例要求。在可行性研究阶段，应根据新设项目法人融资或既有项目法人融资组织形式的特点，研究资本金筹措方案。

(1) 新设项目法人项目资本金筹措。新设项目法人的资本金，是项目发起人和投资者为拟建项目投入的资金。项目资本金来源主要有：① 政府财政性资金；② 国家授权投资机构入股的资金；③ 国内外企业入股的资金；④ 社会团体、个人入股的资金；⑤ 受赠予资金。

资本金出资形态可以是现金，也可以是实物、工业产权、非专利技术、土地使用权、资源开采权作价出资。用作资本金的实物、工业产权、非专利技术、土地使用权、资源开采权，必须经过有资格的资产评估机构评估作价，并只能在资本金中占有一定比例。可行性研究报告中应说明资本金的出资人、出资方式、资本金来源及数额、资本金认缴进度等。

(2) 既有项目法人项目资本金筹措。项目资本金来源主要有：① 项目法人可用于项目的现金，即库存现金和银行存款等可用于项目投资的资金；② 资产变现的资金，即通过变卖现有资产获得的资金；③ 通过发行股票筹集的资金，原有股东增资扩股的资金，吸收新股东投资的资金；④ 政府财政性资金；⑤ 国内外企业法人入股的资金；⑥ 受赠予资金。在可行性研究报告中，应说明资本金的各种来源和数额，应考察主要投资方的出资能力。

4. 债务资金筹措

债务资金是项目投资中除资本金外，需要从金融市场借入的资金。债务资金来源主要有信贷融资、债券融资和融资租赁三种。

(1) 信贷融资。国内信贷资金主要有政策性银行和商业银行等提供的贷款。国外信贷资金主要有：商业银行贷款，世界银行、亚洲开发银行等国际金融机构贷款，外国政府贷款，出口信贷及信托投资公司等非银行金融机构所提供的贷款。信贷融资方案应说明拟提供贷款的机构及其贷款条件，包括支付方式、贷款期限、贷款利息、还本付息方式及其他附加条件等。

(2) 债券融资。债券融资是项目法人以自身的财务状况和信用条件为基础，通过发行企业债券筹集资金，用于项目建设的一种融资方式。除一般债券融资外，还有可转换债券融资。在这种债券的有效期限内，只需支付利息，债券持有人有权按照约定将债券转换成公司的普通股，如果债券持有人放弃这一选择，融资企业就需要在债券到期日兑付本金。可转换债券的发行无须以项目资产或其他公司资产作为担保。在可行性研究阶段，应对拟采用的债券融资方式进行分析、论证。

(3) 融资租赁。融资租赁是资产拥有者将资产租给承租人在一定时期内使用,由承租人支付租赁费的一种融资方式。采用这种方式,一般由承租人选定设备,由出租人购置后租给承租人使用,承租人按期交付租金。租赁期满后,出租人可以将设备作价售让给承租人。

5. 融资方案分析

在初步确定项目的资金筹措方式和资金来源后,应进一步对融资方案进行分析,比选并推荐资金来源可靠、融资结构合理、融资成本低、融资风险小的方案。

(1) 资金来源可靠性分析。主要分析项目建设所需总投资和分年所需投资能否得到足够的、持续的资金供应,即资本金和债务资金供应是否落实可靠。应力求使筹集的资金、币种及投入时序与项目建设进度和投资使用计划相匹配,确保项目建设顺利进行。

(2) 融资结构分析。主要分析融资方案中的资本金与债务资金的比例、股本结构比例和债务结构比例是否合理,并分析其实现条件。

① 资本金与债务资金的比例分析。在一般情况下,资本金比例过低,债务资金比例过高,将给项目建设和运营带来潜在的财务风险。进行融资结构分析,应根据项目特点,合理确定项目资本金与债务资金的比例。

② 股本结构比例分析。股本结构反映项目股东方的出资额和相应的权益。在融资结构分析中,应根据项目特点和主要股东方的参股意愿,合理确定参股各方的出资比例。

③ 债务结构比例分析。债务结构反映项目债权方为项目提供的债务资金的比例。在融资结构分析中,应根据债权人提供债务资金的方式、附加条件以及利率、汇率和还款方式的不同,合理确定内债与外债的比例、政策性银行与商业银行的贷款比例以及信贷资金与债券资金的比例。

(3) 融资成本分析。融资成本是指项目为筹集和使用资金而支付的费用。融资成本的高低是判断融资方案是否合理的重要因素之一。

① 债务资金融资成本分析。债务资金融资成本由资金筹集费和资金占用费组成。资金筹集费是指资金筹集过程中支付的一次性费用,如承诺费、手续费、担保费、代理费等;资金占用费是指使用资金过程中发生的经济性费用,如利息。在比选融资方案时,应分析各种债务资金融资方式的利率水平、利率(固定利率或者浮动利率)计算方式、计息(单利、复利)和付息方式,以及偿还期和宽限期,计算债务资金的综合利率,并进行不同方案比选。

② 资本金融资成本分析。资本金融资成本由资本金筹集费和资本金占用费组成。资本金占用费一般应按机会成本的原则计算,当机会成本难以计算时,可参照银行存款利率计算。

(4) 融资风险分析。融资方案的实施经常受到各种风险的影响。为了使融资方案稳妥可靠,需要对下列可能发生的风险因素进行识别、预测。

① 资金供应风险。资金供应风险是指在实施融资方案过程中,可能出现资金不落实,导致建设工期拖长,工程造价升高,原定投资效益目标难以实现的风险。主要风险有:一是原定筹资额全部或部分落空,例如已承诺出资的投资者中途变卦,不能兑现承诺;二是原定发行股票、债券计划不能实现;三是既有项目法人融资项目,由于企业经营状况恶化,无力按原定计划出资;四是其他资金不能按建设进度足额、及时到位。

② 利率风险。利率水平随着金融市场情况变动,若融资方案中采用浮动利率计息,则应分析贷款利率变动的可能性以及其对项目造成的风险和损失。

③ 汇率风险。汇率风险是指国际金融市场外汇交易结算产生的风险,包括人民币对各种外币币值的变动风险和各外币之间比价变动的风险。对于利用外资数额较大的投资项目,应对外汇汇率的走势进行分析,估测汇率发生较大变动时对项目造成的风险和损失。

### 3.1.5 投资估算案例分析

背景：某公司拟投资建设一个工厂，该工程项目的基础数据如下。

1. 项目实施计划

该项目建设期为3年，实施计划进度：第1年完成项目全部投资的20%，第2年完成项目全部投资的55%，第3年完成项目全部投资的25%。第4年全部投产，投产当年项目的生产负荷达到设计生产能力的70%，第5年项目的生产负荷达到设计生产能力的90%，第6年项目的生产负荷达到设计生产能力的100%。项目总计运营15年。

2. 建设投资估算

该项目工程费用与工程建设其他费用的估算额为52 180万元，预备费为5 000万元。

3. 建设资金来源

该项目的资金来源为自有资金和贷款。贷款总额为40 000万元，其中外汇贷款额为2 300万元。外汇牌价为1美元兑换7元人民币。人民币贷款的年利率为12.48%（按季计息）。外汇贷款的年利率为8%（按年计息）。

4. 生产经营费用估计

工程项目达到设计生产能力以后，全厂定员有1 100人，工资及福利费按照每人每年7 200元估算。每年的其他费用为860万元（其中其他制造费用为660万元）。年外购原材料、燃料及动力费为19 200万元。年经营成本为21 000万元，年修理费占年经营成本的10%。各项流动资金的最低周转天数：应收账款为30，现金为40，应付账款为30，存货为40。

问题：

（1）估算建设期借款利息。

（2）用分项详细估算法估算该项目的流动资金。

（3）估算该项目的总投资。

分析：

本案例所考核的内容涉及了工程项目投资估算类问题的主要内容和基本知识点。对于这类案例分析题的解答，首先要注意仔细阅读背景所给的各项基本条件和数据，分析这些条件和数据之间的内在联系。

（1）在固定资产投资估算中，应弄清名义利率和有效利率的概念与换算方法。在计算建设期借款利息前，首先要将名义利率换算为有效利率，然后才能计算。

（2）估算流动资金时，要掌握分项详细估算法。

（3）根据工程项目总投资的构成内容，计算项目总投资。

解：（1）建设期借款利息计算

① 人民币贷款的实际利率计算

$$\begin{aligned}\text{人民币实际利率} &= (1+\text{名义利率}/\text{年计息次数})^{\text{年计息次数}}-1\\ &= (1+12.48\%\div 4)^4-1\approx 13.08\%\end{aligned}$$

② 每年投资的本金数额计算

关于人民币部分，贷款总额：40 000万元－2 300万元×7＝23 900万元

第1年：23 900万元×20%＝4 780万元

第2年：23 900万元×55%＝13 145万元

第3年：23 900万元×25%＝5 975万元

关于美元部分，贷款总额：2 300 万美元

第 1 年：2 300 万美元×20%＝460 万美元

第 2 年：2 300 万美元×55%＝1 265 万美元

第 3 年：2 300 万美元×25%＝575 万美元

③ 每年应计利息计算

人民币建设期借款利息：

第 1 年贷款利息：(0＋4 780÷2)×13.08%≈312.61(万元)

第 2 年贷款利息：(4 780＋312.61＋13 145÷2)×13.08%≈1 525.80(万元)

第 3 年贷款利息：(4 780＋312.61＋13 145＋1 525.80＋5 975÷2)×13.08%
≈2 975.82(万元)

人民币贷款利息合计：312.61＋1 525.80＋2 975.82＝4 814.23(万元)

外币贷款利息：

第 1 年贷款利息：(0＋460÷2)×8%＝18.40(万美元)

第 2 年贷款利息：(460＋18.40＋1 265÷2)×8%≈88.87(万美元)

第 3 年贷款利息：(460＋18.40＋1 265＋88.87＋575÷2)×8%≈169.58(万美元)

外币贷款利息合计：18.40＋88.87＋169.58＝276.85(万美元)

建设期借款利息总计：4 814.23＋276.85×7＝6 752.18(万元)

(2) 用分项详细估算法估算流动资金

① 应收账款＝年销售收入÷周转次数＝21 000÷(360÷30)＝1 750(万元)

② 现金＝(年工资福利费＋年其他费用)÷周转次数
＝(1 100×0.72＋860)÷(360÷40)≈183.56(万元)

③ 存货：

外购原材料、燃料及动力＝年外购原材料、燃料及动力费÷周转次数
＝19 200÷(360÷40)≈2 133.33(万元)

在产品＝(年工资福利费＋年其他制造费用＋年外购原材料、燃料及动力费＋年修理费)÷周转次数
＝(1 100×0.72＋660＋19 200＋21 000×10%)÷(360÷40)＝2 528(万元)

产成品＝年经营成本÷周转次数＝21 000÷(360÷40)≈2 333.33(万元)

存货＝外购原材料、燃料＋在产品＋产成品
＝2 133.33＋2 528＋2 333.33＝6 994.66(万元)

④ 流动资产＝应收账款＋现金＋存货
＝1 750＋183.56＋6 994.66＝8 928.22(万元)

⑤ 应付账款＝年外购原材料、燃料及动力费÷周转次数
＝19 200÷(360÷30)＝1 600(万元)

⑥ 流动负债＝应付账款＝1 600 万元

⑦ 流动资金＝流动资产－流动负债＝8 928.22－1 600＝7 328.22(万元)

(3) 根据项目总投资的构成内容，计算拟建项目的总投资

项目总投资估算额＝固定资产投资总额＋流动资金

＝(工程费用＋工程建设其他费用＋预备费＋建设期借款利息)＋流动资金

＝(52 180＋5 000＋6 752.18)＋7 328.22

＝71 260.4(万元)

## 3.2 总成本费用的构成与估算

### 3.2.1 总成本费用的构成

1. 总成本费用的含义

总成本费用是指企业为销售商品、提供劳务等日常活动所发生的经济利益的总流出，包括产品的生产成本和期间费用。企业为生产一定种类和数量的产品所发生的费用，即直接材料、直接人工、其他直接费用和制造费用的总和，就是产品的生产成本。企业在一定期间所发生的不能直接归属于某个特定产品的生产成本的费用，包括企业为组织和管理生产经营活动等所发生的管理费用，筹集生产经营所需资金等所发生的财务费用，以及销售商品或提供劳务过程中所发生的营业费用，则归属于期间费用，在发生时直接计入当期损益。

2. 总成本费用的分类

总成本费用按不同的分类标准有不同的分类方式。

(1) 按经济用途分类，总成本费用可分为生产成本和期间费用。其中，生产成本包括直接费用和间接费用。直接费用是指企业直接为生产产品和提供劳务等所发生的各项费用，包括直接的材料、人工和耗费的燃料、动力等支出；间接费用是指企业内部各生产经营单位为组织与管理生产活动所发生的制造费用和不能直接计入产品成本的各项费用。期间费用是指企业行政管理部门等发生的管理费用、财务费用、销售费用。

(2) 按经济内容分类，总成本费用可分为外购原材料费、外购燃料及动力费、工资及福利费、折旧费、修理费、摊销费、财务费用、其他费用等费用要素。

### 3.2.2 总成本费用的估算

(1) 外购原材料费

① 外购原料及主要材料，按不同规格、不同来源(不同到厂价格)分别计算。其计算公式如下：

$$外购原材料费=\sum 车间、装置产品年产量\times 单位原材料消耗量\times 原材料单价$$

② 外购辅助材料，参照类似企业统计资料，根据其他材料费占原料及主要材料费的百分比求得。

(2) 外购燃料及动力费，按外购油、煤、电、水、气等分别计算，将各车间、装置耗量总和乘到厂价格。其计算公式如下：

$$外购燃料及动力费=\sum 车间、装置产品年产量\times 单耗量\times 燃料及动力单价$$

(3) 工资及福利费。其计算公式如下：

$$全厂职工工资=年人均工资\times 职工总数$$

$$职工福利费=职工工资总额\times 14\%$$

(4) 折旧费。项目评估中一般采用直线折旧法计算折旧费。其计算公式如下：

$$年折旧费=固定资产原值\times 年折旧率$$

$$年折旧费=\frac{1-净残值率}{折旧年限}$$

折旧年限通常根据主要设备的使用年限确定，国家或行业权威部门定期公布，项目评估中可查阅有关数据手册。为防范风险，折旧年限一般不宜超过20年。

(5) 修理费。其计算公式如下：

$$修理费=固定资产原值\times 修理费综合费率$$

修理费也可按折旧费的一定比例计算。

(6) 维简费。维简费是维持简单再生产的资金，按规定的维简费率计取。

(7) 摊销费。摊销费是无形资产和递延资产在受益期间的平均分摊。无形资产按规定期限分期摊销，无规定期限的，按不少于10年分期摊销。递延资产从生产经营之日起，按不少于5年的期限平均摊销。

(8) 财务费用。这里的财务费用主要是指项目在生产经营过程中所发生的借款利息支出。其计算公式如下：

$$利息支出=生产期年度贷款额\times 年利率$$

其中，年度贷款额以“投资计划与资金筹措表”中的资料为据，年利率按银行贷款规定的利率计算。

(9) 其他费用。其他费用包括办公费、取暖费、租赁费、保险费、研究试验检验费、设计制图费、差旅费、外宾招待费、会议费、成本中列支的税金(如房产税、车船使用税等)，以及其他不属于以上项目的支出等。

其他费用可按以上各项总和的一定比例或单位产品的其他费用金额计取。

(10) 销售费用。销售费用主要是指项目产品在销售过程中所发生的有关费用及专设销售机构所发生的各项费用。在项目经济评价中，其估算方法主要有两种：一是按销售费用占正常生产年份销售收入的百分比计取，即用销售收入乘销售费用率求得；二是用项目的年产量乘单位产品销售费用求得。销售费用率和单位产品销售费用可参照同类型项目的同期水平确定，也可由主管部门确定。

(11) 总成本费用。上述各项费用加总，即总成本费用。项目各项成本费用之间的关系可用下列公式表示：

总成本费用=生产成本+期间费用
生产成本=直接材料费+外购燃料及动力费+职工工资+职工福利费+制造费用
其中：制造费用=折旧费+修理费+其他制造费用
期间费用=管理费用+财务费用+销售费用

### 3.2.3 工程经济分析中几个成本概念

1. 经营成本

经营成本是为进行工程经济分析方便，从产品总成本中分离出来的一部分费用，是指在一定时期(通常为一年)内,由于生产和销售产品或提供劳务而实际发生的现金支出,它不包括虽计入产品成本费用,但实际没有发生现金支出的费用项目,如折旧费、利息、摊销费等。经营成本的计算公式如下:

经营成本=总成本费用-固定资产折旧费-维简费-摊销费-贷款利息

在进行工程经济分析时,必须考察特定经济系统的现金流入与流出。从前面所做的成本分析中可以看出,产品的销售成本包含固定资产折旧费和部分贷款利息(流动资金贷款利息可计入销售成本)。而实际上,固定资产折旧费是对固定资产磨损的价值补偿,并不是真正发生的现金流出,工程经济分析中固定资产投资是计入现金流出的,如再将折旧费随销售成本计入现金流出,会造成现金流出的重复计算。贷款利息是使用借贷资金所要付出的代价,对企业来说是实际的现金流出,但在评价工程项目总投资的经济效果时,并不考虑资金的来源问题,在这种情况下不考虑贷款利息的支出。为了计算与分析的方便,将经营成本作为一个单独的现金流出项目。

2. 机会成本和沉没成本

(1) 机会成本。机会成本又称经济成本,是指将一种有多种用途的稀缺资源置于特定用途所放弃的最大收益。当一种有限的资源有多种用途时,可能有许多投入这种资源获得相应收益的机会,如果将这种资源置于某种特定用途,必然要放弃其他资源的投入机会,同时也放弃了相应的收益。在所放弃的机会之中,最佳的机会可能带来的收益,就是将这种资源置于此特定用途的机会成本。

机会成本的概念与资源的稀缺性紧密相关,社会在一定时期内,资源的可供量是有限的,而人类的需求是无限的,这就决定了人类必须对有限资源如何满足多种需要进行选择。例如,一个大学毕业生,如果他选择就业,在一年内可以赚取 20 万元,但如果他选择去国外读一年研究生,上学一年并为此花费 50 万元。那去读研究生的机会成本是 70 万元,即 50 万元的现金支出和 20 万元的收入损失。

在工程经济分析中,只有考虑了某种资源用于其他用途的潜在收益,才能作出正确决策,使资源得到有效利用。

(2) 沉没成本。沉没成本是指过去已经支出而现在无法得到补偿的成本。例如,假设王阳发现了他喜欢的一辆电动车,并支付了 100 元作为定金,这笔钱将计入 2 000 元的购买价格,但如果他决定不购买这辆电动车,这笔钱将被没收。过了两天,他发现了另一辆他认为同样理想的电动车,购买价格为 1 800 元。现要决定购买哪辆电动车。首先,100 元是沉没成本,因此在决策中不会考虑。然后,决策是在为第一辆电动车额外支付 1 900 元(2 000 元-100 元)与第二辆电动车的 1 800 元之间做出选择。总结来说,沉没成本是过去决策的不可挽回的后果,因此在分析和比较影响未来的替代方案时是无关紧要的。

沉没成本在决策分析中,特别是在设备更新分析中是很重要的概念,但它与选择新设备的决策无关。经济活动在时间上有连续性,但从决策角度看,以往发生只是造成当前状态的一个因素,当前状态是决策的出发点,当前决策所要考虑的是未来可能发生的费用及其能带来的利润。

**【例 3-4】** 假设你的公司正在考虑更换一台设备。它最初的成本是 50 000 元,目前在公司账面上显示的价值是 20 000 元,估计可以以 5 000 元的价格出售。在是否更换的决策分析中,这台设备的现有价值应按多少考虑?为什么?如果不更换,其机会成本为多少?

解：在是否更换的决策分析中，这台设备的现有价值应为5 000元，公司账面价值与当前可实现的出售价格之间的差额应该被视为沉没成本。根据这种观点，沉没成本是20 000元减去5 000元，即15 000元在工程经济分析中不应被考虑，除非15 000元的方式可能会影响所得税。如果不更换，其机会成本为5 000元，由于保留该设备，公司放弃了从其处置中获得5 000元的机会。因此，5 000元的立即出售价格实际上是不更换设备的机会成本。

3. 固定成本和变动成本

为了进行项目的盈亏平衡分析，还需将总成本划分为固定成本和变动成本。

(1) 固定成本。固定成本是指在一定生产规模限度内不随产品产量变动的费用，如按平均年限法计提的固定资产折旧费、行政管理费、管理人员的工资及实行固定基本工资制的生产工人的工资等。应该指出，固定成本并非永远固定不变，固定成本的概念只在产品产量发生短期波动或经营条件发生变化而企业还来不及根据这种变化调整固定生产要素(如厂房、设备等)存量的条件下使用。

(2) 变动成本。变动成本又称可变成本，是指产品成本中随产量变动而变动的费用，如构成产品实体的原材料、燃料、动力、实行计件工资制的工资等。

**【例3-5】** 某承包商铺设一条新的高速公路，有两个地点可供选择设立沥青拌和站。承包商估计，将沥青铺路材料从拌和站运送到工地的每立方米成本将是2.75元。与两个拌和站地点相关的因素如表3-6所示(每个地点的生产成本相同)。这项工程需要50 000立方米沥青铺路材料。预计这项工程将需要4个月(17周，每周工作5天)来完成。假设往返行程的成本可以忽略不计。根据固定成本、变动成本和总成本比较这两个地点，哪个地点更好？对于选定的地点，承包商如果交付到工地的每立方米材料获得12元的报酬，需要交付多少立方米沥青铺路材料才能开始盈利？

**表3-6　两个地点的成本因素**

| 成本因素 | 地点A | 地点B |
|---|---|---|
| 平均运输距离 | 4英里 | 3英里 |
| 场地月租费 | 2 000元 | 7 000元 |
| 设备安装和拆除费用 | 15 000元 | 50 000元 |
| 运输费用 | 2.75元/立方米 | 2.75元/立方米 |
| 交通指挥员 | 不需要 | 150元/天 |

解：表3-6中显示了这项工程的固定成本和变动成本。场地租金、设备安装和拆除成本(以及地点B的交通指挥员费用)对整个工程来说是固定的，但运输成本会随着运输距离和因此与立方米($x$)的总产出量的不同而变化，如表3-7所示。

**表3-7　两个地点的成本**

| 成本 | 地点A | 地点B |
|---|---|---|
| 租金 | 2 000×4=8 000(元) | 7 000×4=28 000(元) |
| 设备安装和拆除费用 | 15 000元 | 50 000元 |

续 表

| 成　本 | 地 点 A | 地 点 B |
|---|---|---|
| 运输费用 | 2.75×50 000×4=550 000(元) | 2.75×50 000×3=412 500(元) |
| 交通指挥员费用 | 0 | 150×17×5=12 750(元) |
| 合　计 | 573 000 元 | 503 250 元 |

关于地点B，虽然有更高的固定成本，但这项工程的总成本更低。请注意，地点B的额外固定成本正在被这个地点降低的变动成本所“抵消”。当总收入等于总成本，作为交付的沥青铺路材料体积(立方)的函数时，承包商将开始盈利。基于地点B，每立方米的变动成本为 3×2.75=8.25(元)。总成本=总收入，即 $28\,000+50\,000+12\,750+8.25x=12x$，得 $x=24\,200$。因此，通过使用地点B，承包商在交付 24 200 立方米沥青铺路材料后将开始在这项工程上盈利。

## 3.3　销售收入、利润与税金估算

### 3.3.1　销售收入估算

工业项目的销售收入是指项目在一定时期(通常是一年)内销售产品或者提供劳务等所取得的收入。销售收入是项目建成投产后补偿总成本费用、上缴税金、偿还债务、保证企业再生产正常进行的前提，是进行利润总额和销售税金估算的基础数据。销售收入的计算公式如下：

销售收入=产品销售单价×产品年销售量

其中，产品销售单价一般采用出厂价格，也可根据需要采用送达用户的价格或离岸价格。产品年销售量等于年产量，这样年销售收入等于年产值。在现实经济生活中，产值不一定等于销售收入，这主要是因市场波动而存在库存变化引起的产量与销售量的差别。但在计算中，难以准确地估算出由市场波动引起的库存变化，因此做了这样的假设，即不考虑项目的库存情况，假设当年生产出来的产品当年全部售出，从而使项目的销售量等于项目的产量，项目的销售收入也就等于项目的产值。这样就可以根据投产后各年的生产负荷确定销售量。如果项目的产品种类比较单一，用产品销售单价乘产品年产量即可得到每年的销售收入；如果项目的产品种类比较多，应首先计算每种产品的年销售收入，然后汇总在一起，求出项目生产期的各年销售收入。如果产品中部分销往国外，应计算外汇收入，并按外汇牌价折算成人民币，然后计入项目的年销售收入总额。

### 3.3.2　利润总额估算

利润总额是企业在一定时期内生产经营活动的财务成果。它集中反映了企业生产经营各方面的效益。利润总额的计算公式如下：

利润总额=销售(营业)收入-销售税金及附加-总成本费用

其中：销售税金及附加＝年增值税(小规模纳税人)＋年消费税＋年资源税＋年城市维护建设税＋年教育费附加

利润总额扣除所得税后为税后利润。

利润总额在财务评价中是计算投资利润率和投资利税率的基础数据。

### 3.3.3　税金及附加估算

项目税金主要包括项目销售产品或提供劳务应负担的各种流转税金和对经营所得征收的所得税，以及某些特定税金。根据我国现行税法，国家向企业征收的税收主要有增值税、消费税、城市维护建设税、土地增值税、关税、资源税、企业所得税、城镇土地使用税、房产税、车船使用税等。对工程项目来说，以上各种税收并非全部都要缴纳，而只缴纳与自身经营有关的若干种税收。

与工程经济分析有关的税种有：

(1) 从销售收入中直接扣除的税金及附加：增值税(如果价格里包含增值税)、消费税、城市维护建设税、资源税、教育费附加。

(2) 可计入项目总成本的税金：城镇土地使用税、房产税、车船使用税、印花税、进口原材料及备品备件的关税。

(3) 从销售利润中扣除的税金：企业所得税。

1. 增值税

增值税是对在我国境内销售货物或提供加工、修理修配劳务及进口货物的单位和个人征收的一种以增值额为征收对象的价外流转税。2016年，我国全面推开营业税改征增值税(简称营改增)，将所有行业纳入增值税体系。根据正在实施的《中华人民共和国增值税暂行条例》的规定，增值税的一般纳税人适用几种不同的税率，包括：(1) 标准税率，一般为13%或9%，适用于大多数商品和服务；(2) 低税率，一般为6%，适用于一些特定的商品和服务，如部分农产品、图书等；(3) 零税率，适用于出口商品和服务，以及一些特定的免税项目。增值税应纳税额的计算公式如下：

增值税应纳税额＝当期销项税额－当期进项税额

销项税额＝销售收入÷(1＋税率)×税率

进项税额＝外购原材料、燃料及动力÷(1＋税率)×税率

增值税纳税人分为一般纳税人和小规模纳税人两种。一般纳税人可以使用增值税专用发票，上述应纳税额的计算方法适合一般纳税人。年销售额在标准以下，且会计核算不健全的纳税人称为小规模纳税人，不得使用增值税专用发票，应按销售额和规定的征收率计算应纳税额，不得抵扣进项税额。其应纳税额计算公式如下：

应纳税额＝销售额×征收率

2. 消费税

消费税是对在我国境内从事生产和进口税法规定的应税消费品的单位和个人征收的一种流转税，是对特定的消费品和消费行为在特定的环节征收的一种间接税。消费税是根据消费政策、产业政策的要求，有选择地在生产环节征收的税种。消费税采用从量定额和从价定率两种方法计算应纳税额。

(1) 对于黄酒、啤酒、汽油、柴油等，采用从量定额法。其应纳税额计算公式如下：

应纳税额＝销售数量×单位税额

（2）对于其他酒、烟、化妆品、贵重首饰及珠宝玉石、小汽车、摩托车、鞭炮、焰火、汽车轮胎等，采用从价定率法。其应纳税额计算公式如下：

应纳税额＝销售额×税率

3．城市维护建设税

城市维护建设税是为了加强城市的维护建设、扩大和稳定城市维护建设资金来源而征收的以纳税人实际缴纳的增值税、消费税税额为计税依据，依法计征的一种税。根据《中华人民共和国城市维护建设税法》的规定，城市维护建设税的计税依据一般为销售收入、营业收入、转计收入，其税率实行幅度比例税率。一般来说，城镇规模越大，所需要的建设与维护资金越多。与此相适应，有关城市维护建设税税率的规定如下：（1）纳税人所在地在城市市区的，税率为7％；（2）纳税人所在地在县城、建制镇的，税率为5％；（3）纳税人所在地不在城市市区、县城或建制镇的，税率为1％。

4．资源税

资源税是国家对从事资源开采的单位和个人，就其资源差异而形成的级差收入征收的一种税。它具有促进国有资源合理开采、节约使用、有效配置，合理调节资源级差收入，促进企业公平竞争，正确处理国家与企业、个人之间的分配关系，为国家取得一定财政收入的作用。资源税实行定额定率征收，一般按资源产销量和单位税额测算，计算公式如下：

资源税＝资源产销量×单位税额

单位税额由国家统一规定、定期发布。纳税人具体适用的单位税额，应根据纳税人所开采或者生产应税产品的资源状况，由税务主管部门在规定的单位税额幅度内确定。

5．企业所得税

我国境内的企业，除外商投资企业和外国企业外，应当就其生产、经营所得和其他所得，依法缴纳企业所得税。企业所得税的税率是据以计算企业所得税应纳税额的法定比率。根据《中华人民共和国企业所得税法》的规定，一般企业所得税的税率为25％。企业类型和特定条件不同，税率可能有所不同。企业所得税按年计算，按月或季预缴，年终汇算清缴，多退少补。企业所得税的计算公式如下：

应纳税额＝应纳税所得额×税率

## 3.4 项目现金流的计算

项目现金流是指项目计算期内各年的实际现金流入量、现金流出量和净现金流量。项目计算期内不同阶段的现金流构成不同，其计算公式也不尽相同。

（1）项目建设期内每年净现金流量

净现金流量＝－（固定资产投资＋流动资金投资）

在这个阶段，由于只有现金流出，没有现金流入，因此净现金流量是负值。

（2）项目生产期初的每年净现金流量

净现金流量＝销售收入－经营成本－销售税金及附加－所得税－流动资金增加额

在这个阶段，由于还未达到设计生产能力，销售收入不太稳定，因而净现金流量可能为正值，也可能为负值。

(3) 项目正常生产期内每年净现金流量

净现金流量=销售收入-经营成本-销售税金及附加-所得税

在这个阶段，一般情况下净现金流量是正值。若出现负值，则说明项目亏损，是不可行的。

(4) 项目计算期最后一年的年净现金流量

净现金流量=销售收入+回收固定资产余值+回收流动资金-经营成本-销售税金及附加-所得税

项目计算期的最后一年即项目寿命期终了的年份，在这个阶段，要回收前期投入的流动资金，还要回收固定资产余值，因此一般净现金流量是正值。

实践中项目现金流往往通过现金流量表进行计算。现金流量表是能够直接、清楚地反映项目在整个计算期内各年的现金流量(资金收支)情况的一种表格。利用它可以进行现金流量分析，计算各项静态和动态评价指标，它是评价项目投资方案经济效果的主要依据。现金流量表的一般形式如表3-8所示。

**表3-8 现金流量表的一般形式** 单位：万元

| 序号 | 项 目 | 建设期 | | 达产期 | | 正常运营期 | | | | 合计 |
|---|---|---|---|---|---|---|---|---|---|---|
| | | 1 | 2 | 3 | 4 | 5 | 6 | … | $n$ | |
| | 生产负荷 | | | | | | | | | |
| 1 | 现金流入 | | | | | | | | | |
| 1.1 | 产品销售(营业)收入 | | | | | | | | | |
| 1.2 | 回收固定资产余值 | | | | | | | | | |
| 1.3 | 回收流动资金 | | | | | | | | | |
| 2 | 现金流出 | | | | | | | | | |
| 2.1 | 固定资产投资 | | | | | | | | | |
| 2.2 | 流动资金投资 | | | | | | | | | |
| 2.3 | 经营成本 | | | | | | | | | |
| 2.4 | 销售税金及附加 | | | | | | | | | |
| 2.5 | 所得税 | | | | | | | | | |
| 3 | 净现金流量(1-2) | | | | | | | | | |
| 4 | 累计净现金流量 | | | | | | | | | |
| 5 | 所得税前净现金流量 | | | | | | | | | |
| 6 | 所得税前累计净现金流量 | | | | | | | | | |

【例3-6】 某公司准备购入一台设备以扩充生产能力。需投资24 000元,使用寿命为5年,采用直线折旧法计提折旧费,5年后设备残值收入为4 000元。5年中每年销售收入为10 000元,第1年经营成本为4 000元,以后随着设备陈旧,将逐年增加修理费200元。另需垫支营运资金3 000元,假设所得税税率为40%。试计算该方案的现金流量。

解:该方案各年的现金流量如表3-9所示。

**表3-9 投资方案各年的现金流量** 单位:元

| 项　目 | 第0年 | 第1年 | 第2年 | 第3年 | 第4年 | 第5年 |
|---|---|---|---|---|---|---|
| (1) 销售收入 | | 10 000 | 10 000 | 10 000 | 10 000 | 10 000 |
| (2) 回收固定资产余值 | | | | | | 4 000 |
| (3) 回收流动资金 | | | | | | 3 000 |
| (4) 固定资产投资 | 24 000 | | | | | |
| (5) 流动资金投资 | 3 000 | | | | | |
| (6) 经营成本 | | 4 000 | 4 200 | 4 400 | 4 600 | 4 800 |
| (7) 折旧费 | | 4 000 | 4 000 | 4 000 | 4 000 | 4 000 |
| (8) 税前净利 | | 2 000 | 1 800 | 1 600 | 1 400 | 1 200 |
| (9) 所得税 | | 800 | 720 | 640 | 560 | 480 |
| (10) 税后净利 | | 1 200 | 1 080 | 960 | 840 | 720 |
| (11) 现金流量 | −27 000 | 5 200 | 5 080 | 4 960 | 4 840 | 11 720 |

注:表中(11)=(1)+(2)+(3)−(4)−(5)−(6)−(9)。

## 复习思考题

1. 总投资要素包括哪些方面?如何估算?
2. 总成本费用要素包括哪些?何谓经营成本?为什么在工程经济分析中引入经营成本概念?
3. 什么是机会成本和沉没成本?
4. 什么是固定成本和变动成本?
5. 什么是项目融资?项目融资有什么形式?
6. 项目资金来源主要有哪些?
7. 在安排项目融资时,应考虑哪些因素?

## 练习题

1. 已知年生产能力为15万吨的化工装置,3年前建成的固定资产投资为3 750万元。生产流程相似的拟建装置的年设计生产能力为20万吨,2年建成。投资生产能力指数为0.72,

近几年设备与物资的价格上涨率平均为 9%。试用生产能力指数估算法估算拟建年生产能力为 20 万吨装置的固定资产投资费用。

2. 某项目的总成本费用估算如表 3－10 所示。

**表 3－10　总成本费用估算**　　单位：万元

| 序号 | 项　目 | 投产期 | | 达产期 | | |
|---|---|---|---|---|---|---|
| | | 4 | 5 | 6 | 7 | … |
| 1 | 外购原材料 | 4 760 | 6 120 | 6 800 | 6 800 | |
| 2 | 外购燃料及动力 | 98 | 126 | 140 | 140 | |
| 3 | 工资及福利费 | 370 | 370 | 370 | 370 | |
| 4 | 修理费 | 55 | 55 | 110 | 110 | |
| 5 | 折旧费 | 360 | 360 | 360 | 360 | |
| 6 | 摊销费 | 112 | 112 | 112 | 112 | |
| 7 | 利息支出 | 379 | 318 | 245 | 210 | |
| 8 | 其他费用 | 525 | 714 | 821 | 821 | |
| 9 | 总成本费用 | 6 659 | 8 175 | 8 958 | 8 923 | |
| 10 | 经营成本 | 5 808 | 7 385 | 8 241 | 8 241 | |
| 11 | | | | | | |

流动资产和应付账款的最低周转天数如表 3－11 所示。

**表 3－11　最低周转天数**

| 序　号 | 项　目 | 最低周转天数 |
|---|---|---|
| 1 | 应收账款 | 40 |
| 2 | 存货 | — |
| 2.1 | 原材料 | 50 |
| 2.2 | 进口零部件 | 90 |
| 2.3 | 燃料 | 60 |
| 2.4 | 在产品 | 20 |
| 2.5 | 产成品 | 10 |
| 3 | 现金 | 15 |
| 4 | 应付账款 | 40 |

用分项详细估算法估算本项目的各年流动资金及流动资金本年增加额。

## 案例分析题

某公司计划启动一个新的生产项目，预计项目周期为 5 年。设备购置和安装费用共计

500 000 元，设备使用直线折旧法，折旧年限为 5 年，无残值。每年固定运营成本为 100 000 元，不包括原材料成本。原材料成本根据生产量变化，每单位产品原材料成本为 10 元。

生产量和销售价格如下：

○ 第 1 年：生产 10 000 单位，每单位售价为 50 元。
○ 第 2 年：生产 12 000 单位，每单位售价为 52 元。
○ 第 3～5 年：每年生产 15 000 单位，每单位售价为 55 元。

假设所得税税率为 30%，试计算该项目每年的税后现金流量。

# 第4章　单一项目经济评价指标与方法

## 内容提要

工程经济评价指标的分类；单一项目盈利能力评价指标，包括静态评价指标和动态评价指标；单一项目清偿能力评价指标和外汇平衡评价指标；静态评价指标中投资回收期和投资收益率的定义及计算；动态评价指标中净现值、内部收益率等的定义、计算及应用。

## 思政元素

（1）全面性、系统性思维：根据工程经济评价的复杂性和多维性，引导学生全面、深入地考虑项目的综合效益，强化学生对工程经济效果的全面理解和系统思考。

（2）兼顾公平：工程经济评价指标既要兼顾权益投资者对项目盈利能力的要求，又要关注债务资金提供者对项目清偿能力的要求，反映了公平交易和诚信原则，符合社会主义核心价值观。

（3）可持续发展：动态评价指标考虑了资金的时间价值，体现了对未来发展的长远考虑和规划，符合可持续发展的理念。外汇平衡评价指标关注项目对国家外汇储备的影响，强调在全球化背景下的可持续发展和经济平衡。

**引例**

一家快速发展的科技公司计划扩展其研发中心，以开发新产品并提高市场竞争力。项目预计需要总投资5 000万元，公司计划通过发行新股和银行贷款来筹集资金。现需要评价该项目的经济可行性。

**思考题：**

（1）如果你是项目股权投资者，你最关注项目什么？如何评价项目的经济可行性？

（2）如果你是债务资金提供者，你最关注项目什么？如何评价项目的经济可行性？

## 4.1　工程经济评价指标概述

经济效果评价是工程经济评价的核心内容。为了评价和比较工程技术方案的经济效果，必须确定经济效果评价的指标，才能确保评价结果的正确性和科学性，为投资决策提供科学依据。

经济效果评价的指标是多种多样的，它们从不同角度反映投资项目的经济性。由于投资项目的复杂性，任何一种具体的评价指标只能反映投资项目的某一方面或某些方面，而忽略其他方面，所以仅单凭一个评价指标很难达到全面评价投资项目的目的。因此，为了对投资项目进行系统而全面的评价，往往需要采用多个评价指标，从多个方面对投资项目的经济性进行分析和考察。这些互相联系又有相对独立性的评价指标，构成了经济评价指标体系。所谓经济评价指标体系，是指从不同角度、不同方面互相配合，较为全面地反映或说明与特定技术方案相联系的特定对象的经济效益的一系列有机整体性指标。

### 4.1.1 工程经济评价指标的设定原则

投资项目的经济评价可以根据不同的评价目标、评价深度、方案的特点和可获得的数据资料等情况选用不同的评价指标。为了确保经济评价指标的有效性和准确性，投资项目经济评价指标的设定必须遵循以下原则。

(1) 与经济学原理相一致原则，即所设定的指标应该符合社会经济效益。

(2) 项目或方案的可鉴别性原则，即所设定的指标能够检验和区别经济效益与费用的差异。

(3) 互斥型项目或方案的可比性原则，即所设定的指标必须满足共同的比较基础与前提。

(4) 评价工作的可操作性原则，即在评价项目的实际工作中，这些方法和指标是简便易行且确有实效的。

### 4.1.2 工程经济评价指标的分类

根据经济评价指标所考虑因素及使用方法的不同，可以将经济评价指标按多种分类方法进行分类。

1. 按是否考虑资金的时间价值分类

按是否考虑资金的时间价值来划分，可以将经济评价指标划分为静态评价指标和动态评价指标，见图 4-1。

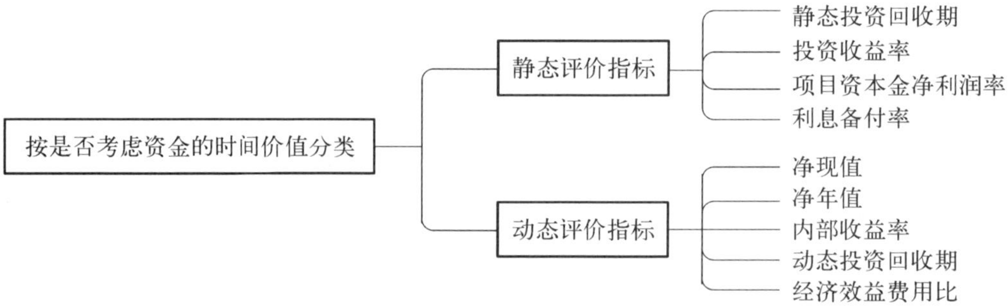


**图 4-1 按是否考虑资金时间价值分类的经济评价指标**

(1) 静态评价指标

静态评价指标是指不考虑资金的时间价值的评价指标，如静态投资回收期、投资收益率、项目资本金净利润率等。静态评价指标由于不考虑资金的时间价值，因而计算简单、直观、易于掌握。静态评价指标多用于经济数据不完备或不够精确的机会研究、初步可行性研究或短期投资项目中。

（2）动态评价指标

动态评价指标是指考虑资金的时间价值的评价指标，如动态投资回收期、净现值、内部收益率等。动态评价指标由于考虑资金的时间价值，因而更符合资金随时间的推移不断增值的实际情况，更能有效地提供评价依据。应用动态评价指标，对投资者和决策者树立资金周转观念、充分利用资金、提高投资经济效益等具有重要意义。它是可行性研究的主要评价指标。

在投资项目的经济评价中，根据工作阶段和深度要求的不同，选择不同的评价指标。必要时将静态评价指标和动态评价指标相结合，以达到准确评价的目的。

2. 按考察的投资范畴分类

按照考察投资范畴的不同，可以将经济评价指标分为考察全部投资经济效益的评价指标和考察自有资金投资经济效益的评价指标。

（1）考察全部投资经济效益的评价指标

全部投资经济评价是指基于全部投资（包括项目实施时固定资产投资、流动资金投资和建设期借款利息），在考虑了资金来源、资金成本、贷款偿还和分配等因素的基础上做出的经济评价。

（2）考察自有资金投资经济效益的评价指标

自有资金投资经济评价是指基于自有资金（这里的自有资金不包括银行贷款），对投资项目进行投资效益的经济评价。投资者更关心自有资金带来的经济效益。自有资金投资经济评价结果不同于全部投资经济评价结果，差异在于投资利润一般不等于银行贷款利息。企业向借贷资本支付的是利息而不是投资利润，企业可以从银行贷款利息和投资利润的差额中判断银行贷款是否对自己有利。若此差额为正，则说明银行贷款对自有资金投资不利，需要考虑其他投资；若此差额为负，则说明银行贷款利息低于投资利润，这时利用贷款进行投资可以为投资者带来收益。

3. 按所反映项目的经济含义分类

按照所反映项目经济含义的不同，可以将经济评价指标分为时间性评价指标、价值性评价指标和比率性评价指标三种，见图4-2。

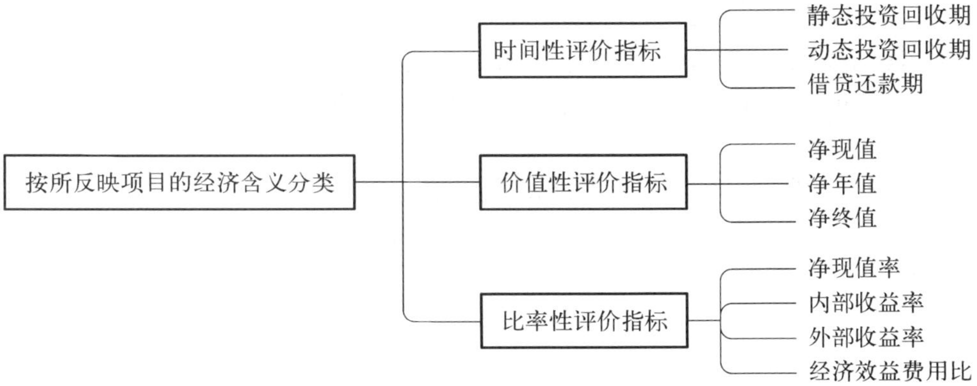


**图4-2　按所反映项目经济含义分类的经济评价指标**

（1）时间性评价指标

时间性评价指标是利用时间的长短来衡量项目对其投资回收或清偿能力的指标，反映项目的投资回收速度，包括静态投资回收期、动态投资回收期、借贷还款期等。

(2) 价值性评价指标

价值性评价指标是反映项目投资的净收益绝对量大小的指标，反映项目的盈利能力，包括净现值、净年值、净终值等。

(3) 比率性评价指标

比率性评价指标是反映项目单位投资获利能力或项目对贷款利率的最大承受能力的指标，反映资金的使用效率，包括净现值率、内部收益率、外部收益率、经济效益费用比等。

4. 按计算方法分类

按照计算方法的不同，可以将经济评价指标分为年值法指标、现值法指标和收益率法指标三种，见图 4-3。

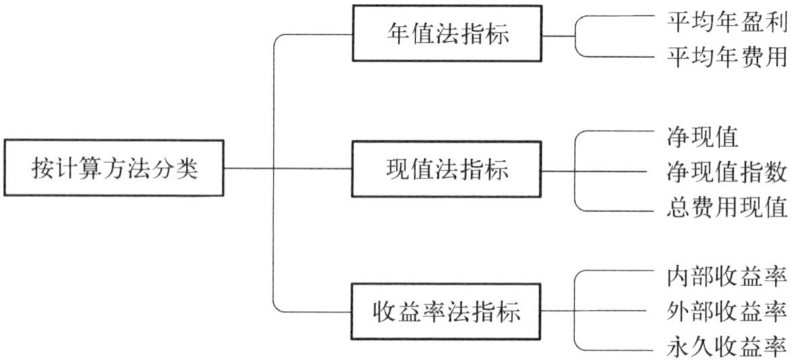


**图 4-3 按计算方法分类的经济评价指标**

(1) 年值法指标

年值法指标是以年度为单位来计算项目的各项经济效益的指标，包括平均年盈利、平均年费用等。

(2) 现值法指标

现值法指标考虑资金的时间价值，根据项目所在行业的基准投资收益率，将项目各年的净现金流量或总费用等折现到建设期初。现值法指标包括净现值、净现值指数、总费用现值等。

(3) 收益率法指标

收益率法指标是将各种收益率与行业基准投资收益率进行比较的指标，反映项目的盈利能力。这类指标包括内部收益率、外部收益率、永久收益率等。

## 4.2 单一项目盈利能力评价指标与方法

单一项目盈利能力评价指标按照是否考虑资金的时间价值，分为静态评价指标和动态评价指标。

### 4.2.1 静态评价指标

1. 静态投资回收期

投资回收期(payback period)是指回收项目投资所需要的时间，就是用项目各年的净现金流入(年收入减年支出)回收初始投资(包括固定资产投资和流动资金投资)所需要的时间，也就是项目的净收益抵偿全部投资所需要的时间。投资回收期一般从投资开始年算起，若从投产年算起，应予以说明。

投资回收期按照是否考虑资金的时间价值，分为静态投资回收期和动态投资回收期。

(1) 静态投资回收期的定义

所谓静态投资回收期($P_t$)，是指不考虑资金的时间价值，以项目净收益抵偿项目全部投资所需要的时间。其表达式为

$$\sum_{t=0}^{P_t}(CI-CO)_t=0 \tag{4-1}$$

式中，$CI$ 为现金流入；$CO$ 为现金流出；$(CI-CO)_t$ 为第 $t$ 年的净现金流量；$P_t$ 为静态投资回收期。

一般情况下，有

$$P_t=T-1+\frac{\text{第}(T-1)\text{年净现金流量累计值的绝对值}}{\text{第 }T\text{ 年的净现金流量}} \tag{4-2}$$

式中，$T$ 为累计净现金流量首次为非负值所对应的年份。

如果投资在期初一次性投入，且每年的净收益不变，那么静态投资回收期的表达式可以简化为

$$P_t=\frac{\text{投资总额}}{\text{年收益}} \tag{4-3}$$

(2) 静态投资回收期的判别标准

利用上述公式求出项目的静态投资回收期 $P_t$，与基准投资回收期 $P_c$ 进行比较，可以判断项目的可行性。当 $P_t \leqslant P_c$ 时，项目可接受；当 $P_t > P_c$ 时，项目不可接受。

基准投资回收期是国家根据国民经济各部门、各地区的具体经济条件，按照行业和部门的特点，结合财务会计的有关制度及规定而颁布，同时进行不定期修订的建设项目经济评价参数，是对投资项目进行经济评价的重要标准。

(3) 静态投资回收期计算方法举例

**【例 4-1】** 某项目的财务现金流量如表 4-1 所示。计算该项目的静态投资回收期，若该项目的基准投资回收期为 6 年，该项目是否可接受？

**表 4-1　项目财务现金流量表**　　单位：万元

| 项　目 | 第 0 年 | 第 1 年 | 第 2 年 | 第 3 年 | 第 4 年 | 第 5 年 | 第 6 年 | 第 7 年 | 第 8 年 |
|---|---|---|---|---|---|---|---|---|---|
| 1. 现金流入 | — | — | — | 800 | 1 200 | 1 200 | 1 200 | 1 200 | 1 200 |
| 2. 现金流出 | — | 600 | 900 | 500 | 700 | 700 | 700 | 700 | 700 |
| 3. 净现金流量 | — | −600 | −900 | 300 | 500 | 500 | 500 | 500 | 500 |
| 4. 累计净现金流量 | — | −600 | −1 500 | −1 200 | −700 | −200 | 300 | 800 | 1 300 |

解：根据公式，得 $P_t=6-1+\frac{|-200|}{500}=5.4$（年）。

因为 $P_t<P_c=6$ 年，所以该项目可接受。

(4) 静态投资回收期的分析

静态投资回收期的概念清楚、经济意义直观，易于理解、计算简便。静态投资回收期反映的是投资资金回收的快慢，既可在一定程度上反映项目的经济效果，也可反映项目收回投资风险的大小。

由于静态投资回收期没有考虑资金的时间价值，仅以投资回收快慢为依据，考虑了投资回收之前的效益，但是忽视了投资回收之后的情况，因而无法全面评价投资项目整个寿命期的经济效益。静态投资回收期仅反映该方案的投资回收速度，不能用于多方案间的相对评价，仅是一个辅助性的绝对评价指标。

2. 投资收益率

(1) 投资收益率的定义

投资收益率是指项目在正常生产年份的净收益与投资总额的比率。对于生产期内各年的净收益变化幅度较大的项目，应计算生产期年平均净收益与项目总投资的比率。其一般表达式为

$$R=\frac{NB}{K} \tag{4-4}$$

式中，$R$ 为投资收益率；$NB$ 为正常生产年份净收益或者生产期年平均净收益，根据分析目的的不同，$NB$ 可以是利润，可以是利润税金总额，还可以是年净现金流入等；$K$ 为投资总额，$K=\sum_{t=0}^{m}K_t$，$K_t$ 为第 $t$ 年的投资额，$m$ 为建设期，根据分析目的的不同，$K$ 可以是全部投资额（固定资产、建设期借款利息和流动资金之和），也可以是投资者的权益投资额（如资本金）。

(2) 投资收益率的分类

根据分析目的的不同，$NB$ 和 $K$ 可以有多个含义，所以投资收益率有多种表达形式，常用的有投资利润率、投资利税率和资本金利润率。

① 投资利润率

投资利润率是指项目达到设计生产能力后的一个正常生产年份的年利润总额或项目生产期内的年平均利润总额与项目总投资的比率，它是考察项目单位投资盈利能力的静态评价指标。其计算公式如下：

投资利润率＝年利润总额或年平均利润总额÷项目总投资×100%

年利润总额＝年产品销售（营业）收入－年销售税金及附加－年总成本费用

项目总投资＝固定资产投资＋固定资产投资方向调节税＋建设期借款利息＋流动资金

② 投资利税率

投资利税率是指项目达到设计生产能力后的一个正常生产年份的年利税总额或项目生产期内的年平均利税总额与项目总投资的比率，它考察的是项目单位投资对国家积累的贡献水平。其计算公式如下：

投资利税率＝年利税总额或年平均利税总额÷项目总投资×100％

其中：年利税总额＝年销售收入－年总成本费用

或者，年利税总额＝年利润总额＋年销售税金及附加

③ 资本金利润率

资本金利润率是指项目达到设计生产能力后的一个正常生产年份的年利润总额或项目生产期内的年平均利润总额与资本金的比率，它反映投入项目的资本金的盈利能力。其计算公式如下：

资本金利润率＝年利润总额或年平均利润总额÷资本金×100％

**【例4-2】** 某新建项目总投资为65 597万元，2年建成，投产后运行10年，利润总额为155 340万元，销售税金及附加为56 681万元，自有资本金总额为13 600万元，国家投资10 600万元，其余为国内外借款。试计算投资利润率、投资利税率和资本金利润率。

解：

$$\text{投资利润率}=\frac{155\,340\div 10}{65\,597}\times 100\%\approx 23.7\%$$

$$\text{投资利税率}=\frac{(155\,340+56\,681)\div 10}{65\,597}\times 100\%\approx 32.3\%$$

$$\text{资本金利润率}=\frac{155\,340\div 10}{13\,600}\times 100\%\approx 114.2\%$$

### 4.2.2 动态评价指标

1. 动态投资回收期

(1) 动态投资回收期的定义

为了弥补静态投资回收期没有考虑资金时间价值的不足，特设置了动态投资回收期。所谓动态投资回收期($P_t'$)，是指考虑了资金的时间价值，以项目净收益抵偿项目全部投资所需要的时间。其表达式为

$$\sum_{t=0}^{P_t'}\left[(CI-CO)_t(1+i_c)^{-t}\right]=0 \tag{4-5}$$

式中，$CI$ 为现金流入；$CO$ 为现金流出；$(CI-CO)_t$ 为第 $t$ 年的净现金流量；$i_c$ 为行业基准折现率；$P_t'$ 为动态投资回收期。

一般情况下，有

$$P_t'=T-1+\frac{\text{第}(T-1)\text{年净现金流量现值累计值的绝对值}}{\text{第}T\text{年的净现金流量现值}} \tag{4-6}$$

式中，$T$ 为累计净现金流量现值首次为非负值所对应的年份。

(2) 动态投资回收期的判别标准

设项目寿命期为 $P_c'$，根据公式计算 $P_t'$，将求出的 $P_t'$ 与 $P_c'$ 进行比较：

若 $P_t'\leqslant P_c'$，则说明该项目符合行业或国家的基本要求，经济意义上可行，该项目可接受；

若 $P'_t > P'_c$，则说明该项目不能够满足行业或国家的基本要求，经济意义上不可行，该项目不可接受。

(3) 动态投资回收期计算方法举例

**【例 4-3】** 某项目的有关数据如表 4-2 所示。基准收益率 $i_c=10\%$，基准动态投资回收期 $P'_c=8$ 年。试计算该项目的动态投资回收期，并判断该项目的经济可行性。

**表 4-2 项目有关数据** 单位：万元

| 项 目 | 第0年 | 第1年 | 第2年 | 第3年 | 第4年 | 第5年 | 第6年 | 第7年 | 第8年 | 第9年 | 第10年 |
|---|---|---|---|---|---|---|---|---|---|---|---|
| 1. 投资支出 | 20 | 500 | 100 | — | — | — | — | — | — | — | — |
| 2. 其他支出 | — | — | — | 300 | 450 | 450 | 450 | 450 | 450 | 450 | 450 |
| 3. 收入 | — | — | — | 450 | 700 | 700 | 700 | 700 | 700 | 700 | 700 |
| 4. 净现金流量 | −20 | −500 | −100 | 150 | 250 | 250 | 250 | 250 | 250 | 250 | 250 |
| 5. 累计净现金流量 | −20 | −520 | −620 | −470 | −220 | 30 | 280 | 530 | 780 | 1 030 | 1 280 |
| 6. 折现值 | −20 | −454.55 | −82.64 | 112.70 | 170.75 | 155.23 | 141.12 | 128.29 | 116.63 | 106.02 | 96.39 |
| 7. 累计折现值 | −20 | −474.55 | −557.19 | −444.49 | −273.74 | −118.51 | 22.61 | 150.90 | 267.53 | 373.55 | 469.94 |

解：根据动态投资回收期的计算公式计算各年折现值。动态投资回收期就是累积折现值为 0 的年限。

$$P'_t=T-1+\frac{\text{第}(T-1)\text{年净现金流量现值累计值的绝对值}}{\text{第 }T\text{ 年的净现金流量现值}}$$

$$=6-1+\frac{|-118.51|}{141.12}\approx 5.84(\text{年})$$

由于 $P'_t < P'_c=8$ 年，因此该项目在经济意义上可行。

(4) 动态投资回收期的分析

动态投资回收期与静态投资回收期相比，有优点也有不足之处。动态投资回收期最大的优点是它考虑了现金流入与流出的时间因素，能真正反映资金的回收时间，能够更合理地反映项目和资金的运作情况。但是动态投资回收期的计算比较麻烦。在投资回收期和基准收益率不大的情况下，两种投资回收期的差别不是很大，不会影响方案的选择，因此动态投资回收期指标并不常用。只有在投资回收期和基准收益率较大的情况下，才需计算动态投资回收期。

2. 净现值($NPV$)

(1) 净现值的定义

净现值是指将项目在整个计算期内各年的净现金流量，按某个给定的折现率，折算到计算期初(第 0 年)的现值代数和。其一般表达式为

$$NPV=\sum_{t=0}^{n}[(CI-CO)_t(1+i)^{-t}]=\sum_{t=0}^{n}[NCF_t(P/F, i, t)] \tag{4-7}$$

式中，$CI$ 为现金流入；$CO$ 为现金流出；$(CI-CO)_t$ 为第 $t$ 年的净现金流量（$NCF_t$）；$n$ 为计算期；$i$ 为折现率。

(2) 净现值的判别标准

当给定的折现率 $i=i_c$ 时，若 $NPV(i_c)=0$，则表明该项目达到了行业基准投资收益率标准；若 $NPV(i_c)>0$，则表明该项目的投资方案除了实现预定的行业投资收益率，还有超额的收益；若 $NPV(i_c)<0$，则表明该项目没能达到行业基准投资收益率水平，但不能确定是否亏损。由此得出净现值法的判别标准：

当 $NPV>0$ 时，说明该项目在经济意义上可行，即项目的盈利能力超过其投资收益期望水平，可以考虑接受此项目；

当 $NPV<0$ 时，说明该项目在经济意义上不可行，可以考虑否定此项目；

当 $NPV=0$ 时，说明该项目的盈利能力达到了所期望的最低财务盈利水平，可以考虑接受此项目。

(3) 净现值计算例题分析

**【例 4-4】** 某项目的各年现金流量如表 4-3 所示。试用净现值指标判断该项目的经济可行性（$i_0=10\%$）。

**表 4-3　项目现金流量表**　　单位：万元

| 项　　目 | 第 0 年 | 第 1 年 | 第 2 年 | 第 3 年 | 第 4～10 年 |
|---|---|---|---|---|---|
| 1. 投资支出 | 20 | 500 | 100 | | |
| 2. 投资以外支出 | | | | 300 | 450 |
| 3. 收入 | | | | 450 | 700 |
| 4. 净现金流量 | −20 | −500 | −100 | 150 | 250 |

解：$NPV=-20+(-500)(P/F, 10\%, 1)+(-100)(P/F, 10\%, 2)+150(P/F, 10\%, 3)+250(P/A, 10\%, 7)(P/F, 10\%, 3)=469.94$（万元）

因为 $NPV>0$，所以该项目在经济意义上是可以接受的。

(4) 净现值的分析

净现值指标考虑了项目在整个寿命期内的运营状况，反映项目的经济效益较为全面。净现值是一个动态指标，较为客观地考虑了项目的经济状况，直接以货币量表示项目的盈利能力，经济意义明确、直观，符合投资者及其相关各方的要求。但净现值是出自追求净盈利最大目标的价值性评价指标，只能反映资金总量的使用效果，而不能反映投资的利用效率，需要预先设定折现率，从而使对方案的经济评价受到外在因素的影响。而且，净现值指标用于多方案比较时，没有考虑各方案投资额的大小，因而不能直接反映资金的使用效率，当方案间的初始投资额相差较大时，可能出现失误。由于一个勉强合格的大型项目的正净现值可以比一个很好的小型项目的正净现值大得多，这样决策时就有可能选择大型项目，造成失误。

3. 净现值率（$NPVR$）

净现值指标用于多方案比较时，虽然能反映每个方案的盈利水平，但是由于没有考虑各方案投资额的大小，因而不能直接反映资金的使用效率。为了考察资金的使用效率，可采用净现值率指标作为净现值的补充指标。

(1) 净现值率的定义

净现值率又称净现值指数，是指技术方案的净现值与投资现值之比，它反映的是净现值与投资现值的比较关系。其计算公式为

$$NPVR = \frac{NPV}{PVI} \times 100\% \tag{4-8}$$

式中，$PVI$ 为项目全部投资现值。

净现值率表明项目单位投资的盈利能力或资金的使用效率。净现值率的最大化，将使有限投资获得最大的净贡献。

(2) 净现值率的判别标准

用净现值率指标评价投资项目的经济可行性时，其判别标准如下：

若 $NPVR \geqslant 0$，则表明该项目达到了基本的经济要求，从经济意义上可以考虑接受该项目；

若 $NPVR < 0$，则表明该项目没有达到基本的经济要求，经济意义上不可行，应予以拒绝。

净现值率指标仅能反映资金的使用效率，因此一般不能独立用于项目经济可行性的判断，要与净现值指标结合使用。

4. 净年值($NAV$)

(1) 净年值的定义

净年值也称净年金，是指通过资金等值换算将项目净现值分摊到寿命期内各年(从第 1 年到第 $n$ 年)的等额年值。其一般表达式为

$$NAV = NPV(A/P, i_c, n) = \sum_{t=0}^{n} [(CI - CO)_t (1 + i_c)^{-t}](A/P, i_c, n) \tag{4-9}$$

(2) 净年值的判别标准

用净年值评价项目经济可行性的判别标准如下：对单一方案而言，若 $NAV \geqslant 0$，则项目在经济意义上可行；若 $NAV < 0$，则项目在经济意义上不可行。多方案优选时，净年值越大的方案，其优越性相对越高(净年值最大原则)。

(3) 净年值计算例题分析

**【例 4-5】** 某项目 A、B 方案的现金流量图如图 4-4 所示，$i_c = 8\%$。请评选较优方案。

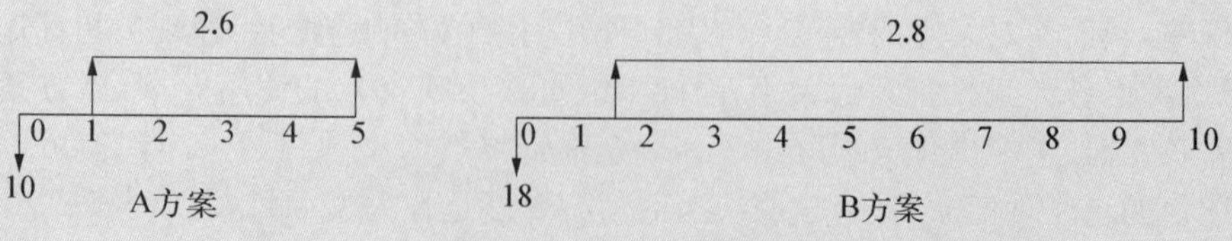


**图 4-4 某项目两方案的现金流量图(单位：万元)**

解：根据公式，将已知数据代入，可得

$$NAV_A = [-10 + 2.6(P/A, 8\%, 5)](A/P, 8\%, 5) = 0.0954 > 0$$

故A方案可行。

$$NAV_B = [-18 + 2.8(P/A, 8\%, 9)(P/F, 8\%, 1)](A/P, 8\%, 10) = -0.27 < 0$$

故B方案不可行。

在A方案的特殊现金流中，将投资分摊到寿命期内各年中，使计算变得简洁。但是，对于B方案，一定要先求出 $NPV$，再将其分摊到整个寿命期10年中。

(4) 净年值的分析

净年值和净现值是等效的经济评价指标，它们对项目经济评价的结论总是一致的。但净现值是项目在整个寿命期内获取的在 $i_c$ 水平上的超额净盈利的现值，而净年值是项目寿命期内每年等额的超额净盈利的现值。

就一般项目的经济评价而言，要计算净年值，一般要先计算净现值，所以在项目经济评价中很少用到净年值指标。但是对寿命期不同的多方案进行优选时，净年值在时间上具有可比性，比净现值更为简便、方便。

5. 费用现值($PC$)和费用年值($AC$)

当多方案比选时，参与比选的各方案是可行的，且方案的产出价值相同，或者诸方案能够满足同样需要但其产出效益难以用价值形态(货币)计量，只需考虑各方案的支出，这时可用费用现值和费用年值进行比较。其中，费用现值用于各方案年限一致的情况，费用年值更多地用于年限不一致的方案比选。

费用现值的表达式为

$$PC = \sum_{t=0}^{n}[CO_t(P/F, i_0, t)] \tag{4-10}$$

费用年值的表达式为

$$\begin{aligned} AC &= PC(A/P, i_0, n) \\ &= \sum_{t=0}^{n}[CO_t(P/F, i_0, t)](A/P, i_0, n) \end{aligned} \tag{4-11}$$

费用现值和费用年值最小者为最优方案。

**【例4-6】** 某项目有三个技术实施方案，A、B、C三个方案均能满足需要。费用如表4-4所示，$i_0=10\%$。请确定最优方案。

**表4-4　三个方案的费用**

| 方　　案 | 总投资(第0年)/万元 | 年运营费用(第1～10年)/万元 |
|---|---|---|
| A | 200 | 60 |
| B | 240 | 50 |
| C | 300 | 35 |

解：各方案的费用现值计算如下：

$$PC_A = 200 + 60(P/A, 10\%, 10) = 568.64(万元)$$
$$PC_B = 240 + 50(P/A, 10\%, 10) = 547.2(万元)$$
$$PC_C = 300 + 35(P/A, 10\%, 10) = 515.04(万元)$$

C 方案的 $PC$ 最小，故 C 方案为最优方案。

各方案的费用年值计算如下：

$$AC_A = PC_A(A/P, 10\%, 10) = 92.55(万元)$$
$$AC_B = 240(A/P, 10\%, 10) + 50 = 89.06(万元)$$
$$AC_C = 300(A/P, 10\%, 10) + 35 = 83.82(万元)$$

C 方案的 $AC$ 最小，故 C 方案是最优方案。

6. 内部收益率

(1) 内部收益率的定义

根据项目净现值 $NPV$ 的定义式，可知，随着折现率的增加，净现值逐渐减少，如图 4-5 所示。当折现率增加到一定程度时，$NPV=0$，这时的折现率就是项目的内部收益率($IRR$)。

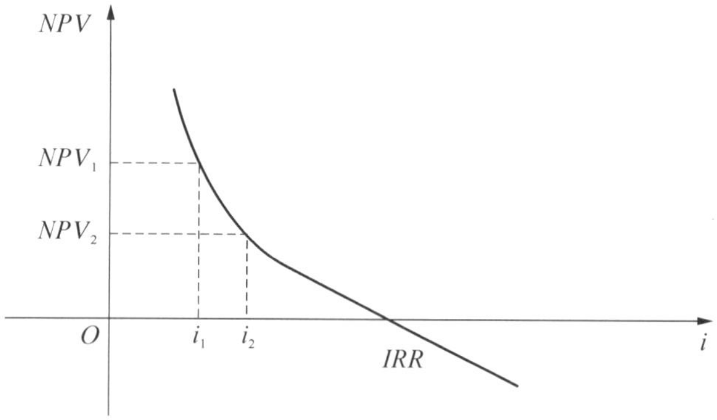


**图 4-5　NPV 与折现率的关系图**

内部收益率是投资项目经济评价的一个重要指标，它是指项目净现值为 0 时的折现率。其计算公式为

$$NPV(IRR) = \sum_{t=0}^{n}[(CI-CO)_t(1+IRR)^{-t}] = 0 \quad (4-12)$$

根据上述公式，我们可以看出内部收益率的经济含义，即在项目的整个寿命期中，按增值率 $i=IRR$ 计算，除最后一年外，始终存在尚未回收的投资。每年尚未回收的投资以 $i=IRR$ 增值，而当项目以当年的净收益回收它，在项目寿命结束时，投资刚好全部被回收。也就是说，在项目的寿命期内，项目的净收益能力能够回收以 $IRR$ 这样的比率增值的投资。项目的这种回收能力，即 $IRR$ 的大小，完全取决于项目内部的净收益。因此，内部收益率反映的是项目本身的盈利能力，是项目的盈利率。

(2) 内部收益率的判别标准

若 $IRR \geqslant i_c$（基准收益率），则该项目或方案在经济意义上可行，可以接受。

若 $IRR < i_c$（基准收益率），则该项目或方案在经济意义上不可行，应予以拒绝。

（3）内部收益率的计算

由计算公式可以看出，求解内部收益率就是求解一个 $n$ 次多项式，一般需要通过试错法求解内部收益率。

先给出一个折现率 $i_1$，计算相应的 $NPV(i_1)$，若 $NPV(i_1)>0$，则说明欲求的 $IRR>i_1$，若 $NPV(i_1)<0$，则说明 $IRR<i_1$，据此将折现率修正为 $i_2$，求 $NPV(i_2)$的值。如此反复试算，逐步逼近，最终可得到比较接近的两个折现率 $i_m$ 与 $i_n$，且 $i_m<i_n$，使得 $NPV(i_m)>0$，$NPV(i_n)<0$，如图 4-6 所示。然后用线性插值的方法确定 $IRR$ 的近似值。

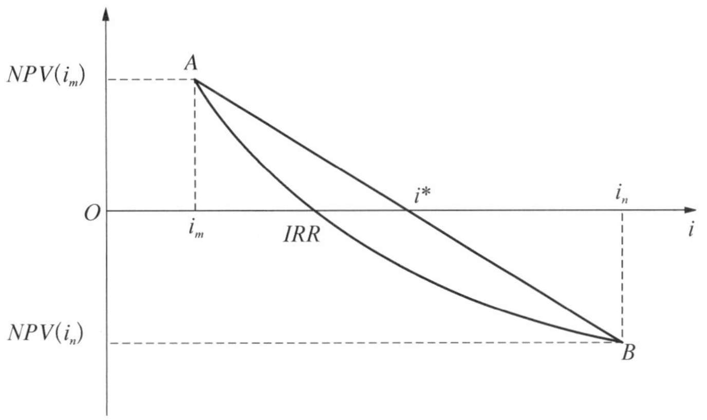


**图 4-6　用试错法求内部收益率**

内插公式为

$$IRR \approx i_m + \frac{|NPV(i_m)|(i_n - i_m)}{|NPV(i_m)|+|NPV(i_n)|} \tag{4-13}$$

其中计算误差与 $i_n-i_m$ 的大小有关，一般取 $i_n-i_m \leqslant 5\%$。

**【例 4-7】** 某项目的净现金流量情况如表 4-5 所示（单位：万元），设基准收益率为 12%。请用内部收益率评价该项目在经济意义上是否可行。

**表 4-5　项目净现金流量情况**

| 年　序 | 0 | 1 | 2 | 3 | 4 | 5 |
|---|---|---|---|---|---|---|
| 净现金流量 | −200 | 40 | 50 | 60 | 70 | 80 |

解：根据题意可得

$$NPV = -200 + 40(P/F, i, 1) + 50(P/F, i, 2) + 60(P/F, i, 3) + 70(P/F, i, 4) + 80(P/F, i, 5)$$

分别取 $i_1=10\%$，$i_2=15\%$，代入上式计算其对应的净现值，得

$$NPV_1 = 20.44 \qquad NPV_2 = -8.16$$

用线性内插法，得

$$IRR = 10\% + [20.44 \div (20.44 + 8.16)](15\% - 10\%) \approx 13.6\%$$

由此可见，$IRR \approx 13.6\% > 12\%$，所以该项目在经济意义上可行，可以接受此项目。

(4) 内部收益率的几种特殊情况

由内部收益率的定义式可以看出它是一个 $n$ 次多项式，根据 $n$ 次多项式的根存在原理，即系数为实数的 $n$ 次多项式，其正实数根的数目不会超过其系数系列中符合变更的数目(在运用此规则时，0 年可以看成是无符号的)，可见如果项目在整个实施过程中有多次投资，就会有可能存在多个正实数根，即多个内部收益率。

可以根据项目净现金流量序列的变号次数，判断项目内部收益率方程解的情况。

① 净现金流量序列的正负号只变化一次的项目，称作常规投资项目。一般情况下，在项目寿命初期，主要是投资阶段，净现金流量一般为负值，项目进入正常生产期后，净现金流量变成正值，因此在整个计算期内，净现金流量序列的符号从负到正只改变一次，构成常规投资项目，如图 4-7 所示。大部分投资项目属于常规投资项目。对于常规投资项目，只要其累计净现金流量大于零，其内部收益率就是唯一的。

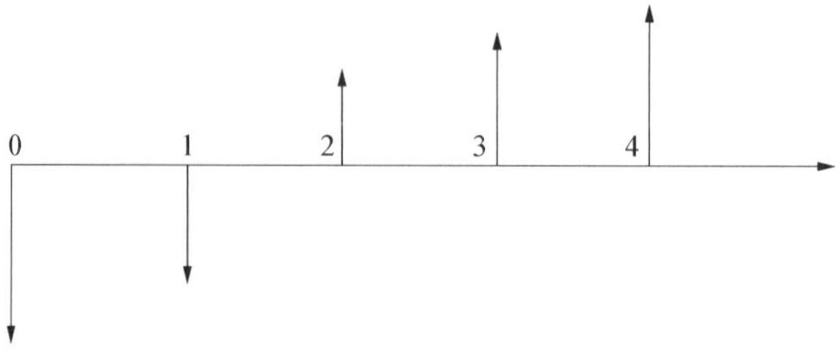


**图 4-7 常规投资项目**

② 净现金流量序列的符号多次变化的项目，称作非常规投资项目，如图 4-8 所示。一般来说，如果在生产期大量追加投资或在某些年份集中偿还债务，就有可能导致项目净现金流量序列的符号多次变化，构成非常规投资项目。非常规投资项目的内部收益率方程可能有多个正实数根。

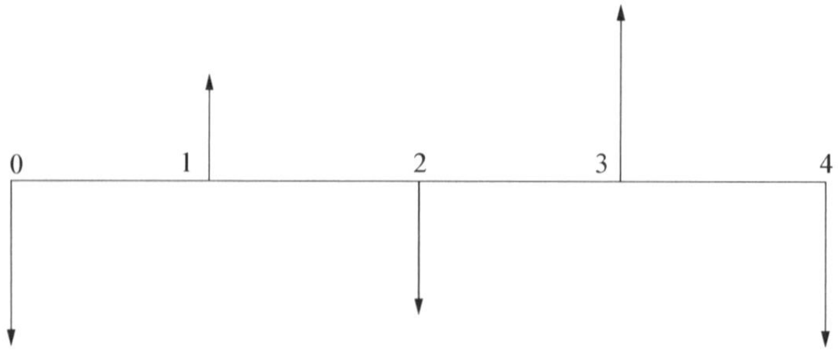


**图 4-8 非常规投资项目**

一般情况下，当非常规投资项目的内部收益率方程出现多个解时，需要按照内部收益率的经济含义对每个解进行检验，若满足内部收益率经济含义的要求，则这个解就是内部收益率的唯一解，否则非常规投资项目无内部收益率，不能用内部收益率指标进行评价。

③ 净现金流量序列的正负号没有变化，内部收益率方程无解，这时内部收益率不存在。一种情况是投资效益特别好，当年投资，当年收益，而且第一年的收益就大于投资，项目计算期内各年净现金流量全部为正值，这时不存在内部收益率。另一种情况是投资效益非常差，投资大，且投产后项目的现金流入不能弥补运营成本，各年净现金流量均为负值，这时也不存在内部收益率。这两种情况都是极端情况，其实不需要计算内部收益率，我们也可以对投资决策做出正确的判断。

(5) 内部收益率法的优缺点

内部收益率是效率型指标，它反映项目所占用资金的盈利率，是考察项目资金使用效率的重要指标。内部收益率法比较直观，能直接表示投资项目的盈利能力。内部收益率法的优点是考虑了资金的时间价值及投资项目在整个计算期内的经济状况，而且计算时不需要事先知道基准收益率。

然而内部收益率法存在诸多不足之处，主要表现在以下方面。

① 内部收益率的计算公式中隐含着假设，即投资项目尚未回收的资金和投资项目回收取得的资金都能获得相同的收益率——内部收益率。这不仅是对那些内部收益率比基准收益率大得多的投资项目来说，而且是对那些内部收益率比基准收益率稍微大的投资项目来说，都是不易做到的。原因是每年回收的资金比初始资金少，而且可使用这项资金的时间相对较短，通常情况是投资项目回收资金再投资的收益率不但比初始投资的收益率要低，而且可能比基准收益率还要低。

② 内部收益率只是一个相对评价指标，即内部收益率法用于多个可行投资项目的优选与排序时，并非内部收益率越大的投资项目越优。

③ 求解内部收益率十分麻烦，虽然已有几种较为实用的求解方法，如二分法、切线法、运用黄金分割原理优化求解内部收益率的方法等，但计算起来仍十分烦琐。

④ 非常规投资项目可能不存在内部收益率，也可能存在多个内部收益率，因而无法据以判断投资项目真实的内部收益率，给决策带来困难，甚至导致得出错误的结论。

### 4.2.3 基准收益率

基准收益率也称基准折现率，是企业或行业或投资者以动态的观点所确定的、可接受的投资项目最低标准的收益水平。基准收益率作为评估项目 *NPV*、*IRR* 等经济评价指标的基础，是评估项目是否值得投资的关键。基准收益率定得太高，可能会使许多经济效益好的项目被拒绝；如果定得太低，那么可能会使一些经济效益不好的项目被采纳。

基准收益率的确定一般以行业的平均收益率为基础，同时综合考虑资金成本、预期利润、投资风险、通货膨胀及资金限制等影响因素。

(1) 资金成本和投资的机会成本。资金成本是为取得资金使用权所支付的费用。基准收益率最低限度不应小于资金成本。投资的机会成本是指投资者将有限的资金用于除拟建项目以外的其他投资机会所能获得的最好收益。显然，基准收益率应不低于单位资金成本和单位投资的机会成本。

(2) 预期利润。投资项目的经济效益不仅应能回收资金和支付利息，而且应能获得一定的利润额。因此，在确定基准收益率时，必须考虑一定数额的预期利润。

(3) 投资风险。在项目计算期内，项目环境可能发生难以预料的不利变化，即投资者要冒着一定风险做决策。所以在确定基准收益率时，仅考虑资金成本、机会成本因素是不够的，还应考虑风险因素。通常，以一个适当的风险贴补率来提高基准收益率。

(4) 通货膨胀。在通货膨胀的影响下，项目投入物的价格都会上升。为反映和评价拟建项目在未来的真实经济效果，在确定基准收益率时，应考虑通货膨胀因素，对基准收益率加以修正。

(5) 资金限制。资金是稀缺的资源，在资金短缺时，应通过提高基准收益率的办法进行项目经济评价，以便筛选掉盈利能力较低的项目。

## 4.3 单一项目清偿能力评价指标与方法

项目的清偿能力是指项目在财务上偿还其债务的能力，包括短期债务（如应付账款、短期借款）和长期债务（如长期贷款、债券）。项目的清偿能力是衡量项目财务健康状况的重要因素，不仅关系到项目的持续运营和成功与否，还影响到债权人和投资者的信心。单一项目清偿能力评价指标主要如下。

(1) 借款偿还期

借款偿还期是指根据国家财政规定及投资项目的具体财务条件，用项目投产后可作为偿还借款的项目收益（包括净利润、折旧费等）来偿还项目投资借款本金和建设期借款利息所需要的时间。其计算公式为

$$I_d = \sum_{t=0}^{P_d} R_t \tag{4-14}$$

式中，$I_d$ 为借款的本金和利息；$P_d$ 为借款偿还期；$R_t$ 为第 $t$ 年可用于还款的资金，包括净利润、折旧费及其他资金。

也可直接由资金来源与运用表推算，其计算公式为

$$P_d = \begin{bmatrix}\text{借款偿还后开始}\\\text{出现盈余年份数}\end{bmatrix} - \text{开始借款年份数} + \frac{\text{当年偿还借款额}}{\text{当年可用于还款的资金额}} \tag{4-15}$$

借款偿还期反映项目对借款的偿还能力，用于判断项目是否满足借贷机构的要求。一个项目的借款偿还期不应超过借款方限定的偿还期限。

**【例 4-8】** 某项目在期初一次性投资 665 万元，全部为银行贷款，年利率为 8%。项目建设期为 1 年，第 2 年可用于还款的资金为 180.49 万元，第 3 年可用于还款的资金为 225.28 万元，以后各年均为 290.14 万元。计算该项目的借款偿还期。

解：各年偿还贷款情况如表 4-6 所示。

**表 4-6 各年偿还贷款情况** 单位：万元

| 项 目 | 第 1 年 | 第 2 年 | 第 3 年 | 第 4 年 | 第 5 年 | 第 6 年 |
|---|---|---|---|---|---|---|
| 年初贷款累计 | 0 | 691.60 | 566.44 | 386.48 | 127.26 | |
| 本年借款 | 655 | 0 | 0 | 0 | 0 | |
| 还款资金 | | 180.49 | 255.28 | 290.14 | 290.14 | 290.14 |

续　表

| 项　目 | 第1年 | 第2年 | 第3年 | 第4年 | 第5年 | 第6年 |
|---|---|---|---|---|---|---|
| 本年偿还利息 | 0 | 55.33 | 45.32 | 30.92 | 10.18 | |
| 本年偿还本金 | | 125.16 | 179.96 | 259.22 | 127.26 | |
| 偿债后余额 | | 0 | 0 | 0 | 152.7 | |

$$借款偿还期=5-1+\frac{127.26+10.18}{290.14}\approx 4.47(年)$$

(2) 利息备付率($ICR$)

利息备付率是指借款偿还期内各年可用于支付利息的息税前利润与当期应付利息费用的比值。其表达式为

$$ICR=\frac{EBIT}{PI} \tag{4-16}$$

式中,$EBIT$ 为息税前利润;$PI$ 为计入成本的应付利息。

利息备付率从付息资金来源的充裕性角度,反映项目偿付债务利息的保障程度。利息备付率应大于2,并结合债权人的要求确定。

(3) 偿债备付率($DSCR$)

偿债备付率是指借款偿还期内用于计算债务资金还本付息的资金与应还本付息金额的比值。其表达式为

$$DSCR=\frac{EBITAD-Tax}{PD} \tag{4-17}$$

式中,$EBITAD$ 为息税前利润、折旧费、摊销费之和;$Tax$ 为企业所得税;$PD$ 为应还本付息金额。

偿债备付率表示用于还本付息的资金偿还债务资金的保障程度。偿债备付率应大于1,并结合债权人的要求确定。

(4) 资产负债率($LOAR$)

资产负债率是指各期末负债总额与资产总额的比值。其表达式为

$$LOAR=\frac{TL}{TA} \tag{4-18}$$

式中,$TL$ 为期末负债总额;$TA$ 为期末资产总额。

资产负债率不仅能衡量企业利用债权人提供资金进行投资和生产经营活动的能力,而且能反映债权人发放贷款的安全程度。资产负债率越小,说明回收贷款的保障越大;反之,则投资风险程度就越高。适度的资产负债率,表明企业经营安全、稳健,具有较强的筹资能力,也表明企业和债权人的投资风险较小。应结合国家宏观经济状况、行业发展趋势、企业所处竞争环境等具体条件来分析资产负债率指标。项目财务分析中,在长期债务还清后,可不再计算资产负债率。

(5) 流动比率和速动比率

流动比率是反映项目偿付流动负债能力的指标。其计算公式为

$$流动比率=\frac{流动资产}{流动负债}\times100\% \tag{4-19}$$

流动比率能衡量企业短期偿债能力。由于流动资产包括存货，这些存货在通常情况下不易立即变现，因而该指标不能确切反映瞬时的偿债能力。

速动比率是反映项目快速偿付流动负债能力的指标。其计算公式为

$$速动比率=\frac{速动资产}{流动负债}\times100\%=\frac{流动资产-存货}{流动负债}\times100\% \tag{4-20}$$

速动资产是指容易转变为现金的流动资产，如现金、有价证券和应收账款等。

流动比率和速动比率的高低，应与同行业的平均水平或其他参照物相比较。一般认为，流动比率应不小于1.2～2.0，速动比率应不小于1.0～1.2。当流动比率和速动比率过小时，应设法减少流动负债，通过减少利润分配、减少库存等办法增加盈余资金，例如通过增加长期借款（负债）来加以调整。

**【例4-9】** 某项目在某一财务年度的总资产为50 000万元，短期借款为2 500万元，长期借款为32 000万元。应收账款为1 200万元，存货为5 200万元，现金为1 000万元，累计盈余资金为500万元，应付账款为1 500万元。那么，该项目资金流动性指标分别为多少？

解：

资产负债率＝负债总额÷资产总额×100%
＝(32 000＋2 500＋1 500)÷50 000×100%
＝72%

流动比率＝流动资产÷流动负债×100%
＝(应收账款＋存货＋现金＋累计盈余资金)÷(短期借款＋应付账款)×100%
＝(1 200＋5 200＋1 000＋500)÷(2 500＋1 500)×100%
＝(7 900÷4 000)×100%＝197.5%

速动比率＝速动资产÷流动负债×100%＝(流动资产－存货)÷流动负债×100%
＝(7 900－5 200)÷4 000×100%＝67.5%

## 4.4 单一项目外汇平衡评价指标与方法

项目外汇平衡是指在项目的经济评估和财务规划中，确保项目在一定时期内的外汇收入能够覆盖其外汇支出的状态。项目外汇平衡是项目可行性研究和经济评价的重要组成部分，它不仅关系到项目的财务健康和盈利能力，也关系到项目对国家经济和外汇市场的影响。通过有效的外汇平衡管理，可以降低项目的汇率风险，增强其在国际市场上的竞争力，并为国家经济的稳定和发展作出贡献。

单一项目外汇平衡评价指标主要包括以下几个方面。

(1) 外汇净现值（$FFNPV$）

外汇净现值是一个财务评价指标，用于评估项目在考虑外汇收支的情况下，对国家或企业

外汇储备的净影响。它是项目所有预期外汇现金流量的现值之和。其计算公式为

$$FFNPV=\sum_{t=1}^{n}\frac{\text{外汇收入}_t-\text{外汇支出}_t}{(1+\text{折现率})^t} \tag{4-21}$$

式中，外汇收入$_t$ 是第 $t$ 期的外汇收入；外汇支出$_t$ 是第 $t$ 期的外汇支出；$n$ 是项目的总期数。

如果外汇净现值为正值，表示外国投资项目可以带来收益；反之，则表示该项目可能不具有经济吸引力。

(2) 节汇成本

节汇成本是项目经济评价中使用的一个概念，特别是在涉及外汇收支的国际项目或跨国经营的企业中。这个指标反映项目或企业通过节约使用外汇资源而减少的外汇支出成本。

(3) 换汇成本

换汇成本是指为了获取外汇而进行货币兑换所产生的成本，通常在跨国经营和国际贸易中出现。它涉及将本国货币兑换成外币以支付进口商品、服务以及偿还债务和进行海外投资等的费用。

## 复习思考题

1. 什么是净现值？什么是净年值？两者有何区别与联系？两者用于多方案比较时所得结论是否一致？为什么？

2. 什么是常规投资项目和非常规投资项目？项目进行此类区分有何意义？

3. 现金流量的 *IRR* 有唯一和多个解是如何确定的？

4. 为什么在对项目或方案进行分析、评价和比较时，各类绝对评价指标和相对评价指标要结合使用？

## 练习题

1. 某项目的现金流量情况如表 4-7 所示(单位：万元)。试计算该项目的静态和动态投资回收期、内部收益率（折现率 $i=18\%$）。

**表 4-7　项目现金流量情况**

| 年　序 | 0 | 1 | 2 | 3 | 4 | 5 | 6～12 |
|---|---|---|---|---|---|---|---|
| 现金流量 | 0 | −500 | −950 | 167 | 295 | 390 | 545 |

2. 某工程项目预计投资 1 000 万元，当年建成投产后每年可获净收益 250 万元，若贴现率为 10%，资金回收的年限不得超过 6 年。计算该项目的静态投资回收期和净现值，并据此判断项目在经济意义上可否接受。

3. 某投资项目初始投资为 10 000 万元，历年净现金流量情况如表 4-8 所示(单位：万元)。若该项目的基准收益率为 10%，基准投资回收期为 5 年。试计算此项目的静态和动态投资回收期，并做出相应的经济评价。

表 4-8 项目净现金流量情况

| 年 序 | 0 | 1 | 2 | 3 | 4 | 5 | 6 |
|---|---|---|---|---|---|---|---|
| 净现金流量 | −10 000 | 2 000 | 2 500 | 3 130 | 3 510 | 4 030 | 4 400 |

4. 某公司计划投资一个项目，第1年投资2 000万元，第2年投资2 000万元，第3年投资1 000万元，第4年开始投产。投产后需投入流动资金200万元，年销售收入为4 000万元，年总成本费用为3 300万元，其中折旧费为500万元，摊销费为100万元，无利息支出。连续8年，期末残值为200万元，假设所得税税率为30%，基准收益率为12%。求：

(1) 该项目多长时间能回收投资？

(2) 该项目的净现值为多少？并判断项目经济可行性。

5. 在某一项目中，有两种机器可以选用，都能满足生产需要。机器A的买价为10 000元，第6年年末的残值为4 000元，前3年的年运行费用为5 000元，后3年的年运行费用为6 000元。机器B的买价为8 000元，第6年年末的残值为3 000元，其运行费用是前3年为每年5 500元，后3年为每年6 500元。运行费用增加的原因是，维护修理工作量及效率上的损失随着机器使用时间的增加而提高。基准收益率是15%。试利用费用现值选择机器。

6. 一项目的建设投资(含固定资产投资方向调节税)为1 100万元，其中利用外资50万美元，合人民币500万元，人民币投资600万元，假定全部是贷款，外币贷款利率为8%，人民币贷款利率为10%。第1年年初贷款全部到位，建设期为2年，第3年年初投产，达到设计能力的1/3，第4年达到设计能力的2/3，第5年达到设计能力的100%。正常生产年份的国内销售收入为500万元，国外销售收入为10万美元，合人民币100万元。销售税金为销售收入的6%。正常生产年份的经营成本为200万元，其中固定成本为150万元，变动成本为50万元，成本均可以用人民币支付。该项目的使用寿命为20年，期末残值为0，采取直线折旧方式。外币贷款必须用外币偿还(只能用产品外销收入偿还)，人民币贷款可以用人民币偿还，也可以用外币偿还(假定1美元=7元人民币)。求外币贷款和人民币贷款的偿还期(不考虑所得税)。

## 案例分析题

一家半导体生产公司，在半导体制造中采用一种被称为晶圆的硅片，并在其上沉积多层材料。每层都有一个图案，从而构成微处理器的电路。每个8英寸晶圆上可以形成100个微处理器。目前，该生产线的平均产量是每个晶圆上只有75%的好微处理器。负责化学气相沉积(CVD)工具(属于工艺设备)的工艺工程师们想到一个提高整体产量的办法。他们提议通过重新设计其中一个主要部件来改善这个工具的真空度。工艺工程师们相信这个项目将使每个晶圆上无缺陷微处理器的平均产量提高2%。该公司只有一台CVD工具，它每小时可以处理10个晶圆。工艺工程师们已经确定CVD工具的平均利用率(指运行时间)为80%。制造一个晶圆的成本是5 000元，一个好的微处理器可以卖100元。这些半导体制造厂(包括晶圆生产厂)每周运行168小时，生产的所有好的微处理器都可以进行销售。项目所需的投资额为250 000元，维护和支持费用预计为每月25 000元。重新设计后工具的使用寿命为5年，该公司的基准收益率为12%。

试分析上述项目在经济意义上是否可行。

# 第5章　多方案经济评价与比选方法

## 内容提要

多方案之间的相关性类型；考虑寿命期是否相等的互斥型方案的比选方法；考虑有无资金约束下的独立型方案的比选方法；项目群的比选方法。

## 思政元素

(1) 批判性思维：通过分析不同方案的优缺点，训练批判性思维，避免盲目跟从。

(2) 求实精神和工匠精神：通过各种条件下多方案经济评价与比选，引导和培养严谨、审慎、负责的态度，客观、公正、科学的求实精神和精益求精、追求卓越的工匠精神。

(3) 辩证思辨能力：多方案经济评价与比较方法涉及不少逻辑思辨的分析，可以引导学生加强辩证思维能力的培养。

**引例**

一家制造企业正在考虑升级其生产线以提高效率和产能。企业面临三个不同的技术方案选择：自动化机器人、高级数控机床和智能物流系统。每个方案都有其独特的优势和成本结构，自动化机器人可以显著提高装配线的自动化程度，减少人工成本；高级数控机床能够提高加工精度，缩短产品生产周期，适合复杂零件制造；智能物流系统优化库存管理和物料搬运，减少物流成本和时间延误。企业需要进行经济评价与比选来决定最佳的投资方向。

**思考题：**

(1) 对这三个技术方案进行经济评价需要哪些数据？

(2) 选择怎样的评价标准来确定最优方案？

(3) 这三个技术方案能都选吗？什么情况下可以都选？

前文介绍了许多经济评价指标，都可以对单一项目做出取舍的决策，而且能够得到一致的结论。但是当涉及多个方案(或项目群)时，根据这些方案的性质(如属于独立型、互斥型或者其他类型)、资金的供应情况(如资金是否限量)和其他因素(如方案的寿命期相同与否)，就存在着一个选择合适的经济评价指标，从多个方案的集合里选出可行方案的问题了。本章主要介绍多方案的经济评价方法。

## 5.1 多方案之间的关系类型

多方案之间由于存在资源竞争、技术依赖、市场影响等方面的相互影响，因而会存在一定的相关性。在进行方案经济评价与比选前，弄清这些方案之间的关系属于何种关系类型是至关重要的，因为关系类型不同，经济评价方法的选择和判断的尺度就不同，否则会带来错误的结论。

多方案之间的相关性可以根据它们之间的相互影响分成独立、互斥、混合、相关四类。

(1) 独立型方案

独立型方案是指各个方案的现金流量是独立的，不具有相关性，且任一方案的采用与否都不影响其他方案是否被采用的决策。独立型方案的特点是具有“可加性”。

(2) 互斥型方案

互斥型方案是指各个方案之间是相互排斥的，选择了其一方案就排除了选择其他方案的可能性。互斥型方案的特点是具有“唯一性”。

(3) 混合型方案

混合型方案是指独立型方案与互斥型方案混合的情况。比如在有限资源的制约条件下，有几个独立的投资方案，这些独立的方案分别包含着若干个互斥的方案，那么所有方案之间就有混合型的关系。

(4) 相关型方案

相关型方案是指在多方案之间选择时，如果接受(或拒绝)某一方案，那么会显著改变其他方案的现金流量，或者会影响对其他方案的接受(或拒绝)。若一个方案的实施要求以另一个方案(或另几个方案)的实施为条件，则该方案与其他方案之间的关系就是从属关系。

## 5.2 互斥型方案比选

由于互斥型方案之间存在着互不相容、互相排斥的关系，在对多个互斥方案进行比选时，至多只能选择其中之一。

在对互斥型方案进行经济效果评价时，一是考察各个互斥方案自身的绝对经济效果，即进行绝对经济效果检验，二是考察各个互斥方案中哪个方案相对较优，称为相对经济效果检验。一般先以绝对经济效果方法筛选方案，然后以相对经济效果方法优选方案。

### 5.2.1 寿命期相等的互斥型方案比选

对于寿命期相等的互斥型方案，通常将方案的寿命期设定为共同的分析期。这样，在利用资金等值原理进行经济效益分析时，各个互斥方案在时间上才具有可比性。在进行寿命期相等的互斥型方案比选时，一般采用差额分析法、直接比较法等方法来选择最优方案。

1. *差额分析法*

差额分析法，也叫增量分析法，是指在相互竞争的互斥方案中，通过比较一个方案相对于另一个方案的差额成本与获得的差额收益进行投资决策。

对两个或两个以上方案的比选，可采用差额指标。两个方案在投资额、年收益、残值及年经营费用等方面的差异量，构成新的现金流量，即差额现金流量。这种对不同方案的差额现金流量进行分析的方法，称为差额分析法。在评价互斥型方案时，应根据不同方案的现金流量之差，采用差量的净现值（$\Delta NPV$）、差量的内部收益率（$\Delta IRR$）或差量的投资回收期（静态差量投资回收期 $\Delta P_t$、动态差量投资回收期 $\Delta P_t'$）等指标进行方案比选。

当对多个互斥方案进行比选时，运用差额分析法时要注意环比法的使用。为选出最优方案，除各个方案应与“0”方案（“0”方案意味着 $NPV(i_c)=0$，或者说 $IRR=i_c$）进行比较外，各个方案之间还应进行横向的两两比较。在对方案进行比较时，应采用基准收益率进行贴现。$N$ 个互斥方案两两比较的可能性一共有 $N(N-1)/2$ 种。在实际比较中，可以采用环比法来减少比较次数。环比法比选互斥型方案的程序如图5-1所示。

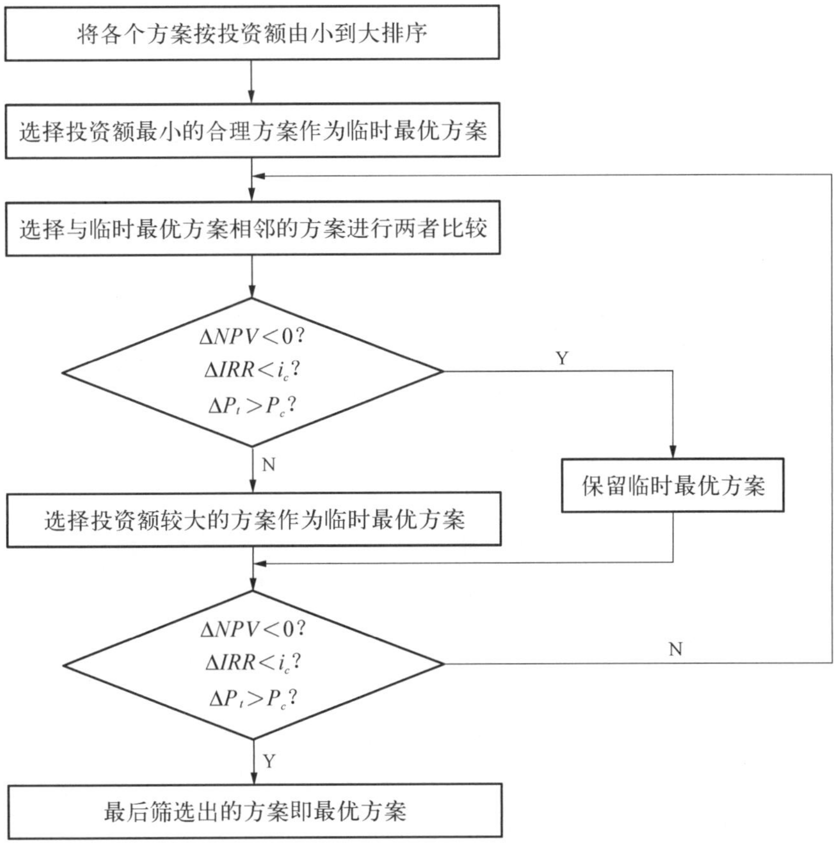


**图5-1　环比法比选互斥型方案的程序**

(1) 差额净现值法（$\Delta NPV$）。差额净现值法是指根据两个方案的差额净现金流量计算差额净现值指标进行方案比选。

设A、B为投资额不相等的互斥方案，A方案比B方案的投资额大，两个方案的差额净现值可由下式求出：

$$\begin{aligned}\Delta NPV &= \sum_{t=0}^{n}\{[(CI_A-CO_A)_t-(CI_B-CO_B)_t](1+i_0)^{-t}\}\\ &=NPV_A-NPV_B\end{aligned} \tag{5-1}$$

式中，$\Delta NPV$ 为差额净现值；$(CI_A-CO_A)_t$、$(CI_B-CO_B)_t$ 分别为方案 A、B 在第 $t$ 年的净现金流量；$NPV_A$、$NPV_B$ 分别为方案 A、B 的净现值。

比选的标准：若 $\Delta NPV \geq 0$，则表明增量投资可接受，投资额大的方案的经济效果好；若 $\Delta NPV < 0$，则表明增量投资不可接受，投资额小的方案的经济效果好。

【例 5-1】 表 5-1 所示为 A、B、C 三个互斥方案的净现金流量，寿命期均为 10 年，$i_c=15\%$。试找出经济上最有利的方案。

**表 5-1 三个互斥方案的净现金流量** 单位：元

| | $A_0$ | A | B | C |
|---|---|---|---|---|
| 第 0 年 | $NPV(15\%)=0$ | −5 000 | −8 000 | −10 000 |
| 第 1～10 年 | | 1 400 | 1 900 | 2 500 |

解：$A_0$ 为基准方案。有时所有互斥方案均不符合条件，应把资金投在其他可以获得基准收益的方案上，这样的方案被称为基准方案或“0”方案。基准方案或“0”方案的特点是不管其投资额为多少，其 $IRR=i_c$，即 $NPV(i_c)=0$。

将投资方案按投资额由小到大排序：$A_0$、A、B、C。其中，$A_0$ 为基准方案，若投资 5 000 元，每年获得 15% 的基准收益率，则年度等值收益为 5 000$(A/P, 15\%, 10)$=996.5(元)，该收益小于 A 方案的年度收益 1 400 元，故 A 方案是一个经济上合理的方案，可选 A 方案为临时最优方案。

用 B 方案与 A 方案比较，计算这两个方案的净现金流量之差(图 5-2)，按基准收益率 $i_c=15\%$ 计算差额现金流量的净现值 $\Delta NPV_{B-A}$。

**图 5-2 差额净现金流量(单位：元)**

$$\Delta NPV_{B-A}=-(8\,000-5\,000)+(1\,900-1\,400)(P/A, 15\%, 10)$$
$$=-490.5(\text{元})$$

$\Delta NPV<0$，说明 B 方案较劣，舍去 B 方案，保留 A 方案为临时最优方案。

重复上述步骤，以 C 方案作为 A 方案的竞争方案，计算两者现金流量之差的净现值。

$$\Delta NPV_{C-A}=-(10\,000-5\,000)+(2\,500-1\,400)(P/A, 15\%, 10)=520.9(\text{元})$$

$\Delta NPV>0$，说明 C 方案优于 A 方案。C 方案是最后一个方案，比较结束，故 C 方案为最优方案。

(2) 差额内部收益率法($\Delta IRR$)。无论采用净现值还是采用内部收益率进行方案比选，比选的实质都是将投资额大的方案和投资额小的方案相比，它的增量投资能否被其他增量收益抵消或抵消有余，即对增量现金流量的经济性做出判断。因此，在用内部收益率法进行互斥型方案比选时，应计算增量现金流量的内部收益率，称为增量投资内部收益率或差额内部收益率（记作 $\Delta IRR$）。在方案寿命期相等的情况下，计算差额内部收益率的公式为

$$\sum_{t=0}^{n}[(\Delta CI-\Delta CO)_t(1+IRR)^{-t}]=0 \tag{5-2}$$

式中，$n$ 为方案寿命期；$\Delta CI$ 为互斥方案（A、B）的差额（增量）现金流入（$CI_A-CI_B$）；$\Delta CO$ 为互斥方案（A、B）的差额（增量）现金流出（$CO_A-CO_B$）。

差额内部收益率法与差额净现值法评选方案的做法基本相同，只是取舍方案的标准不一样。差额内部收益率法评选方案的准则：在按投资额由小到大进行方案比选时，应保留投资额大且内部收益率大于基准收益率的方案。

**【例 5－2】** 以【例 5－1】为例，用差额内部收益率法进行方案比选。

解：与差额净现值法一样，也以 A 方案为临时最优方案。

计算 B 方案与 A 方案的差额内部收益率 $\Delta IRR_{B-A}$。令差额现金流量的净现值等于零，以求出其 $\Delta IRR_{B-A}$，近似可用 $\Delta r_{B-A}$ 表示，即

$$-(8\,000-5\,000)+(1\,900-1\,400)(P/A,\ \Delta r_{B-A},\ 10)=0$$

由此可得：$\Delta r_{B-A}=10.56\%<i_c=15\%$。

因为这个差额内部收益率小于基准收益率，所以 B 方案劣于 A 方案，故应舍去 B 方案，保留 A 方案为临时最优方案。

再取 C 方案与 A 方案比较，令

$$-(10\,000-5\,000)+(2\,500-1\,400)(P/A,\ \Delta r_{B-A},\ 10)=0$$

则有 $\Delta r_{B-A}=17.68\%>i_c=15\%$。

现在 C 方案优于 A 方案，故可以舍去 A 方案。所有方案都已比较完毕，故 C 方案为最优方案。

2. 直接比较法

(1) 净现值法

由差额净现值法可得

$$\begin{aligned}\Delta NPV_{B-A}&=\sum_{t=0}^{n}\{[(CI_B-CI_A)-(CO_B-CO_A)]_t(1+i_c)^{-t}\}\\&=\sum_{t=0}^{n}[(CI_B-CO_B)_t(1+i_c)^{-t}]-\sum_{t=0}^{n}[(CI_A-CO_A)(1+i_c)^{-t}]\\&=NPV_B(i_c)-NPV_A(i_c)\end{aligned} \tag{5-3}$$

当 $\Delta NPV_{B-A}\geqslant 0$ 时，必有 $NPV_B(i_c)\geqslant NPV_A(i_c)$ 成立，即 $NPV$ 指标具有可加性和可减性。因此，当互斥方案寿命期相等时，以直接用净现值指标进行比较最为简便。在实际计算中，只要计算出各个方案自身净现金流量的净现值，判别准则为净现值最大且非负的方案为最优方案。

【例 5-3】 设 A、B、C 三个互斥方案的寿命期相等，其寿命期内各年的净现金流量如表 5-2 所示，基准收益率 $i_c=10\%$。试用净现值法比选方案。

表 5-2 互斥方案 A、B、C 的净现金流量 单位：万元

| 方 案 | 第 0 年 | 第 1～10 年 |
|---|---|---|
| A | −1 000 | 300 |
| B | −1 800 | 450 |
| C | −2 500 | 650 |

解：计算各个方案的净现值。

$$NPV_A(10\%)=-1\,000+300(P/A,\ 10\%,\ 10)=843.5(\text{万元})$$
$$NPV_B(10\%)=-1\,800+450(P/A,\ 10\%,\ 10)=965.25(\text{万元})$$
$$NPV_C(10\%)=-2\,500+650(P/A,\ 10\%,\ 10)=1\,494.25(\text{万元})$$

$NPV_C$ 最大，因此最优方案为 C 方案。

计算方案间的差额净现值。

$$\Delta NPV_{B-A}=-800+150(P/A,\ 10\%,\ 10)=121.75(\text{万元})$$
$$\Delta NPV_{C-B}=-700+200(P/A,\ 10\%,\ 10)=429(\text{万元})$$

$\Delta NPV_{B-A}>0$，$\Delta NPV_{C-B}>0$，所以 C 方案为最优方案。

由此可见，当互斥方案寿命期相等时，直接比较各个方案的 $NPV$ 并取 $NPV$ 最大的方案，与上述差额分析法的选择结果是一致的。

(2) 最小费用法

有些工程建成以后，没有效益或仅有少量的效益，或者虽有效益，但是难以用钱来衡量，即只有费用发生，如图书馆、博物馆、城市绿化工程、污水处理工程和水利工程等。还有一些项目，虽有可用钱衡量的效益，但它的效益难以从整体效益中分离开来，如建设一座具有全钢结构或钢筋混凝土结构的桥梁，采用水力发电或火力发电供电等。在分析与比较这类项目的不同方案时，由于这些不同方案都具有同一目标，因而可以只比较这些方案费用的大小，并选择费用最小的方案为最优方案。

最小费用法可以用费用现值来比较，也可以用年费用来比较。

① 费用现值法。费用现值法是特定情况下的一种净现值法。在比较方案时，如两个方案的寿命期和生产能力相同，即销售收入相同，或者两个方案的效益基本相同，但有无形效益且难以估算，为了简化计算，可以不必考虑其相同因素（收入或无形效益），而仅比较其不同因素（支出）。此时，净现值法可改称为费用现值法，不过，通常简称现值法或现值比较法。为了计算上的方便，往往将支出值的负号略去，而残值的符号应与支出值的符号相反，取负号。

计算各个方案的费用现值并进行比较，费用现值较低的方案是可取的方案。各个方案费用现值通用的表达式为

$$PC=\sum_{t=0}^{n}[(I+C-S-W)(P/F,\ i,\ t)] \tag{5-4}$$

式中，$PC$ 为费用现值；$I$ 为全部投资(包括固定资产投资和流动资金)；$C$ 为年经营成本；$S$ 为计算期末回收固定资产余值；$W$ 为计算期末回收流动资金；$(P/F, i, t)$为折现系数。

**【例 5－4】** 某技改项目有两个方案，其生产能力和产品质量相同，其余数据如表 5－3 所示，设折现率为 10%。试用现值法进行评选。

**表 5－3　某项目的财务数据**

| | A 方案 | B 方案 |
|---|---|---|
| 固定资产投资(第 0 年)/万元 | 3 000 | 4 000 |
| 流动资金(第 0 年)/万元 | 600 | 800 |
| 年经营成本/万元 | 1 500 | 1 200 |
| 寿命期/年 | 15 | 15 |
| 寿命期末固定资产余值回收/万元 | 150 | 200 |
| 寿命期末流动资金回收/万元 | 600 | 800 |

解：$PC_A = (3\,000+600)+1\,500(P/A, 10\%, 15)-(150+600)(P/F, 10\%, 15)$
$=14\,829.58$(万元)

$PC_B = (4\,000+800)+1\,200(P/A, 10\%, 15)-(200+800)(P/F, 10\%, 15)$
$=13\,687.91$(万元)

因 $PC_A > PC_B$，故应选 B 方案。

② 年费用法。年费用法是特定情况下的一种年度等值法。计算各备选方案的等额年费用($AC$)，以等额年费用较低的方案为较好的方案，其表达式为

$$AC=\sum_{i=0}^{n}[(I+C-S-W)_i(P/F, i, t)(A/P, i, n)] \tag{5-5}$$

以【例 5－4】为例，则可得

$AC_A = 3\,600(A/P, 10\%, 15)+1\,500-750(A/F, 10\%, 15)=1\,949.70$(万元)
$AC_B = 4\,800(A/P, 10\%, 15)+1\,200-1\,000(A/F, 10\%, 15)=1\,799.60$(万元)

因 $AC_A > AC_B$，应选择 B 方案。

### 5.2.2　寿命期不相等的互斥型方案比选

在实际工作中，常常会遇到计算期不相等的方案的比选问题。为了使计算期不相等的方案具有时间可比性，要使各个方案有相同的计算期，为此一般采取下列方法。

(1) 以各备选方案的计算期(寿命期)的最小公倍数为各个方案的共同计算期。

(2) 计算各备选方案的年度等值，通过比较年度等值的大小来选择项目(对净收益取大者，对费用则取小者)。

(3) 以备选方案中计算期最短者的时间为各个方案的共同计算期，令计算期比这个共同计算期长的各个方案在计算期末有一个因缩短项目寿命期而导致的残值增值。

以下举例说明这些方法的应用。

（1）最小公倍数法

最小公倍数法是指把比较的方案重复实施直到各个方案的期限相同为止。显然，这个相同的计算期就是各个方案期限的最小公倍数。

采用这个方法时应当满足的条件是，方案可以不改变其现金流量（投资、效益和费用都保持不变）而被重复实施若干次。

**【例5-5】** 某建筑墙面为维护目的需要定期上漆，为此可用清漆和聚氨酯漆，相应的价格为12元/kg和26元/kg，每千克漆可覆盖10 $m^2$ 墙面，两者所需的劳动力费用相同，即每工时18元，能漆10 $m^2$ 墙面。已知清漆的寿命期为5年，聚氨酯漆的寿命期为8年。当要求 $i=12\%$ 时，应选用何种方案为宜？

解：设墙面在此后每5年和每8年重新上漆，两者的最小公倍数是40年（研究期为40年），那么现金流量图如图5-3所示。

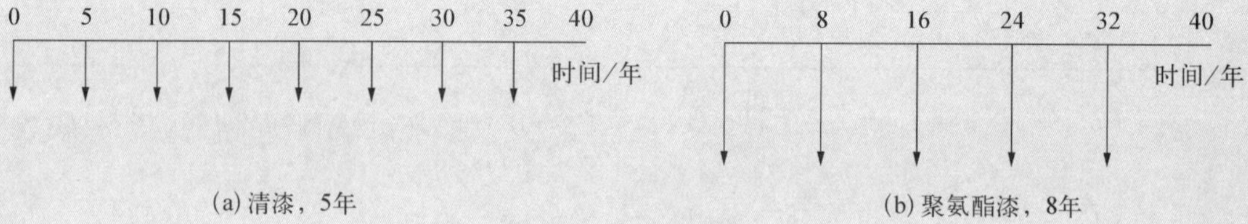


**图5-3 现金流量图**

选用清漆，第一次上完后需要再上7次，则

$$PC_A=(12/10+18/10)[1+(P/F,12\%,5)+(P/F,12\%,10)+\cdots+(P/F,12\%,35)]$$
$$=3[1+(P/A,76.23\%,7)]$$
$$=6.68(元/m^2)$$

选用聚氨酯漆，一共漆了5遍，则

$$PC_B=(26/10+18/10)[1+(P/F,12\%,8)+(P/F,12\%,16)+\cdots+(P/F,12\%,32)]$$
$$=4.4[1+(P/A,147.6\%,4)]$$
$$=7.30(元/m^2)$$

由于清漆的费用相对较低，因此选择清漆。

（2）年度等值法

一个方案无论被重复实施多少次，如果它的现金流量保持不变，那么其年度等值也不会改变。因此，对于计算期不相等的方案的比较，可以简单地求出各个方案的年度等值，然后加以比较即可。

对于【例5-5】，用清漆时，寿命期为5年，则每年的费用为

$$AE_A=(12/10+18/10)(A/P,12\%,5)=0.832\,23(元/m^2)$$

用聚氨酯漆时，寿命期为8年，则每年的费用为

$$AE_B=(26/10+18/10)(A/P,12\%,8)=0.885\,73(元/m^2)$$

根据上述年度等值，可以计算得到用这两种材料时的费用的现值（共同计算期为 40 年），即

$$NPV_A = 0.832\,23(P/A,\ 12\%,\ 40) = 6.68(元/m^2)$$
$$NPV_B = 0.885\,73(P/A,\ 12\%,\ 40) = 7.30(元/m^2)$$

与最小公倍数法相比较，年度等值法具有计算简便的特点，因此它适用于能在最小公倍数年限期间重复实施的各个方案的比较，也适用于计算期（使用期）相当长的一些永久性工程（诸如水电站、大坝、隧道、桥梁等）的方案的比较。

(3) 合理分析期法

根据对未来市场状况和技术发展前景的预测，直接选取一个合理的分析期，假定寿命期短于此分析期的方案被重复实施，并对各个方案在分析期末的资产余值进行估价，到分析期结束时回收资产余值。

在备选方案寿命期比较接近的情况下，一般取最短的方案寿命期作为分析期。

**【例5-6】** 某厂为增加品种考虑了两个方案（产量相同，收入可以省略不计），具体数据见表5-4，基准收益率为15%。请分析应采纳哪个方案。

**表5-4　两个方案的相关数据**

| | A方案 | B方案 |
|---|---|---|
| 初始投资/万元 | 1 250 | 1 600 |
| 年经营成本/万元 | 340 | 300 |
| 残值/万元 | 100 | 160 |
| 寿命期/年 | 6 | 9 |

解：当计算期选用 6 年时，B 方案的使用期缩短了 3 年，会使设备的残值增值，这个增值实际上考虑了设备未用 3 年的使用价值。为了确定这个增值，这里简单地用 3 年的折旧费来计算，即

$$残值 = 160 + (1\,600 - 160) \div 9 \times 3 = 640(万元)$$
$$PC_A = 1\,250 + 340(P/A,\ 15\%,\ 6) - 100(P/F,\ 15\%,\ 6) = 2\,493.49(万元)$$
$$PC_B = 1\,600 + 300(P/A,\ 15\%,\ 6) - 640(P/F,\ 15\%,\ 6) = 2\,609.88(万元)$$

因此应选总费用小者，即选 A 方案。

(4) 以某一要求的计算期来比较

例如，根据工作所需时间、未来市场状况或技术发展趋势选定一个时期，实际工作中常常遇到的是要求计算期短于各个方案的寿命期的情况。

**【例5-7】** 某公路施工队需一台碎石机械，共需用 3 年，每年使用 2 000 小时。市场上有两种型号机械供选择：A 型的售价为 300 000 元，寿命期为 8 000 小时，运行费用为 40 000 元/年；B 型的价格为 450 000 元，寿命期为 12 000 小时，年运行费用为 5 000 元。假

设该单位应纳所得税税率为45%，基准折现率为15%。该单位应当选择何种型号的碎石机械(当选用A型机械时，由于处理能力不够，需要每年增加30 000元的外加工开支)？

解：根据经验，上述情况下机械的期末残值为0，使用一段时间后的残值可以用下式来估算：

$$残值=原值\times\left[1-\left(\frac{使用时间}{寿命期}\right)^{0.8}\right]$$

则　　A型机械的残值$=300\,000\times\left[1-\left(\frac{6\,000}{8\,000}\right)^{0.8}\right]=61\,675$(元)

B型机械的残值$=450\,000\times\left[1-\left(\frac{6\,000}{12\,000}\right)^{0.8}\right]=191\,543$(元)

用现值法计算A型机械、B型机械的数据并列于表5-5中(税后)。

**表5-5　项目的现金流量表**　　单位：元

| 机械型号及相关费用、残值 | 税后现金流量 | | | |
|---|---|---|---|---|
| | 第0年 | 第1年 | 第2年 | 第3年 |
| A型 | | | | |
| 投资 | −300 000 | | | |
| 年折旧费　300 000×(2 000÷8 000)×0.45 | | 33 750 | 33 750 | 33 750 |
| 年运行工费　40 000×0.45 | | −18 000 | −18 000 | −18 000 |
| 年外加工费　30 000×0.45 | | −13 500 | −13 500 | −13 500 |
| 残值 | | | | +61 675 |
| 各年净现金流量 | −300 000 | 2 250 | 2 250 | 63 925 |
| B型 | | | | |
| 投资 | −450 000 | | | |
| 年折旧费　450 000×(2 000÷12 000)×0.45 | | 33 750 | 33 750 | 33 750 |
| 年运行工费　50 000×0.45 | | −22 500 | −22 500 | −22 500 |
| 残值 | | | | +191 543 |
| 各年净现金流量 | −450 000 | 11 250 | 11 250 | 202 793 |

$NPV_A=-300\,000+2\,250[(P/F,15\%,1)+(P/F,15\%,2)]+63\,925(P/F,15\%,3)$
$=-254\,310$(元)

$NPV_B=-450\,000+11\,250[(P/F,15\%,1)+(P/F,15\%,2)]+202\,793(P/F,15\%,3)$
$=-298\,371$(元)

由计算结果可知，应选择费用较小的A型机械。

总之，选用以上所述各种方法时要特别注意各种方法中的条件假设。例如，最小公倍数法和年度等值法尽管计算简便，但不适用于技术更新快的产品和设备方案的比较，因为在没有到共同计算期之前，某些方案存在的合理性已经大打折扣。它们同样也不适用于处理更新改造的项目，因为让不进行改造的项目与进行改造的项目多次重复，实际上是不可能的。

## 5.3　独立型方案比选

### 5.3.1　无资金约束下的独立型方案比选

在无其他制约条件的情况下，多个独立方案的比选方法与单一方案是相同的，独立型方案的采用与否只取决于方案自身的经济性，即只需检验方案本身的经济性，看它能否通过净现值、净年值或内部收益率等指标的评价标准即可，通过净现值法、净年值法或内部收益率法等就可以直接判别该方案是否可接受。

用经济效果评价标准（如 $NPV \geqslant 0$，$NAV \geqslant 0$，$IRR \geqslant i_0$）检验方案自身的经济性，叫绝对（经济）效果检验。凡通过绝对效果检验的方案，就认为它在经济意义上是可以接受的，否则应予以拒绝。

**【例5-8】** 有两个独立方案A和B，其净现金流量如表5-6所示。试判断其经济可行性（$i_c=15\%$）。

**表5-6　独立方案A、B的净现金流量**　　单位：万元

| 方　案 | 第0年 | 第1～10年 |
|---|---|---|
| A | −200 | 45 |
| B | −200 | 30 |

解：本例为独立型方案，可首选先计算方案自身的绝对效果指标——净现值或净年值或内部收益率，然后根据各指标的判断标准进行绝对效果检验并决定取舍。

$$NPV_A = -200 + 45(P/A, 15\%, 10) = 25.8(\text{万元})$$
$$NPV_B = -200 + 30(P/A, 15\%, 10) = -49.4(\text{万元})$$

同理可计算：$NAV_A = 5.14$（万元），$NAV_B = -9.85$（万元）。

$IRR_A = 18.3\%$，$IRR_B = 8.1\%$。

由于 $NPV_A > 0$，$NPV_B < 0$，$NAV_A > 0$，$NAV_B < 0$，$IRR_A > i_c$，$IRR_B < i_c$，故应接受A方案，拒绝B方案。

对独立型方案而言，经济上是否可行的判别根据是其绝对经济效果评价指标是否优于一定的检验标准。不论采用净现值、净年值和内部收益率当中哪种评价指标，评价结论都是一样的。

### 5.3.2　有资金约束下的独立型方案比选

如果没有资金总额约束，那么各个方案具有独立性质，但在资金有限的情况下，接受某

些方案则意味着不得不放弃另外一些方案，如何对这类方案进行选择，以保证在给定资金总额的前提下取得最优的经济效果(实现净现值最大化)，就是所谓的受资金限制的方案选择。

受资金限制的方案选择采用的主要方法是互斥方案组合法和净现值指数排序法。

1. 互斥方案组合法

互斥方案组合法的步骤如下。

(1) 列出各个独立方案的所有可能组合，形成若干个新的组合方案，则所有可能组合方案形成互斥组合方案[$m$ 个独立方案有($2^m-1$)个组合方案]。

(2) 每个组合方案的现金流量为被组合的各个独立方案的现金流量的叠加。

(3) 将所有的组合方案按初始投资额从小到大的顺序排列。

(4) 排除投资总额超过投资限额的组合方案。

(5) 对所剩的所有组合方案按互斥型方案的比选方法确定最优的组合方案。

(6) 最优的组合方案所包含的独立方案为该组独立方案中的最佳选择。

**【例 5-9】** 现有三个相互独立的项目方案 A、B、C，其初始投资(第 0 年)及各年净收入如表 5-7 所示。投资限额为 450 万元。基准折现率为 8%，各个方案的净现值和净现值指数的计算结果也列于表 5-7 中。试分析如何选择项目方案。

**表 5-7 A、B、C 方案的净现金流量及有关指标值**

| 方案 | 第 0 年投资额/万元 | 1～10 年净收入/万元 | 净现值/万元 | 净现值指数 |
|---|---|---|---|---|
| A | −100 | 23 | 54.33 | 0.543 |
| B | −300 | 58 | 89.18 | 0.297 |
| C | −250 | 49 | 78.79 | 0.315 |

解：各个方案的净现值和净现值指数均大于零，按净现值指数由大到小的顺序排序选择，应选 A+C 方案，净现值总额为 54.33+78.79=133.12(万元)。

上述选择是不是最佳选择？下面用互斥方案组合法的选择结果进行验证。互斥方案组合法的工作步骤如下。

第一步：对于 $m$ 个非直接互斥的项目方案，列出全部的项目排斥的组合方案，共有($2^m-1$)个。本例原有 3 个项目方案，互斥组合方案共有 7($2^3-1=7$)个。这 7 个方案彼此互不相容，互相排斥。其具体构成及相应指标列于表 5-8 中。

**表 5-8 A、B、C 的互斥组合方案**

| 方案 | 组合状态[①] | | | 第 0 年投资额/万元 | 1～10 年净收入/万元 | 净现值/万元 |
|---|---|---|---|---|---|---|
| | A | B | C | | | |
| 1 | 1 | 0 | 0 | −100 | 23 | 54.33 |
| 2 | 0 | 1 | 0 | −300 | 58 | 89.18 |
| 3 | 0 | 0 | 1 | −250 | 49 | 78.79 |

续 表

| 方　案 | 组合状态① | 第0年投资额/万元 | 1～10年净收入/万元 | 净现值/万元 |
|---|---|---|---|---|
| | A　B　C | | | |
| 4 | 1　1　0 | －400 | 81 | 143.51 |
| 5 | 1　0　1 | －350 | 72 | 133.12 |
| 6 | 0　1　1 | －550 | 107 | 167.97<br>(不可行) |
| 7 | 1　1　1 | －650 | 130 | 222.3<br>(不可行) |

① "0"表示方案不入选,"1"表示方案入选。

第二步:保留投资总额不超过投资限额且净现值或净现值指数大于或等于零的组合方案,淘汰其余组合方案,保留的组合方案中净现值最大的即最优可行方案。本例中,由于投资限额为450万元,因此组合方案6、7为不可行方案,首先淘汰掉;其余的可行方案中组合方案4的净现值最大(且大于零),为最优可行方案(A+B方案)。

本例中,按互斥方案组合法选择的最优方案(A+B方案)的净现值总额为54.33+89.18=143.51(万元),所以按净现值指数排序法做出的方案选择(A+C方案的净现值总额为133.12万元)不是最佳选择。

2. 净现值指数排序法

所谓净现值指数排序法,是指在计算各个方案净现值指数的基础上,将净现值指数大于或等于零的方案按净现值大小排序,并依此次序选择方案,直至所选择方案的投资总额最大限度地接近或等于投资限额为止。本法要达到的目标是在一定的投资限额约束下使所选项目方案的净现值最大。

**【例5-10】** 某地区投资预算为1 000万元。备选项目方案的净现金流量及有关指标值如表5-9所示。试按净现值指数排序法做出方案选择($i_c$=12%)。

**表5-9 各个方案的净现金流量及有关指标值**

| 方案 | 第0年投资额/万元 | 1～10年净收入/万元 | 净现值/万元 | 净现值指数 | 按净现值指数排序 |
|---|---|---|---|---|---|
| A | －100 | 20 | 13 | 0.13 | 4 |
| B | －150 | 28 | 8.2 | 0.055 | 7 |
| C | －100 | 18 | 1.7 | 0.017 | 9 |
| D | －120 | 24 | 15.6 | 0.13 | 4 |
| E | －140 | 25 | 1.25 | 0.009 | 10 |
| F | －80 | 19 | 27.35 | 0.34 | 1 |
| G | －120 | 25 | 21.25 | 0.177 | 3 |
| H | －80 | 17 | 16.05 | 0.2 | 2 |

续 表

| 方案 | 第0年投资额/万元 | 1～10年净收入/万元 | 净现值/万元 | 净现值指数 | 按净现值指数排序 |
|---|---|---|---|---|---|
| I | −120 | 22 | 4.3 | 0.036 | 8 |
| J | −110 | 22 | 14.3 | 0.13 | 4 |
| K | −90 | 15 | −5.25 | −0.058 | 12 |
| L | −130 | 23 | −0.05 | $-3.8\times10^{-4}$ | 11 |

解：将净现值和净现值指数均小于零的K、L方案淘汰。按净现值指数从大到小的顺序选择方案，满足资金约束条件的方案组为F、H、G、A、D、J、B、I、C，所用资金总额为980万元。上述选择为最佳选择，净现值总额为121.75万元。

按净现值指数排序法选择项目方案，其基本思想是单位净现值越大，在一定投资限额内所能获得的净现值总额就越大。净现值指数排序法简便、易算，这是它的主要优点。但是，由于投资项目的不可分性，净现值指数排序法在许多情况下，不能保证现有资金的充分利用，不能达到净现值最大的目标。只有在下述情况下，它才能达到或近于净现值最大的目标：① 各个方案的投资额占投资预算的比例很小；② 各个方案的投资额相差无几；③ 各个入选方案的投资累加额与投资限额相差无几。

实际上，在各种情况下都能保证实现最佳选择（净现值最大）的更可靠的方法是互斥方案组合法。

## 5.4 混合型方案比选

资金有限制混合型方案比选往往采用双向排序均衡法，其步骤如图5-4所示。

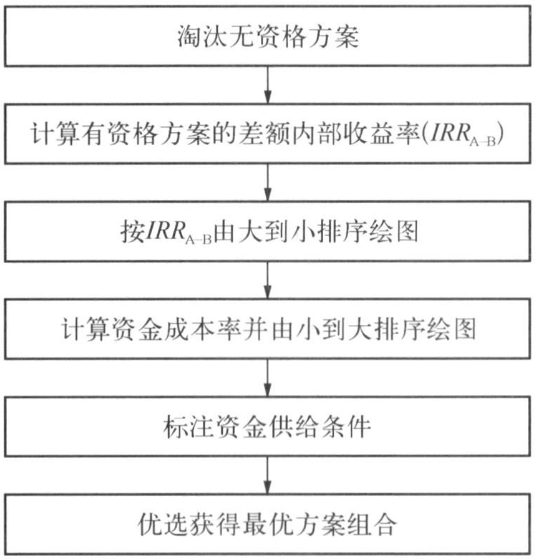


**图5-4 双向排序均衡法的步骤**

第一步：对各个方案进行绝对效果检验，淘汰无资格方案（不可行方案）。

第二步：对有资格方案计算方案之间的差额内部收益率 $IRR_{A-B}$。

第三步：按差额内部收益率 $IRR_{A-B}$ 的大小排序并绘制直方图。

第四步：计算资金成本率，按从小到大排序并在直方图上进行绘制。

第五步：在直方图上标注资金供给条件。

第六步：根据上述条件进行选优，确定最优方案组合。

**【例5-11】** 某公司有A、B、C三个下属部门，各部门提出了若干个投资方案，见表5-10。三个部门是独立的，但每个部门的投资方案之间是互斥的，寿命期均为10年，$i_0=10\%$。试问：(1) 资金没有限制，如何选择方案？(2) 资金限制在500万元之内，如何选择方案？(3) 当B部门的投资方案是与安全有关的设备更新，不管效益如何，必须优先投资，此时如何选择方案？

**表5-10 各个投资方案的现金流量** 单位：万元

| 部门 | 方案 | 第0年 | 第1～10年 | $IRR/\%$ |
|---|---|---|---|---|
| A | $A_1$ | −100 | 27.2 | 24 |
|  | $A_2$ | −200 | 51.1 | 22.1 |
| B | $B_1$ | −100 | 12 | 3.5 |
|  | $B_2$ | −200 | 30.1 | 12 |
|  | $B_3$ | −300 | 45.6 | 8.5 |
| C | $C_1$ | −100 | 50.9 | 50 |
|  | $C_2$ | −200 | 63.9 | 28.8 |
|  | $C_3$ | −300 | 87.8 | 26.2 |

解：采用内部收益率指标进行分析。

(1) 因为资金无限制，A、B、C部门之间独立，所以此时实际上是各部门内部互斥型方案比选，分别计算 $\Delta IRR$。

对于A部门，由方程 $-100+27.2(P/A, IRR_{A1}, 10)=0$，解得 $IRR_{A1}=24\%>i_0(10\%)$，$\Delta IRR_{A2-A1}=20\%>i_0(10\%)$。所以，$A_2$ 方案优于 $A_1$ 方案，应选择 $A_2$ 方案。

对于B部门，用同样方法可求得 $IRR_{B1}=3.5\%<i_0$，故 $B_1$ 是无资格方案，$IRR_{B2}=12\%>i_0$，$\Delta IRR_{B3-B2}=9.1\%<i_0$。所以，$B_2$ 方案优于 $B_3$ 方案，应选择 $B_2$ 方案。

对于C部门，求得 $IRR_{C1}=50\%>i_0$，$\Delta IRR_{C2-C1}=5\%<i_0$，故 $C_1$ 方案优于 $C_2$ 方案；$\Delta IRR_{C3-C1}=13.1\%>i_0$，故 $C_3$ 方案优于 $C_1$ 方案。所以，应选择 $C_3$ 方案。

因此，当资金没有限制时，三个部门应分别选择 $A_2$ 方案、$B_2$ 方案、$C_3$ 方案，即A部门与B部门分别投资200万元，C部门则投资300万元。

(2) 由于存在资金限制，三个部门投资方案的选择过程如图5-5所示。

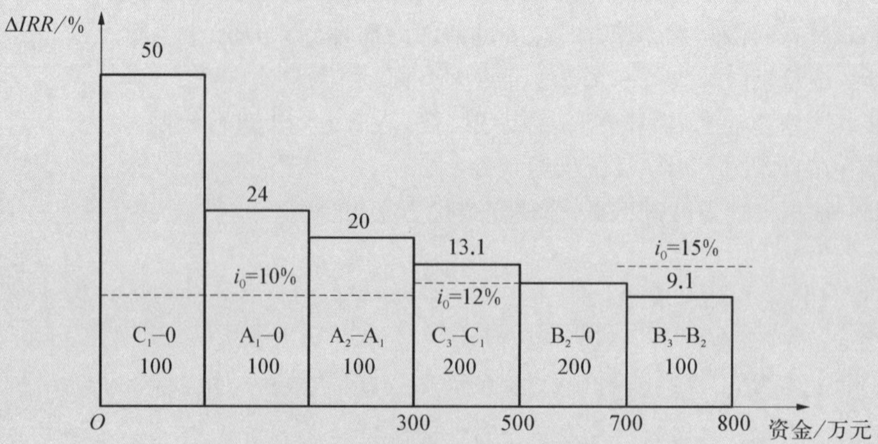


**图 5-5　混合型方案差额内部收益率直方图**

从图中可见，当资金限制在 500 万元之内时，可接受的方案包括 $C_1-0$、$A_1-0$、$A_2-A_1$、$C_3-C_1$，因为这四个增量投资方案的 $\Delta IRR$ 均大于 $i_0$，且投资总额为 500 万元。因此，三个部门应选择的方案为 A 部门的 $A_2$ 方案和 C 部门的 $C_3$ 方案，即 $A_2+C_3$ 方案(A 部门投资 200 万元，C 部门投资 300 万元，B 部门不投资)。

(3) B 部门必须优先投资，即必须优先选择 $B_2$ 方案，如图 5-6 所示。

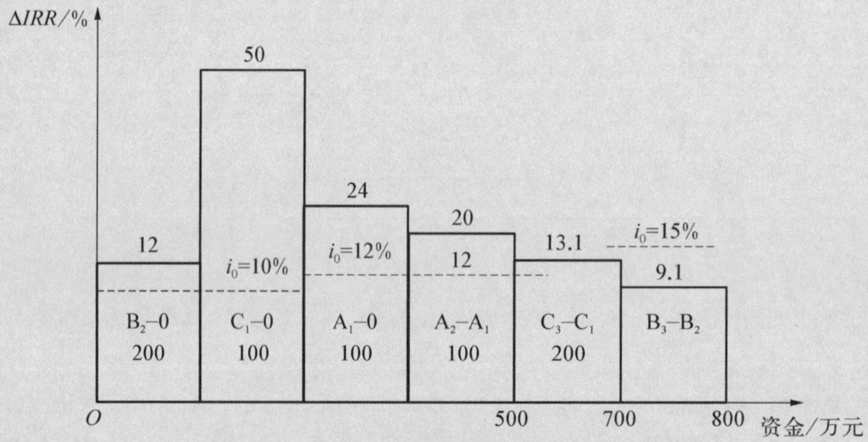


**图 5-6　混合型方案差额内部收益率直方图**

同样的道理，从图中可见，三个部门应选择 $B_2+C_1+A_2$ 方案，即 B 部门投资 200 万元，C 部门投资 100 万元，A 部门投资 200 万元。

## 5.5　项目群的评价与选择

在工业项目投资决策中，把经济上和技术上相互关联的众多项目称作项目群。在现实经济生活中，一个企业在某一时期所面临的决策问题，随着决策层级由企业上升到行业、部门、地区和参与投资开发的银行系统，就会变成大批项目的筛选、组合和投建次序的决定等这类与项目群有关的决策问题。本节主要讨论项目群优化选择的数学模型。

构造项目群优化选择的数学模型，通常采用的数学方法有线性规划、整数规划和动态规划。其中，应用较为普遍的是线性规划和整数规划。根据项目群的具体特点和决策需要，整数规划可分为纯整数规划和混合整数规划。

线性规划和整数规划的数学模型均由一个目标函数和一组约束方程构成。对项目群优化选择来说，目标函数反映从整体上使所选项目经济效果最优的要求。其表达方式可具体分为两类：一类是使所选项目的净现值（或净年值）最大；另一类是在满足相同需求和提供同样服务的前提下，使所选项目的费用现值（或费用年值）最小。约束方程是以数学等式或不等式的形式对约束条件的描述，它反映项目之间的各种技术经济联系和资源条件、社会经济环境对项目群选择的种种限制。合理设定约束条件并准确构造出相应的约束方程是数学模型构造的关键。

线性规划模型与整数规划模型的区别在于决策变量的类型不同，前者含有的所有决策变量均可以连续取值（称为连续变量），后者则含有只能离散取值的整数型决策变量。关于线性规划模型和整数规划模型的解算方法，可以参考数学规划领域的相关文献。对经济分析人员来说，在建立数学模型后，只要利用已经商业化的现成的线性规划软件和整数规划软件，把有关数据按规定的格式输入计算机，计算机就会迅速求解，给出优化结果。

下面结合实例讨论线性规划和整数规划在项目群经济分析中的应用。

(1) 线性规划(LP)

线性规划用于连续变量的决策问题。在项目群优化选择中，它主要用于项目生产运营状态变化的决策。

**【例5-12】** 某建筑材料公司下属有$IE$个建材厂（厂编号$i=1, 2, 3, \cdots, IE$），生产$JE$种规格的建筑材料产品（产品编号$j=1, 2, 3, \cdots, JE$），供应$KE$家用户（用户编号$k=1, 2, 3, \cdots, KE$）。已知$k$用户对$j$产品的月需求量为$D_{jk}$万件，$i$厂对$j$产品的日产量为$Q_{ij}$万件，$i$厂生产每万件$j$产品的费用为$C_{ij}$万元，每万件$j$产品由$i$厂至$k$用户的运输费用为$C'_{ijk}$万元。每个厂均可生产各种规格的产品且很容易实现产品规格的变换。现在公司需要制订月生产计划，确定各个厂分别生产多少万件何种规格的产品以提供给用户，可使总费用最小。

解：这是一个确定现有项目群最优生产运营状态的问题，可以构造如下线性规划模型。

设决策变量为$X_{ijk}$，表示$i$厂生产$j$产品供应$k$用户的数量（$i=1, 2, 3, \cdots, IE; j=1, 2, 3, \cdots, JE; k=1, 2, 3, \cdots, KE$），决策精度要求允许决策变量连续取值。

目标函数为总费用最小，即

$$\operatorname{Min} C=\sum_{i=1}^{IE}\sum_{j=1}^{JE}C_{ij}\left(\sum_{k=1}^{KE}X_{ijk}\right)+\sum_{i=1}^{IE}\sum_{j=1}^{JE}\sum_{k=1}^{KE}C'_{ijk}X_{ijk}$$

约束方程包括：

需求满足约束：

$$\sum_{i=1}^{IE}X_{ijk}\geqslant D_{ij}\quad (j=1, 2, 3, \cdots, JE; k=1, 2, 3, \cdots, KE)$$

生产能力约束(假设每月可生产 26 天):

$$\sum_{j=1}^{JE}(\sum_{k=1}^{KE}X_{ijk})/Q_{ij} \leqslant 26 \quad (i=1, 2, 3, \cdots, IE)$$

产量非负约束:

$$X_{ijk} \geqslant 0 \quad (i=1, 2, 3, \cdots, IE; j=1, 2, 3, \cdots, JE; k=1, 2, 3, \cdots, KE)$$

对上述模型求解,即可得出满足约束条件的最优选择结果。

(2) 纯整数规划(IP)

整数规划用于含离散变量的决策问题。项目及项目中某些与生产能力有关的装置具有不可分性的特点,使得表示项目取舍及某些装置投入运营的台套数的决策变量只能取整数。因此,整数规划在项目群优化选择中得到广泛的应用。

如整数规划中所有的决策变量都是整数型的,称为纯整数规划。纯整数规划的一种重要形式是 0-1 整数规划,0-1 整数规划中决策变量的取值只能是 0 或 1。如果项目群中各个项目方案的费用和收益是彼此独立的,即每个项目一旦投入运营,其投入、产出情况与其他项目无关,因而其费用和收益可以在决策前独立确定,不取决于其他项目最终被选取与否,那么对任何一个项目方案来说,选择结果只有两种可能:或者被接受,或者被拒绝。在这种情况下,就可以为项目群优化选择建立 0-1 整数规划模型。通常,当接受一个项目方案时,令其决策变量值为 1;当拒绝一个项目方案时,令其决策变量值为 0。

0-1 整数规划模型的一般形式如下:

目标函数:

$$\text{Max}\, Z=\sum_{j=1}^{n}C_jX_j \text{(净现值总和最大)或者 Min}\, Z=\sum_{j=1}^{n}C_jX_j \text{(总费用现值最小)} \tag{5-6}$$

约束方程:

$$\sum_{j=1}^{n}a_{ij}X_j \leqslant (=, \geqslant) b_i \quad (i=1, 2, \cdots, m; j=1, 2, \cdots, n) \tag{5-7}$$

式中,$X_j$ 为第 $j$ 个项目方案的决策变量,$X_j$ 的取值为 1 或 0;$C_j$、$b_i$、$a_{ij}$ 均为已知模型参数,通常 $C_j$ 表示第 $j$ 个项目方案的净现值或费用现值,$b_i$ 表示第 $i$ 种资源约束或其他约束的限界值,$a_{ij}$ 表示第 $j$ 个项目方案耗费第 $i$ 种资源的数量或反映与其他约束条件的关系。

0-1 整数规划方法用于项目群选优,其原理与互斥方案组合法是完全相同的,都是从可行的组合方案中选取经济效果最好的组合方案。但两者在对问题的描述方式和解算效率上有明显差别。下面举一个简例,通过对比分析说明 0-1 整数规划方法与互斥方案组合法的异同。

**【例 5-13】** 现有 A、B、C、D 四个项目,每个项目仅有一个项目方案,其净现金流量及净现值如表 5-11 所示。当全部投资的限额为 2 400 万元时,应当如何根据经济效果最优原则进行决策(基准折现率 $i_c=12\%$)?

表 5-11　项目 A、B、C、D 的净现金流量及净现值

| 项　目 | 第 0 年投资额/万元 | 1～10 年净收入/万元 | 净现值/万元 |
|---|---|---|---|
| A | −800 | 160 | 104 |
| B | −1 000 | 200 | 130 |
| C | −1 100 | 220 | 143 |
| D | −1 500 | 300 | 195 |

解：按照互斥方案组合法，须先列出由这四个项目所能组成的 15 个互斥项目群方案，逐一检验各个方案的投资总额是否在投资限额以内，再对不超出投资限额的方案逐一计算净现值，并按净现值最大准则进行方案比选，结果如表 5-12 所示。其中，由于超出投资限额而不可行的方案有 7 个，余下 8 个方案中净现值最大且大于零的方案是 7 号方案，即选 A、D 两个项目，净现值之和为 299 万元。

表 5-12　各个互斥项目群方案的净现值

| 方案序号 | 决策变量① $X_A$ | $X_B$ | $X_C$ | $X_D$ | 净现值/万元 | 投资额/万元 | 投资限额以内方案排序 | 备　注 |
|---|---|---|---|---|---|---|---|---|
| 1 | 1 | 0 | 0 | 0 | 104 | 800 | 8 | |
| 2 | 0 | 1 | 0 | 0 | 130 | 1 000 | 7 | |
| 3 | 0 | 0 | 1 | 0 | 143 | 1 100 | 6 | |
| 4 | 0 | 0 | 0 | 1 | 195 | 1 500 | 5 | |
| 5 | 1 | 1 | 0 | 0 | 234 | 1 800 | 4 | |
| 6 | 1 | 0 | 1 | 0 | 247 | 1 900 | 3 | |
| 7 | 1 | 0 | 0 | 1 | 299 | 2 300 | 1 | 可接受的最优方案 |
| 8 | 0 | 1 | 1 | 0 | 273 | 2 100 | 2 | |
| 9 | 0 | 1 | 0 | 1 | 325 | 2 500 | | 超出投资限额，不可行 |
| 10 | 0 | 0 | 1 | 1 | 338 | 2 600 | | 超出投资限额，不可行 |
| 11 | 1 | 1 | 1 | 0 | 377 | 2 900 | | 超出投资限额，不可行 |
| 12 | 1 | 1 | 0 | 1 | 429 | 3 300 | | 超出投资限额，不可行 |
| 13 | 1 | 0 | 1 | 1 | 442 | 3 400 | | 超出投资限额，不可行 |
| 14 | 0 | 1 | 1 | 1 | 468 | 3 600 | | 超出投资限额，不可行 |
| 15 | 1 | 1 | 1 | 1 | 572 | 4 400 | | 超出投资限额，不可行 |

① 决策变量取“1”表示上该项目，决策变量取“0”则不上该项目。

若在本例中采用优化技术进行项目选择，则可以构造如下纯整数规划模型：

目标函数是使所选项目的净现值之和最大，即

$$\begin{aligned}\text{Max}\,NPV &= [-800+160(P/A,\ 12\%,\ 10)]X_A+[-1\,000+200(P/A,\ 12\%,\ 10)]X_B+\\&\quad [-1\,100+220(P/A,\ 12\%,\ 10)]X_C+[-1\,500+300(P/A,\ 12\%,\ 10)]X_D\\&=104X_A+130X_B+143X_C+195X_D\end{aligned}$$

满足投资限额约束：

$$800X_A+1\,000X_B+1\,100X_C+1\,500X_D \leqslant 2\,400$$

式中，$X_A$、$X_B$、$X_C$、$X_D$为0-1决策变量。利用整数规划软件上机求解，得$X_A=X_D=1$，$X_B=X_C=0$，即接受A项目、D项目，拒绝B项目、C项目，目标函数值为299万元。优化结果与表5-12中的完全相同。

对照表5-12的互斥方案组合法结果可知，纯整数规划模型中满足约束条件的各个项目群方案是隐含的，它能保证优化计算是在可行域空间内进行的。这样，不必知道满足投资限额约束的具体方案是什么，也就无须像表5-12那样一一列出，模型方法的这种优点是显而易见的(特别是当方案数目巨大时)。采用纯整数规划模型可以使项目群优化选择的工作效率大大提高。

## 复习思考题

1. 在进行方案分析与比较时，哪些评价指标需取相同的分析期？哪些评价指标则不用？

2. 为什么用$NPV$、$NPVR$、$IRR$等指标进行方案比选时会出现排序结论差异？出现这种差异时应如何选择方案？

3. 进行多方案经济分析时应如何正确地选择评价方法？

4. 什么是用于方案比较的差额分析法？简述差额分析法的意义和基本步骤。

5. 常用的差额分析指标有哪些？这些指标的定义、计算公式、评价标准和意义及实际应用为何？

6. 项目群经济分析与单个项目经济分析，两者各自的任务是什么？它们之间有哪些联系？

7. 当项目较多且相关性较强时，若采用常规的互斥方案组合法，则人工一一穷举所有可能的互斥方案且加以比较评价有何困难？

## 练习题

1. 有两个设备更新方案：一个方案是选用设备A，需投资35万元，年收入为19万元，年经营成本为7万元，寿命期为4年，无残值；另一个方案是选用设备B，需投资50万元，年收入为25万元，年经营费用为14万元，寿命期为8年，残值为0。若基准收益率为10%，试分别用$NPV$、$NAV$分析方案优劣。

在技术进步的作用下，由于制造工艺不断改进，成本不断降低，劳动生产率不断提高，生产同样型号的设备所需的社会必要劳动消耗必然减少。因此，4年后购进设备A所需投资仅为原价的80%。假定其他因素均不变，试分别用$NPV$、$NAV$分析方案优劣。

2. 方案A和B的投资额分别为5 000元和25 000元，年净收益分别为2 000元和3 000

元，使用寿命分别为4年和12年，期末净残值分别为200元和1 000元。假定基准折现率为10%，试比较两个方案的优劣。

3. 有两台仪器A和B可供选用，其现金流量及相关数据如表5-13所示。

**表5-13　两台仪器A和B的具体数据**

| | A仪器 | B仪器 |
|---|---|---|
| 初期费用/元 | 5 000 | 7 000 |
| 年费用支出/元 | 650 | 480 |
| 年收益/元 | 1 950 | 2 200 |
| 使用期末残值/元 | 50 | 150 |
| 使用寿命/年 | 6 | 12 |

如基准折现率为10%，计算两个方案的净现值*NPV*、净现值率*NPVR*，并比选方案。

4. 拟建一栋用于出租的房屋，获得土地的费用为30万元。房屋有四种备选高度，不同房屋高度的建造费用和房屋建成后的租金收入及经营费用(含税金)见表5-14。房屋寿命期为40年，寿命期结束时土地价值不变，但房屋将被拆除，残值为0。若最低希望收益率为15%，用差额分析法确定房屋应建多少层？

**表5-14　四种备选高度对应的有关数据**

| 层　数 | 2 | 3 | 4 | 5 |
|---|---|---|---|---|
| 初始建造费用/元 | 200 | 250 | 310 | 385 |
| 年收入/元 | 40 | 60 | 90 | 106 |
| 年经营费用/元 | 15 | 25 | 30 | 42 |

5. 可花费40 000元在某建筑物外表面涂一层寿命期为5年的漆，也可花费30 000元涂一层寿命期为3年的漆。假定重新上漆的费用不变，若最低希望收益率为20%，应选择哪种漆？如果预计寿命期较短的漆至多在2年内价格将下跌，上漆费用可降为20 000元，而寿命期较长的漆价格保持不变，应做何选择？

6. 有三个独立方案A、B、C，各个方案的寿命期均为5年。A方案的投资额为100万元，年净收入为60万元；B方案的投资额为220万元，年净收入为100万元；C方案的投资额为450万元，年净收入为230万元。基准收益率为10%。若投资限额为500万元，试用互斥方案组合法求最优方案组合。

7. 某公司各分厂提出了六个下半年度的技术改造方案，有关数据如表5-15所示。投资总额发生在整个寿命期初，各年的净收益相等，各个方案的寿命期均为10年，基准收益率为10%。

**表5-15　六个技术改造方案的有关数据**

| | A方案 | B方案 | C方案 | D方案 | E方案 | F方案 |
|---|---|---|---|---|---|---|
| 投资总额/万元 | 500 | 1 000 | 1 500 | 2 500 | 3 500 | 4 500 |
| 年净收益/万元 | 75 | 300 | 400 | 650 | 780 | 900 |

试完成下列工作：

① 按静态投资回收期法进行方案比选。

② 分别用净现值、净年值、内部收益率比较方案优劣。

③ 用净现值法求出投资限额分别是 2 500 万元、5 000 万元、7 500 万元及 1 亿万元时的最优方案组合，并与用(纯)经济效果指标 *IRR*、*NPVR* 进行多方案排队组合的最优选择结果相比较。

# 第 6 章 不确定性分析与风险决策

## 内容提要

投资项目产生不确定性的原因;独立方案盈亏平衡分析方法及其应用,包括线性盈亏平衡分析、非线性盈亏平衡分析和多品种盈亏平衡分析;互斥方案盈亏平衡分析方法;敏感性分析方法;概率分析方法及风险决策方法。

## 思政元素

(1) 风险意识:通过对项目中潜在风险的介绍,引导学生正确认识风险,在面对不确定性时要保持警惕。

(2) 科学发展观:通过不确定性分析,培养学生基于事实和数据的科学决策能力,避免盲目和主观的决策。

**引例**

某公司计划在一个地区投资建设一座太阳能发电站。该项目通过提供清洁能源,预计能够减少当地对化石燃料的依赖。然而,项目的实施面临着多种不确定因素。政府对新能源项目的补贴政策可能发生变化,影响项目的经济可行性。太阳能板的转换效率可能因技术进步而得到提高,降低发电成本。电力市场需求可能因经济增长或政策引导而增长或降低。太阳能发电的成本可能因原材料硅价格波动而变化。该地区经常会受到不可预测的自然灾害(如暴风雨、洪水等)影响。

**思考题:**

(1) 该项目面临的不确定因素会给项目经济效益带来什么影响?

(2) 如何分析与评价这些不确定因素给项目带来的风险?

## 6.1 不确定性分析概述

作为投资决策依据的工程经济分析,是建立在分析人员对未来事件所做的预测与判断基础之上的。由于影响各个方案经济效果的政治、经济形势,资源条件,技术发展情况等因素的未来变化带有不确定性，加上预测方法和工作条件的局限性，对方案经济效果评价中使用的投资、成本、产量、价格等基础数据的估算与预测结果不可避免地会有误差。这使得方案经济效果的实际值可能偏离其预期值，从而给投资者和经营者带来风险。例如，投资超支、建设工期延期、生产能力达不到设计要求、原材料价格上涨、劳务费用增加、产品售价波动、市场需求量变化、贷款利率及外币汇率变动等，都可能使一个工业投资项目达不到预期的经济效果，甚至发生亏损。这种偏差出现的原因可分为主观原因和客观原因。从主观上看，虽然数据的得出都基于科学的估算或预测方法，但原始统计上的误差、统计样本不足、统计与预测方法的局限性、未知的或受抑制的因素的限制、存在不能定量表示的因素、不现实或不准确的假设、对预测模型不适当的简化等，都会导致一定程度的失误出现。从客观上看，工业投资项目的实施结果在很大程度上受环境因素的影响，如不可预见的社会变革、技术进步所引起的新产品及新工艺的替代、不同时期的经济政策变化对资本市场利率及通货膨胀的影响、开放经济条件下的国际竞争格局变化等，这些客观因素的变化大多数是难以准确预测的。

为了尽量避免决策失误，需要了解各种外部条件发生变化对投资方案经济效果的影响程度，需要了解投资方案对各种外部条件变化的承受能力，以及对应于可能发生的外部条件变化，投资方案经济效果的概率分布，需要掌握风险条件下正确的决策原则和决策方法。本章介绍的内容将有助于解决这些问题。

## 6.2 盈亏平衡分析

各种不确定因素(如投资额、成本、销售量、产品价格、项目寿命期等)的变化会影响投资方案的经济效果，当这些因素的变化达到某一临界值时，就会影响对投资方案的取舍。盈亏平衡分析的目的是找出这种临界值，判断投资方案对不确定因素变化的承受能力，为投资决策提供依据。

盈亏平衡分析，又称量本利分析，用于找出投资方案的盈亏平衡点(break-even point，BEP)。一般说来，盈亏平衡点越低，项目实施所评价方案盈利的可能性就越大，造成亏损的可能性就越小，对某些不确定因素变化所带来的风险的承受能力就越强。

### 6.2.1 独立方案盈亏平衡分析

独立方案盈亏平衡分析的目的是通过分析产品产量、成本与方案盈利能力的关系，找出方案盈利与亏损在产品产量、产品价格、单位产品成本等方面的界限，以判断在各种不确定因素作用下方案的风险情况。

(1) 线性盈亏平衡分析

当投资方案的销售收入、成本费用与产品产量(如果按销售量组织生产，那么产品销售量等于产品产量)的关系为线性关系时，所进行的盈亏平衡分析为线性盈亏平衡分析。

设 $B$ 为销售收入，$C$ 为总成本，$C_f$ 为固定成本，$C_v$ 为单位产品变动成本，$M$ 为盈利，$P$ 为单位产品价格，$Q$ 为产品销售量，则有

$$B = PQ \tag{6-1}$$

$$C = C_f + C_v Q \tag{6-2}$$

将式(6-1)与式(6-2)在同一坐标图上表示出来，可以构成线性量-本-利分析图(图 6-1)。图 6-1 中纵坐标表示销售收入与总成本，横坐标表示产品产量。销售收入线与总成本线的交

点为盈亏平衡点,交点将两条线所夹的范围分为两个区:在交点左边,总成本线高于销售收入线,为亏损区;在交点右边,销售收入线高于总成本线,为盈利区。交点对应的产量为盈亏平衡点产量。

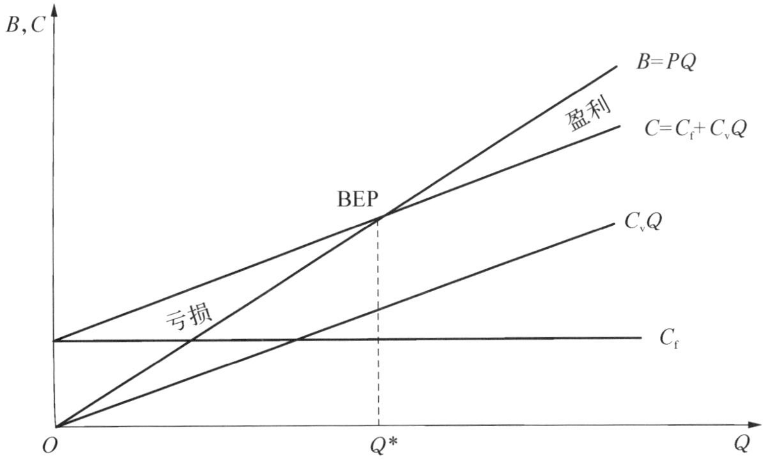


**图6-1 线性量-本-利分析图**

在销售收入及总成本都与产品产量呈线性关系的情况下,可以很方便地用解析法求出以产品产量、生产能力利用率、产品销售价格、单位产品变动成本等表示的盈亏平衡点。

在盈亏平衡点,销售收入等于总成本。设对应于盈亏平衡点,

若项目实际生产能力为 $Q^*$,则有

$$PQ^* = C_f + C_v Q^*$$

盈亏平衡点产量为

$$Q^* = \frac{C_f}{P - C_v}$$

若项目设计生产能力为 $Q_c$,则盈亏平衡点生产能力利用率为

$$E^* = \frac{Q^*}{Q_c} \times 100\% = \frac{C_f}{(P - C_v)Q_c} \times 100\%$$

若按设计生产能力进行生产和销售,则盈亏平衡点销售价格为

$$P^* = \frac{B}{Q_c} = \frac{C}{Q_c} = C_v + \frac{C_f}{Q_c}$$

若按设计生产能力进行生产和销售,且销售价格已定,则盈亏平衡点单位产品变动成本为

$$C_v^* = P - \frac{C_f}{Q_c}$$

**【例6-1】** 某投资项目的设计生产能力为10万台,年固定成本为1 296万元,单位产品变动成本为620元,产品销售价格为每台820元。试确定盈亏平衡点。

解：盈亏平衡点产量=固定成本÷(单位产品价格—单位产品变动成本)
=1 296÷(820—620)=6.48(万台)
盈亏平衡点销售收入=6.48×820=5 313.6(万元)
盈亏平衡点生产能力利用率=6.48÷10×100%=64.8%
盈亏平衡点销售价格=620+1 296÷10≈750(元/台)

通过确定盈亏平衡点，结合市场预测，可以对投资项目发生亏损的可能性做出大致判断。在【例 6-1】中，如果未来的产品销售价格及生产成本与预期值相同，投资项目不发生亏损的条件是年销售量不低于 6.48 万台，生产能力利用率不低于 64.8%；如果按设计生产能力进行生产并能全部销售，生产成本与预期值相同，投资项目不发生亏损的条件是产品销售价格不低于 750 元/台。

(2) 成本结构与经营风险的关系

销售量、单位产品价格及单位产品变动成本等不确定因素发生变动所引起的项目盈利额的波动，称为项目的经营风险。由销售量及成本变动引起的项目经营风险的大小与项目固定成本占总成本的比例有关。

设对应于预期的年销售量 $Q_c$ 和预期的年总成本 $C_c$，固定成本占总成本的比例为 $S$，则

固定成本：
$$C_f = C_c S \tag{6-3}$$

单位产品变动成本：
$$C_v = \frac{C_c(1-S)}{Q_c} \tag{6-4}$$

当单位产品价格为 $P$ 时，盈亏平衡点产量为

$$Q^* = \frac{Q_c C_c}{(PQ_c - C_c)/S + C_c} \tag{6-5}$$

盈亏平衡点单位产品变动成本为

$$C_v = \frac{C_c}{Q_c}(1-S) \tag{6-6}$$

由式(6-5)、式(6-6)可以看出，固定成本占总成本的比例 $S$ 越大，盈亏平衡点产量越高，盈亏平衡点单位产品变动成本越低。高的盈亏平衡点产量和低的盈亏平衡点单位产品变动成本会导致项目在面临不确定因素的变动时发生亏损的可能性增大。也就是说，固定成本的存在扩大了项目的经营风险，固定成本占总成本的比例越大，这种扩大作用越强。这种现象被称为经营杠杆(operating leverage)效应。

固定成本占总成本的比例取决于产品生产的技术要求及工艺设备选择。一般来说，资金密集型项目的固定成本占总成本的比例比较高，因而经营风险比较大。

(3) 非线性盈亏平衡分析

在实际中，某些项目产品的销售收入和总成本与销售量并不呈线性关系。因为项目的生产销售活动会明显地影响市场供求状况，随着该项目产品销售量的增加，产品销售价格有所下降，所以这时销售收入与销售量的关系不再是线性关系。另外，项目投产后，其总成本可以分为固定成本与变动成本两部分。固定成本是指在一定的生产规模限度内不随产品产量的变动

而变动的费用，变动成本是指随产品产量的变动而变动的费用。变动成本总额中的大部分与产品产量呈正比例关系。另有一部分变动成本与产品产量不呈正比例关系，如与生产批量有关的某些消耗性材料费、工夹模具费及运输费等，这部分变动成本随产品产量变动的规律一般是阶梯形曲线，通常称这部分变动成本为半变动成本。因此，总成本与产品产量的关系也不再是线性关系(图 6－2)。

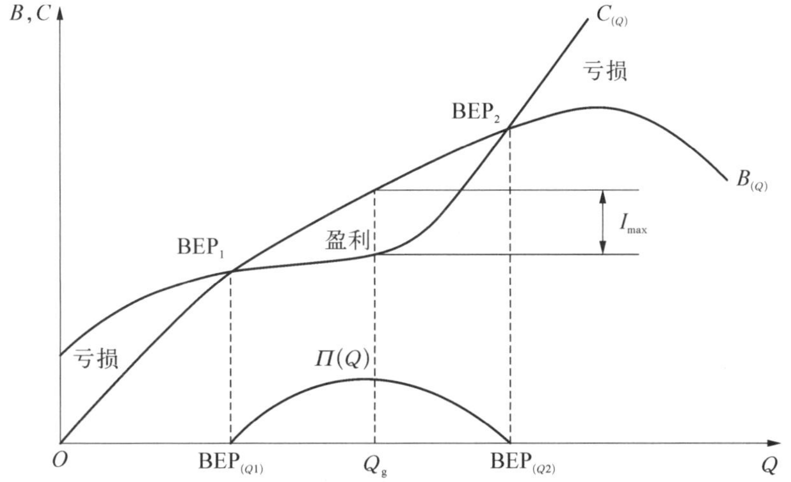


**图 6－2　非线性量-本-利分析图**

在图 6－2 中，$B_{(Q)}$ 为销售收入函数，$C_{(Q)}$ 为总成本函数，$\Pi(Q)$ 为盈利函数，则

$$\Pi(Q)=B_{(Q)}-C_{(Q)}$$

$B_{(Q)}$ 与 $C_{(Q)}$ 有 $BEP_1$ 和 $BEP_2$ 两个交点，这两个交点均是盈亏平衡点，对应的产量是盈亏平衡点产量 $BEP_{(Q1)}$ 和 $BEP_{(Q2)}$。

当 $Q<BEP_{(Q1)}$ 或 $Q>BEP_{(Q2)}$ 时，亏损；当 $BEP_{(Q1)}<Q<BEP_{(Q2)}$ 时，盈利。

在盈亏平衡点，有 $\Pi(Q)=B_{(Q)}-C_{(Q)}=0$，则 $B_{(Q)}=C_{(Q)}$，据此可确定两个盈亏平衡点。要使利润达到最大，必要条件是

$$\mathrm{d}\Pi(Q)/\mathrm{d}Q=0$$

即
$$\mathrm{d}B_{(Q)}/\mathrm{d}Q-\mathrm{d}C_{(Q)}/\mathrm{d}Q=0$$

亦即
$$\mathrm{d}B_{(Q)}/\mathrm{d}Q=\mathrm{d}C_{(Q)}/\mathrm{d}Q$$

$$\mathrm{d}B_{(Q)}/\mathrm{d}Q\approx\Delta B_{(Q)}/\mathrm{d}Q=\text{销售收入增量}\div\text{产量增量}=\text{边际收入}=MR$$
$$\mathrm{d}C_{(Q)}/\mathrm{d}Q\approx\Delta C_{(Q)}/\mathrm{d}Q=\text{总成本增量}\div\text{产量增量}=\text{边际成本}=MC$$

**【例 6－2】**　某工厂生产某种型号的专用小型蒸汽机，年销售收入 $B=(300Q-0.03Q^2)$ 元，总固定成本 $C_f=180\,000$ 元，总变动成本 $C_v=(100Q-0.01Q^2)$ 元，年总成本 $C=(180\,000+100Q-0.01Q^2)$ 元。试进行盈亏平衡点分析。

解：其盈利函数为

$$M=B-C=(300Q-0.03Q^2)-(180\,000+100Q-0.01Q^2)=200Q-0.02Q^2-180\,000$$

因为达到盈亏平衡点时 $M=0$，所以

$$200Q-0.02Q^2-180\ 000=0$$

$$Q_1^*=1\ 000(台) \qquad Q_2^*=9\ 000(台)$$

说明可使该工厂盈利的蒸汽机产量在1 000～9 000台之间，若产量小于1 000台或大于9 000台，则会发生亏损。

对盈利函数求导，并令其等于零，便可求出取最大盈利额时的产量：

$$dM/dQ=d(200Q-0.02Q^2-180\ 000)/dQ=200-0.04Q$$

令 $dM/dQ=0$，即 $200-0.04Q=0$，则

$$Q_{max}=5\ 000(台)$$

$$M_{max}=200\times 5\ 000-0.02\times 5\ 000^2-180\ 000=320\ 000(元)$$

$dM/dQ$ 有正数、负数和零三种情况，正数表明增加产量是有利的，负数表明只有减少产量才能增加盈利或减少亏损，为零时盈利达到最大值。

（4）多品种盈亏平衡分析

多品种盈亏平衡分析是一种用于帮助企业确定在销售多种产品的情况下，达到盈亏平衡点所需的销售量或销售额的管理工具。它可以帮助企业优化产品组合、制定科学的产销计划、调整产品结构、制定合理的价格策略、支持决策、管理风险、分析市场需求，最终提高企业的经济效益。

对于多种产品线性盈亏平衡分析，可以用加权平均边际贡献率计算。每种产品的边际贡献率是指单位边际贡献除以销售单价，即

$$CMR_i=\frac{P_i-C_{qi}}{P_i} \tag{6-7}$$

多种产品的加权平均边际贡献率为

$$ACMR=\frac{\sum_{i=1}^{n}S_iCMR_i}{\sum_{i=1}^{n}S_i} \tag{6-8}$$

式中，$CMR_i$ 为产品 $i$ 的边际贡献率；$P_i$ 为产品 $i$ 的销售单价；$C_{qi}$ 为产品 $i$ 的单位变动成本；$P_i-C_{qi}$ 为产品 $i$ 的单位边际贡献；$S_i$ 为产品 $i$ 的销售收入。

若所有产品的总固定成本为 $F$，则达到盈亏平衡点时所有产品的综合销售额为

$$MTR^*=\frac{F}{ACMR} \tag{6-9}$$

**【例6-3】** 假定某企业在计划期内固定成本总额为80 000元，计划销售甲、乙、丙三种产品（销售比重分别为23.53%、23.53%、52.94%），它们的销售量、单位售价和单位变动成本等有关数据如表6-1所示。试求三种产品的保本额和保本量。

表6-1　某企业三种产品的销售和成本资料表

| | 甲产品 | 乙产品 | 丙产品 |
|---|---|---|---|
| 销售量 | 20 000 件 | 10 000 套 | 30 000 台 |
| 单位售价/元 | 20 | 40 | 30 |
| 单位变动成本/元 | 15 | 28 | 24 |

解：根据上表中的资料及已知条件，整理成表6-2。

表6-2　某企业三种产品的有关指标计算表

| | 甲产品 | 乙产品 | 丙产品 |
|---|---|---|---|
| ① 销售量 | 20 000 件 | 10 000 套 | 30 000 台 |
| ② 单位售价/元 | 20 | 40 | 30 |
| ③ 单位变动成本/元 | 15 | 28 | 24 |
| ④ 销售收入/元　①×② | 400 000 | 400 000 | 900 000 |
| ⑤ 单位边际贡献/元　②－③ | 5 | 12 | 6 |
| ⑥ 边际贡献率　⑤/② | 25% | 30% | 20% |
| ⑦ 销售比重 | 23.53% | 23.53% | 52.94% |

三种产品的加权平均边际贡献率为

$$ACMR=\frac{400\,000\times 25\%+400\,000\times 30\%+900\,000\times 20\%}{400\,000+400\,000+900\,000}\approx 23.53\%$$

三种产品的盈亏平衡点综合销售额为

$$MTR^{*}=80\,000\div 23.53\%\approx 339\,991.5(\text{元})$$

甲产品保本额＝甲产品销售比重×$MTR^{*}$≈80 000(元)

甲产品保本量＝甲产品保本额÷甲产品销售单价＝4 000(件)

乙产品保本额＝乙产品销售比重×$MTR^{*}$≈80 000(元)

乙产品保本量＝乙产品保本额÷乙产品销售单价＝2 000(套)

丙产品保本额＝丙产品销售比重×$MTR^{*}$≈179 991.5(元)

丙产品保本量＝丙产品保本额÷丙产品销售单价≈6 000(台)

**追问**　假定该企业三种产品的销售比重由原来的23.53%、23.53%、52.94%调整为30%、40%、30%，它们的边际贡献率和企业固定成本总额不变。试问这一新的产品组合方式对该企业是否有利？

解：按新的组合方式，三种产品的销售收入分别为

甲产品销售收入＝1 700 000×30%＝510 000(元)

乙产品销售收入＝1 700 000×40%＝680 000(元)

丙产品销售收入＝1 700 000×30%＝510 000(元)

则三种产品的加权平均边际贡献率为

$$ACMR=\frac{510\,000\times25\%+680\,000\times30\%+510\,000\times20\%}{1\,700\,000}=25.5\%$$

达到盈亏平衡点时三种产品的综合销售额 $=80\,000\div25.5\%\approx313\,725.5$(元)

企业预期利润 $=1\,700\,000\times25.5\%-80\,000=353\,500$(元)

和原来相比,这一新的产品组合方式的盈亏平衡点综合销售额降低,企业预期利润增加,因此是有利的。

所以,当企业同时生产多种产品时,应综合考虑供、产、销等方面的条件,正确决定产品的品种方案,这对企业实现扭亏转盈、提高经济效益大有益处。

### 6.2.2 互斥方案盈亏平衡分析

在需要对若干个互斥方案进行比选的情况下,如果某一个共有的不确定因素影响这些方案的取舍,可以采用下面介绍的盈亏平衡分析方法帮助决策。

设两个互斥方案的经济效果都受某不确定因素 $x$ 的影响,可以把 $x$ 看作一个变量,把两个方案的经济效果指标都表示为 $x$ 的函数:

$$E_1=f(x)\qquad E_2=z(x)$$

式中,$E_1$ 和 $E_2$ 分别为方案 1 与方案 2 的经济效果指标。当两个方案的经济效果相同时,有

$$f(x)=z(x)$$

解出使这个方程式成立的 $x$ 值,即为方案 1 与方案 2 的盈亏平衡点,也就是决定这两个方案孰优孰劣的临界点。结合对不确定因素 $x$ 未来取值范围的预测,就可以做出相应的决策。

**【例 6-4】** 生产某种产品有三个工艺方案:采用方案 1,年固定成本为 800 万元,单位产品变动成本为 10 元;采用方案 2,年固定成本为 500 万元,单位产品变动成本为 20 元;采用方案 3,年固定成本为 300 万元,单位产品变动成本为 30 元。试分析各个方案适用的生产规模。

解:各个方案的年总成本均可表示为产量 $Q$ 的函数:

$$C_1=800+10Q$$
$$C_2=500+20Q$$
$$C_3=300+30Q$$

各个方案的年总成本函数曲线如图 6-3 所示。

由图 6-3 可以看出,三个方案的年总成本函数曲线两两相交于 $L$、$M$、$N$ 三点,各个交点对应的产量就是相应两个方案的盈亏平衡点产量。在本例中,$Q_m$ 是方案 2 与方案 3 的盈亏平衡点产量,$Q_n$ 是方案 1 与方案 2 的盈亏平衡点产量。显然,当 $Q<Q_m$ 时,方案 3 的年总成本最低;当 $Q_m<Q<Q_n$ 时,方案 2 的年总成本最低;当 $Q>Q_n$ 时,方案 1 的年总成本最低。

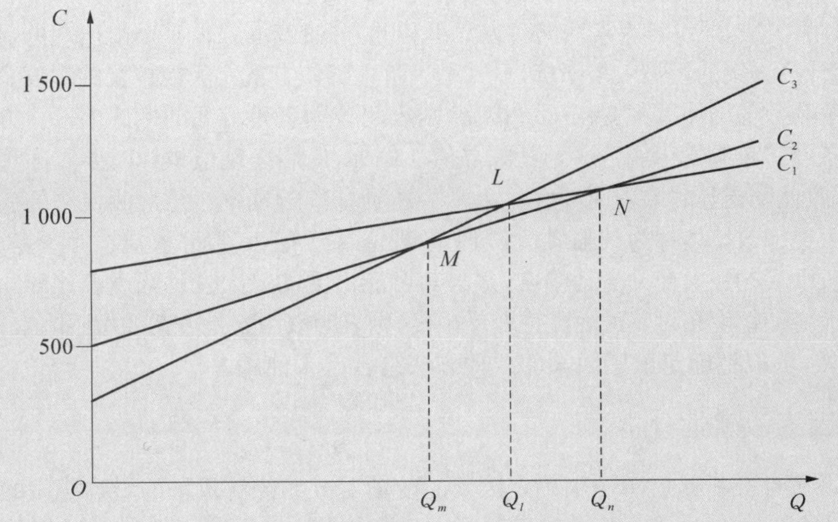


**图 6-3　各个方案的年总成本函数曲线**

由此可知，当预期产量低于 20 万件时，应采用方案 3；当预期产量在 20 万～30 万件之间时，应采用方案 2；当预期产量高于 30 万件时，应采用方案 1。

在【例 6-4】中，是用产量作为盈亏平衡分析的共有变量，根据年总成本的高低判断方案优劣的。在各种不同的情况下，根据实际需要，也可以用投资额、产品价格、经营成本、贷款利率、项目寿命期、期末固定资产余值等作为盈亏平衡分析的共有变量，用净现值、净年值、内部收益率等作为衡量方案经济效果的评价指标。

## 6.3　敏感性分析

### 6.3.1　敏感性分析的概念

所谓敏感性分析，是指通过测定一个或多个不确定因素的变化所引起的项目评价指标的变化幅度，了解各种因素的变化对实现预期目标的影响程度，从而对外部条件发生不利变化时投资方案的承受能力做出判断。敏感性分析是经济决策中常用的一种不确定性分析方法，目的是找出项目的敏感因素，并确定其敏感程度，以预测项目承担的风险，考察项目承受风险的能力。

通过敏感性分析，可以找出项目的敏感因素，并确定这些因素变化对项目评价指标的影响程度，使决策者能了解项目建设中可能遇到的风险，从而提高投资决策的准确性。同时，也可以预示影响项目经济效益最重要的因素，可以对它们进行重新调查、分析、计算，以提高投资决策的可靠性。另外，还为利用各敏感因素对项目评价指标进行概率分析提供方向。

### 6.3.2　敏感因素的测定方法

所谓敏感因素，就是其数值变动能显著影响方案经济效果的因素。判别敏感因素的方法有两种：相对测定法和绝对测定法。

(1) 相对测定法，即设定要分析的因素均从不确定性分析所采用的数值开始变动，且各因素每次变动的幅度(增或减的百分数)相同，比较在同一变动幅度下各因素的变动对经济效果指标的影响，据此判断方案经济效果对各因素变动的敏感程度。

(2) 绝对测定法，即设各因素均向对方案不利的方向变动，并取其可能出现的对方案最不利的数值，据此计算方案的经济效果指标，看其是否可达到使方案无法被接受的程度。若某因素可能出现的最不利数值能使方案变得不可接受，则表明该因素是方案的敏感因素。方案能否被接受的判据是各经济效果指标能否达到其临界值。例如，使用净现值指标时要看净现值是否等于零，使用内部收益率指标时要看内部收益率是否达到基准折现率。绝对测定法的一个变通方式是先设定有关经济效果指标为其临界值，如令净现值等于零，令内部收益率等于基准折现率等，然后求待分析因素的最大允许变动幅度，并与其可能出现的最大变动幅度相比较。若某因素可能出现的最大变动幅度超过其最大允许变动幅度，则表明该因素是方案的敏感因素。

在实践中，可以把确定敏感因素的两种方法结合起来使用。

### 6.3.3 单因素敏感性分析

单因素敏感性分析是就单个不确定因素的变动对方案经济效果的影响所做的分析。它在分析方法上类似于数学中多元函数的偏微分，即在计算某个因素的变动对经济效果指标的影响时，假定其他因素均不变。

单因素敏感性分析的步骤与内容如下。

(1) 选择需要分析的不确定因素，并设定这些因素的变动范围。

影响投资方案经济效果的不确定因素有很多，严格说来，凡影响方案经济效果的因素都在某种程度上带有不确定性。但事实上没有必要对所有的不确定因素都进行敏感性分析，可以根据以下原则选择主要的不确定因素加以分析：第一，预计在可能的变动范围内，该因素的变动将会比较强烈地影响方案的经济效果指标；第二，对不确定性分析中采用的该因素的数据的准确性把握不大。

对一般的工业投资项目来说，要做敏感性分析的因素通常从下列因素中选定：① 投资额，包括固定资产投资与流动资金占用，根据需要还可将固定资产投资划分为设备费用、建筑安装费用等；② 项目建设期限、投产期限、投产时的产出能力及达到设计生产能力所需时间；③ 产品产量及销售量；④ 产品价格；⑤ 经营成本，特别是其中的变动成本；⑥ 项目寿命期；⑦ 项目寿命期末的资产残值；⑧ 折现率；⑨ 外币汇率。

在选择需要分析的不确定因素的过程中，应根据实际情况设定这些因素可能的变动范围。

(2) 确定分析指标。

各种经济评价指标，如净现值、净年值、内部收益率、投资回收期等，都可以作为敏感性分析的指标。由于敏感性分析是在确定性分析的基础上进行的，就一般情况而言，敏感性分析的指标应与确定性分析所使用的指标相一致，不应超出确定性分析所用指标的范围另立指标。当确定性分析中使用的指标比较多时，敏感性分析可围绕其中一个或若干个最重要的指标进行。

(3) 计算各不确定因素在可能的变动范围内发生不同幅度变动所引起的经济效果指标的变动结果，建立起一一对应的数量关系，并用图或表的形式表示出来。

(4) 确定敏感因素，对方案的风险情况做出判断。

**【例 6-5】** 有一个工业城市用小型电动汽车的投资方案，用于确定性分析的现金流量表见表 6-3，所采用的数据是根据对未来最可能出现的情况的预测估算的。由于对未来影响经济环境的某些因素把握不大，投资额、经营成本和产品价格均有可能在±20%的范围内变动。设基准折现率为10%，不考虑所得税，试就上述三个不确定因素分别做敏感性分析。

表6-3 小型电动汽车项目的现金流量表 单位：万元

| 项 目 | 第0年 | 第1年 | 第2～10年 | 第11年 |
|---|---|---|---|---|
| 投资额 | 15 000 | | | |
| 销售收入 | | | 19 800 | 19 800 |
| 经营成本 | | | 15 200 | 15 200 |
| 期末资产残值 | | | | 2 000 |
| 净现金流量 | −15 000 | 0 | 4 600 | 4 600+2 000 |

解：设投资额为$K$，年销售收入为$B$，年经营成本为$C$，期末资产残值为$L$。用净现值指标评价本方案的经济效果，计算公式为

$$\begin{aligned}NPV&=-K+(B-C)(P/A,10\%,10)(P/F,10\%,1)+L(P/F,10\%,11)\\&=-15\,000+4\,600(P/A,10\%,10)(P/F,10\%,1)+2\,000(P/F,10\%,11)\\&=11\,394(\text{万元})\end{aligned}$$

下面用净现值指标就投资额、经营成本和产品价格等三个不确定因素分别做敏感性分析。

设投资额变动的百分比为$X$，则

$$NPV=-15\,000(1+X)+26\,394=-15\,000X+11\,394$$

设经营成本变动的百分比为$Y$，则

$$\begin{aligned}NPV&=-15\,000+[19\,800-15\,200(1+Y)](P/A,10\%,10)(P/F,10\%,1)+\\&\quad 2\,000(P/F,10\%,11)\\&=11\,394-84\,900Y\end{aligned}$$

设产品价格变动的百分比为$Z$，则

$$\begin{aligned}NPV&=-15\,000+[19\,800(1+Z)-15\,200](P/A,10\%,10)(P/F,10\%,1)+\\&\quad 2\,000(P/F,10\%,11)\\&=11\,394+110\,593Z\end{aligned}$$

按照上述三个公式，使用表6-3中的数据，分别取不同的$X$、$Y$、$Z$值，可以计算出各不确定因素不同变动幅度下方案的净现值。计算结果见表6-4，根据表中数据可以绘出敏感性分析图（图6-4）。

表6-4 不确定因素的变动对方案净现值的影响 单位：万元

| | −20% | −15% | −10% | −5% | 0 |
|---|---|---|---|---|---|
| 投资额 | 14 394 | 13 644 | 12 894 | 12 144 | 11 394 |
| 经营成本 | 28 374 | 24 129 | 19 884 | 15 639 | 11 394 |
| 产品价格 | −10 725 | −5 195 | 335 | 5 864 | 11 394 |

续 表

| | +5% | +10% | +15% | +20% | |
|---|---|---|---|---|---|
| 投资额 | 10 644 | 9 894 | 9 144 | 8 394 | |
| 经营成本 | 7 149 | 2 904 | −1 341 | −5 586 | |
| 产品价格 | 16 924 | 22 453 | 27 983 | 33 513 | |

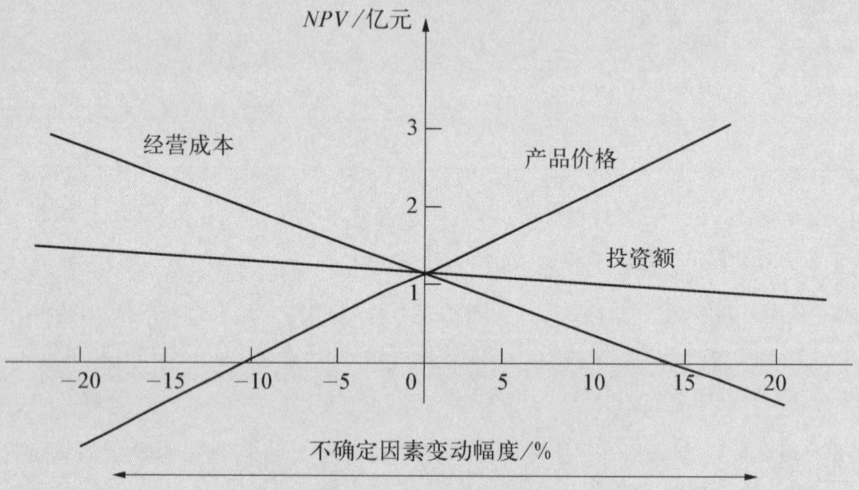


**图 6-4　敏感性分析图**

由表 6-4 和图 6-4 可以看出，在同样的变动幅度下，产品价格的变动对方案净现值的影响最大，经营成本变动的影响次之，投资额变动的影响最小。

分别使用前面的三个公式，不难计算出当 $NPV=0$ 时，$X=76.0\%$，$Y=13.4\%$，$Z=-10.3\%$。也就是说，如果投资额与产品价格不变，经营成本高于预期值 13.4%以上，或者投资额与经营成本不变，产品价格低于预期值 10.3%以上，方案就变得不可接受。而如果经营成本与产品价格不变，只有投资额增加 76.0%以上，才会使方案变得不可接受。

根据上面的分析，对本方案来说，产品价格与经营成本都是敏感因素。在做出是否采用本方案的决策之前，应该对未来的产品价格和经营成本及其可能的变动范围做出更为精确的预测与估算。如果产品价格低于预期值 10.3%以上或经营成本高于预期值 13.4%以上的可能性较大，那么意味着这笔投资有较大的风险。另外，经营成本的变动对方案经济效果有较大影响。这一分析结果还提醒我们，如实施这一方案，严格控制经营成本将是提高项目经济效益的重要途径。至于投资额，显然不是本方案的敏感因素，即使增加 20%甚至更多一些，也不会影响决策结论。

### 6.3.4 多因素敏感性分析

在进行单因素敏感性分析的过程中，在计算某特定因素的变动对经济效果指标的影响时，假定其他因素均不变。实际上，许多因素的变动具有相关性，一个因素的变动往往伴随着其他因素的变动。例如，对于【例 6-5】中生产小型电动汽车这个方案，如果世界市场上石油价格上涨，小型电动汽车的市场需求量就有可能增加，这将造成销售量和产品价格的上升。然而，石油价格上涨还会引起其他生产资料价格的上升，这将造成生产成本的增加。所以，单因素敏感性分析有其局限性。改进的方法是进行多因素敏感性分析，即考察多个不确定因素同时变动对方案经济效果的影响，以判断方案的风险情况。

多因素敏感性分析要考虑可能发生的各种因素不同变动幅度的多种组合，计算起来要比单因素敏感性分析复杂得多。如果需要分析的不确定因素不超过三个，而且经济效果指标的计算比较简单，那么可以用解析法与作图法相结合的方法进行分析。下面举例说明。

**【例6-6】** 根据【例6-5】给出的数据进行多因素敏感性分析。

解：沿用【例6-5】中使用的符号，如果同时考虑投资额与经营成本的变动，分析这两个因素同时变动对方案净现值影响的计算公式为

$$NPV = -K(1+X) + [B - C(1+Y)](P/A, 10\%, 10)(P/F, 10\%, 1) + L(P/F, 10\%, 11)$$

代入数据，得

$$NPV = 11\,394 - 15\,000X - 84\,900Y$$

若 $NPV=0$，则有

$$11\,394 - 15\,000X - 84\,900Y = 0$$

$$Y = -0.176\,7X + 0.134\,2$$

这是一个直线方程，将其在坐标图上表示出来（图6-5），即为 $NPV=0$ 的临界线。在临界线上，$NPV=0$；在临界线左下方的区域，$NPV>0$；在临界线右上方的区域，$NPV<0$。也就是说，如果投资额与经营成本同时变动，只要变动范围不超出临界线左下方的区域（包括临界线上的点），方案都是可接受的。

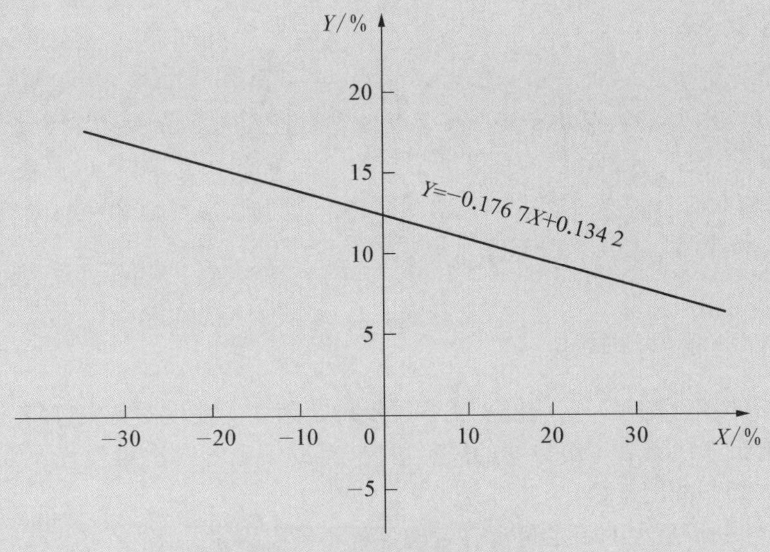


**图6-5　双因素敏感性分析图**

如果同时考虑投资额、经营成本和产品价格这三个因素的变动，则有

$$NPV = 11\,394 - 15\,000X - 84\,900Y + 110\,593Z$$

取不同的 $Z$ 值代入上式，且令 $NPV=0$，

当 $Z=20\%$ 时，$Y=-0.176\,7X+0.394\,7$；

当 $Z=10\%$ 时，$Y=-0.176\,7X+0.264\,5$；

当 $Z=-10\%$ 时，$Y=-0.176\,7X+0.003\,9$；

当 $Z=-20\%$ 时，$Y=-0.176\,7X-0.126\,3$。

在坐标图上，这是一组平行线（图 6-6）。

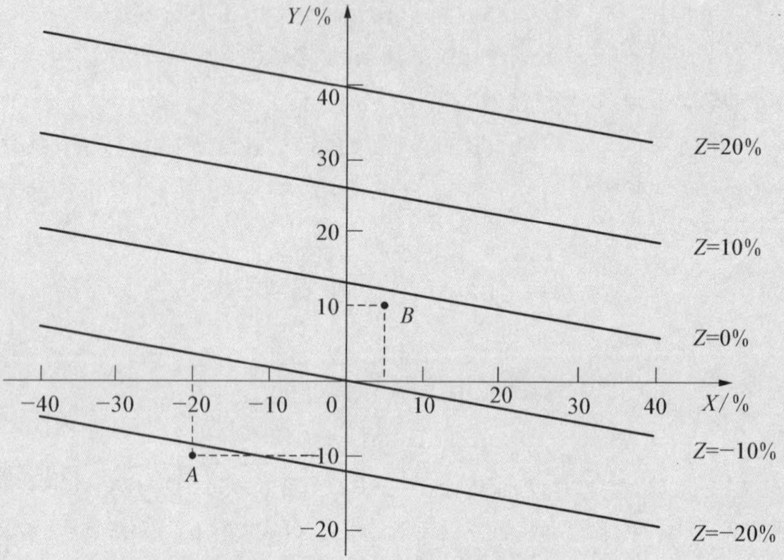


**图 6-6　三因素敏感性分析图**

由图 6-6 可见，产品价格上升，临界线往右上方移动，产品价格下降，临界线往左下方移动。根据这种三因素敏感性分析图，我们可以直观地了解投资额、经营成本和产品价格这三个因素同时变动对决策的影响。在本例中，若产品价格下降 20%，同时投资额下降 20%，经营成本下降 10%，则投资额与经营成本变动的状态点 $A$ 位于临界线 $Z=-20\%$ 的左下方，方案仍有令人满意的经济效果。若产品价格下降 10%，同时投资额上升 5%，经营成本上升 10%，则投资额与经营成本变动的状态点 $B$ 位于临界线 $Z=-10\%$ 的右上方，方案就变得不可接受了。

### 6.3.5　敏感性分析的优缺点

敏感性分析的优点是在一定程度上就各种不确定因素的变动对方案经济效果的影响做了定量描述。这有助于决策者了解方案的风险情况，有助于确定在决策过程及方案实施过程中需要重点研究与控制的因素。

但是，敏感性分析最大的不足是没有考虑各种不确定因素在未来发生变动的概率，这可能会影响决策结论的准确性。实际上，各种不确定因素在未来发生某一幅度变动的概率一般是有所不同的。可能有这样的情况，通过敏感性分析找出的某一敏感因素在未来发生不利变动的概率很小，因而实际上所带来的风险并不大，以至于可以忽略不计，而另一不太敏感的因素在未来发生不利变动的概率却很大，实际上所带来的风险比那个敏感因素更大。这种问题是

敏感性分析所无法解决的，必须借助概率分析。

## 6.4 概率分析

概率分析是指通过研究各种不确定因素发生不同幅度变动的概率分布及其对方案经济效果的影响，对方案的净现金流量及经济效果指标做出某种概率描述，从而对方案的风险情况做出比较准确的判断。

### 6.4.1 随机现金流及经济效果指标的概率描述

(1) 随机现金流的概率描述

严格说来，描述影响方案经济效果的大多数因素(如投资额、成本、销售量、产品价格、项目寿命期等)是随机变量。可以预测其未来可能的取值范围，估计各种取值或值域发生的概率，但不可能肯定地预知它们取什么值。投资方案的净现金流量序列是由这些因素的取值决定的，所以，实际上净现金流量序列也是随机变量。为了与不确定性分析中使用的现金流量概念有所区别，可称概率分析中的现金流量为随机现金流。

一般来说，工业投资项目的随机现金流要受许多种已知的或未知的不确定因素的影响，可以看成多个独立的随机变量之和，许多情况下近似地服从正态分布。

描述随机变量的主要参数是期望值与方差。期望值是大量的重复事件中随机变量取值的平均值。换句话说，期望值是随机变量所有可能取值的加权平均值，权重为各种可能取值出现的概率。方差是反映随机变量取值的离散程度的参数。

假定某方案的寿命期为 $n$ 个周期(通常取1年为一个周期)，净现金流量序列为 $y_0$，$y_1$，$y_2$，…，$y_n$。周期数 $n$ 和各个周期的净现金流量 $y_t(t=0, 1, \cdots, n)$ 都是随机变量。为便于分析，设 $n$ 为常数。从理论上讲，某一特定周期的净现金流量 $y_t$ 可能出现的数值有无限多个，将其简化为若干个离散数值 $y_t^{(1)}$，$y_t^{(2)}$，…，$y_t^{(m)}$。这些离散数值中有的出现的概率要大一些，有的出现的概率要小一些，设与各个离散数值对应的发生概率为 $P_1$，$P_2$，…，$P_m(\sum_{j=1}^{m} P_j=1)$，则第 $t$ 周期净现金流量 $y_t$ 的期望值为

$$E(y_t)=\sum_{j=1}^{m} y_t^{(j)} P_j \tag{6-10}$$

第 $t$ 周期净现金流量 $y_t$ 的方差为

$$D(y_t)=\sum_{j=1}^{m}(y_t^{(j)}-E(y_t))^2 P_j \tag{6-11}$$

(2) 经济效果指标的概率描述

以净现值为例讨论经济效果指标的概率描述。因为各个周期的净现金流量都是随机变量，所以把各个周期的净现金流量现值加总所得到的方案净现值必然是一个随机变量，可称之为随机净现值。

设方案寿命期的周期数 $n$ 为常数，根据各个周期随机现金流的期望值 $E(y_t)(t=0, 1, \cdots, n)$，可以求出方案净现值的期望值：

$$E(NPV)=\sum_{t=1}^{n}[E(y_t)(1+i_0)-t] \tag{6-12}$$

如果方案寿命期内任意两个随机现金流之间不存在相关关系，或者不考虑随机现金流之间的相关关系，方案净现值的方差的计算公式为

$$D(NPV)=\sum_{t=1}^{n}[D(y_t)(1+i_0)^{-2t}] \tag{6-13}$$

在实际工作中，如果能通过统计分析或主观判断给出方案寿命期内影响方案现金流量的不确定因素可能出现的各种状态及其发生概率，就可通过对各种因素的不同状态进行组合，求出所有可能出现的方案净现金流量序列及其发生概率，在此基础上，可以不必计算各个周期净现金流量的期望值与方差，而直接计算方案净现值的期望值与方差。

如果影响方案现金流量的不确定因素在方案寿命期内可能出现的各种状态均可被视为独立事件，那么由各种因素的某种状态组合所决定的方案净现金流量序列的发生概率应为各种因素的相应状态发生概率的乘积。

在需要分析的不确定因素及其可能出现的状态不太多的情况下，可以借助概率树对各种因素的不同状态进行组合，并计算出各种状态组合所对应的方案净现金流量序列的发生概率。在得知所有可能出现的方案现金流量状态及其发生概率的基础上，不难计算出方案净现值的期望值与方差。

### 6.4.2 单方案的概率分析方法

（1）期望值法

期望值法的一般步骤如下。

① 将影响项目经济效益的主要不确定因素（如投资额、经营成本、销售价格等）作为随机变量，并假设它们是相互独立的。列出这些不确定因素取值可能出现的状态，并分别估算各种状态发生的概率。

② 用概率树组合各种不确定因素取值的状态，并计算每一可能组合发生的概率及发生时的 $NPV$。

③ 计算 $NPV$ 的期望值及 $NPV\geqslant 0$ 的累计概率。

④ 根据 $E(NPV)\geqslant 0$ 或 $NPV\geqslant 0$ 的累计概率判断项目的风险大小和盈利的把握程度。

**【例6-7】** 某开发项目的现金流量表如表6-5所示。根据预测和经验判断，开发成本、销售收入可能发生的变化率及其概率如表6-6所示，假设开发成本与销售收入相互独立。试计算净现值的期望值并求净现值大于或等于零的概率，取基准折现率为12%。

**表6-5 项目的现金流量表** 单位：万元

| 项　目 | 第1年 | 第2年 | 第3年 | 第4年 | 第5年 |
|---|---|---|---|---|---|
| 开发成本 | 2 500 | 5 900 | 6 900 | 2 800 | 1 000 |
| 销售收入 | 0 | 6 400 | 8 800 | 7 800 | 6 000 |
| 净现金流量 | −2 500 | 500 | 1 900 | 5 000 | 5 000 |

**表6-6　开发成本、销售收入可能发生的变化率及其概率**

| | −20% | 0 | +20% |
|---|---|---|---|
| 开发成本 | 0.1 | 0.4 | 0.5 |
| 销售收入 | 0.3 | 0.6 | 0.1 |

解：第一步：由于不确定因素开发成本和销售收入的变动各出现3种状态，因此本项目净现金流量序列的全部可能状态有3×3=9(种)，如图6-7所示。

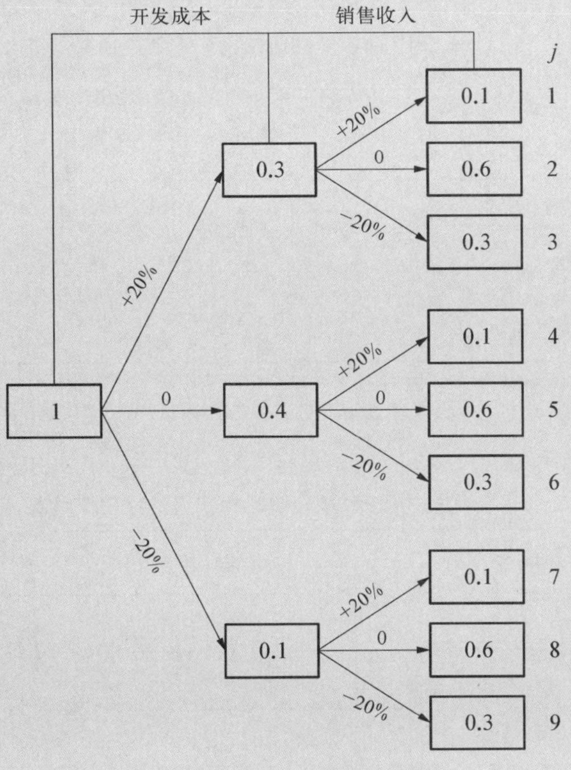


**图6-7　项目的概率树分析图**

第二步：计算每种可能状态下的净现金流量，计算结果见表6-7。

**表6-7　每种可能状态下的净现金流量**　单位：万元

| 序号 | 可能出现的状态 | 第 $t$ 年的净现金流量 | | | | |
|---|---|---|---|---|---|---|
| | | $t=1$ | $t=2$ | $t=3$ | $t=4$ | $t=5$ |
| 1 | 开发成本增加20%，销售收入增加20% | −3 000 | 600 | 2 280 | 6 000 | 6 000 |
| 2 | 开发成本增加20%，销售收入保持不变 | −3 000 | −680 | 520 | 4 440 | 4 800 |
| 3 | 开发成本增加20%，销售收入减少20% | −3 000 | −1 960 | −1 240 | 2 880 | 3 600 |

续 表

| 序号 | 可能出现的状态 | 第 $t$ 年的净现金流量 | | | | |
|---|---|---|---|---|---|---|
| | | $t=1$ | $t=2$ | $t=3$ | $t=4$ | $t=5$ |
| 4 | 开发成本保持不变，销售收入增加 20% | −2 500 | 1 780 | 3 360 | 6 560 | 6 200 |
| 5 | 开发成本保持不变，销售收入保持不变 | −2 500 | 500 | 1 900 | 5 000 | 5 000 |
| 6 | 开发成本保持不变，销售收入减少 20% | −2 500 | −780 | 140 | 3 340 | 3 800 |
| 7 | 开发成本减少 20%，销售收入增加 20% | −2 000 | 2 960 | 5 040 | 120 | 6 400 |
| 8 | 开发成本减少 20%，销售收入保持不变 | −2 000 | 1 680 | 3 280 | 5 560 | 5 200 |
| 9 | 开发成本减少 20%，销售收入减少 20% | −2 000 | 400 | 1 520 | 4 000 | 4 000 |

第三步：分别计算项目净现金流量序列各状态的概率、净现值和净现值的期望值，结果如表 6-8 所示。

**表 6-8 各状态的概率、净现值和净现值的期望值计算结果**

| 状态编号 | 概 率 | 净现值/万元 | 净现值的期望值/万元 |
|---|---|---|---|
| 1 | 0.05 | 6 640.29 | 332.02 |
| 2 | 0.30 | 2 694.79 | 808.44 |
| 3 | 0.15 | −1 250.73 | −187.61 |
| 4 | 0.04 | 9 265.56 | 370.62 |
| 5 | 0.24 | 5 533.59 | 1 328.06 |
| 6 | 0.12 | 1 524.52 | 182.94 |
| 7 | 0.01 | 12 317.90 | 123.18 |
| 8 | 0.06 | 8 372.38 | 502.34 |
| 9 | 0.03 | 4 426.87 | 132.81 |
| 合 计 | 1.00 | | 3 592.80 |

第四步：将净现值按照从小到大排序，可以得到净现值的分布规律，如表 6-9 所示。然后计算累计概率及净现值大于或等于零的概率。

表 6-9　净现值排序及累计概率计算结果

| 排序规律 | 净现值从小到大 | | | | | | | | |
|---|---|---|---|---|---|---|---|---|---|
| 净现值/万元 | −1 250.73 | 1 524.52 | 2 694.79 | 4 426.87 | 5 533.59 | 6 640.29 | 8 372.38 | 9 265.56 | 12 317.90 |
| 概　率 | 0.15 | 0.12 | 0.30 | 0.03 | 0.24 | 0.05 | 0.06 | 0.04 | 0.01 |
| 累计概率 | 0.15 | 0.27 | 0.57 | 0.60 | 0.84 | 0.89 | 0.95 | 0.99 | 1.00 |

由表 6-9 中的累计概率可见，$P(NPV<-1\,250.73\text{万元})=0.15$，$P(NPV<1\,524.52\text{万元})=0.27$，$P(NPV<0)$ 应按照内插法来确定。

$$P(NPV<0)=0.15+(0.27-0.15)\frac{1\,250.73}{1\,250.73+1\,524.52}\approx 0.20$$

净现值大于或等于零的概率为

$$P(NPV\geqslant 0)=1-P(NPV<0)=1-0.2=0.8$$

由计算结果可知，$E(NPV)=3\,592.80$ 万元 $>0$，且 $P(NPV\geqslant 0)=0.8$，说明本项目是可行的，经济效益较好，具有较高的可靠性。

(2) 蒙特卡洛模拟法

从前，一位数学家看见一个醉汉倚着广场上的一根灯杆站着，忽然无目的地向某一方向走几步，然后又向另一方向走几步，这样东倒西歪地走。这位数学家提出一个问题：这个醉汉走出 $n$ 步之后离开灯杆的最可能的距离是多少？这个问题叫作随机行走问题。按照通常的方法，必须观察这个醉汉大量的行走，如一千次以上，然后求出行走距离的平均值，但这样的观察是很困难的，甚至是不可能的。这位数学家研究出一种利用仿真试验的计算方法，后来人们发现这种方法在实际工作中很有用处，称这种方法为蒙特卡洛模拟法。

举例说明：假定在某拟议工程项目中，影响投资风险的关键不确定因素有两个，一个是固定成本，另一个是销售价格。下面就以这两个不确定性变量为例来说明蒙特卡洛模拟法的步骤。

① 列表。列出影响项目现金流量的各种主要不确定性变量的概率分布表，如表 6-10 所示。根据历年统计资料和市场预测资料，经过调查研究和主观判断，将工程项目可能出现的各种销售价格按大小顺序排列，见表中的第一栏。对各种销售价格估计“相对机遇”值作为表中的第二栏，由于这些数值是主观估计出来的，虽然有统计资料和预测资料为依据，但主观性仍然很大，因而相对机遇数值代表事件出现的可能性。表中的第三栏“相应的概率”是根据第二栏计算得到的，为各相对机遇数值除以相对机遇数值的总和。例如，相对机遇数值为 1，除以相对机遇数值的总和 76.5，得到相应的概率是 0.013，其余依此类推。表中的第四栏“累计概率”是相应概率的累计值。

表 6-10　销售价格概率分布表

| 销售价格/(元/吨) | 相对机遇 | 相应的概率 | 累计概率 |
|---|---|---|---|
| (1) | (2) | (3) | (4) |
| 200 | 0.5 | 0.007 | 0.007 |
| 210 | 1 | 0.013 | 0.020 |

续 表

| 销售价格/(元/吨) | 相对机遇 | 相应的概率 | 累计概率 |
|---|---|---|---|
| (1) | (2) | (3) | (4) |
| 220 | 2 | 0.026 | 0.046 |
| 230 | 3 | 0.039 | 0.085 |
| 240 | 4 | 0.052 | 0.137 |
| 250 | 5 | 0.065 | 0.202 |
| 260 | 6 | 0.078 | 0.280 |
| 270 | 7 | 0.092 | 0.372 |
| 280 | 8 | 0.105 | 0.477 |
| 290 | 9 | 0.118 | 0.595 |
| 300 | 10 | 0.131 | 0.726 |
| 310 | 8 | 0.105 | 0.831 |
| 320 | 6 | 0.078 | 0.909 |
| 330 | 4 | 0.052 | 0.961 |
| 340 | 2 | 0.026 | 0.987 |
| 350 | 1 | 0.013 | 1 |
| 合　计 | 76.5 | | |

表 6－11 中的数据也用同样的方法计算。

**表 6－11　固定成本概率分布表**

| 固定成本/(千元/年) | 相对机遇 | 相应的概率 | 累计概率 |
|---|---|---|---|
| (1) | (2) | (3) | (4) |
| 1 800 | 1 | 0.024 | 0.024 |
| 1 900 | 6 | 0.143 | 0.167 |
| 2 000 | 10 | 0.238 | 0.405 |
| 2 100 | 9 | 0.214 | 0.619 |
| 2 200 | 7.5 | 0.179 | 0.768 |
| 2 300 | 5 | 0.119 | 0.917 |
| 2 400 | 2.5 | 0.059 | 0.976 |
| 2 500 | 1 | 0.024 | 1 |

② 查表计算。在有 1 000 个连续整数(1～1 000)的数列中,随机选取一个数字,乘 $10^{-3}$ 之后可得一个乘积,然后在第四栏内找出一个与此乘积相当的“累计概率”值,并在同一行的第一栏内查出与此“累计概率”值对应的“销售价格”值或“固定成本”值。例如,如果随机数字在 1～7 的范围内,那么在销售价格概率分布表中,此数字相应的累计概率为 0.007,在同一行中查出的销售价格为 200 元/吨;如果随机数字在 8～20 的范围内,那么累计概率为 0.20,查出的销售价格为 210 元/吨。每有一个销售价格数值和一个固定成本数值后,连同其他没有不确定性的数据列成一张逐年现金流量表,即可计算出一个内部收益率数值。

③ 作直方图。上述步骤每进行一次，即得一个内部收益率数值，这个步骤进行多次，如上百次、上千次等，可以得到一系列内部收益率数值。在这些数值中，必有最大值和最小值，把从最大值到最小值的整个范围等分为大小适当的若干个小区间(假定采取的每个小区间的大小为 1%)，并检查这一系列内部收益率数值落入各个小区间的频率(为落入各个小区间的内部收益率数值的个数除以全部内部收益率数值的个数)，即得内部收益率的概率分布直方图，如图 6-8 所示。

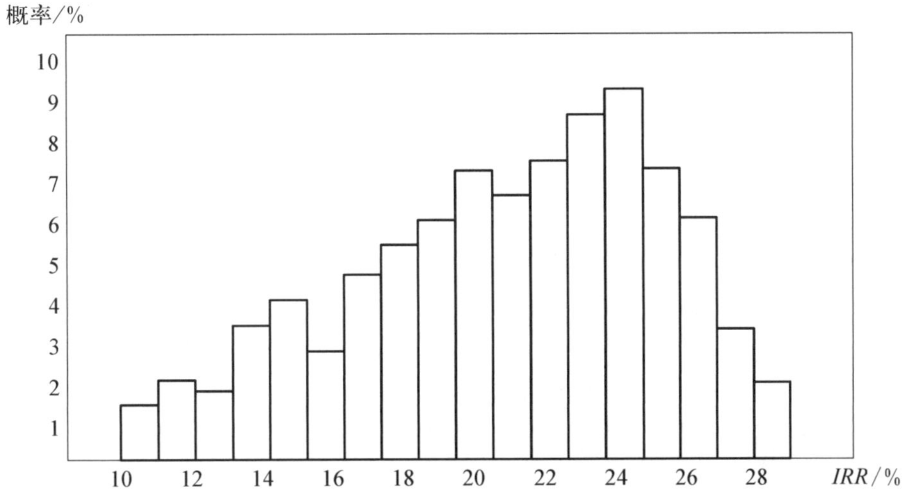


**图 6-8　概率分布直方图**

人工计算内部收益率的概率分布是很困难的，因为计算次数太多，不仅浪费时间，而且容易出错。因此，要借助电子计算机，只有计算次数增加到一定程度，才能得到稳定的结果。

由图 6-8 可以知道工程项目的内部收益率落在各个数值范围内的可能性的大小。图中各个小长方形的面积，表示各个内部收益率数值发生的频率(概率的近似值)。各内部收益率的出现是互相排斥的，其概率之和等于 1。

从图 6-8 中可以看到：$IRR<10\%$的概率小于 0.01，$IRR<15\%$的概率等于 0.07，$IRR\geqslant15\%$的概率等于 0.93，$IRR\geqslant20\%$的概率等于 0.74，$IRR\geqslant25\%$的概率等于 0.44，$IRR\geqslant30\%$的概率等于 0.07。

对净现值等指标也可做类似分析。蒙特卡洛模拟法定量地表示出各种获利水平发生的可能性，为正确决策提供依据。

在研究概率分析方法时，一定要注意概率分析是在投资前进行的工作，所有的主观概率值都是靠预测得到的，因此这些主观概率值本身就含有大量的主观因素。而这些主观因素所造成的不确定性和风险是任何方法都不能消除的。

### 6.4.3　多方案的风险决策

概率分析可以给出经济效果指标的期望值和方差，以及经济效果指标的实际值在某一区间内发生的概率，这为人们在风险条件下决定方案取舍提供依据。但是，概率分析并没有给出风险条件下方案取舍的原则和多方案比选的方法。而这正是我们下面所要讨论的内容。

(1) 风险决策的条件

风险决策的条件包括：

① 存在着决策者希望达到的目标(如收益最大或损失最小)；

② 存在着两个或两个以上的方案可供选择；

③ 存在着两个或两个以上不以决策者的主观意志为转移的自然状态（如不同的市场条件或其他经营条件）；

④ 可以计算出不同方案在不同自然状态下的损益值（损益值是指对损失或收益的度量结果，在经济决策中为经济效果指标）；

⑤ 在可能出现的不同自然状态下，决策者不能确定未来将出现哪种状态，但能确定每种状态出现的概率。

下面举例说明。

**【例 6-8】** 某企业拟开发一种新产品取代将要滞销的老产品，新产品的性能优于老产品，但新产品的生产成本要比老产品高。投入市场后新产品可能面临四种前景：

① 很受欢迎，能以较高的价格在市场上畅销（称为状态 1，记作 d1）；

② 销路一般，能以适当的价格销售出去（称为状态 2，记作 d2）；

③ 销路不太好（称为状态 3，记作 d3）；

④ 没有销路（称为状态 4，记作 d4）。

经过周密的市场研究，销售部门做出判断：状态 1 出现的概率 $P(\text{d1})=0.3$，状态 2 出现的概率 $P(\text{d2})=0.4$，状态 3 出现的概率 $P(\text{d3})=0.2$，状态 4 出现的概率 $P(\text{d4})=0.1$。

技术部门提出三种方案：

方案 A1——立即停止老产品的生产，改造原生产线用于生产新产品，这一方案所需投资较少，但有停产损失，而且生产规模有限；

方案 A2——改造原生产线用于生产新产品，并委托其他厂生产部分零部件，以扩大生产规模；

方案 A3——暂时维持老产品的生产，新建一条高效率的生产线用于生产新产品，这一方案所需投资较多。

试结合各状态分析各方案。

解：这三种方案在不同的状态下有不同的经济效果，在一定计算期内，各方案在不同状态下的净现值见表 6-12。

**表 6-12 各方案在不同状态下的净现值** 单位：万元

| | d1 | d2 | d3 | d4 |
|---|---|---|---|---|
| | $P(\text{d1})=0.3$ | $P(\text{d2})=0.4$ | $P(\text{d3})=0.2$ | $P(\text{d4})=0.1$ |
| A1 | 140 | 100 | 10 | −80 |
| A2 | 210 | 150 | 50 | −200 |
| A3 | 240 | 180 | −50 | −500 |

这个例子是一个典型的风险决策问题。企业的目标是取得最好的经济效果，决策者面临三个备选方案四种可能状态，并且已了解各方案在不同状态下的经济效果指标及各种状态的发生概率。决策者要解决的问题是确定应选择哪个方案。

(2) 风险决策的原则

要解决风险决策问题，首先要确定风险决策的原则，通常采用的风险决策原则有五种。

① 优势原则

在A与B两个备选方案中,如果不论在什么状态下A总是优于B,那么可以认定A相对于B是优势方案,或者说B相对于A是劣势方案。一旦认定了劣势方案,就应将其从备选方案中剔除,这就是风险决策的优势原则。在有两个以上备选方案的情况下,应用优势原则一般不能决定最优方案,但能减少备选方案的数目,缩小决策范围。在采用其他风险决策原则进行方案比选之前,应首先运用优势原则剔除劣势方案。

② 期望值原则

期望值原则是指根据各备选方案损益值的期望值大小进行决策,如果损益值用费用表示,应选择期望值最小的方案,如果损益值用收益表示,应选择期望值最大的方案。

在【例6-8】中,设方案A1、A2、A3的净现值的期望值分别为$E(NPV)1$、$E(NPV)2$、$E(NPV)3$,根据表6-12中的数据,由期望值公式可求出:$E(NPV)1=76$(万元),$E(NPV)2=113$(万元),$E(NPV)3=84$(万元)。

按照期望值原则,应当选择方案A2。

③ 最小方差原则

因为方差越大,实际发生的方案损益值偏离其期望值的可能性越大,从而方案的风险也越大,所以有时人们倾向于选择损益值方差最小的方案,这就是最小方差原则。在备选方案损益期望值相同或收益期望值大(费用期望值小)的方案损益值方差小的情况下,期望值原则与最小方差原则不相互矛盾,最小方差原则无疑是一种有效的风险决策原则。但是,在许多情况下,期望值原则与最小方差原则并不具有一致性。

在【例6-8】中,设方案A1、A2、A3的净现值的方差分别为$D(NPV)1$、$D(NPV)2$、$D(NPV)3$,由方差公式可计算出:$D(NPV)1=4\ 764$,$D(NPV)2=13\ 961$,$D(NPV)3=48\ 684$。

按照最小方差原则,应当选择方案A1。这显然与按照期望值原则选择的结论不一致。

对于按照期望值原则与最小方差原则选择的结论不一致的情况下如何权衡的问题,目前还没有找到被广泛接受的解决办法,这是因为不同的投资者对风险大小的判断是不一样的。投资者对风险的判断及态度,一方面取决于决策者本人的胆略与冒险精神,另一方面取决于投资主体对风险的承受能力。一般来说,风险承受能力较强的投资者倾向于按期望值原则进行决策,而风险承受能力较弱的投资者宁可按最小方差原则选择期望收益不太高但更安全的方案。

④ 满意原则

对于比较复杂的风险决策问题,人们往往难以发现最优方案,因而采用一种比较现实的风险决策原则——满意原则,即定出一个足够满意的目标值,将各备选方案在不同状态下的损益值与此目标值相比较,损益值优于或等于此目标值的概率最大的方案为当选方案。

⑤ 最大可能原则

最大可能原则侧重于在所有可能发生的情况中,选择发生概率最大的那个情况作为决策的依据,即在决策时,只考虑最有可能发生的自然状态,而忽略其他所有可能的自然状态。例如,如果一个决策者面临多个方案($A_1$、$A_2$、$A_3$……),并且每个方案在不同自然状态下都有不同的结果,那么决策者将选择在所有自然状态下出现概率最大的那个结果所对应的方案。如果这个方案在某个状态下的结果是所有方案中最好的,那么选择这个方案是基于最大可能原则的最优决策。

(3) 风险决策的方法

常用的风险决策方法有矩阵法、决策树法和蒙特卡洛模拟法,前两种方法采用的风险决策原则都是期望值原则。

① 矩阵法

表 6－12 实际上是一个风险决策矩阵模型,它给出了进行风险决策的所有要素,包括状态、状态的发生概率、备选方案及各备选方案在不同状态下的损益值。风险决策矩阵模型的一般形式如表 6－13 所示。

**表 6－13 风险决策矩阵模型的一般形式**

| | $\theta_1$ | $\theta_2$ | … | $\theta_j$ | … | $\theta_n$ |
|---|---|---|---|---|---|---|
| | $P_1$ | $P_2$ | … | $P_j$ | … | $P_n$ |
| $A_1$ | $v_{11}$ | $v_{12}$ | … | $v_{1j}$ | … | $v_{1n}$ |
| $A_2$ | $v_{21}$ | $v_{22}$ | … | $v_{2j}$ | … | $v_{2n}$ |
| ⋮ | ⋮ | ⋮ | | ⋮ | | ⋮ |
| $A_i$ | $v_{i1}$ | $v_{i2}$ | … | $v_{ij}$ | … | $v_{in}$ |
| ⋮ | ⋮ | ⋮ | | ⋮ | | ⋮ |
| $A_m$ | $v_{m1}$ | $v_{m2}$ | … | $v_{mj}$ | … | $v_{mn}$ |

令

$$\boldsymbol{V}=\begin{bmatrix} v_{11} & v_{12} & \cdots & v_{1n} \\ v_{21} & v_{22} & \cdots & v_{2n} \\ \vdots & \vdots & & \vdots \\ v_{m1} & v_{m2} & \cdots & v_{mn} \end{bmatrix}$$

$$\boldsymbol{P}=\begin{bmatrix} P_1 \\ P_2 \\ \vdots \\ P_n \end{bmatrix} \qquad \boldsymbol{E}=\begin{bmatrix} E_1 \\ E_2 \\ \vdots \\ E_m \end{bmatrix}$$

式中,$\boldsymbol{V}$ 为损益矩阵;$\boldsymbol{P}$ 为概率向量;$\boldsymbol{E}$ 为损益期望值向量,$\boldsymbol{E}$ 中的元素 $E_i(i=1, 2,\cdots, m)$ 为方案 $A_i$ 的损益期望值。利用矩阵运算可以很方便地求出:$\boldsymbol{E}=\boldsymbol{VP}$。

当损益值用费用表示时,$\min(E_i \mid i=1, 2, \cdots, m)$对应的方案为最优方案;当损益值用收益表示时,$\max(E_i \mid i=1, 2, \cdots, m)$对应的方案为最优方案。

当备选方案数目和状态数目都很大时,矩阵法的优点是便于利用现代化的计算手段进行风险决策。

② 决策树法

风险决策问题可以利用一种树形决策网络进行描述与求解,称为决策树法。图 6－9 为用决策树描述的【例 6－8】中的风险决策问题。

决策树由不同的节点和分枝组成。符号"□"表示的节点为决策点,从决策点引出的每个分枝表示一个可供选择的方案;符号"○"表示的节点为状态点,从状态点引出的每个分枝表示一种可能发生的状态。图 6－9 中 $\theta_j(j=1,2,3,4)$表示第 $j$ 种状态，$\theta_j$ 后括号内的数值表示该状态的发生概率，每个状态分枝末端的数值为相应的损益值。根据各种状态的发生概率与相应的损益值，计算每个方案的损益期望值，并将其标在相应的状态点上，就可以直观地判断出应该选择哪个方案。

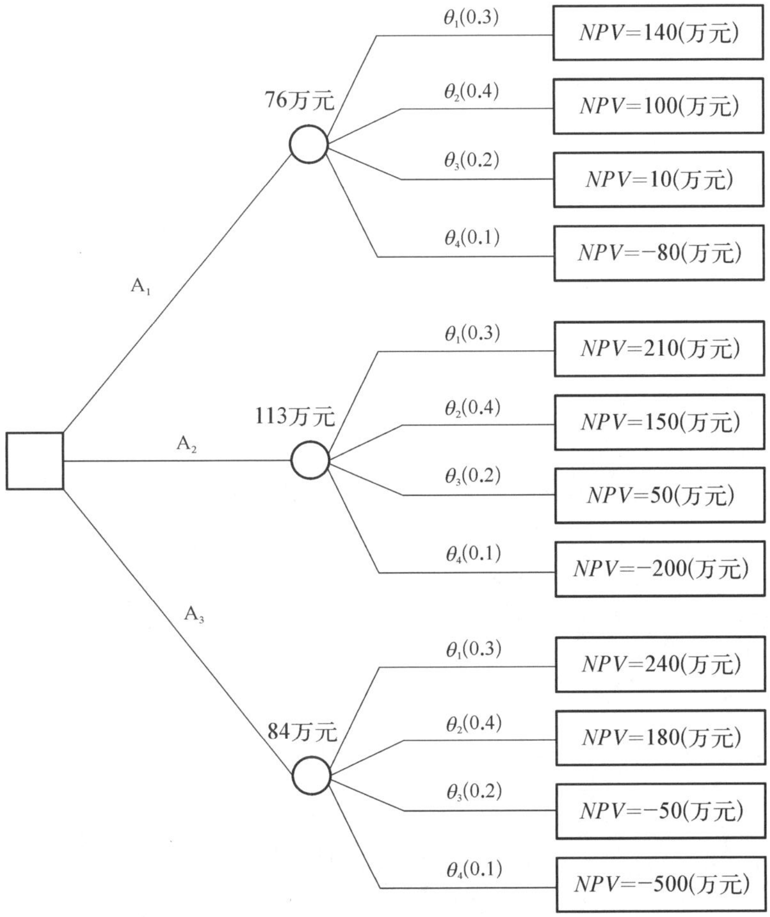


**图 6－9　【例 6－8】决策树**

决策树法常用于多阶段风险决策，下面举例说明。

**【例 6－9】**　某计算机公司拟生产一种新研制的微型计算机。根据技术预测与市场预测，该产品可行销 10 年，有三种可能的市场前景：

① 10 年内销路一直很好，发生的概率为 $P(\theta_1)=0.6$；

② 10 年内销路一直不好，发生的概率为 $P(\theta_2)=0.3$；

③ 前 2 年销路好，后 8 年销路不好，发生的概率为 $P(\theta_3)=0.1$。

公司目前需要做出的决策是建一个大厂还是建一个小厂：如果建大厂，需投资 400 万元，建成后无论产品的销路如何，10 年内将维持原规模；如果建小厂，需投资 150 万元，2 年后可根据市场情况再做是扩建还是不扩建的新决策，如果扩建小厂，需再投资 300 万元。各种情况下每年的净收益见表 6－14。试用决策树法进行风险决策。

表 6-14　不同情况下各年净收益　　单位：万元

| | | $\theta_1$ | | $\theta_2$ | | $\theta_3$ | |
|---|---|---|---|---|---|---|---|
| | | 第 1～2 年 | 第 3～10 年 | 第 1～2 年 | 第 3～10 年 | 第 1～2 年 | 第 3～10 年 |
| 建大厂 | | 100 | 100 | 50 | 50 | 100 | 60 |
| 建小厂 | 2 年后扩建 | 30 | 80 | — | — | 30 | 50 |
| | 2 年后不扩建 | 30 | 30 | 18 | 18 | 30 | 18 |

解：本例是一个两阶段风险决策问题，根据以上数据，可以构造图 6-10 所示的决策树。

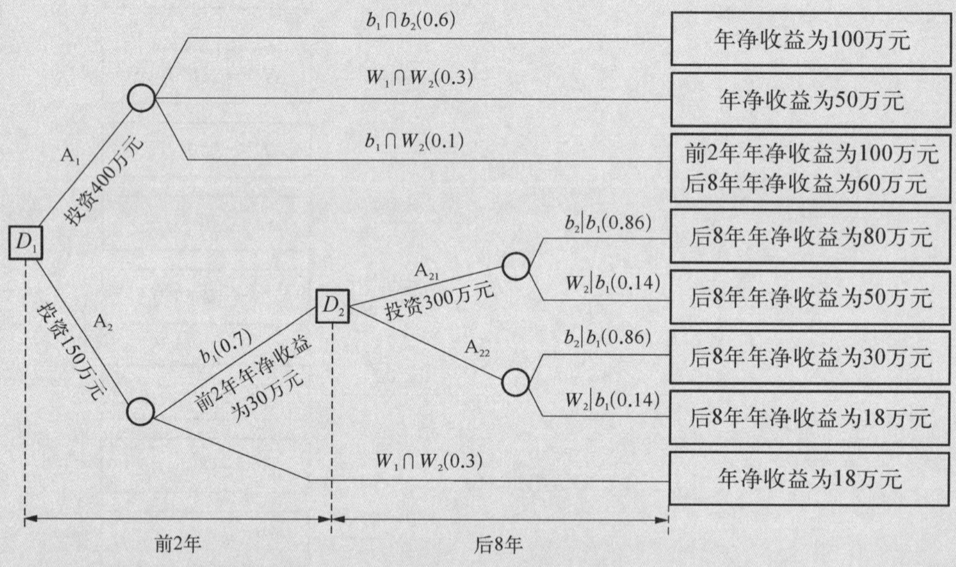


**图 6-10　【例 6-9】决策树**

图 6-10 所示的决策树上有两个决策点：$D_1$ 为一级决策点，表示目前要做的决策，备选方案有两个，$A_1$ 表示建大厂，$A_2$ 表示建小厂；$D_2$ 为二级决策点，表示在目前建小厂的前提下 2 年后要做的决策，备选方案也有两个，$A_{21}$ 表示扩建，$A_{22}$ 表示不扩建。

三种市场前景可以看成是四个独立事件的组合，这四个独立事件是前 2 年销路好（记作 $b_1$）、后 8 年销路好（记作 $b_2$）、前 2 年销路不好（记作 $W_1$）、后 8 年销路不好（记作 $W_2$）。决策树上各种状态的发生概率可以配定如下。

已知 10 年内销路一直很好的概率为

$$P(b_1 \cap b_2) = P(\theta_1) = 0.6$$

10 年内销路一直不好的概率为

$$P(W_1 \cap W_2) = P(\theta_2) = 0.3$$

前 2 年销路好、后 8 年销路不好的概率为

$$P(b_1 \cap W_2) = P(\theta_3) = 0.1$$

则前2年销路好的概率为

$$P(b_1)=P(b_1 \cap b_2)+P(W_1 \cap W_2)=0.6+0.1=0.7$$

在前2年销路好的条件下，后8年销路好的概率为

$$P(b_2 \mid b_1)=P(b_1 \cap b_2)/P(b_1)=0.6 \div 0.7 \approx 0.86$$

在前2年销路好的条件下，后8年销路不好的概率为

$$P(W_2 \mid b_1)=P(b_1 \cap W_2)/P(b_1)=0.1 \div 0.7 \approx 0.14$$

利用决策树法进行多阶段风险决策要从最末一级决策点开始。在本例中，要先计算二级决策点各备选方案净现值的期望值。设基准折现率 $i_0=10\%$。

扩建方案净现值的期望值（以第2年年末为基准年）为

$$E(NPV)_{21}=80(P/A,10\%,8)\times 0.86+50(P/A,10\%,8)\times 0.14-300=104.4(\text{万元})$$

不扩建方案净现值的期望值（以第2年年末为基准年）为

$$E(NPV)_{22}=30(P/A,10\%,8)\times 0.86+18(P/A,10\%,8)\times 0.14=151.1(\text{万元})$$

$E(NPV)_{21}<E(NPV)_{22}$，根据期望值原则，在二级决策点应选择不扩建方案。

用不扩建方案净现值的期望值 $E(NPV)_{22}$ 代替二级决策点，根据缩减决策树计算一级决策点各备选方案净现值的期望值。

建大厂方案净现值的期望值（以第0年为基准年）为

$$\begin{aligned}E(NPV)_1=&100(P/A,10\%,10)\times 0.6+50(P/A,10\%,10)\times 0.3+\\&[100(P/A,10\%,2)+60(P/A,10\%,8)(P/F,10\%,2)]\times\\&0.1-400=104.6(\text{万元})\end{aligned}$$

建小厂方案净现值的期望值（以第0年为基准年）为

$$\begin{aligned}E(NPV)_2=&[151.1(P/F,10\%,2)+30(P/A,10\%,2)]\times 0.7+\\&18(P/A,10\%,10)\times 0.3-150=7(\text{万元})\end{aligned}$$

由于 $E(NPV)_1>E(NPV)_2$，故在一级决策点应选择建大厂方案。

## 复习思考题

1. 工程经济分析中的不确定性分析是什么？其有何意义？其有哪些基本分析方法？
2. 盈亏平衡分析在不确定性分析中具有什么作用？其主要针对什么因素的变化进行分析？
3. 什么是敏感性分析？其作用、意义、基本步骤为何？常用具体分析方法有哪些？
4. 什么是概率分析？其作用、意义、基本步骤为何？
5. 概率分析有哪些常用指标？各指标的内涵、评价标准、意义及计算公式为何？

## 练习题

1. 某项目设计生产能力为700件/年，预计将来产品价格为30元/件，单位产品变动成本

为 10 元，总固定成本为 850 元。请计算该项目的盈亏平衡点产量、盈亏平衡点销售收入，并分析该项目的抗风险能力。

2. 某项目设计生产 30 000 台某型电冰箱，每台售价为 3 000 元，年生产总成本为 7 800 万元，其中固定成本为 3 000 万元，单位变动成本为 1 600 元/台。试求分别以产量、生产能力利用率、销售价格、单位产品变动成本表示的盈亏平衡点，并做出相应的不确定性分析评价。

3. 根据对未来市场经济、技术发展趋势的分析，预测某项目方案在其寿命期内可能出现以下三种状态的净现金流量分布。

**表 6-15 三种状态的净现金流量** 单位：万元

| | 1 | 2 | 3 |
|---|---|---|---|
| | $P=0.5$ | $P=0.3$ | $P=0.2$ |
| 第 0 年 | −10 000 | −16 500 | −18 000 |
| 第 1 年 | 0 | 0 | 0 |
| 第 2～10 年 | 1 630 | 5 060 | 5 290 |
| 第 11 年 | 3 630 | 7 060 | 7 290 |

若该项目的基准收益率 $i_c=10\%$，求方案净现值的期望值 $E(NPV)$ 及其净现值大于或等于零的概率 $P(NPV\geqslant 0)$，并对项目做出风险评价。

4. 某项目的总投资额为 450 万元，年经营成本为 36 万元，年销售收入为 98 万元，项目寿命期为 10 年，基准折现率为 13%。

(1) 试找出敏感因素。

(2) 试就投资额与销售收入同时变动进行敏感性分析。

5. 某项目的现金流量表如表 6-16 所示。

**表 6-16 现金流量表** 单位：万元

| 项　目 | 第 0 年 | 第 1 年 | 第 2 年 | 第 3 年 | 第 4 年 | 第 5 年 | 第 6 年 | 第 7 年 |
|---|---|---|---|---|---|---|---|---|
| 投资额 | 400 | 200 | | | | | | |
| 销售收入 | | 180 | 190 | 180 | 180 | 180 | 180 | 180 |
| 经营费用 | | 30 | 30 | 30 | 30 | 30 | 30 | 30 |
| 残值 | | | | | | | | 60 |

经预测，销售收入、经营费用可能在±20%的范围内变动，试对 $NPV$ 指标进行双因素敏感性分析($i_c=10\%$)。

6. 某公司有一个短期投资 200 万元的机会，年内收回资金的可能性如下：

| 情况 | 收益/万元 | 概率 |
|---|---|---|
| A | 280 | $P(A)=0.2$ |
| B | 240 | $P(B)=0.5$ |
| C | 160 | $P(C)=0.3$ |

公司在决策前可以向咨询公司咨询，根据该咨询公司过去的预测记录，估计给出的结果

(好、中、差)的正确性如下:

$$P(好/A)=0.8;\quad P(中/A)=0.1;\quad P(差/A)=0.1$$
$$P(好/B)=0.1;\quad P(中/B)=0.9;\quad P(差/B)=0.0$$
$$P(好/C)=0.1;\quad P(中/C)=0.2;\quad P(差/C)=0.7$$

由于时间短,货币的时间价值忽略不计。

(1) 用决策树法做出包括是否咨询及是否投资在内的决策。

(2) 该咨询公司提供的信息价值有多大?

## 案例分析题

在某项目的可行性研究报告中,有关资料汇总如下:建设投资总额为100 000万元,其中固定资产投资为85 000万元,流动资金为15 000万元;固定资产投资全部形成固定资产,按直线折旧法,寿命期为10年,期末残值率为10%;年生产和销售量为8 000台,单价为20万元,固定成本为20 000万元,单位变动成本为15万元/台。预计该项目能实现产销平衡。

要求对该项目进行相关的分析。

(1) 若项目寿命期为10年,求该项目的静态和动态投资回收期、净现值、内部收益率。

(2) 当发生下列情况时,对净现值有何影响,做出相应的分析评价。

① 材料费用增加0.5万元/台;

② 固定费用增加10%;

③ 单价下降到19.5万元。

(3) 进行盈亏平衡分析。

① 求盈亏平衡点产销量;

② 求固定费用增加10%时的盈亏平衡点产销量;

③ 求单价下降到19.5万元时的盈亏平衡点产销量。

(4) 根据上述一系列的分析,对该项目做出风险评价。

# 第 7 章 投资项目可行性研究

## 内容提要

可行性研究的概念；可行性研究的作用；可行性研究的主要内容；可行性研究四个阶段的关系及侧重点；可行性研究报告的编制。

## 思政元素

（1）团队协作与集体意识：在项目可行性研究的实践中，鼓励学生开展小组合作，让学生在协作中学会倾听、尊重和协调不同意见，培养团队精神和集体意识。

（2）社会责任意识和生态文明意识：引导学生从社会、经济和环境角度考虑项目的可行性，促进社会公平、提高生活质量和保护环境，增强社会责任意识和生态文明意识。

**引例**

某新能源公司计划投资 2 亿元在西部一地区建设一个中等规模的太阳能发电站。项目所在地区工业发达，人口密集，对电力的需求持续增长。然而，当地电网的供电能力已接近饱和，急需新的电力来源以满足日益增长的能源需求。项目所在地区阳光资源丰富，年平均日照时数超过 2 000 小时，具有建设太阳能发电站的天然优势。同时，当地政府、居民对环保和可持续发展有着高度的认同，对清洁能源项目持积极态度。

项目拟采用高效单晶硅太阳能板，转换效率为 20%，预计装机容量为 50 兆瓦。当地已有 2 个小型太阳能发电站，但装机容量均小于 10 兆瓦。预计运营成本约为每年 2 000 万元，按照当地电价 0.8 元/度计算，预计年发电量为 7 500 万度，年收入为 6 000 万元，5 年内收回成本。

**思考题：** 如何对该项目进行可行性分析？

## 7.1 可行性研究的概念和作用

### 7.1.1 可行性研究的概念

可行性研究(feasibility study)是在投资决策之前，对拟建项目进行全面技术经济分析与论证，并试图对其做出可行或不可行评价的一种科学方法。它是投资前期工作的重要内容，是投资建设程序的重要环节，是项目的投资决策中必不可少的一个工作程序。在投资项目管理中，可行性研究具体是指在项目投资决策之前，调查、研究与拟建项目有关的自然、社会、经济、技术资料，分析、比较可能的投资建设方案，预测、评价项目建成后的社会经济效益，并在此基础上，综合论证项目投资建设的必要性，财务上的盈利性，经济上的合理性，技术上的先进性和适用性，以及建设条件上的可能性和可行性，从而为项目投资决策提供科学依据。一个完整的可行性研究报告至少应包括这样三个方面的内容：一是分析论证项目投资建设的必要性，这主要是通过市场预测工作（通过市场预测，分析项目所生产的产品的市场需求情况）来完成的；二是分析论证项目投资建设的可行性，这主要是通过生产建设条件、技术分析和生产工艺论证来完成的；三是分析论证项目投资建设的合理性（财务上的盈利性和经济上的合理性），这主要是通过项目的效益分析来完成的。其中，分析论证项目投资建设的合理性是可行性研究中最核心的问题。

投资项目可行性研究的任务是通过对拟建项目进行投资方案规划、工程技术论证以及经济效益预测和分析，经过多方案的比较和评价，为投资决策提供可靠的依据和可行的建议，并应该明确回答对项目是否应该投资和怎样进行投资。

### 7.1.2　可行性研究的作用

对投资项目进行可行性研究的主要目的是为投资决策从技术经济多方面提供科学依据，以提高项目的投资决策水平，提高项目的投资经济效益。具体来说，项目的可行性研究具有以下作用。

(1) 作为项目投资决策的依据。

一个项目的成功与否及效益如何，会受到自然的、社会的、经济的、技术的诸多不确定因素的影响，而项目的可行性研究有助于认识和分析这些因素，并依据分析论证的结果提出可靠的或合理的建议，从而为项目投资决策提供强有力的依据。

(2) 作为项目申请贷款、筹集资金的依据。

银行等金融机构或金融组织是否给一个项目贷款融资，其依据是这个项目能否按期足额归还贷款。银行只有在对贷款项目的可行性研究进行全面、细致的分析评估之后，才能确认是否给予贷款。例如，世界银行等国际金融组织都视项目的可行性研究为项目申请贷款的先决条件。

(3) 作为项目编制设计和进行建设工作的依据。

在可行性研究报告中，对项目的建设方案、产品方案、建设规模、厂址、工艺流程、主要设备和总图布置等做了较为详细的说明。因此，项目的可行性研究得到审批后，即可以作为项目编制设计和进行建设工作的依据。

(4) 作为项目投资主体签订有关合同、协议的依据。

项目的可行性研究是项目投资者与其他单位进行谈判，签订承包合同、设备订货合同、原材料供应合同、销售合同的重要依据。

(5) 作为项目后评价的依据。

要对投资项目进行投资建设活动全过程的事后评价，就必须有项目的可行性研究作为参照物，作为项目后评价的对照标准。尤其是项目的可行性研究中有关效益分析的指标，无疑是项目后评价的重要依据。

(6) 作为项目组织管理、机构设置、劳动定员的依据。

(7) 作为环保部门审查项目环境影响的依据。

(8) 作为向项目所在地政府和规划部门申请建设执照的依据。

## 7.2 可行性研究阶段

### 7.2.1 项目周期

任何一个项目从提出到完成都必须经过若干个工作阶段,这些阶段是相互密切联系并遵循合乎逻辑的程序进行的。这样按一定的工作程序每循环一次,称为项目周期。而且后面的工作阶段为项目周期的重新开始奠定基础。一般项目周期包括设想、规划、决策、实施和总结等工作阶段。投资项目周期必须经过项目设想、项目初选、项目准备、项目评估、项目实施、项目投产经营和项目后评价等七个工作阶段。

一般投资项目周期的工作过程可分为三个时期:投资前期、投资时期和生产时期。每个时期又可分为若干个工作阶段。投资前期(亦称建设前期)包括项目设想、项目初选、项目准备和项目评估四个阶段,这个时期的主要工作是进行可行性研究;投资时期(亦称建设时期)系项目实施阶段,这个时期的主要任务是谈判及签订合同、工程设计、施工安装和试车投产;生产时期包括项目投产经营阶段和项目后评价阶段。投资项目周期的全过程(图 7-1)表明了各个时期开展的工作及其相互关系,其中"投资决策"和"交工验收"是各个时期的分界线。

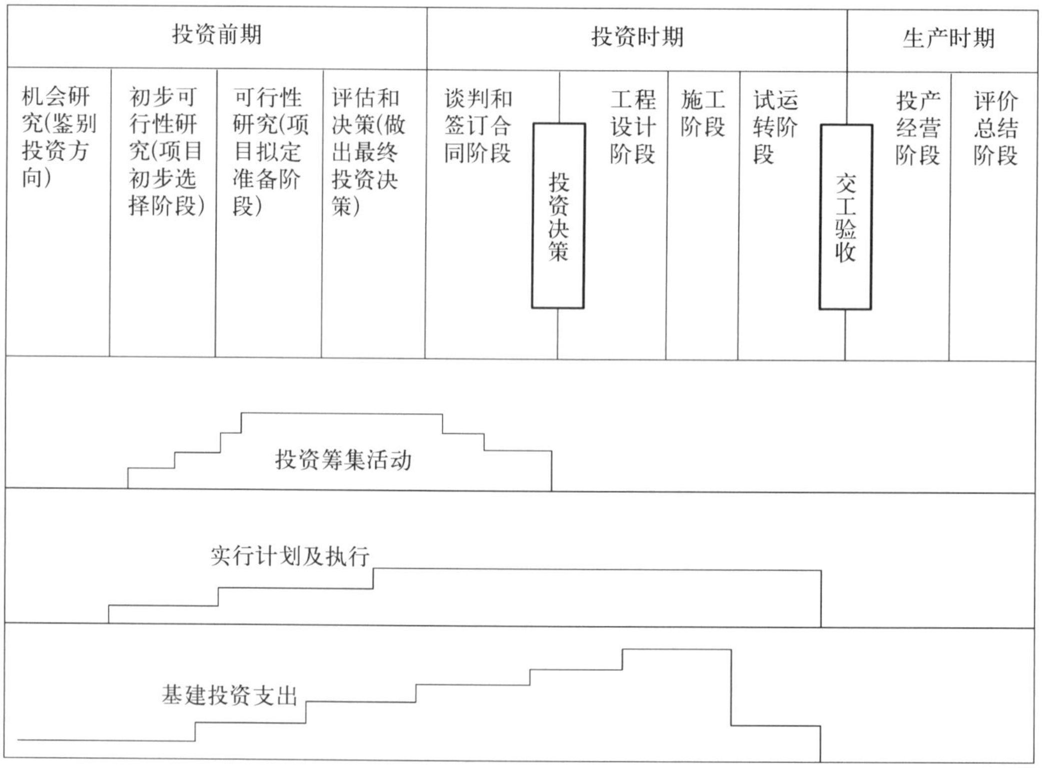


**图 7-1 工程项目周期示意图**

项目周期各阶段的主要工作内容如下。

(1) 项目设想

这是项目周期的第一阶段,主要工作是鉴别能高度有效地优先使用国内资源以完成国家和地区重要开发目标的项目意向，制定项目应达到的目标，分析项目能获得的收益，确定项目的适用性和可取性，使国家的投资计划和部门(地区)的投资战略转化为具体的投资和行动规划。人们根据有效的社会需求，在一定时间内，面对特定的市场范围，按照一定的预测价格，对拟建项目的产品总需求量进行分析研究，把握最佳时机，及时提出项目投资的设想，进行机会研究，编写项目建议书。

(2) 项目初选

对于大中型投资项目，在项目建议书获得批准后，应对拟建项目的各个预选的技术方案和建设方案进行筛选，以便能决定项目意向在大体上的合理性和可能性，进一步考虑拟建项目的规划方案及做出选择或建设的理由，剔除不利因素和不确定因素，进行项目初步决策分析，最后选定投资少、收益大和风险低的项目，写出初步可行性研究报告。

(3) 项目准备

在对设想项目初步选定之后，便可进行项目准备工作。项目准备阶段的主要内容是进行可行性研究。此阶段的重要工作是明确项目的目标及达到这些目标的手段。可行性研究的目标是为投资决策者提供是否对拟建项目决定供应资金的依据，并从被推选的建设方案中择取最符合要求的项目。因此，通过这项研究，从技术、经济、财务和社会等各有关方面证实整个项目的可行性和合理性，编写可行性研究报告。

(4) 项目评估

在投资者完成项目准备工作之后，在贷款者批准项目贷款和决策机构批准项目实施以前，通常要求有一个正式的评估程序，以估测项目各方面是否稳妥及是否具备实施条件，做出明确评估决定。因此，投资决策部门、经济计划部门和借贷机构授权工程咨询公司、银行或组织专家组，对上报的项目的可行性研究报告进行详细、全面的审核和评估工作，写出评估报告。

(5) 项目实施

项目经过评估审查并通过批准后，便进入实施阶段，包括从项目的实际开展、建设一直到项目竣工，即项目建设(投资)时期。此阶段的主要工作是建立项目执行管理机构、进行项目招投标、签订各项协议和合同、组织设计施工及试运转工作。在项目实施阶段，主管机构或贷款者必须从成本、质量和工期上对项目进行严密的监督和有效的控制，使各方面工作能有效地协调配合，以保证严格执行项目的规划要求，使项目顺利实施。

(6) 项目投产经营

项目实施结束、交工验收后，就进入投产经营时期，经过投产达到设计生产能力，便是正常的生产期。此阶段要保证企业在整个项目寿命期内达到预期的经济、财务和社会效益，这不仅反映建设(投资)前期可行性研究的工作质量和建设(投资)时期的工作质量，而且受到生产时期经营管理水平的影响。项目投资决策的成败，最终是由投产经营时期经济效益的大小所体现出来的。同时，项目经济效益的合法化，主要取决于投资前期项目决策是否正确，也还取决于生产时期企业的经营管理水平。

(7) 项目后评价

在项目经过一定时间的投产经营后，或在贷款偿还前后，应对项目的成败因素做出全面而具体的审核、总结和评价，即项目后评价。主要评价项目的实际成绩，明确该项目是否达到了预先设计和期望的目标，从后评价中吸取正、反两方面的经验教训，编写项目后评价报告。项目后评价的结果应反馈给项目投资者和贷款者，作为今后改进类似项目的规划设计和投资决策管理工作的参考，也作为新建项目的初选和评价等工作的参考。

### 7.2.2 可行性研究的阶段划分

根据联合国工业发展组织(UNIDO)编写的《工业可行性研究手册》，在建设(投资)前期，可行性研究工作可分为机会研究、初步可行性研究、可行性研究、评估和决策四个阶段。

由于基础资料的占有程度、研究深度、可靠程度要求不同，建设(投资)前期各个研究阶段的研究性质、研究工作目标、研究工作要求及作用、研究工作时间与费用各不相同(表7-1)。一般来说，各阶段的研究内容由浅入深，项目投资和成本的估算精度由低到高，研究工作量由小到大，研究工作的要求和作用逐步提高，因而研究工作的时间和费用逐渐增加。这种循序渐进的工作程序是符合项目调查研究的客观规律的，又能达到节省人力、时间和费用，从而取得良好经济效果的目的。因为在任何一个阶段，只要得出不可行的结论，就可立即刹车，不再进行下一步研究；如果认为可行，就转入下一阶段的工作；还可根据项目的规模、性质、要求和复杂程度的不同，进行适当调整和精简。例如，对于小型规模和工艺技术成熟或不太复杂的工程项目，可直接进行可行性研究；有的项目经过初步可行性研究，认为有把握，可据以做出投资决策。

**表7-1 可行性研究的阶段划分、工作目标、内容深度与要求**

| 研究阶段 | 机会研究 | 初步可行性研究 | 可行性研究 | 评估和决策 |
|---|---|---|---|---|
| 研究性质 | 项目设想 | 项目初步选择 | 项目拟定准备 | 项目评估 |
| 研究工作目标 | 鉴别投资方向，选择项目，寻求投资机会(地区、行业、部门和资源的机会研究)，提出项目投资建议 | 对项目初步评价做专题辅助研究，广泛分析、筛选方案，鉴定项目的选择依据和标准，确定项目的初步可行性 | 对项目进行深入、细致的技术经济论证，重点对项目进行财务效益和经济效益分析评价及多方案比选，提出结论性意见，确定项目投资的最终可行性和选择依据标准 | 综合分析各种效益，对可行性研究报告进行评估和全面审核，分析判断项目可行性研究的可靠性、真实性和客观性，对项目做出最终投资决策 |
| 研究工作要求及作用 | 编制项目建议书，为初步选择投资项目提供依据，批准后列入建设前期工作计划，作为国家对投资项目的初步决策 | 编制初步可行性研究报告，判定是否有可能和必要进行下一步的详细可行性研究，进一步判明建设项目的生命力 | 编制可行性研究报告，作为项目投资决策的基础和重要依据 | 写出项目评估报告，为投资决策者提供最后决策依据，决定项目取舍，选择最佳投资方案 |
| 估算精度 | ±30% | ±20% | ±10% | ±10% |
| 研究费用占总投资的比例 | 0.2%～1% | 0.25%～1.25% | 大型项目：0.8%～1%<br>中小型项目：1%～3% | — |
| 需要时间 | 1～3个月 | 4～6个月 | 8～12个月或更长 | — |

1. 机会研究

机会研究的主要任务是为建设项目的投资方向和设想提出建议。在我国，应根据国民经济和社会发展的长远规划，行业、地区规划，经济建设方针、任务和技术经济政策，在一个确定的地区或部门内，结合资源情况、市场预测和建设布局等条件选择建设项目，寻找最有利的投资机会。

机会研究可分为一般机会研究(如地区、行业或部门机会研究,自然资源机会研究等)和项目机会研究。一般机会研究是指对某个指定的地区、行业或部门鉴别各种投资机会,或识别利用某种自然资源或以工农业产品为基础的投资机会。这项研究一般由国家机构和公共机构进行,作为制定经济发展计划的基础。在对这些一般投资机会做出最初鉴别之后,进行项目的机会研究,将项目的设想转变为概略的项目投资建议,以引起投资者的注意,使其做出投资响应,并从几个有投资机会的项目中迅速而经济地做出抉择。然后,编制项目建议书,为初步选择投资项目提供依据,批准后列入建设前期工作计划,作为国家对投资项目的初步决策。

项目建议书是初步选择投资项目的依据,它从国民经济的发展和现有企业技术改造的需要出发,提出项目的大致设想,初步分析项目建设的必要性和可行性。工业项目的项目建议书一般应包括以下内容:

(1) 项目建设的必要性和依据,对于引进技术和进口设备,还应说明国内外技术差距和概况,以及进口的理由、概要的工艺流程和生产条件等;

(2) 产品方案、生产能力、销售方向、拟建规模和建设地点的初步设想;

(3) 资源条件、交通运输及协作关系和对引进国制造厂商的初步分析,并说明主要原材料、电力、燃料、交通运输及协作配套等方面的近期和今后要求,以及已具备的条件;

(4) 投资估算和资金筹措设想,利用外资的可能性及偿还能力的预测,国内费用的估计;

(5) 项目的进度安排;

(6) 初步的技术经济分析,初估项目的经济效果和社会效果。

对于技术引进和设备进口项目建议书,还须含有邀请外国厂商来华技术交流计划、出国考察计划、可行性研究工作计划(如需聘请外国专家指导或委托咨询的计划)等附件。

在机会研究过程中,为鉴别投资机会,需对下列各方面进行调查、预测和分析:

(1) 自然资源情况、劳动力状况、地理环境及社会条件;

(2) 我国发展工业的政策、生产力布局,某些消费品的发展潜力,以及国外的成功经验;

(3) 现在农业经济结构及其发展趋势,对于以农产品加工为基础的工业,还应考虑现有的农业格局;

(4) 现有工业企业的潜力,如技术改造、改扩建和多种经营的可能性,生产要素的成本和生产可能性,以及合理经济规模的预测;

(5) 关于人口增长、购买力增长及消费品需求的预测;

(6) 产品进出口情况、进口替代能力及出口商品的国际竞争力。

这一阶段的研究工作比较粗略,一般根据有类似条件和背景的工程项目来估算投资额与生产成本,初步分析投资效果,提供一个可能进行项目建设的投资方案。这个阶段所估算的建设投资和生产成本的精确程度控制在±30%左右,大中型项目的机会研究所需时间为1~3个月,所需费用占投资总额的0.2%~1%。如果投资者对这个项目感兴趣,就可进行下一步可行性研究工作。

*2. 初步可行性研究*

在项目建议书经国家计划部门审定同意后,对于投资规模较大、工艺技术较复杂的大中型骨干建设项目,仅靠机会研究还不能决定取舍,在开展全面研究工作之前,往往需要先进行初步可行性研究,进一步判明建设项目的生命力。这一阶段的主要工作目标如下。

(1) 分析机会研究的结论,并在占有详细资料的基础上做出初步投资估价。需要深入弄清项目的规模、原材料资源、工艺技术、厂址、组织机构和建设进度等情况，进行经济效果评价，以判定是否有可能和必要进行下一步的详细可行性研究。

(2) 确定对某些关键性问题进行专题辅助研究。例如，市场需求预测和竞争能力研究，原材料、辅助材料和燃料及动力等供应和价格预测研究，工厂中间试验、厂址选择、合理经济规模及主要设备选型等研究。在广泛的方案分析比较论证后，对各类技术方案进行筛选，选择最佳效益方案，排除一些不利方案，缩小下一阶段的工作范围，尽量避免做无用功，以利于节省时间和费用。

(3) 鉴定项目的选择依据和标准，确定项目的初步可行性。根据初步可行性研究结果编制初步可行性研究报告，判定是否有必要继续进行研究。若通过所获资料的研究确定该项目的设想不可行，则立即停止工作。本阶段是项目初选阶段，研究结果应给出关于是否投资的初步决定。

初步可行性研究是介于机会研究和可行性研究之间的阶段，其研究内容和结构与可行性研究基本相同，主要区别是所获资料的详尽程度不同、研究的深度不一样。本阶段对建设投资和生产成本的估算精度的要求是一般控制在±20%左右，投资估算可采用0.6指数法、因子法、工程系数法和投资比例法等方法，研究所需时间为4～6个月，所需费用占投资总额的0.25%～1.25%。

3. 可行性研究

可行性研究亦称详细可行性研究，是建设项目投资决策的基础。它为项目决策提供技术、经济、社会和财务方面的评价依据，为项目的具体实施(建设和生产)提供科学依据。因此，这个阶段是进行详细、深入的技术经济分析论证阶段，其主要工作目标有以下几点。

(1) 深入研究有关产品方案、生产纲领、资源供应、厂址选择、工艺技术、设备选型、工程实施进度计划、资金筹措计划以及组织管理机构和定员等各种可能选择的技术方案，进行深入的技术经济分析和比选工作，并推荐一个以上可行的投资建设方案。

(2) 着重对投资总体建设方案进行企业财务效益和国民经济效益的分析与评价，对投资方案进行多方案比选，确定一个能使项目投资费用和生产成本降到最低限度，以取得显著经济效益和社会效益的最佳建设方案。

(3) 确定项目投资的最终可行性和选择依据标准，对拟建投资项目提出结论性意见。可行性研究的结论，可以是推荐一个认为最好的建设方案；也可以是提出一个以上可供选择的方案，说明各自利弊和可能采取的措施；或者是提出“不可行”的结果。如果最终评价结果的数据表明项目是不可行的，那么应该调整各种参数和生产纲领，调整原材料投入或工艺技术，以便提出可行方案；当方案调整后经过经济评价仍属不可行时，应不能对此拟建项目进行投资，但最终对项目决定的结果不一定与可行性研究结论完全一致。按照可行性研究结论编制最终可行性研究报告，并作为项目投资决策的基础和重要依据。

可行性研究是项目的决定性阶段，也是项目决策研究的关键环节，为下一步工程设计提供基础资料和决策依据。因此，在此阶段要求建设投资和生产成本的估算精度控制在±10%以内；研究工作所花费的时间一般为8～12个月；对于中小型项目，所需费用占投资总额的1%～3%。

4. 评估和决策

评估和决策是由投资决策部门组织或者授权相关银行、工程咨询公司或有关专家，代表国家对上报的建设项目可行性研究报告进行全面的审核和再评价阶段。其主要任务是对拟建项目的可行性研究报告提出评估意见，最终决策对该项目投资是否可行，确定最佳投资方案，编写项目评估报告。评估和决策是在可行性研究报告的基础上进行的，其内容包括：

(1) 全面审核可行性研究报告中所反映的各项情况是否属实；

(2) 分析项目可行性研究中各项指标计算是否都正确，包括各种参数、基础数据、定额费率的选择；

(3) 从企业、国家和社会等方面综合分析和判断工程项目的经济效益和社会效益；

(4) 分析与判断项目可行性研究的可靠性、真实性和客观性，对项目做出取舍的最终投资决策；

(5) 最后写出项目评估报告。

在评估和决策中，应解决三个问题：

(1) 该项目的建设是否有必要，生产规模应多大？

(2) 项目应建在何处，采用何种工艺、设备和设计方案？

(3) 项目的财务效益、经济效益与社会效益如何？

评估和决策的目的是使所选择的工程要能合理利用国家有限资源和各种社会基础设施，兴建那些对国家和社会贡献大的项目，放弃另外一些项目，使有限的国家资源实现最有效的分配和利用。

评估和决策的内容主要包括项目建设必要性评估、建设和生产条件的评估、技术评估、经济效益评估(包括企业财务效益、国民经济效益和不确定性分析)、项目总评估等五个方面。

评估和决策工作程序可分为制定计划、收集资料、审查分析和编写评估报告四个阶段。首先，组织评估小组和制定评估工作计划。其中包括评估目的、评估内容、确定工作时间进度及编写评估报告的完成时间。其次，对项目评估所需的基本数据资料进行查证核实和分析研究，并通过企业调查和项目调查，进一步收集和补充必要的数据资料，作为项目评估的基础。再次，对企业和项目概况、市场和规模、技术和设计方案、财务预测、财务效益、经济效益和总评估等七个方面进行审查分析工作。最后，根据调查和审查分析结果，编写项目评估报告，提出项目的评估结论，作为上级审批与决策项目的重要依据。进行评估和决策必须从国家全局利益出发，树立资金周转观念、利息观念和投入产出观念，客观地、公正地、科学地进行评价。

## 7.3　可行性研究的工作程序和要求

### 7.3.1　可行性研究的工作程序

根据项目的投资建设程序和原国家计划委员会颁发的《关于建设项目进行可行性研究的试行管理办法》，我国可行性研究一般要经历如下工作程序(图7-2)。

1. 项目投资者提出项目建议书和初步可行性研究报告

项目投资者必须根据国民经济发展的长远规划、经济建设方针和技术经济政策，结合资源情况、建设布局等条件，在详细调查研究、收集资料、勘察建设地点、初步分析投资效果的基础上，提出需要进行可行性研究的项目建议书和初步可行性研究报告。

2. 进行可行性研究工作或委托有关单位进行可行性研究工作

在项目建议书经审定批准后，项目投资者即可自行进行或委托具有相应研究资格的设计单位、咨询单位进行可行性研究工作。

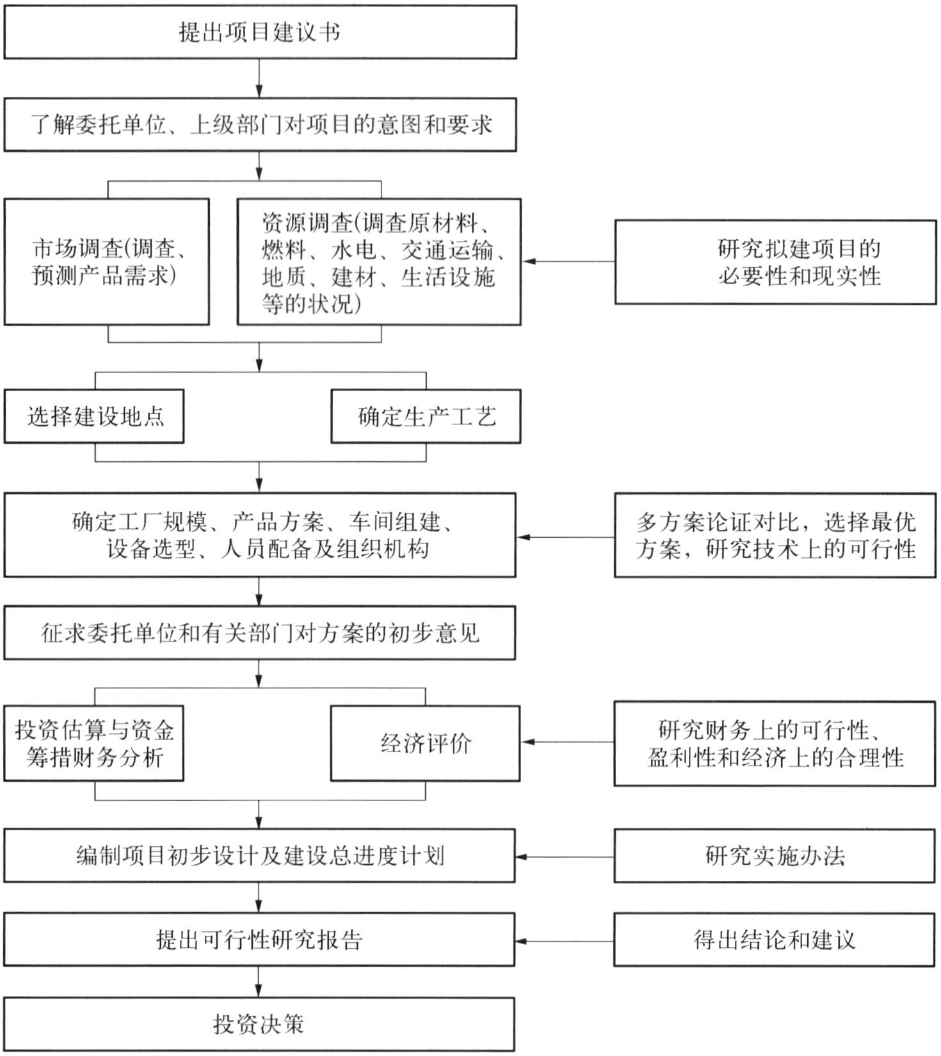


图 7-2 可行性研究的工作程序

3. 承担单位进行可行性研究工作

承担单位在承接可行性研究任务后，即可按以下五个步骤进行：

(1) 组建研究小组，制定研究计划；

(2) 进行调查研究，收集有关资料；

(3) 进行方案设计与优选；

(4) 进行经济分析和评价；

(5) 编制可行性研究报告。

4. 可行性研究报告的预审与复审

(1) 编制和上报的可行性研究报告，按项目大小应在预审前 1～3 个月提交预审主持单位。

(2) 预审主持单位组织有关设计单位、科研机构、企业和专家组成评议组，对可行性研究报告进行预审并提出预审意见。

(3) 当发现可行性研究报告存在原则性错误或者可行性研究的基础依据或社会经济环境

条件有重大变化时，应按有关规定对可行性研究报告进行修改和复审。

5. 可行性研究报告的审批

可行性研究报告的审批一般按行政隶属关系及国家的有关规定进行。

### 7.3.2 可行性研究的要求

要使项目的可行性研究能够为项目的投资决策提供依据并具有一定的质量，可行性研究应满足如下要求。

1. 可行性研究具有科学性、公正性

可行性研究是政策性、技术性和经济性都很强的一项综合研究。为保证它的公正性、科学性和客观性，在可行性研究工作中，必须坚持实事求是，在调查研究和科学预测的基础上进行方案分析和比较，按客观实际情况进行分析、论证和评价，切忌为"可行"而研究，使可行性研究流于形式。

2. 承担可行性研究的单位具有相应的条件和资格

为保证可行性研究的质量，必须要求承担研究和编制任务的单位是具有丰富的实践经验、雄厚的技术力量和相当资质的专业单位。

3. 可行性研究的内容、深度达到一定的标准和要求

虽然可行性研究的内容、深度会因项目的具体要求而有所侧重和不同，但其基本内容应做到完整和有说服力，深度应达到国家发展和改革委员会颁发的有关文件所规定的要求。

4. 落实可行性研究的费用

在国外，可行性研究的费用一般占到项目投资额的 1%左右。这是因为可行性研究是一项牵涉面广、要求较高、专业性较强的工作。所以，在我国，可行性研究的费用应由项目投资者按项目投资额的一定百分比(可根据项目的特点等具体情况确定)计提支付。落实可行性研究的费用，有助于更好、更细致、更深入地开展可行性研究工作。

## 7.4 可行性研究报告的编制

### 7.4.1 可行性研究报告的编制步骤与依据

《可行性研究报告》(以下简称《报告》)是投资项目可行性研究工作成果的体现，是投资者进行项目最终决策的重要依据。为保证《报告》的质量，应切实做好编制前的准备工作，充分占有信息资料，进行科学分析、论证、比选，做到编制依据可靠、结构内容完整、文本格式规范、附图附表附件齐全，《报告》的表述尽可能数字化、图表化，《报告》的深度能满足投资决策和项目初步设计的需要。

1.《报告》的编制步骤

(1) 签订委托协议。可行性研究报告编制单位与委托单位，就可行性研究报告编制工作的范围、重点、深度要求、完成时间、费用预算和质量要求交换意见，并签订委托协议，据以开展可行性研究各阶段的工作。

(2) 组建工作小组。根据委托项目可行性研究的工作量、内容、范围、技术难度、时间要求等组建项目可行性研究工作小组。对于一般工业项目和交通运输项目，可分为市场组，工艺技术组，设备组，工程组，总图、运输与公用辅助工程组，环保组，技术经济组等专业组。为使各专

业组协调工作，保证《报告》的总体质量，一般应由总工程师、总经济师负责统筹协调。

(3) 制定工作计划。其内容包括研究工作的范围、重点、深度、进度安排、人员配置、费用预算及《报告》编制大纲，并与委托单位交换意见。

(4) 调查研究与收集资料。各专业组根据《报告》编制大纲进行实地调查，收集并整理有关资料，包括向市场和社会调查，向行业主管部门调查，向项目所在地调查，向项目涉及的有关企业、单位调查，收集项目建设、生产运营等各方面所必需的信息资料和数据。

(5) 方案编制与优化。在调查研究与收集资料的基础上，对项目的建设规模与产品方案、场址方案、技术方案、设备方案、工程方案、原辅材料供应方案、总图布置与运输方案、公用辅助工程方案、环境保护方案、组织机构方案、实施进度方案以及项目投资与资金筹措方案等，研究、编制备选方案。在进行方案论证、比选、优化后，提出推荐方案。

(6) 项目评价。对推荐方案进行环境评价、财务评价、国民经济评价、社会评价及风险分析，以判别项目的环境可行性、经济可行性、社会可行性和抗风险能力。当有关评价指标结论不足以支持项目方案成立时，应对原设计方案进行调整或重新设计。

(7) 编写《报告》。项目可行性研究各专业方案，经过技术经济论证和优化之后，由各专业组分工编写。项目负责人衔接协调、综合汇总，提出《报告》初稿。

(8) 与委托单位交换意见。《报告》初稿形成后，与委托单位交换意见，修改完善，形成正式《报告》。

2.《报告》的编制依据

(1) 项目建议书(初步可行性研究报告)及其批复文件。

(2) 国家、地方的经济和社会发展规划；行业、部门发展规划，如江河流域开发治理规划、铁路公路路网规划、电力电网规划、森林开发规划等。

(3) 国家有关法律、法规、政策。

(4) 自然资源部发布的矿产资源储量报告及矿产资源勘查报告。

(5) 有关机构发布的工程建设方面的标准、规范、定额。

(6) 中外合资、合作项目各方签订的协议书或意向书。

(7) 编制《报告》的委托合同。

(8) 其他有关依据资料。

### 7.4.2 一般工业项目可行性研究报告编制大纲

根据中国国际工程咨询有限公司编写的《投资项目可行性研究报告编写指南(2023 年版)》一般工业项目可行性研究报告的结构和内容如下。

1. 总论

(1) 项目背景：① 项目名称。② 承办单位概况(对于新建项目，指筹建单位情况；对于技术改造项目，指原企业情况；对于合资项目，指合资各方情况)。③ 可行性研究报告的编制依据。④ 项目的提出理由与过程。

(2) 项目概况：① 拟建地点。② 建设规模与目标。③ 主要建设条件。④ 项目投入总资金及效益情况。⑤ 主要技术经济指标。

(3) 问题与建议。

2. 市场预测

(1) 产品市场供应预测：① 国内外市场供应现状。② 国内外市场供应预测。

(2) 产品市场需求预测：① 国内外市场需求现状。② 国内外市场需求预测。

(3) 产品目标市场分析：① 目标市场确定。② 市场占有份额分析。

(4) 价格现状与预测：① 产品国内市场销售价格。② 产品国际市场销售价格。

(5) 市场竞争力分析：① 主要竞争对手情况。② 产品市场竞争力优势、劣势。③ 营销策略。

(6) 市场风险分析。

3. 资源条件评价(针对资源开发项目)

(1) 资源可利用量：矿产资源储量、水能资源蕴藏量、森林蓄积量等。

(2) 资源品质情况：矿产品位、物理性能、化学成分、热值、灰分、硫分等。

(3) 资源保存条件：矿体结构、埋藏深度、岩体性质、含油气构造等。

(4) 资源开发价值：资源开发利用的技术经济指标。

4. 建设规模与产品方案

(1) 建设规模：① 建设规模方案比选。② 推荐方案及其理由。

(2) 产品方案：① 产品方案构成。② 产品方案比选。③ 推荐方案及其理由。

5. 场址选择

(1) 场址环境现状：① 地点与地理位置。② 场址的土地权属类别及占地面积。③ 土地利用现状。④ 技术改造项目现有场地利用情况。

(2) 场址建设条件：① 地形、地貌、地震情况。② 工程地质与水文地质。③ 气候条件。④ 城镇规划及社会环境条件。⑤ 交通运输条件。⑥ 公共设施社会依托条件(水、电、气、生活福利)。⑦ 防洪、防潮、排涝设施条件。⑧ 环境保护条件。⑨ 法律支持条件。⑩ 征地、拆迁、移民安置条件。⑪ 施工条件。

(3) 场址条件比选：① 建设条件比选。② 建设投资比选。③ 运营费用比选。④ 推荐场址方案。⑤ 场址地理位置图。

6. 技术方案、主要设备方案和工程方案

(1) 技术方案：① 生产方法(包括原料路线)。② 工艺流程。③ 工艺技术来源(需引进国外技术的，应说明理由)。④ 主要工艺(生产装置)流程图、物料平衡图、物料消耗定额表。

(2) 主要设备方案：① 主要设备选型。② 主要设备来源(如有进口设备，应提出供应方式)。③ 推荐方案的主要设备清单。

(3) 工程方案：① 主要建、构筑物的建筑特征、结构及面积方案。② 矿建工程方案。③ 特殊基础工程方案。④ 建筑安装工程量及“三材”用量估算。⑤ 技术改造项目原有建、构筑物利用情况。⑥ 主要建、构筑物工程一览表。

7. 主要原辅材料、燃料供应

(1) 主要原辅材料供应：① 主要原材料品种、质量与年需要量。② 主要辅助材料品种、质量与年需要量。③ 原材料、辅助材料来源与运输方式。

(2) 燃料供应：① 燃料品种、质量与年需要量。② 燃料来源与运输方式。

(3) 主要原辅材料、燃料价格：① 价格现状。② 价格预测。

(4) 编制主要原辅材料、燃料年需要量表。

8. 总图、运输与公用辅助工程

(1) 总图布置：① 平面布置。列出项目主要单项工程的名称、生产能力、占地面积、外形尺寸、流程顺序和布置方案。② 竖向布置。A. 场区地形条件。B. 竖向布置方案。C. 场地标高及土石方工程量。③ 技术改造项目原有建、构筑物利用情况。④ 总平面布置图(对于技术改造项目，应标明新建和原有以及拆除的建、构筑物的位置）。⑤ 总平面布置主要指标表。

（2）场内外运输：① 场外运输量及运输方式。② 场内运输量及运输方式。③ 场内运输设施及设备。

（3）公用辅助工程：① 给排水工程。A. 给水工程（用水负荷、水质要求、给水方案）。B. 排水工程（排水总量、排水水质、排放方式和泵站管网设施）。② 供电工程。A. 供电负荷（年用电量、最大用电负荷）。B. 供电回路及电压等级的确定。C. 电源选择。D. 场内供电输变电方式及设备设施。③ 通信设施。A. 通信方式。B. 通信线路及设施。④ 供热设施。⑤ 空分、空压及制冷设施。⑥ 维修设施。⑦ 仓储设施。

9. 节能措施

（1）节能措施。

（2）能耗指标分析。

10. 节水措施

（1）节水措施。

（2）水耗指标分析。

11. 环境影响评价

（1）场址环境条件。

（2）项目建设和生产对环境的影响：① 项目建设对环境的影响。② 项目生产过程产生的污染物对环境的影响。

（3）环境保护措施方案。

（4）环境保护投资。

（5）环境影响评价。

12. 劳动安全卫生与消防

（1）危害因素和危害程度：① 有毒有害物品的危害。② 危险作业的危害。

（2）安全措施方案：① 采用安全生产、无危害的工艺和设备。② 对危害部位和危险作业的保护措施。③ 危险场所的防护措施。④ 职业病防护和卫生保健措施。

（3）消防设施：① 火灾隐患分析。② 防火等级。③ 消防设施。

13. 组织机构与人力资源配置

（1）组织机构：① 项目法人组建方案。② 管理机构组织方案和体系图。③ 机构适应性分析。

（2）人力资源配置：① 生产作业班次。② 劳动人员数量及技能素质要求。③ 职工工资福利。④ 劳动生产率水平分析。⑤ 员工来源及招聘方案。⑥ 员工培训计划。

14. 项目实施进度

（1）建设工期。

（2）项目实施进度安排。

（3）项目实施进度表（横线图）。

15. 投资估算

（1）投资估算依据。

（2）建设投资估算：① 建筑工程费。② 设备及工器具购置费。③ 安装工程费。④ 工程建设其他费用。⑤ 基本预备费。⑥ 涨价预备费。⑦ 建设期借款利息。

（3）流动资金估算。

（4）投资估算表：① 项目投入总资金估算汇总表。② 主要单项工程投资估算表。③ 分年投资计划表。④ 流动资金估算表。

16. 融资方案

(1) 资本金筹措：① 新设项目法人项目资本金筹措。② 既有项目法人项目资本金筹措。

(2) 债务资金筹措。

(3) 融资方案分析。

17. 财务评价

(1) 新设项目法人项目财务评价：

① 财务评价的基础数据与参数选取：A. 财务价格。B. 计算期与生产负荷。C. 财务基准收益率设定。D. 其他计算参数。

② 销售收入估算(编制销售收入估算表)。

③ 成本费用估算(编制总成本费用估算表和分项成本估算表)。

④ 财务评价报表：A. 现金流量表。B. 损益表。C. 资金来源与运用表。D. 借款偿还计划表。

⑤ 财务评价指标：

A. 盈利能力分析：1) 财务内部收益率。2) 资本金收益率。3) 投资各方收益率。4) 财务净现值。5) 投资回收期。6) 投资利润率。

B. 清偿能力分析(借款偿还期或利息备付率和偿债备付率)。

(2) 既有项目法人项目财务评价：

① 财务评价范围的确定。

② 财务评价的基础数据与参数选取：A. "有项目"数据。B. "无项目"数据。C. 增量数据。D. 其他计算参数。

③ 销售收入估算(编制销售收入估算表)。

④ 成本费用估算(编制总成本费用估算表和分项成本估算表)。

⑤ 财务评价报表：A. 增量现金流量表。B. "有项目"损益表。C. "有项目"资金来源与运用表。D. 借款偿还计划表。

⑥ 财务评价指标：

A. 盈利能力分析：1) 财务内部收益率。2) 资本金收益率。3) 投资各方收益率。4) 财务净现值。5) 投资回收期。6) 投资利润率。

B. 清偿能力分析(借款偿还期或利息备付率和偿债备付率)。

(3) 不确定性分析：① 敏感性分析(编制敏感性分析表,绘制敏感性分析图)。② 盈亏平衡分析(绘制盈亏平衡分析图)。

(4) 财务评价结论。

18. 国民经济评价

(1) 影子价格及通用参数选取。

(2) 效益费用范围调整：① 转移支付处理。② 间接效益和间接费用计算。

(3) 效益费用数值调整：① 投资调整。② 流动资金调整。③ 销售收入调整。④ 经营费用调整。

(4) 国民经济评价报表：① 全投资国民经济效益费用流量表。② 国内投资国民经济效益费用流量表。

(5) 国民经济评价指标：① 经济内部收益率。② 经济净现值。

（6）国民经济评价结论。

19. 社会评价

（1）项目对社会的影响分析。

（2）项目与所在地的互适性分析：① 利益群体对项目的态度及参与程度。② 各级组织对项目的态度及支持程度。③ 地区文化状况对项目的适应程度。

（3）社会风险分析。

（4）社会评价结论。

20. 风险分析

（1）项目主要风险因素的识别。

（2）风险程度分析。

（3）防范和降低风险的对策。

21. 研究结论与建议

（1）推荐方案的总体描述。

（2）推荐方案的优缺点描述：① 优点。② 存在的问题。③ 主要争论与分歧意见。

（3）主要对比方案：① 方案描述。② 未被采纳的理由。

（4）结论与建议。

22. 附图、附表、附件

（1）附图：① 场址地理位置图。② 工艺流程图。③ 总平面布置图。

（2）附表：① 投资估算表。A. 项目投入总资金估算汇总表。B. 主要单项工程投资估算表。C. 流动资金估算表。② 财务评价报表。A. 销售收入、销售税金及附加估算表。B. 总成本费用估算表。C. 现金流量表。D. 损益表。E. 资金来源与运用表。F. 借款偿还计划表。③ 国民经济评价报表。A. 全投资国民经济效益费用流量表。B. 国内投资国民经济效益费用流量表。

（3）附件：① 项目建议书（初步可行性研究报告）的批复文件。② 环保部门对项目环境影响的批复文件。③ 资源开发项目有关资源勘查及开发的审批文件。④ 主要原辅材料、燃料及水、电、气供应的意向性协议。⑤ 项目资本金的承诺证明及银行等金融机构对项目贷款的承诺函。⑥ 中外合资、合作项目各方草签的协议。⑦ 引进技术考察报告。⑧ 土地主管部门对场址的批复文件。⑨ 新技术开发的技术鉴定报告。⑩ 组织股份公司草签的协议。

## 复习思考题

1. 什么是项目可行性研究？
2. 为什么要进行项目可行性研究？
3. 项目可行性研究的基本内容有哪些？
4. 项目可行性研究的作用有哪些？
5. 可行性研究阶段与项目周期的对应关系如何？
6. 初步可行性研究和可行性研究的主要区别有哪些？
7. 可行性研究的工作程序和要求分别是什么？
8. 可行性研究报告的编制分为哪几个步骤？
9. 简述一般工业项目可行性研究报告编制大纲涉及的主要内容。

# 第 8 章　投资项目的财务评价

## 内容提要

投资项目财务评价的含义、内容；财务评价的程序；财务评价基本报表与辅助报表的关系；财务评价基本报表与评价指标的关系；项目财务评价综合分析。

## 思政元素

(1) 正确价值观：通过财务评价指标数据确定，强调诚信、公正、责任等价值观念，引导学生在评价过程中考虑道德和社会因素。

(2) 科学决策观：通过科学分析项目的财务效益，优化资源配置，提高资源利用效率，引导学生理解项目的财务评价与科学决策的关系，让学生在分析中理解财务评价与国家政策、社会责任的联系。

(3) 全面思考问题的能力：鼓励学生结合经济学、社会学、环境科学等多学科知识，全面理解财务评价的复杂性和多维性，培养全面思考问题的能力。

**引例**

某新能源发展有限公司计划在东部沿海的一个地区投资建设 50 台 2.5 兆瓦的风力发电机组，风电项目的总装机容量为 125 兆瓦。该地区因其稳定的风能资源和较低的风速变异性而闻名。该项目计划采用国际上最先进的风力发电技术，包括高效的风力发电机组、智能控制系统和维护策略，以确保该项目的高效运行和长期稳定性。该项目的主要目标是利用该地区的风能资源为国家电网提供清洁、可持续的电能。该项目的建设周期预计为 2 年，运营周期预计为 20 年。经初步估计，总投资需要 160 亿元，投入运营后每年销售收入为 225 百万元，运营成本为 90 百万元。

**思考题：**

(1) 该公司如何评价项目的经济效果？除了案例中提供的数据，还需要哪些数据？

(2) 该项目未来可能的风险因素有哪些？如何评估？

## 8.1 投资项目财务评价概述

### 8.1.1 财务评价的含义

投资项目财务评价是指从企业(或项目)角度出发,根据国家对现行价格和各项现行的经济、财政、金融制度的规定,分析与测算拟建项目直接发生的财务收益和费用,编制财务报表,计算财务评价指标,考察拟建项目的盈利能力、清偿能力及外汇效果等财务状况,以此判别拟建项目的财务可行性。

各个投资主体、各种投资来源、各样筹资方式兴办的大中型和限额以上建设项目,均需进行财务评价。对于费用和收益计算比较简单、建设期和生产期比较短、不涉及进出口平衡的项目,当财务评价的结果能够满足最终决策的需要时,可只进行财务评价,不进行国民经济评价。此时,项目的决策以项目的财务可行性为依据。

### 8.1.2 财务评价的内容

投资项目财务评价的主要内容包括盈利能力评价、清偿能力评价、外汇平衡能力评价及风险评价。

(1) 盈利能力评价

盈利能力是反映项目财务效益的主要指标。在财务评价中,应当考虑拟建项目建成后是否有盈利,盈利有多大,盈利能力是否足以使项目可行。

(2) 清偿能力评价

拟建项目的清偿能力包括两个层次:一是财务清偿能力,即项目回收全部投资的能力;二是债务清偿能力,主要是指项目偿还建设投资借款和偿还债务的能力。提供贷款的金融机构不但要考察项目是否具有债务清偿能力,还要考察建设投资借款的偿还期限是否符合有关规定,以及项目是否具有所要求的债务偿还能力。

(3) 外汇平衡能力评价

对于涉及外汇收支的项目,还应编制外汇平衡表,对项目的外汇平衡能力进行评价。

### 8.1.3 财务评价的步骤

(1) 识别财务收益与费用。识别财务收益与费用是进行财务评价的前提。收益与费用是对特定目标而言的。收益是对目标的贡献,费用是对目标的负贡献。项目的财务目标是利润最大化。因此,正确认识项目的财务收益与费用,应以项目为界,以项目的直接收入和支出为目标。项目的财务收益主要表现为生产经营的产品的销售收入,财务费用主要表现为建设投资、经营成本和税金等。此外,项目得到的各种补贴、回收的固定资产余值和流动资金等也是项目的收入,在财务评价中作为收益处理。

(2) 收集、预测财务评价的基础数据。收集、预测的数据主要包括:预计的产品销售量及各年度产量;预计的产品价格,包括近期价格和预计的价格变动幅度;固定资产、无形资产、递延资产和流动资金投资估算;成本及其构成估算。这些数据大部分是预测数据,因此这一步骤又被称为财务预测。财务预测的质量是决定财务分析成败和财务评价质量的关键。财务预测的结果可采用若干基础财务报表归纳整理,主要有投资估算表、折旧费估算表、成本估算表、利润估算表等。

(3) 编制财务报表。财务报表包括辅助报表和基本报表。在对基础财务数据进行分析、评估的基础上,编制财务评价辅助报表。再在此基础上,将辅助报表中的基础数据汇总、计算,编制出基本报表,并对基本报表进行分析与评估。

(4) 计算财务评价指标,评价项目的财务可行性。利用财务报表,计算各项财务评价指标,包括反映项目的盈利能力、清偿能力和外汇平衡能力的指标。将这些指标值与基准值进行对比,得出项目在财务上是否可行的评价结论。

### 8.1.4 财务评价的作用

投资项目的财务评价无论是对项目投资主体,还是对为项目建设和生产经营提供资金的其他机构及个人,都具有非常重要的作用。其主要作用如下。

(1) 财务评价是企业进行投资决策的重要依据。企业进行项目投资的主要目标是取得利润,通过对项目进行财务评价,可以科学地分析项目的盈利能力和风险状况,据此做出正确的投资决策。

(2) 财务评价是金融机构确定是否对项目进行贷款的重要依据。项目贷款具有数量大、周期长、风险高等特点,通过财务评价,金融机构可以科学地分析项目的贷款偿还能力,据此做出是否贷款的决策。

(3) 财务评价是有关部门审批拟建项目的重要依据。企业的财务效益状况,不但会对企业的生存和发展产生影响,还会对国家财政收入和国民经济产生影响,因此财务评价是有关部门在审批拟建项目时重点考虑的因素之一。

## 8.2 投资项目财务评价报表的编制

### 8.2.1 基本财务报表的编制

财务评价基本报表有现金流量表、损益表、资金来源与运用表、资产负债表、外汇平衡表等几种。

(1) 现金流量表

现金流量表是将项目寿命期内每年的现金流入量和现金流出量及两者之间的差额列成的表格。它反映项目计算期内各年发生的流入和流出系统的现金活动及其流动数量,用以计算各项财务评价指标,进行盈利能力分析。由于一般的会计处理方法把如折旧费、应收及应付账款等并不引起现金流动的项目也列入财务报表,其不能客观反映项目实际获取或支付现金的能力,因而用现金流量表可以更好地反映项目在寿命期的盈利能力或清偿能力。现金流量表一般由现金流入、现金流出、净现金流量三部分组成。净现金流量是现金流入量与现金流出量的差额。现金流量表按照考察角度的不同分为全部投资现金流量表和自有资金现金流量表。

全部投资现金流量表的现金流入包括产品销售收入、回收固定资产余值和回收流动资金,现金流出包括建设投资、流动资金、经营成本、销售税金及附加、所得税等。其净现金流量构成为

年净现金流量=销售收入+资产回收-固定资产投资-流动资金投资-
经营成本-销售税金及附加-所得税

其中,资产回收包括:① 固定资产余值,即固定资产报废后的残值减去清理费用后的净

残值;② 项目寿命期结束时收回垫支的流动资金。

自有资金现金流量表从投资者角度出发,以投资者的出资额为计算基础,用以计算财务评价指标,考察项目自有资金的盈利能力。该表将借款本金偿还和借款利息支付作为现金流出,其净现金流量构成为

年净现金流量=销售收入+资产回收−自有资金投资−借款本金偿还−借款利息支付−经营成本−销售税金及附加−所得税

全部投资现金流量表和自有资金现金流量表分别如表 8-1 和表 8-2 所示。

**表 8-1 现金流量表(全部投资)** 单位:万元

| 序号 | 项 目 | 建设期 | | 投产期 | | 达到设计能力生产期 | | | | 合计 |
|---|---|---|---|---|---|---|---|---|---|---|
| | | 1 | 2 | 3 | 4 | 5 | 6 | … | $n$ | |
| | 生产负荷/% | | | | | | | | | |
| 1 | 现金流入 | | | | | | | | | |
| 1.1 | 产品销售(营业)收入 | | | | | | | | | |
| 1.2 | 回收固定资产余值 | | | | | | | | | |
| 1.3 | 回收流动资金 | | | | | | | | | |
| 2 | 现金流出 | | | | | | | | | |
| 2.1 | 建设投资 | | | | | | | | | |
| 2.2 | 流动资金 | | | | | | | | | |
| 2.3 | 经营成本 | | | | | | | | | |
| 2.4 | 销售税金及附加 | | | | | | | | | |
| 2.5 | 所得税 | | | | | | | | | |
| 3 | 净现金流量 | | | | | | | | | |
| 4 | 累计净现金流量 | | | | | | | | | |
| 5 | 所得税前净现金流量 | | | | | | | | | |
| 6 | 所得税前累计净现金流量 | | | | | | | | | |

计算指标: 所得税 所得税前

财务内部收益率:

财务净现值: ($i_c$= %) ($i_c$= %)

投资回收期:

**表 8-2 现金流量表(自有资金)** 单位:万元

| 序号 | 项 目 | 建设期 | | 投产期 | | 达到设计能力生产期 | | | | 合计 |
|---|---|---|---|---|---|---|---|---|---|---|
| | | 1 | 2 | 3 | 4 | 5 | 6 | … | $n$ | |
| | 生产负荷/% | | | | | | | | | |
| 1 | 现金流入 | | | | | | | | | |

续 表

| 序号 | 项目 | 建设期 | | 投产期 | | 达到设计能力生产期 | | | | 合计 |
|---|---|---|---|---|---|---|---|---|---|---|
| | | 1 | 2 | 3 | 4 | 5 | 6 | … | $n$ | |
| 1.1 | 产品销售(营业)收入 | | | | | | | | | |
| 1.2 | 回收固定资产余值 | | | | | | | | | |
| 1.3 | 回收流动资金 | | | | | | | | | |
| 2 | 现金流出 | | | | | | | | | |
| 2.1 | 自有资金 | | | | | | | | | |
| 2.2 | 借款本金偿还 | | | | | | | | | |
| 2.3 | 借款利息支付 | | | | | | | | | |
| 2.4 | 经营成本 | | | | | | | | | |
| 2.5 | 销售税金及附加 | | | | | | | | | |
| 2.6 | 所得税 | | | | | | | | | |
| 4 | 净现金流量(1—2) | | | | | | | | | |
| 计算指标：财务内部收益率：<br>财务净现值： ($i_c$= %) | | | | | | | | | | |

(2) 损益表

损益表是反映项目计算期内各年的利润总额、所得税及税后利润分配情况的财务报表，见表8-3。通过损益表可以计算项目的投资利润率、投资利税率和资本金利润率等指标。损益表的计算公式：

利润总额＝产品销售(营业)收入－销售税金及附加－总成本费用

净利润＝利润总额－所得税

净利润＝可供分配利润＝盈余公积金＋应付利润＋未分配利润

**表8-3 损益表** 单位：万元

| 序号 | 项目 | 投产期 | | 达到设计能力生产期 | | | | 合计 |
|---|---|---|---|---|---|---|---|---|
| | | 3 | 4 | 5 | 6 | … | $n$ | |
| | 生产负荷/% | | | | | | | |
| 1 | 产品销售(营业)收入 | | | | | | | |
| 2 | 销售税金及附加 | | | | | | | |
| 3 | 总成本费用 | | | | | | | |
| 4 | 利润总额(1—2—3) | | | | | | | |
| 5 | 所得税 | | | | | | | |
| 6 | 净利润(4—5) | | | | | | | |
| 7 | 可供分配利润(6) | | | | | | | |

续 表

| 序号 | 项　　目 | 投产期 | | 达到设计能力生产期 | | | | 合计 |
|---|---|---|---|---|---|---|---|---|
| | | 3 | 4 | 5 | 6 | … | $n$ | |
| 7.1 | 盈余公积金 | | | | | | | |
| 7.2 | 应付利润 | | | | | | | |
| 7.3 | 未分配利润 | | | | | | | |
| | 累计未分配利润 | | | | | | | |

注：利润总额应根据国家规定调整为应纳税所得额(如减免所得税、弥补上年度亏损等)，再计算所得税。

(3) 资金来源与运用表

资金来源与运用表是反映项目计算期内各年的资金来源、资金运用及资金盈余或短缺情况的财务报表，可用于选择资金筹措方案、制定借款与还款计划，为编制资产负债表提供依据。资金来源与运用表分为四大项，即资金来源、资金运用、盈余资金和累计盈余资金，资金来源减资金运用得到盈余资金(“＋”表示当年资金盈余，“－”表示当年资金短缺)，见表 8-4。

**表 8-4　资金来源与运用表**　　单位：万元

| 序号 | 项　　目 | 建设期 | | 投产期 | | 达到设计能力生产期 | | | | 合计 |
|---|---|---|---|---|---|---|---|---|---|---|
| | | 1 | 2 | 3 | 4 | 5 | 6 | … | $n$ | |
| | 生产负荷/% | | | | | | | | | |
| 1 | 资金来源 | | | | | | | | | |
| 1.1 | 利润总额 | | | | | | | | | |
| 1.2 | 折旧费 | | | | | | | | | |
| 1.3 | 摊销费 | | | | | | | | | |
| 1.4 | 长期借款 | | | | | | | | | |
| 1.5 | 流动资金借款 | | | | | | | | | |
| 1.6 | 其他短期借款 | | | | | | | | | |
| 1.7 | 自有资金 | | | | | | | | | |
| 1.8 | 其他 | | | | | | | | | |
| 1.9 | 回收固定资产余值 | | | | | | | | | |
| 1.10 | 回收流动资金 | | | | | | | | | |
| 2 | 资金运用 | | | | | | | | | |
| 2.1 | 建设投资 | | | | | | | | | |
| 2.2 | 建设期借款利息 | | | | | | | | | |
| 2.3 | 流动资金 | | | | | | | | | |
| 2.4 | 所得税 | | | | | | | | | |
| 2.5 | 应付利润 | | | | | | | | | |

续　表

| 序号 | 项　　目 | 建设期 | | 投产期 | | 达到设计能力生产期 | | | | 合计 |
|---|---|---|---|---|---|---|---|---|---|---|
| | | 1 | 2 | 3 | 4 | 5 | 6 | … | $n$ | |
| 2.6 | 长期借款本金偿还 | | | | | | | | | |
| 2.7 | 流动资金借款本金偿还 | | | | | | | | | |
| 2.8 | 其他短期借款本金偿还 | | | | | | | | | |
| 3 | 盈余资金 | | | | | | | | | |
| 4 | 累计盈余资金 | | | | | | | | | |

(4) 资产负债表

资产负债表(表 8-5)综合反映项目计算期内各年年末资产、负债和所有者权益的增减变化及对应关系，考察项目资产、负债、所有者权益的结构是否合理，用以计算资产负债率、流动比率和速动比率等指标进行清偿能力分析。资产负债表包括资产和负债及所有者权益两部分，负债及所有者权益分为直接负债和所有者权益两种。其平衡关系式为

资产＝负债＋所有者权益

**表 8-5　资产负债表**　　单位：万元

| 序号 | 项　　目 | 建设期 | | 投产期 | | 达到设计能力生产期 | | | | 合计 |
|---|---|---|---|---|---|---|---|---|---|---|
| | | 1 | 2 | 3 | 4 | 5 | 6 | … | $n$ | |
| | 生产负荷/% | | | | | | | | | |
| 1 | 资产 | | | | | | | | | |
| 1.1 | 流动资产总额 | | | | | | | | | |
| 1.1.1 | 应收账款 | | | | | | | | | |
| 1.1.2 | 存货 | | | | | | | | | |
| 1.1.3 | 现金 | | | | | | | | | |
| 1.1.4 | 累计盈余资金 | | | | | | | | | |
| 1.2 | 在建工程 | | | | | | | | | |
| 1.3 | 固定资产净值 | | | | | | | | | |
| 1.4 | 无形及递延资产净值 | | | | | | | | | |
| 2 | 负债及所有者权益 | | | | | | | | | |
| 2.1 | 流动负债总额 | | | | | | | | | |
| 2.1.1 | 应付账款 | | | | | | | | | |
| 2.1.2 | 流动资金借款 | | | | | | | | | |
| 2.1.3 | 其他短期借款 | | | | | | | | | |
| 2.2 | 长期借款 | | | | | | | | | |
| | 负债小计 | | | | | | | | | |

续 表

| 序号 | 项　　目 | 建设期 | | 投产期 | | 达到设计能力生产期 | | | | 合计 |
|---|---|---|---|---|---|---|---|---|---|---|
| | | 1 | 2 | 3 | 4 | 5 | 6 | … | $n$ | |
| 2.3 | 所有者权益 | | | | | | | | | |
| 2.3.1 | 资本金 | | | | | | | | | |
| 2.3.2 | 资本公积金 | | | | | | | | | |
| 2.3.3 | 累计盈余公积金 | | | | | | | | | |
| 2.3.4 | 累计未分配利润 | | | | | | | | | |

(5) 外汇平衡表

外汇平衡表(表 8-6)适用于有外汇收支的项目,反映项目计算期内各年的外汇来源、外汇运用及外汇余缺程度,用以进行外汇平衡分析。外汇平衡表包括三部分,即外汇来源、外汇运用和外汇余缺,其中外汇余缺等于外汇来源减外汇运用。

**表 8-6　外汇平衡表**　　单位:万元

| 序号 | 项　　目 | 建设期 | | 投产期 | | 达到设计能力生产期 | | | | 合计 |
|---|---|---|---|---|---|---|---|---|---|---|
| | | 1 | 2 | 3 | 4 | 5 | 6 | … | $n$ | |
| | 生产负荷/% | | | | | | | | | |
| 1 | 外汇来源 | | | | | | | | | |
| 1.1 | 产品销售外汇收入 | | | | | | | | | |
| 1.2 | 外汇借款 | | | | | | | | | |
| 1.3 | 其他外汇收入 | | | | | | | | | |
| 2 | 外汇运用 | | | | | | | | | |
| 2.1 | 建设投资中外汇支出 | | | | | | | | | |
| 2.2 | 进口原材料 | | | | | | | | | |
| 2.3 | 进口零部件 | | | | | | | | | |
| 2.4 | 技术转让费 | | | | | | | | | |
| 2.5 | 偿付外汇借款本息 | | | | | | | | | |
| 2.6 | 其他外汇支出 | | | | | | | | | |
| 3 | 外汇余缺 | | | | | | | | | |

### 8.2.2 辅助财务报表的编制

在绘制财务报表前,必须进行财务预测,就是收集、估计和测算一系列财务数据,作为财务评价所需的基本数据。财务预测的结果主要汇集在辅助报表中,有了这些辅助报表,就可以编制财务评价基本报表和计算一系列财务评价指标。在财务评价中,主要设计的辅助报表有以下几种。

(1) 建设投资估算表(表 8－7)、固定资产投资估算表。该表反映工程项目的建设投资组成和各类固定资产的内容以及建设投资和固定资产投资的估算值。

**表 8－7　建设投资估算表**

| 序号 | 投资类别 | 项目名称 | 单位 | 数量 | 单价/元 | 小计/元 | 备注 |
|---|---|---|---|---|---|---|---|
| 1 | 土地成本 | | | | | | |
| 2 | 建筑成本 | | | | | | |
| 3 | 设备成本 | | | | | | |
| 4 | 安装成本 | | | | | | |
| 5 | 建设期利息费用 | | | | | | |
| 6 | 基本预备费 | | | | | | |
| 7 | 涨价预备费 | | | | | | |
| 8 | 其他费用 | | | | | | |
| 9 | 总计 | | | | | | |

(2) 流动资金估算表(表 8－8)。该表反映流动资产和流动负债各项构成金额，为生产期的资金筹措提供依据。

**表 8－8　流动资金估算表**　　单位：万元

| 序号 | 项　　目 | 最低周转天数 | 周转次数 | 投产期 | | 达产期 | | | 对应于表中的成本费用项目 |
|---|---|---|---|---|---|---|---|---|---|
| | | | | 3 | 4 | 5 | 6 | … | |
| (一) | 流动资产 | | | | | | | | |
| 1 | 应收账款 | | | | | | | | |
| 2 | 存货 | | | | | | | | |
| 2.1 | 原材料 | | | | | | | | |
| 2.2 | 进口零部件 | | | | | | | | |
| 2.3 | 燃料 | | | | | | | | |
| 2.4 | 在产品 | | | | | | | | |
| 2.5 | 产成品 | | | | | | | | |
| 3 | 现金 | | | | | | | | |
| | 小计 | | | | | | | | |
| (二) | 流动负债 | | | | | | | | |
| 4 | 应付账款 | | | | | | | | |
| (三) | 流动资金(一)－(二) | | | | | | | | |
| (四) | 流动资金本年增加额 | | | | | | | | |

(3) 建设期借款利息计算表(表 8－9)。该表用于计算项目在建设期内因使用债务资金而产生的利息,这部分利息应计入固定资产原始价值。

**表 8－9　建设期借款利息计算表**　　单位:万元

| 序号 | 项　　目 | 合　计 | 建设期 | | | |
|---|---|---|---|---|---|---|
| | | | 1 | 2 | 3 | … |
| 1 | 借款 | | | | | |
| 1.1 | 期初借款余额 | | | | | |
| 1.2 | 当期借款 | | | | | |
| 1.3 | 当期应计利息 | | | | | |
| 1.4 | 期末借款余额 | | | | | |
| 1.5 | 建设期利息小计 | | | | | |
| 2 | 债券 | | | | | |
| 2.1 | 期初债务余额 | | | | | |
| 2.2 | 当期债务余额 | | | | | |
| 2.3 | 当期应计利息 | | | | | |
| 2.4 | 期末债务余额 | | | | | |
| 2.5 | 建设期利息小计 | | | | | |
| 3 | 建设期利息合计(1.5+2.5) | | | | | |

(4) 投资计划与资金筹措表(表 8－10)。该表用以对各年投资进行规划,以及进一步制定资金筹措方案,确定资金来源。

**表 8－10　投资计划与资金筹措表**　　单位:万元

| 序号 | 项　　目 | 第 1 年 | 第 2 年 | 第 3 年 | 合　计 |
|---|---|---|---|---|---|
| 1 | 总投资 | | | | |
| 1.1 | 固定资产投资 | | | | |
| 1.2 | 固定资产投资方向调节税 | | | | |
| 1.3 | 建设期借款利息 | | | | |
| 1.4 | 流动资金 | | | | |
| 2 | 资金筹措 | | | | |
| 2.1 | 自有资金 | | | | |
| | 其中:用于固定资金<br>用于流动资金 | | | | |
| 2.2 | 借款 | | | | |
| 2.2.1 | 长期借款 | | | | |
| 2.2.2 | 流动资金借款 | | | | |

（5）主要投入物和产出物使用价格依据表。该表反映投入物和产出物的规格、产地、生产单位、单价情况，为计算产品生产成本和销售收入提供依据。

（6）单位产品生产成本估算表(表8－11)。该表反映不同生产负荷下单位产品生产成本及其构成，是反映产品生产所需的物质资料和劳动力消耗的主要指标，也是预测项目盈利能力的重要依据。

**表8－11　单位产品生产成本估算表**

| 序号 | 项　　目 | 规　格 | 单　位 | 消费定额 | 单　价 | 金　额 |
|---|---|---|---|---|---|---|
| 1 | 原材料 | | | | | |
| 2 | 燃料及动力 | | | | | |
| 3 | 工资及福利费 | | | | | |
| 4 | 制造费用 | | | | | |
| 5 | 副产品回收费用 | | | | | |
| 6 | 生产成本(6＝1＋2＋…＋4－5) | | | | | |

（7）外购原材料及燃料动力费用估算表。该表反映外购原材料及燃料动力年耗量和费用估算情况。

（8）固定资产折旧费估算表(表8－12)。该表反映各类固定资产的原值以及不同折旧年限下各年的折旧费和净值。

**表8－12　固定资产折旧费估算表**　　单位：万元

| 序号 | 项　　目 | 折旧年限 | 投产期 | | 达到设计能力生产期 | | | | 合计 |
|---|---|---|---|---|---|---|---|---|---|
| | | | 3 | 4 | 5 | 6 | … | $n$ | |
| 1 | 固定资产合计 | | | | | | | | |
| | 原值 | | | | | | | | |
| | 折旧费 | | | | | | | | |
| | 净值 | | | | | | | | |
| 2 | 房屋及建筑物 | | | | | | | | |
| | 原值 | | | | | | | | |
| | 折旧费 | | | | | | | | |
| | 净值 | | | | | | | | |
| 3 | XX设备 | | | | | | | | |
| | 原值 | | | | | | | | |
| | 折旧费 | | | | | | | | |
| | 净值 | | | | | | | | |
| 4 | XX设备 | | | | | | | | |

续 表

| 序号 | 项　　目 | 折旧年限 | 投产期 | | 达到设计能力生产期 | | | | 合计 |
|---|---|---|---|---|---|---|---|---|---|
| | | | 3 | 4 | 5 | 6 | … | $n$ | |
| | 原值 | | | | | | | | |
| | 折旧费 | | | | | | | | |
| | 净值 | | | | | | | | |
| … | …… | | | | | | | | |

注：1. 本表自生产年份开始计算，各类固定资产按《工业企业财务制度》规定的年限分列。
2. 生产期内发生的更新改造投资列入其投入年份。

(9) 无形及递延资产摊销费估算表(表 8－13)。该表反映无形资产和递延资产的原值以及按摊销年限计算的摊销费。

**表 8－13　无形及递延资产摊销费估算表**　　单位：万元

| 序号 | 项　　目 | 摊销年限 | 原值 | 投产期 | | 达到设计能力生产期 | | | | 合计 |
|---|---|---|---|---|---|---|---|---|---|---|
| | | | | 3 | 4 | 5 | 6 | … | $n$ | |
| 1 | 无形资产小计 | | | | | | | | | |
| 1.1 | 土地使用权 | | | | | | | | | |
| | 摊销费 | | | | | | | | | |
| | 净值 | | | | | | | | | |
| 1.2 | 专有技术和专利权 | | | | | | | | | |
| | 摊销费 | | | | | | | | | |
| | 净值 | | | | | | | | | |
| 1.3 | 其他无形资产 | | | | | | | | | |
| | 摊销费 | | | | | | | | | |
| | 净值 | | | | | | | | | |
| 2 | 递延资产(开办费) | | | | | | | | | |
| | 摊销费 | | | | | | | | | |
| | 净值 | | | | | | | | | |
| 3 | 无形及递延资产合计(无形资产＋递延资产) | | | | | | | | | |
| | 摊销费 | | | | | | | | | |
| | 净值 | | | | | | | | | |

注：对摊销年限相同的项目允许适当归并。

(10) 总成本费用估算表(表 8－14)。该表反映不同生产负荷下总成本费用的估算值和构成，以及由此划出的经营成本、可变成本和固定资本。

表8-14　总成本费用估算表　单位：万元

| 序号 | 项　　目 | 投产期 | | 达到设计能力生产期 | | | | 合计 |
|---|---|---|---|---|---|---|---|---|
| | | 3 | 4 | 5 | 6 | … | $n$ | |
| 1 | 外购原材料 | | | | | | | |
| 2 | 外购燃料及动力 | | | | | | | |
| 3 | 工资及福利费 | | | | | | | |
| 4 | 修理费 | | | | | | | |
| 5 | 折旧费 | | | | | | | |
| 6 | 维简费 | | | | | | | |
| 7 | 摊销费 | | | | | | | |
| 8 | 利息支出 | | | | | | | |
| 9 | 其他费用 | | | | | | | |
| | 其中：土地使用费 | | | | | | | |
| 10 | 总成本费用<br>（1＋2＋…＋9） | | | | | | | |
| | 其中：1. 固定费用 | | | | | | | |
| | 2. 可变费用 | | | | | | | |
| 11 | 经营成本<br>（10－5－6－7－8） | | | | | | | |

（11）产品销售（营业）收入和销售税金及附加估算表（表8-15）。该表反映项目投产后产品的销售（营业）收入、销售税金及附加情况，是衡量项目财务效益和经济效益的决定因素。

表8-15　产品销售（营业）收入和销售税金及附加估算表　单位：万元

| 序号 | 项　　目 | 税率 | 合计 | 计算期 | | | | | |
|---|---|---|---|---|---|---|---|---|---|
| | | | | 1 | 2 | 3 | 4 | … | $n$ |
| | 生产负荷/% | | | | | | | | |
| 1 | 销售收入 | | | | | | | | |
| 1.1 | 产品A销售收入 | | | | | | | | |
| | 销项税额 | | | | | | | | |
| 1.2 | 产品B销售收入 | | | | | | | | |
| | 销项税额 | | | | | | | | |
| … | …… | | | | | | | | |
| 2 | 销售税金与附加 | | | | | | | | |
| 2.1 | 消费税 | | | | | | | | |
| 2.2 | 城市维护建设税 | | | | | | | | |

续 表

| 序号 | 项 目 | 税率 | 合计 | 计算期 | | | | | |
|---|---|---|---|---|---|---|---|---|---|
| | | | | 1 | 2 | 3 | 4 | … | $n$ |
| 2.3 | 教育费附加 | | | | | | | | |
| 3 | 增值税 | | | | | | | | |
| | 销项税额 | | | | | | | | |
| | 进项税额 | | | | | | | | |

(12) 借款还本付息计算表。该表反映项目投产后各年偿还借款本金的资金来源和偿还借款本息情况。

### 8.2.3 基本财务报表与辅助财务报表的关系

如图 8-1 所示，可以从数据流向及计算顺序中看出基本报表与辅助报表的关系。

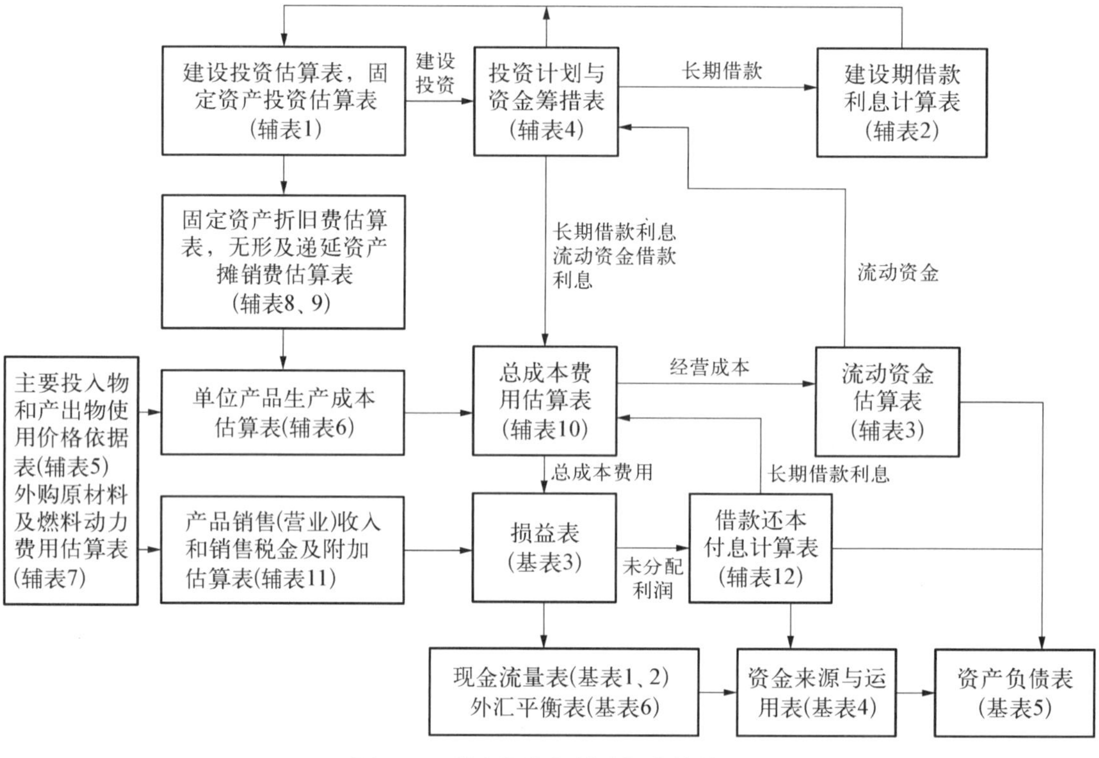


图 8-1 基本报表与辅助报表的关系

从图 8-1 中可以看出，基本报表中的数据来自辅助报表。辅助报表是基本报表的基础，而基本报表则是计算各项财务评价指标的依据。在具体的计算过程中，应厘清计算思路，把握数据流向，利用各报表间的数据联系，使计算准确、便捷。有以下几点值得说明。

(1) 建设投资估算表、固定资产投资估算表是源头表。有了建设投资总估算值或固定资产投资数额，就可以按投资使用计划进行建设期逐年的投资安排和相应的资金筹措，并进行投资计划与资金筹措表的填写。接下来，利用投资计划与资金筹措表或建设期借款利息计算表可计算出建设期借款利息，并把它填入固定资产投资估算表。这样固定资产投资估算表的编制才全部结束，固定资产投资总额由此得出，可归类出固定资产、无形资产和递延资产的数额，并据此完成对固定资产折旧费估算表和无形及递延资产摊销费估算表的编制。

(2) 主要投入物和产出物使用价格依据表、外购原材料及燃料动力费用估算表是另一源头表。它为总成本费用估算表、产品销售(营业)收入和销售税金及附加估算表提供计算基础，表中的数据应根据市场调研、生产负荷及物料消耗情况做出估算。

(3) 有了上述报表的编制基础，总成本费用估算表中各年的经营成本就可得出，它为进行流动资金的分项详细估算提供依据，从而可完成对流动资金估算表的填写。继而可以按生产负荷进行流动资金的逐年投放及筹措，这样才最终完成投资计划与资金筹措表的全部填写工作。

(4) 总成本费用估算表、损益表、借款还本付息计算表是形成数据回路的三张表。其中，总成本费用估算表中的“利息支出”包括长期借款利息和流动资金借款利息，它们取决于生产期内每年年初的长期借款余额和流动资金的借款数额，而长期借款余额的大小与上年“偿还本金”有关，涉及借款还本付息计算表的计算。在借款还本付息计算表中，“偿还借款本息的资金来源”包括来自损益表中的“未分配利润”一项，而未分配利润的大小与“总成本费用”有关。这样在具体编制报表时，只能逐年地在三张表中循环填写，直到长期借款还清为止。

## 8.3 投资项目财务评价指标与方法

### 8.3.1 项目盈利能力评价

项目盈利能力评价是指根据全部投资现金流量表、自有资金现金流量表、损益表中的数据，计算财务净现值(*FNPV*)、财务内部收益率(*FIRR*)、投资回收期和投资收益率等指标，来考察项目在计算期各年的财务状况及盈利能力。基本报表与评价指标的对应关系如表8-16所示。

**表8-16 基本报表与评价指标的对应关系**

| 基本报表 | 静态指标 | 动态指标 |
|---|---|---|
| 全部投资现金流量表 | 静态投资回收期 | *FNPV*,*FIRR* |
| 自有资金现金流量表 | | *FNPV*,*FIRR* |
| 损益表 | 投资利润率<br>投资利税率<br>资本金利润率 | |

### 8.3.2 项目清偿能力评估

项目清偿能力评估是指通过现金流量表、借款还本付息计算表、资金来源与运用表和资产负债表的计算，考察项目在计算期各年的财务状况及清偿能力，并计算借款偿还期、资产负债率、流动比率、速动比率等指标，如表8-17所示。

**表 8-17 基本报表的评价指标**

| 基 本 报 表 | 评 价 指 标 |
| --- | --- |
| 资金来源与运用表 | 借款偿还期 |
| 资产负债表 | 资产负债率<br>流动比率<br>速动比率 |

### 8.3.3 外汇平衡分析

涉及外汇收支的项目，应进行外汇平衡分析，考察各年外汇余缺程度。凡涉及产品出口创汇及替代进口节汇的项目，还应计算财务外汇净现值、财务换汇成本及财务节汇成本等指标。

## 8.4 财务评价案例分析

1. 项目概况

按照规划方案，房地产开发项目包括高层和多层住宅、非配套公建和配套公建(表 8-18)。建设用地面积为 456 300 平方米，总建筑面积为 912 600 平方米。

**表 8-18 项目拟建规模和建筑面积分配**

| 类 型 | | 建筑面积/$m^2$ | 建筑面积所占比例/% |
| --- | --- | --- | --- |
| 新建建筑 | 高层住宅 | 437 908 | 57.6 |
| | 多层住宅 | 137 600 | 18.1 |
| | 地区商服 | 85 000 | 11.2 |
| | 配套公建 | 100 000 | 13.1 |
| | 小 计 | 760 508 | 100.0 |
| 合 计 | | 912 600 | — |

2. 项目建设进度

由于该项目规模较大，因此应考虑采用滚动开发、分期建设的方式，这样既可以使项目迅速启动，又可以按照市场需求变化情况适时调整开发方案，降低投资风险。

从项目本身的规模和所处的市场条件来看，本项目的建设分三期为宜，预计用 6 年可全部建成并投入使用。各期开发的土地面积和建筑面积如表 8-19 所示。

**表 8-19 项目建设分期安排** 单位：平方米

| | 第一期(南) | 第二期(北) | 第三期(中) | 三期合计 |
| --- | --- | --- | --- | --- |
| 总占地面积 | 183 000 | 179 320 | 170 000 | 532 320 |
| 代征地面积 | 26 000 | 25 000 | 25 000 | 76 000 |
| 规划建设用地面积 | 157 000 | 154 320 | 145 000 | 456 320 |
| 保留建筑占地面积 | 23 498 | 4 275 | 25 310 | 53 083 |

续 表

| | 第一期(南) | 第二期(北) | 第三期(中) | 三期合计 |
|---|---|---|---|---|
| 拆迁土地面积 | 159 502 | 175 045 | 144 690 | 479 237 |
| 可开发土地面积 | 133 502 | 150 045 | 119 690 | 403 237 |
| 可开发建筑面积 | 229 000 | 262 000 | 269 508 | 760 508 |

注：在第二期可开发土地面积中，有71 200平方米占地为当前五建用地，相应分摊的代征地面积为11 860平方米。

3. 投资估算

据估算，本项目总投资包括土地费用、前期工程费、房屋开发费、管理费、财务费用、开发期税费等，共计293 745.36万元，可销售面积的单方造价为3 877.5元/平方米。另外，假定该项目在5年内分三期全部建设完成；该项目在第一年开始预售，至项目建成后一年内全部销售完毕；项目总投资中自有资金比率按10%计算；贷款的年利率按12%计取；整个项目的投资费用是在专业的投资监理工程师的监督下使用的。

投资估算的结果汇总如表8-20所示。

**表8-20 项目成本估算表**

| 序 号 | 项目或费用名称 | 投资金额/万元 | 单方造价/(元/平方米) |
|---|---|---|---|
| 一 | 土地费用 | 107 342.76 | 1 417.0 |
| 1 | 出让金 | 13 145.09 | |
| 2 | 城市建设配套费 | 19 717.63 | |
| 3 | 拆迁安置补偿费 | 72 893.70 | |
| 4 | 手续费及税金 | 1 586.35 | |
| 二 | 前期工程费 | 5 099.04 | 67.3 |
| 1 | 规划设计 | 3 187.36 | |
| 2 | 项目可行性研究 | 382.48 | |
| 3 | 地质勘探测绘 | 637.47 | |
| 4 | 三通一平费 | 891.73 | |
| 三 | 房屋开发费 | 127 494.50 | 1 683.0 |
| (一) | 建筑安装工程费 | 111 837.28 | 1 476.3 |
| 1 | 商品住宅 | | |
| A | 多层 | 30 724.97 | |
| B | 高层 | 22 434.11 | |
| 2 | 拆迁房 | | |
| A | 多层 | 13 655.54 | |
| B | 高层 | 6 827.77 | |
| 3 | 地区公建 | | |

续 表

| 序 号 | 项目或费用名称 | 投资金额/万元 | 单方造价/(元/平方米) |
|---|---|---|---|
| A | 商场 | 14 021.32 | |
| B | 写字楼 | 13 460.46 | |
| 4 | 可销售配套公建 | 5 462.22 | |
| 5 | 不可销售配套公建 | 5 250.88 | |
| (二) | 附属工程费 | 5 591.86 | 73.8 |
| (三) | 室外工程费 | 8 946.98 | 118.1 |
| (四) | 其他费用 | 1 118.37 | 14.8 |
| 四 | 管理费 | 5 998.41 | 79.2 |
| 五 | 财务费用 | 28 792.36 | 380.1 |
| 六 | 开发期税费 | 10 462.60 | 138.1 |
| 1 | 电贴费 | 2 880.00 | |
| 2 | 用电权费 | 4 000.00 | |
| 3 | 其他税费 | 3 582.60 | |
| 七 | 不可预见费 | 8 555.69 | 112.9 |
| 总计 | | 293 745.36 | 3 877.5 |

注：在计算单方造价时，其面积的基础是可销售面积(不含不可销售配套公建之建筑面积)。

4. 融资方案

(1) 投资分年度使用计划。按照项目建设进度安排计划，本项目的资金投入计划详见表 8－21。

**表 8－21 项目投资计划与资金筹措表** 单位：万元

| 序号 | 项 目 | 合 计 | 开发经营期 | | | | | |
|---|---|---|---|---|---|---|---|---|
| | | | 1 | 2 | 3 | 4 | 5 | 6 |
| 1 | 开发总投资 | | | | | | | |
| 1.1 | 土地费用 | 107 342.76 | 23 853.95 | 11 926.97 | 23 853.95 | 11 926.97 | 17 890.46 | 17 890.46 |
| 1.2 | 前期工程费 | 5 099.04 | 1 699.68 | 453.25 | 1 019.81 | 453.25 | 1 019.81 | 453.25 |
| 1.3 | 房屋开发费 | 127 494.50 | 25 498.90 | 19 124.17 | 19 124.17 | 19 124.17 | 19 124.17 | 25 498.90 |
| 1.4 | 管理费 | 5 998.41 | 1 199.68 | 959.75 | 959.75 | 959.75 | 959.75 | 959.75 |
| 1.5 | 其他费用 | | | | | | | |
| 1.6 | 开发期税费 | 10 462.60 | 2 325.02 | 1 162.51 | 2 325.02 | 1 162.51 | 2 325.02 | 1 162.51 |
| 1.7 | 不可预见费 | 8 555.69 | 1 425.95 | 1 425.95 | 1 425.95 | 1 425.95 | 1 425.95 | 1 425.95 |
| 小计 | | 264 953.00 | 56 003.18 | 35 052.60 | 48 708.65 | 35 052.60 | 42 745.16 | 47 390.81 |
| 2 | 资金筹措 | | | | | | | |

续 表

| 序号 | 项 目 | 合 计 | 开发经营期 | | | | | |
|---|---|---|---|---|---|---|---|---|
| | | | 1 | 2 | 3 | 4 | 5 | 6 |
| 2.1 | 自有资金 | 26 495.30 | 26 495.30 | 0.00 | 0.00 | 0.00 | 0.00 | 0.00 |
| 2.2 | 销售收入 | 220 121.23 | 11 171.41 | 35 052.60 | 48 708.65 | 35 052.60 | 42 745.16 | 47 390.81 |
| 2.3 | 贷款 | 18 336.47 | 18 336.47 | 0.00 | 0.00 | 0.00 | 0.00 | 0.00 |
| 2.4 | 其他 | 0.00 | 0.00 | 0.00 | 0.00 | 0.00 | 0.00 | 0.00 |
| 小计 | | 264 953.00 | 56 003.18 | 35 052.60 | 48 708.65 | 35 052.60 | 42 745.16 | 47 390.81 |

(2) 资金筹措计划。本项目的资金来源包括自有资金、销售收入和贷款三个部分。其中,自有资金投入 26 495.30 万元,销售收入投入 220 121.23 万元,需向金融机构贷款 18 336.47 万元,详见表 8-20。在估算中,考虑到当年投资是随工程的进度分期投入的,销售收入也是在一年中逐步实现的,故假定当年销售收入(扣除销售税费)全部用于当年投资,如有盈余,结转下年。

5. 财务评价

(1) 基础数据的收集和预测

① 销售收入

本项目的销售面积包括商品住宅、各类公建的建筑面积,总计为 757 558 平方米,分年度的总销售收入见表 8-22。

**表 8-22 项目销售收入汇总表** 单位:万元

| 序号 | 项 目 | 第1年 | 第2年 | 第3年 | 第4年 | 第5年 | 第6年 | 第7年 | 总 计 |
|---|---|---|---|---|---|---|---|---|---|
| 1 | 商品住宅销售收入 | 9 495.48 | 28 486.44 | 36 926.87 | 33 761.71 | 31 651.60 | 43 257.19 | 27 431.39 | 211 010.67 |
| 2 | 拆迁楼销售收入 | 4 645.32 | 13 935.97 | 18 065.15 | 18 065.15 | 18 065.15 | 19 613.59 | 10 839.09 | 103 229.41 |
| 3 | 地区公建销售收入 | 0.00 | 4 381.66 | 11 392.32 | 13 144.99 | 11 392.32 | 15 773.98 | 14 021.32 | 70 106.59 |
| 销售收入总计 | | 14 140.80 | 46 804.07 | 66 384.33 | 64 971.84 | 61 109.07 | 78 644.76 | 52 291.79 | 384 346.67 |

注:可销售面积平均价格为 5 073.50 元/平方米,销售收入具体估算过程略。

② 投资成本、销售费用及税金

a. 投资成本。本项目的固定资产投资总额为 264 953.00 万元,融资费用为 28 792.36 万元,本项目的投资成本为 293 745.36 万元。

b. 销售费用。根据国家有关部门资料,销售费用取总销售收入的 2%。

销售费用=384 346.67×2%≈7 686.93(万元)

c. 税金。本项目的主要税金为经营税费和所得税。根据国家有关规定,经营税费的税率为 5.45%,按总销售额征收;所得税税率为 33%,以销售利润为基数征收。

③ 利润分配

本项目的税后利润等于从销售收入中扣除投资成本、销售费用和有关税金,预计总税后利润为 38 685.58 万元,详见表 8-23。

表 8－23 项目损益表

单位：万元

| 序号 | 项目 | 合计 | 开发经营期 | | | | | | |
|---|---|---|---|---|---|---|---|---|---|
| | | | 1 | 2 | 3 | 4 | 5 | 6 | 7 |
| 1 | 项目收入 | 384 346.67 | 14 140.80 | 46 804.07 | 66 384.33 | 64 971.84 | 61 109.07 | 78 644.76 | 52 291.79 |
| 1.1 | 销售收入 | 384 346.67 | 14 140.80 | 46 804.07 | 66 384.33 | 64 971.84 | 61 109.07 | 78 644.76 | 52 291.79 |
| 1.1.1 | 商品住宅 | 211 010.67 | 9 495.48 | 28 486.44 | 36 926.87 | 33 761.71 | 31 651.60 | 43 257.19 | 27 431.39 |
| 1.1.2 | 拆迁楼、可售配套公建 | 103 229.41 | 4 645.32 | 13 935.97 | 18 065.15 | 18 065.15 | 18 065.15 | 19 613.59 | 10 839.09 |
| 1.1.3 | 地区公建 | 70 106.59 | 0.00 | 4 381.66 | 11 392.32 | 13 144.99 | 11 392.32 | 15 773.98 | 14 021.32 |
| 1.2 | 出租收入 | 0 | 0 | 0 | 0 | 0 | 0 | 0 | 0 |
| 2 | 经营成本 | 264 953.00 | 9 748.10 | 32 264.83 | 45 762.67 | 44 788.95 | 42 126.11 | 54 214.51 | 36 047.84 |
| 2.1 | 销售成本 | 264 953.00 | 9 748.10 | 32 264.83 | 45 762.67 | 44 788.95 | 42 126.11 | 54 214.51 | 36 047.84 |
| 3 | 经营税费 | 25 174.71 | 926.22 | 3 065.67 | 4 348.17 | 4 255.66 | 4 002.64 | 5 151.23 | 3 425.11 |
| 3.1 | 销售税费 | 25 174.71 | 926.22 | 3 065.67 | 4 348.17 | 4 255.66 | 4 002.64 | 5 151.23 | 3 425.11 |
| 3.1.1 | 营业税及附加 | 21 139.07 | 777.74 | 2 574.22 | 3 651.14 | 3 573.45 | 3 361.00 | 4 325.46 | 2 876.05 |
| 3.1.2 | 交易管理费及印花税 | 4 035.64 | 148.48 | 491.44 | 697.04 | 682.20 | 641.65 | 825.77 | 549.06 |
| 4 | 销售费用 | 7 686.93 | 282.82 | 936.08 | 1 327.69 | 1 299.44 | 1 222.18 | 1 572.90 | 1 045.84 |
| 5 | 财务费用 | 28 792.36 | 1 059.32 | 3 506.21 | 4 973.01 | 4 867.20 | 4 577.83 | 5 891.47 | 3 917.31 |
| 6 | 土地增值税 | 0.00 | 0.00 | 0.00 | 0.00 | 0.00 | 0.00 | 0.00 | 0.00 |
| 7 | 开发利润 | 57 739.67 | 2 124.35 | 7 031.29 | 9 972.79 | 9 760.60 | 9 180.30 | 11 814.65 | 7 855.70 |
| 8 | 所得额 | | 2 124.35 | 7 031.29 | 9 972.79 | 9 760.60 | 9 180.30 | 11 814.65 | 7 855.70 |
| 9 | 所得税 | 19 054.09 | 701.03 | 2 320.32 | 3 291.02 | 3 221.00 | 3 029.50 | 3 898.84 | 2 592.38 |
| 10 | 税后利润 | 38 685.58 | 1 423.31 | 4 710.96 | 6 681.77 | 6 539.60 | 6 150.80 | 7 915.82 | 5 263.32 |
| 10.1 | 应付利润 | 13 744.11 | 0.00 | 0.00 | 0.00 | 0.00 | 564.98 | 7 915.82 | 5 263.32 |
| 10.2 | 归还垫支利润及净投资回收 | 42 871.53 | 0.00 | 0.00 | 0.00 | 0.00 | 0.00 | 6 823.69 | 36 047.84 |
| 10.3 | 未分配利润 | 24 941.47 | 1 423.31 | 4 710.96 | 6 681.77 | 6 539.60 | 5 585.82 | 0.00 | 0.00 |

注：净投资回收主要用于后续投资和偿还贷款本息；税后利润用于后续开发投资和归还贷款本息，在净投资回收不再用于后续投资和还本付息时归还。

（2）财务效益评估

① 现金流量分析

从全部投资、自有资金两方面编制了现金流量表，主要评价指标如下。

a. 全部投资评价指标(表8－24)

财务内部收益率：　24.80%

财务净现值($i_c$=18%)：　10 938.09万元

静态投资回收期：　4.84年

动态投资回收期($i_c$=18%)：　6.35年

**表8－24　项目全部投资现金流量表**　单位：万元

| 序号 | 项　目 | 合　计 | 开发经营期 | | | | | | |
|---|---|---|---|---|---|---|---|---|---|
| | | | 1 | 2 | 3 | 4 | 5 | 6 | 7 |
| 1 | 现金流入 | | | | | | | | |
| 1.1 | 销售收入 | 384 346.67 | 14 140.80 | 46 804.07 | 66 384.33 | 64 971.84 | 61 109.07 | 78 644.76 | 52 291.79 |
| 小计 | | 384 346.67 | 14 140.80 | 46 804.07 | 66 384.33 | 64 971.84 | 61 109.07 | 78 644.76 | 52 291.79 |
| 2 | 现金流出 | | | | | | | | |
| 2.1 | 固定资产投资 | | | | | | | | |
| 2.2 | 经营资金 | | | | | | | | |
| 2.3 | 开发总投资 | 264 953.00 | 56 003.18 | 35 052.60 | 48 708.65 | 35 052.60 | 42 745.16 | 47 390.81 | 0.00 |
| 2.4 | 销售费用 | 7 686.93 | 282.82 | 936.08 | 1 327.69 | 1 299.44 | 1 222.18 | 1 572.90 | 1 045.84 |
| 2.5 | 经营税费 | 25 174.71 | 926.22 | 3 065.67 | 4 348.17 | 4 255.66 | 4 002.64 | 5 151.23 | 3 425.11 |
| 2.6 | 土地增值税 | 0.00 | 0.00 | 0.00 | 0.00 | 0.00 | 0.00 | 0.00 | 0.00 |
| 2.7 | 所得税 | 19 054.09 | 701.03 | 2 320.32 | 3 291.02 | 3 221.00 | 3 029.50 | 3 898.84 | 2 592.38 |
| 小计 | | 316 868.73 | 57 913.25 | 41 374.67 | 57 675.53 | 43 828.69 | 50 999.48 | 58 013.77 | 7 063.33 |
| 3 | 净现金流量 | | −43 772.4 | 5 429.40 | 8 708.81 | 21 143.15 | 10 109.58 | 20 630.98 | 45 228.46 |
| 4 | 累计净现金流量 | | −43 772.4 | −38 343.05 | −29 634.24 | −8 491.10 | 1 618.49 | 22 249.47 | 67 477.94 |
| 现值系数 | | | 1.000 000 | 0.847 457 | 0.718 184 4 | 0.608 630 8 | 0.515 788 8 | 0.437 109 2 | 0.370 431 5 |
| 5 | 净现值 | | −43 772.4 | 4 601.19 | 6 254.53 | 12 868.37 | 5 214.41 | 9 017.99 | 16 754.05 |
| 6 | 累计净现值 | | −43 772.4 | −39 171.2 | −32 916.73 | −20 048.36 | −14 833.95 | −5 815.96 | 10 938.09 |
| 计算指标 | | $IRR$=24.80%<br>静态投资回收期为4.84年 | | | | $NPV$=10 938.09万元<br>动态投资回收期为6.35年 | | | |

b. 自有资金评价指标(表8－25)

财务内部收益率：　292.33%

财务净现值($i_c$=18%)：　155 464.96万元

静态投资回收期：　1.37年

动态投资回收期($i_c$=18%)：1.44年

**表 8-25　项目自有资金现金流量表**　　单位：万元

| 序号 | 项　目 | 合　计 | 开发经营期 | | | | | | |
|---|---|---|---|---|---|---|---|---|---|
| | | | 1 | 2 | 3 | 4 | 5 | 6 | 7 |
| 1 | 现金流入 | | | | | | | | |
| 1.1 | 销售收入 | 384 346.6 | 14 140.80 | 46 804.07 | 66 384.33 | 64 971.84 | 61 109.07 | 78 644.76 | 52 291.79 |
| 小计 | | 384 346.67 | 14 140.80 | 46 804.07 | 66 384.33 | 64 971.84 | 61 109.07 | 78 644.76 | 52 291.79 |
| 2 | 现金流出 | | | | | | | | |
| 2.1 | 自有资金 | 26 495.30 | 26 495.30 | 0.00 | 0.00 | 0.00 | 0.00 | 0.00 | 0.00 |
| 2.2 | 经营税费 | 25 174.71 | 926.22 | 3 065.67 | 4 348.17 | 4 255.66 | 4 002.64 | 5 151.23 | 3 425.11 |
| 2.3 | 销售费用 | 7 686.93 | 282.82 | 936.08 | 1 327.69 | 1 299.44 | 1 222.18 | 1 572.90 | 1 045.84 |
| 2.4 | 土地增值税 | 0.00 | 0.00 | 0.00 | 0.00 | 0.00 | 0.00 | 0.00 | 0.00 |
| 2.5 | 所得税 | 19 054.09 | 701.03 | 2 320.32 | 3 291.02 | 3 221.00 | 3 029.50 | 3 898.84 | 2 592.38 |
| 2.6 | 贷款本金偿还 | 19 845.87 | 0.00 | 0.00 | 1 354.29 | 14 056.96 | 4 434.62 | 0.00 | 0.00 |
| 2.7 | 贷款利息支付 | 7 055.84 | 0.00 | 1 923.19 | 2 381.50 | 2 218.99 | 532.15 | 0.00 | 0.00 |
| 小计 | | 105 312.7 | 28 405.37 | 8 245.26 | 12 702.67 | 25 052.04 | 13 221.10 | 10 622.96 | 7 063.33 |
| 3 | 净现金流量 | | −14 264.57 | 38 558.81 | 53 681.66 | 39 919.80 | 47 887.97 | 68 021.79 | 45 228.46 |
| 4 | 累计净现金流量 | | −14 264.57 | 24 294.24 | 77 975.90 | 117 895.70 | 165 783.67 | 233 805.46 | 279 033.93 |
| 现值系数 | | | 1.000 000 0 | 0.847 457 6 | 0.718 184 4 | 0.608 630 8 | 0.515 788 8 | 0.437 109 2 | 0.370 431 54 |
| 5 | 净现值 | | −14 264.57 | 32 676.96 | 38 553.33 | 24 296.42 | 24 700.08 | 29 732.95 | 19 769.78 |
| 6 | 累计净现值 | | −14 264.57 | 18 412.39 | 56 965.72 | 81 262.14 | 105 962.22 | 135 695.18 | 155 464.96 |
| 计算指标 | | *IRR*=292.33%<br>静态投资回收期为 1.37 年 | | | | *NPV*=155 464.96 万元<br>动态投资回收期为 1.44 年 | | | |

② 财务平衡表与贷款偿还分析

资金来源与运用表集中体现项目自身平衡的生存能力，是进行财务评价的重要依据。结果表明，本项目具有基本的资金平衡能力。详见表 8-26。

**表 8-26　项目资金来源与运用表**　　单位：万元

| 序号 | 项　目 | 合　计 | 开发经营期 | | | | | | |
|---|---|---|---|---|---|---|---|---|---|
| | | | 1 | 2 | 3 | 4 | 5 | 6 | 7 |
| 1 | 资金来源 | | | | | | | | |
| 1.1 | 销售收入 | 384 346.67 | 14 140.80 | 46 804.07 | 66 384.33 | 64 971.84 | 61 109.07 | 78 644.76 | 52 291.79 |
| 1.4 | 自有资金 | 26 495.30 | 26 495.30 | 0.00 | 0.00 | 0.00 | 0.00 | 0.00 | 0.00 |
| 1.5 | 贷款 | 18 336.47 | 18 336.47 | 0.00 | 0.00 | 0.00 | 0.00 | 0.00 | 0.00 |
| 小计 | | 429 178.44 | 58 972.57 | 46 804.07 | 66 384.33 | 64 971.84 | 61 109.07 | 78 644.76 | 52 291.79 |

续　表

| 序号 | 项　目 | 合　计 | 开发经营期 | | | | | | |
|---|---|---|---|---|---|---|---|---|---|
| | | | 1 | 2 | 3 | 4 | 5 | 6 | 7 |
| 2 | 资金运用 | | | | | | | | |
| 2.1 | 固定资产投资 | | | | | | | | |
| 2.2 | 经营资金 | | | | | | | | |
| 2.3 | 开发成本 | 264 953.00 | 56 003.18 | 35 052.60 | 48 708.65 | 35 052.60 | 42 745.16 | 47 390.81 | 0.00 |
| 2.4 | 经营管理费用 | | | | | | | | |
| 2.5 | 销售费用 | 7 686.93 | 282.82 | 936.08 | 1 327.69 | 1 299.44 | 1 222.18 | 1 572.90 | 1 045.84 |
| 2.6 | 财务费用 | 28 792.36 | 1 059.32 | 3 506.21 | 4 973.01 | 4 867.20 | 4 577.83 | 5 891.47 | 3 917.31 |
| 2.7 | 经营税费 | 25 174.71 | 926.22 | 3 065.67 | 4 348.17 | 4 255.66 | 4 002.64 | 5 151.23 | 3 425.11 |
| 2.8 | 土地增值税 | 0.00 | 0.00 | 0.00 | 0.00 | 0.00 | 0.00 | 0.00 | 0.00 |
| 2.9 | 所得税 | 19 054.09 | 701.03 | 2 320.32 | 3 291.02 | 3 221.00 | 3 029.50 | 3 898.84 | 2 592.38 |
| 2.10 | 应付利润 | 13 744.11 | 0.00 | 0.00 | 0.00 | 0.00 | 564.98 | 7 915.82 | 5 263.32 |
| 2.11 | 各期还本付息 | 26 901.71 | 0.00 | 1 923.19 | 3 735.79 | 16 275.95 | 4 966.78 | 0.00 | 0.00 |
| 小计 | | 386 306.90 | 58 972.57 | 46 804.07 | 66 384.33 | 64 971.84 | 61 109.07 | 71 821.06 | 16 243.95 |
| 3 | 归还垫支利润及净投资回收 | 42 871.53 | 0.00 | 0.00 | 0.00 | 0.00 | 0.00 | 6 823.69 | 36 047.84 |

从表 8－27 中可以看出，本项目如果操作得当，在正常情况下，项目建设完成时可以从销售收入中还清全部贷款本息并有基本的利润。

**表 8－27　项目贷款还本付息计算表**　　单位：万元

| 序号 | 项　目 | 合　计 | 开发经营期 | | | | | | |
|---|---|---|---|---|---|---|---|---|---|
| | | | 1 | 2 | 3 | 4 | 5 | 5 | 7 |
| 1 | 贷款及还本付息 | | | | | | | | |
| 1.1 | 期初贷款本息累计 | | 0.00 | 19 436.66 | 19 845.87 | 18 491.58 | 4 434.62 | 0.00 | 0.00 |
| 1.1.1 | 本金 | | 0.00 | 18 336.47 | 18 336.47 | 16 982.18 | 2 925.23 | 0.00 | 0.00 |
| 1.1.2 | 利息 | | 0.00 | 1 100.19 | 1 509.40 | 1 509.40 | 1 509.40 | 1 509.40 | 1 509.40 |
| 1.2 | 本期贷款 | 18 336.47 | 18 336.47 | 0.00 | 0.00 | 0.00 | 0.00 | 0.00 | 0.00 |
| 1.3 | 本期应计利息 | 8 565.24 | 1 100.19 | 2 332.40 | 2 381.50 | 2 218.99 | 532.15 | 0.00 | 0.00 |

续 表

| 序号 | 项　目 | 合　计 | 开发经营期 | | | | | | |
|---|---|---|---|---|---|---|---|---|---|
| | | | 1 | 2 | 3 | 4 | 5 | 5 | 7 |
| 1.4 | 本期本金归还 | 19 845.87 | 0.00 | 0.00 | 1 354.29 | 14 056.96 | 4 434.62 | 0.00 | 0.00 |
| 1.5 | 本期利息支付 | 7 055.84 | 0.00 | 1 923.19 | 2 381.50 | 2 218.99 | 532.15 | 0.00 | 0.00 |
| 1.6 | 期末贷款本息累计 | | 19 436.66 | 19 845.87 | 18 491.58 | 4 434.62 | 0.00 | 0.00 | |
| 本年年利率 | | | 12% | 12% | 12% | 12% | 12% | 12% | 12% |
| 2 | 偿还贷款本息的资金来源 | | | | | | | | |
| 2.1 | 投资回收 | 9 736.35 | 0.00 | 0.00 | 0.00 | 9 736.35 | 0.00 | 0.00 | 0.00 |
| 2.2 | 未分配利润 | 17 165.36 | 0.00 | 1 923.19 | 3 735.79 | 6 539.60 | 4 966.78 | 0.00 | 0.00 |
| 2.3 | 其他 | | | | | | | | |

6. 风险分析

本项目的风险来自建造成本、租售价格、销售进度、开发周期、贷款利率等方面，主要取决于租售价格的变化和销售进度的快慢。而这些风险因素会受政治、经济、社会条件的影响。另外，虽然自有资金占总投资的比例对整个项目全部投资的经济效益没有影响，但是由于贷款的杠杆作用会影响自有资金评价指标，因此需要项目主办者认真考虑。

(1) 盈亏平衡分析

本项目的盈亏平衡点为 76.42%，即当销售面积/收入达到可销售面积/收入的 76.42% 时，项目能保持盈亏平衡。利润为零时的初始平均价格和平均成本分别如图 8-2 和图 8-3 所示。

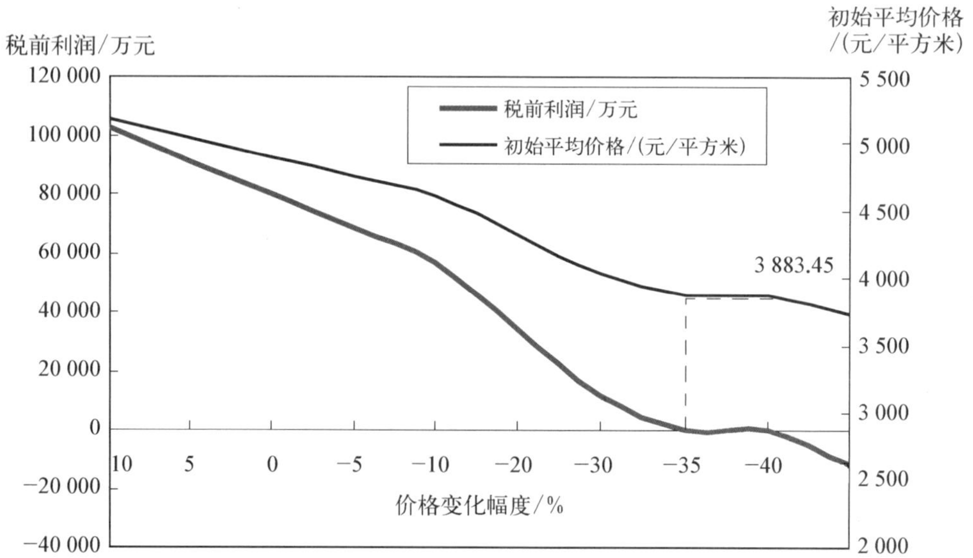

图 8-2　利润为零时的初始平均价格分析图

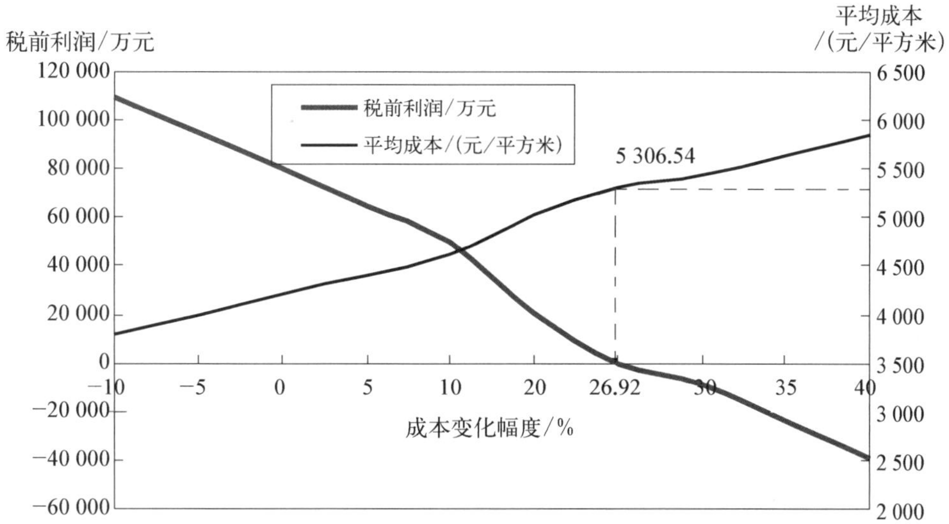


**图 8-3　利润为零时的平均成本分析图**

(2) 敏感性分析

影响本项目财务效益的主要风险因素为总投资(建造成本)、租售价格。针对全部投资和自有资金的评价指标,分别算出上述因素变化±15%、±10%、±5%时对评价指标的影响,如表 8-28 和表 8-29 所示。其中,两种最不利的情况如下:

① 当总投资增加 15%时,全部投资的评价指标为

财务内部收益率:　　　　　18.10%

财务净现值($i_c$=18%):　　170.42 万元

静态投资回收期:　　　　　5.62 年

动态投资回收期($i_c$=18%):6.99 年

② 当租售价格降低 15%时,全部投资的评价指标为

财务内部收益率:　　　　　12.59%

财务净现值($i_c$=18%):　　−8 691.2 万元

静态投资回收期:　　　　　6.16 年

动态投资回收期($i_c$=18%):7.00 年

**表 8-28　全部投资敏感性分析表**

| 项　目 | | 财务内部收益率 | 财务净现值/万元 | 静态投资回收期/年 | 动态投资回收期/年 |
|---|---|---|---|---|---|
| 基本方案 | | 24.80% | 10 938.09 | 4.84 | 6.35 |
| 总投资变化 | 15% | 18.10% | 170.42 | 5.62 | 6.99 |
| | 10% | 20.21% | 3 759.65 | 5.37 | 6.78 |
| | 5% | 22.44% | 7 348.87 | 5.14 | 6.56 |
| | −5% | 27.30% | 14 527.31 | 4.45 | 6.13 |
| | −10% | 29.95% | 18 116.54 | 4.12 | 5.83 |
| | −15% | 32.78% | 21 705.76 | 3.9 | 5.47 |

续 表

| 项 目 | | 财务内部收益率 | 财务净现值/万元 | 静态投资回收期/年 | 动态投资回收期/年 |
|---|---|---|---|---|---|
| 租售价格变化 | 15% | 37.07% | 30 570.81 | 3.70 | 4.99 |
| | 10% | 32.96% | 24 026.27 | 3.90 | 5.44 |
| | 5% | 28.87% | 17 482.02 | 4.25 | 5.98 |
| | −5% | 20.73% | 4 394.54 | 5.31 | 6.73 |
| | −10% | 16.66% | −2 148.58 | 5.81 | 7.00 |
| | −15% | 12.59% | −8 691.2 | 6.16 | 7.00 |

**表 8-29 自有资金敏感性分析表**

| 项 目 | | 财务内部收益率 | 财务净现值/万元 | 静态投资回收期/年 | 动态投资回收期/年 |
|---|---|---|---|---|---|
| 基本方案 | | 292.33% | 155 464.96 | 1.37 | 1.44 |
| 总投资变化 | 15% | 277.97% | 156 586.73 | 1.39 | 1.46 |
| | 10% | 283.19% | 156 563.78 | 1.38 | 1.45 |
| | 5% | 287.55% | 156 006.96 | 1.38 | 1.44 |
| | −5% | 297.82% | 155 046.65 | 1.35 | 1.43 |
| | −10% | 304.64% | 154 733.55 | 1.36 | 1.42 |
| | −15% | 312.21% | 154 436.47 | 1.35 | 1.41 |
| 租售价格变化 | 15% | 323.54% | 175 815.68 | 1.34 | 1.4 |
| | 10% | 312.36% | 16 898.01 | 1.35 | 1.41 |
| | 5% | 301.62% | 162 156.68 | 1.36 | 1.42 |
| | −5% | 284.36% | 149 048.79 | 1.38 | 1.45 |
| | −10% | 273.24% | 141 408.82 | 1.40 | 1.47 |
| | −15% | 257.97% | 131 708.35 | 1.42 | 1.50 |

由计算结果可知，租售价格降低 15%对项目财务效益影响很大，使项目不能满足财务内部收益率、财务净现值和投资回收期的评价标准。为确保项目获得较好的财务效益，项目主办者应加强市场促销工作，尽量使租售收入计划得以实现。

由于本项目全部投资基本方案的财务内部收益率为 24.80%，远高于本项目测算中的贷款年利率，因此自有资金评价指标随自有资金占总投资的比例有较大的变化。从自有资金占总投资的比例变化敏感性分析表中可以看出，在确保项目正常运作的情况下，应尽可能降低自有资金的投入，使项目主办者的自有资金再选择其他理想的投资渠道。

7. 结论

上述分析和财务效益评估的结果表明，本项目有较好的财务内部收益率，有基本的贷款偿还和自身平衡能力，且有一般的抗风险能力。评估结果表明，本项目是可行的。

本项目评估中假定可销售面积全部用于销售，建设前四年期间的全部销售收入用于项目投资。因此，租售价格和销售进度是本项目能否达到预期效益的关键。

本项目各类物业的预期售价是在多方考察当地同类物业市场的基础上确定的。考虑到今后政府在启动房地产市场和降低普通住宅商品房售价方面会有一些新政策出台，预期售价将会有所变动。但从当前发展态势看，普通住宅商品房售价不会有太大的回落。

## 复习思考题

1. 财务评价的含义和作用分别是什么？
2. 财务评价的主要内容有哪些？
3. 财务评价的步骤有哪些？
4. 财务内部收益率的经济含义是什么？财务分析中怎么应用财务内部收益率指标对方案进行评价？
5. 财务净现值的经济含义是什么？财务分析中怎么应用财务净现值指标对方案进行评价？

## 练习题

某项目原始资料如下。

(1) 建设期为2年，生产期为8年，营业税以销售收入的5%计提，产品价格为50元/件，所得税税率为33%，基准折现率为12%。

(2) 投资估算及资金来源：建筑工程费为600万元，设备费为2 400万元，综合折旧率为12%，固定资产残值为固定资产投资的4%，无形资产及开办费为500万元(第1年投入)，生产期内均匀摊入成本费用。资金投入计划及收益、成本预测见表8-30。

(3) 还款方式：建设投资借款利率为10%，借款当年计半年利息，还款当年计全年利息，投产后(第3～10年)按等额本金法偿还，建设期借款利息用自有资金偿还；流动资金借款利率为8%，借款当年和还款当年均计全年利息，项目期末还本。

要求：① 制作借款还本付息计算表；② 制作损益表；③ 制作全部投资现金流量表；④ 制作自有资金现金流量表。

**表8-30 资金投入计划及收益、成本预测** 单位：万元

| 序号 | 项目 | 年序 | | | | |
|---|---|---|---|---|---|---|
| | | 1 | 2 | 3 | 4 | 5～10 |
| 1 | 建设投资<br>自有<br>借款 | <br>1 200 | <br>300<br>2 000 | | | |
| 2 | 流动资金<br>自有<br>借款 | | | <br>180<br>300 | <br>180<br>300 | |
| 3 | 年产(销)量(单位：万件) | | | 60 | 90 | 120 |
| 4 | 经营成本 | | | 1 682 | 2 360 | 3 230 |

## 案例分析题

某生产企业拟建一条无缝钢管生产线，产品主要应用于工业、农业、城市基础设施建设等。根据调查和预测，项目的基本数据如下。

(1) 总投资：总投资为 8 976.36 万元，其中建设投资为 4 050.36 万元，流动资金采用分项估算，经测算，需投入流动资金 4 926 万元。

(2) 资金筹措：建设投资为 4 050.36 万元，其中申请银行贷款 2 400 万元，其余 1 650.36 万元由企业自筹解决；铺底流动资金为 1 480 万元，由企业自筹解决，其余流动资金靠申请银行贷款解决。

(3) 销售收入：建设期为 1 年，第 2 年投产，第 3 年达产，投产后第 1 年达产率为 80%，第 2 年达产率为 100%，预计达产年销售钢管 12 万吨，达产年销售收入为 30 769 万元。

(4) 销售税金及附加：应缴纳产品增值税，税率为 17%，城市维护建设税和教育费附加分别按产品增值税的 7%和 4%计取，达产年销售税金及附加为 930.44 万元。

(5) 总成本费用估算

① 外购原材料费。本项目年需要原材料卷板 12.6 万吨、焊接材料 12 万吨，原材料费用合计 25 000 万元。

② 外购燃料及动力费。参照同类生产企业消耗标准，本项目外购燃料及动力费按 70 元/吨计取，年合计为 840 万元。

③ 工资及福利费。本项目定员为 150 人，人均月工资及福利费为 1 200 元，年工资及福利费为 216 万元。

④ 修理费。本项目修理费按折旧费的 50%计取。

⑤ 折旧费。本项目按《企业会计准则》关于折旧的有关规定，采用分类直线折旧法计提。建筑物折旧年限为 20 年，设备折旧年限为 10 年，净残值率为 5%。

⑥ 摊销费。本项目摊销费，无形资产按 10 年摊销，递延资产按 5 年摊销。

⑦ 利息支出。本项目利息支出包括两部分：固定资产投资贷款年利率为 6.03%，流动资金贷款年利率为 5.85%。

⑧ 销售费用。按同类生产企业销售费用标准，本项目销售费用按销售收入的 4%计取。

⑨ 其他费用。按实际支出列出。

经测算，本项目达产年总成本为 56 476.46 万元，达产年经营成本为 27 644.8 万元，达产年固定成本为 1 834.88 万元，达产年可变成本为 54 641.58 万元。

(6) 利润总额及分配：所得税按利润总额的 33%计取，盈余公积金按税后利润的 10%计取。

要求：试对该项目进行财务评价。

# 第 9 章 投资项目的国民经济评价

## 内容提要

投资项目国民经济评价的含义；国民经济评价与财务评价的关系；国民经济评价参数；国民经济评价方法及其应用。

## 思政元素

（1）大局观和全局观：根据国民经济评价知识点，引导学生思考个人发展与国家发展的关系，增强学生的大局观念和全局意识，让学生理解个人发展与国家的前途和命运是相依共存的，培养学生的大局意识。

（2）环境保护意识和生态文明理念：在讲解国民经济评价知识点所涉及的间接费用和间接效益的概念时，可以引入讨论工程项目可能产生的环境影响及其损失费用以及环境效益等，进一步介绍“绿水青山就是金山银山”的发展理念，启发学生的生态文明思想，增强学生的环境保护意识和生态文明理念。

### 引例

假设某国家计划在一个日照充足的地区建设一个大型光伏发电项目，旨在减少对化石燃料的依赖，降低温室气体排放，并促进当地经济发展。该地区经济发展相对滞后，主要依赖农业和畜牧业。随着工业化和城市化的推进，该地区对电力的需求迅速增长。目前，该地区电力供应主要依赖远程输电和柴油发电机，成本高且不稳定。近年来，国家对可再生能源非常重视，制定了支持可再生能源发展的政策，包括提供财政补贴、税收优惠和上网电价保障等。该地区位于高原，以晴朗天气和高日照时数著称，年平均日照时数超过 2 000 小时，非常适合光伏发电。此外，随着技术进步和成本下降，光伏发电的市场潜力巨大。计划建设的光伏发电项目的装机容量为 100 兆瓦，预计年发电量为 150 000 兆瓦时。该项目的主要目标是为当地提供清洁、稳定和经济的电力，同时推动地区经济多元化发展。

**思考题：**

（1）该项目的直接效益有哪些？间接效益有哪些？如何衡量？

（2）该项目会遇到哪些挑战？如何评估？

## 9.1 投资项目国民经济评价概述

### 9.1.1 国民经济评价的含义及意义

国民经济评价也称宏观经济评价，是指从国民经济整体角度出发，按照资源合理配置的原则，用影子价格、影子汇率、社会折现率等参数，分析和预测项目的实施给国民经济带来的净贡献，从而评价项目在经济上的合理性和可行性。国民经济评价实质上是一个以国家为系统，以国民经济净收益为目标函数，以国家有用资源的合理利用为约束条件的最优化问题。

国民经济评价的意义体现在以下几个方面。

第一，国民经济评价是宏观上合理配置国家有限资源的需要。合理的资源配置应该是能够使国民经济目标达到最优的资源配置。项目是国民经济大系统中的一个小系统，它既从国民经济大系统中吸收一定的投入，又向国民经济大系统提供一定的产出。为使国民经济大系统的目标达到最优，所选项目应该是对系统目标优化最有利的项目。但由于市场的不完善及市场功能的局限性等，财务价格往往不能全面、正确地反映项目投入物与产出物的真正经济价格，经财务评价所选择的项目就可能不是对国民经济目标优化最有利的项目。因此，为在宏观上合理配置资源，需要进行国民经济评价。

第二，国民经济评价是真正反映项目对国民经济净贡献的需要。从国家角度出发，投资建设的目的是取得尽可能大的国民经济效益，项目的取舍应以项目对国民经济净贡献的大小为依据。为真正反映项目对国民经济的净贡献，需要进行国民经济评价。

第三，国民经济评价是投资决策科学化的需要。科学合理的投资决策应能有效地促成适度的投资规模、合理的投资结构，实现好的经济效益。国民经济评价可以从以下三个方面促进投资决策科学化：通过调整社会折现率等来控制一些项目的通过与否，达到调控投资规模的目的；通过运用体现宏观意图的影子价格、影子费用等，可以起到鼓励或抑制某些行业、区域或某类项目发展的作用；通过选择国民经济净贡献大的项目，可以保障好的国民经济总体效益。

### 9.1.2 国民经济评价与财务评价的关系

国民经济评价与财务评价是项目经济评价的两个层次，它们既相互联系，又相互区别。企业经济评价是国民经济评价的基础，没有企业经济评价就不能进行国民经济评价，但是国民经济评价可以反过来肯定或者否定企业经济评价。

1. 两者的类同之处

(1) 评价目的类同。国民经济评价和财务评价的目的都是寻求最有利的投资项目或方案。

(2) 评价基础类同。国民经济评价和财务评价都在完成投资项目的产品市场分析、方案构造、投资估算、资金筹措等的基础上进行。

(3) 基本分析方法和主要评价指标类同。国民经济评价和财务评价都以现金流量分析(国民经济评价中称为费用效益流量分析)为主要方法，通过编制基本报表来计算内部收益表、净现值等主要评价指标。

2. 两者的不同之处

(1) 评价角度不同。财务评价，从企业角度出发，分析项目对企业在盈利能力、清偿能力等方面的状况，从而得出该项目在财务上是否可行的结论；国民经济评价，从国家整体角度考虑项目的效益和费用，通过分析和计算项目对国民经济的净贡献来评价项目的经济合理性。

(2) 评价范围不同。财务评价仅包括与项目有关的直接效果；国民经济评价除了包括与项目有关的直接效果，还包括与项目有关的间接效果。

(3) 效益和费用的划分范围不同。在财务评价中，效益包括销售收入、利润、折旧费等，财政补贴纳入效益，税收、国内利息、工资均计为费用；在国民经济评价中，税收、国内利息、工资均作为转移支付，财政补贴从效益中扣除。

(4) 评价尺度不同。财务评价采用现行市场价格来衡量项目的费用与效益；国民经济评价中的价格是从国民经济角度出发，在社会总需求与总供给平衡的条件下确定的影子价格。

(5) 评价参数不同。财务评价中根据实际情况选定参数；国民经济评价采用统一参数。

3. 两者的联系

财务评价是国民经济评价的基础，反过来，国民经济评价是财务评价的前提。国民经济效益对财务效益起指导作用，它是进行投资决策的先决条件和主要依据。

## 9.2　国民经济评价中费用与效益的识别

确定项目经济合理性的基本途径是将项目的费用与效益进行比较，计算项目对国民经济的净贡献，因此，正确地识别费用与效益是保证国民经济评价正确性的重要条件和必要前提。

效益和费用都是针对特定的目标而言的。效益是对目标的正贡献，费用是对目标的负贡献。项目的国民经济目标是获取尽可能大的国民经济净贡献。识别项目国民经济效益和费用的基本方法是有无对比法，即将项目的实施和运行对国民经济造成的影响(包括正面影响和负面影响)与无项目条件下的情况进行对比，凡是项目对国民经济所作出的贡献均计为项目的国民经济效益，凡是国民经济为项目所付出的代价均计为项目的国民经济费用。

### 9.2.1　直接效益和直接费用

项目的直接效益是由于项目向国民经济大系统提供产品或劳务而对国民经济作出的直接贡献。直接效益的确定一般可分为以下两种情况。

(1) 若项目产出物用以增加国内市场的供应量，其效益就是这部分增加量所满足的国内需求的价值，等于对这部分增加供应量的消费者支付意愿。

(2) 若项目产出物未使国内市场的供应量相应增加，则：

① 当项目产出物用于替代出口时，其效益等于所获得外汇的经济价值；

② 当项目产出物用于替代进口时，其效益等于所节约外汇的经济价值；

③ 当项目产出物用于替代国内原生产企业的部分或全部生产时，其效益为原生产企业减产或停产向社会所释放的资源，其价值等于对这部分资源的支付意愿。

项目的直接费用是因项目建设生产耗费直接投入而使国民经济为项目付出的代价。直接费用的确定一般也分为以下两种情况。

(1) 若项目投入物来自国内生产量的增加，其费用就是增加国内生产所消耗资源的经济价值。

(2) 若项目投入物的国内生产量保持不变，则：

① 当项目投入物来自进口时，其费用等于所花费外汇的经济价值；

② 当项目投入物来自出口减少时，其费用等于所减少外汇收入的经济价值；

③ 当项目投入物来自对其他项目供应量的减少时，其费用为其他项目因此减少的效益，等于其他项目对这部分投入物的支付意愿。

### 9.2.2 间接效益和间接费用

在项目为国民经济提供的总效益中，除由项目产出物所体现的直接效益外，还包括由项目产生的某些其他效益，即间接效益(亦称外部效益)。例如，大型水利项目为当地防洪及旅游业等带来的效益，项目厂外运输系统为附近工农业生产和人们生活带来的效益，项目为所处相对落后地区的社会、经济、文化、观念等带来的综合效益。在这些效益中，有些是有形的，有些是无形的；有些是可用货币计量的，有些是难以或不能用货币计量的。

在国民经济为项目所付出的总代价中，除由项目投入物所体现的直接费用外，还包括由项目引起的某些其他费用，即间接费用(亦称外部费用)。间接费用的典型例子是工业项目的废水、废气、废渣、噪声等引起的环境污染所造成的国民经济费用。间接费用也有有形与无形、可用货币计量与不可用货币计量之分。

与项目相关的间接效益和间接费用统称为外部效果。外部效果通常较难计算，为减少计算困难，首先应力求明确项目的“边界”，如通过扩大项目范围，把一些互相关联的项目合在一起进行评价，使间接费用和间接效益转化为直接费用和直接效益。其次，通过采用影子价格来计算项目的费用和效益，可在很大程度上使项目的外部效果在项目内部得到体现。这样，通过扩大项目范围和调整价格两步工作后，可使很多外部效果内部化。在国民经济评价中，为既能全面考虑项目的外部效果，又能防止将外部效果扩大化，避免重复计算，考虑某些外部效果时应注意以下几个问题。

(1) 工业项目引起的环境污染和生态破坏被视为一种间接费用，可参照现有同类企业所造成的损失来计算。

(2) 项目产品大量供应国内市场，导致产品价格下降而使原用户或消费者从中得到的好处，一般不应计为项目的间接效益，因为原用户或消费者从产品价格下降中所得的好处正是原生产企业减少的效益，从整个国民经济角度看效益并未增减，只是一种效益转移。

(3) 项目产品大量出口，导致出口价格下降而减少原出口产品创汇的效益，则应计为项目的间接费用。

(4) 技术改造项目的技术培训、人才流动、技术推广和技术扩散使整个社会的受益，应计为项目的间接效益，称为技术扩散效果。由于计量上的困难，一般只能做定性描述。

(5) 项目对以其产出物为主要投入物的下游企业所产生的效果，一般在合理确定的项目产出物影子价格中已得到反映，不再进行单独计算。

(6) 项目对为其提供投入物的上游企业所产生的效果，可分两种情况来考虑：项目投入物由新建项目生产提供，则效果一般能够通过合理确定的项目投入物影子价格得到反映，不需要单独计算；项目投入物来自现有生产企业，使原来闲置的生产能力得以发挥或达到经济规模所产生的效益，应计为项目的间接效益，但需用有无对比法计算增量效果，测评没有该项目时上游企业生产能力的利用发生的变化，并注意是否存在具有类似效果的其他拟建项目，如果有，就不应将上述效益全部归因于一个项目，以避免外部效果的重复计算。

(7) 对于项目的外部效果，一般只计算第一级相关效果，不计算连续扩展的乘数效果。

### 9.2.3 转移支付

在投资项目的国民经济评价中，国家作为一个大系统，其内部发生的某些费用和效益并不涉及资源的实际增加或消耗，仅仅是系统内部的互相转移，如缴纳的税金、补贴、国内贷款利息等，这种转移称为转移支付。在国民经济评价中，转移支付不列为项目的费用和效益。识别转移支付的条件有两个：一是发生在系统内部；二是发生资源变化。

(1) 税金

在财务评价中，项目上缴税金后减少其净收益，税金是一项财务支出，但项目纳税并未减少国民收入，也未能产生社会资源的变动，只是将项目的这笔货币收入转移到政府手中。由于国民经济评价是从社会资源增减的角度来考虑项目的费用和效益的，税金并不反映社会资源的变动，因此税金在国民经济评价中不能作为项目的费用。

(2) 补贴

补贴是根据国家政策的规定给予某种产品的价格补贴。政府对项目的补贴，仅仅表示在国民经济为项目所付出的代价中，有一部分来自政府财政支出中补贴这一项。但是，整个国民经济为项目所付出的代价并不以这些代价来自何处为计算依据，更不会由于有无补贴或补贴多少而改变。实际上补贴是一种转移支付，因此补贴不是国民经济评价中的费用或效益。

(3) 国内贷款利息

国内贷款利息在财务评价的自有资金现金流量表中是一项费用。对国民经济评价来说，利息是利润的转化形式，它表示项目对国民经济的贡献中有一部分转移到借贷机构中，是企业与银行之间的一种资金所有权的转移。这种转移并没有因此增加或减少国民经济的收入或资源消耗，项目对国民经济贡献的大小与所支付的国内贷款利息的多少无关。因此，国内贷款利息也不是国民经济评价中的费用或效益。

## 9.3 影子价格

### 9.3.1 影子价格的概念

影子价格是20世纪30年代末至40年代初由荷兰数理经济学及计量经济学创始人之一、诺贝尔经济学奖获得者简·丁伯根和苏联数学家及经济学家、诺贝尔经济学奖获得者列奥尼德·康托罗维奇分别提出的。影子价格又称最优计划价格或计算价格，它不是市场上形成的交换价格，而是一种更能反映资源真实经济价值、促进资源合理利用、为实现一定的经济发展目标而人为确定的效率价格。影子价格反映社会经济处于某种最优状态下时的资源稀缺程度和对最终产品的需求情况，有利于资源的最优配置。

国民经济评价通过考虑项目的国民经济效益与费用来评价项目对国民经济的净贡献，而合理确定和应用影子价格是正确衡量项目国民经济效益与费用最重要的前提。只有合理确定和应用影子价格，才能保证项目国民经济效益与费用的衡量真实，使国民经济评价的结论能够用于正确指导投资决策，保证资源的合理配置，从而使国民经济获得高效率、高速度的发展。反之，失真和扭曲的影子价格必然导致项目国民经济效益与费用的衡量失真，从而导致错误的投资决策，造成有限资源的浪费，延误国民经济的发展。在大多数发展中国家，由于产业结构不合理、劳动力过剩、过度保护本国工业、通货膨胀、外汇短缺以及价格管制和工资管制等，现行价格存在较为严重的失真和扭曲。许多价格既不反映资源的真实价值，也不反映供求关系，典型的例子有劳动力的价格问题和生产资料价格扭曲等。显然，这样的价格不能用于国民经济评价，而必须测算和应用影子价格。

## 9.3.2 影子价格的计算方法和确定

1. 影子价格的计算方法

(1) 线性规划对偶解法

苏联经济学家列奥尼德·康托罗维奇和美国经济学家、诺贝尔经济学奖获得者佳林·库普曼斯先后用线性规划方法证明：影子价格是资源配置的线性规划对偶问题的最优解。

影子价格的线性规划对偶解法在理论上比较严密，但实际应用却十分困难。因为它会涉及上千种资源、上万种产品及更大数量组的消耗系数，这无论是从技术水平还是从计划水平来看，至少目前是很难办到的。因此，这一方法只有理论上的意义，很难在经济分析中特别是项目评价中得到实际应用。

(2) 市场均衡价格法

理论上可以证明，完善的市场条件下货物的影子价格等于其市场均衡价格。虽然实际上完善的市场条件并不存在，但一般认为，只要排除少数国家的垄断、控制和保护政策等的限制，国际市场价格可以较好地反映货物的真实价值。特别是对外贸货物来说，若能正确确定外汇的国民经济价值，国际市场价格确实代表了国民经济大系统向外输出单位货物所能获取的报酬和向内输入单位货物所需支付的价款。因此，市场经济不发达国家进行项目国民经济评价时，项目投入物与产出物中外贸货物的影子价格可以以国际市场价格为基础进行调整来确定。

(3) 机会成本分析法

在国民经济评价中，项目占用某种资源的机会成本是指用于项目的这种资源若用于其他最好的替代机会所能获得的效益。当一个项目占用了一定量的某种资源时，国民经济被迫放弃了把该部分资源用于其他最好的替代用途的机会，从而被迫放弃了可由此替代用途产生的收益。这个被迫放弃的收益就是国民经济为该项目占用这部分资源而付出的代价。因此，机会成本代表项目占用资源的影子费用(影子价格×占用量)，反映资源影子价格的大小。

机会成本分析法常用于确定土地的影子费用和劳动力的影子价格(影子工资)，而机会成本分析的思想则几乎体现在所有影子价格和影子费用的确定中。

(4) 消费者支付意愿法

这里所谓的消费者是广义的，包括最终消费品的购买者以及中间货物和资本货物的购买者(包括所评价的项目自身)。消费者支付意愿法与机会成本分析法同属局部均衡分析法，主要用于确定非外贸货物的影子价格、影子效益或费用。实际上，该方法也适用于其他货物的影子价格的确定。

在项目产出物有效增加国内市场供应量的情况下，若其供应量不足以大到引起国内市场价格(指完全由供、求决定的价格，下同)的下降，则消费者支付意愿的度量尺度是市场价格本身，产出物的影子价格可取市场价格；若其供应量引起了国内市场价格的下降，则消费者支付意愿等于消费者实际支付加增加的消费者剩余，即产出物的影子效益等于消费者支付意愿。在项目产出物替代国内原生产企业的部分或全部生产的情况下，其影子效益为原生产企业减产或停产向社会所释放资源的价值，等于对这部分资源的消费者支付意愿(若产品质量有所提高，还应计入追加效益）。

同理，在项目投入物来自挤占对该投入物原用户供应量的情况下，其影子费用等于原用户因此减少效益的价值，即等于原用户对这部分投入物的支付意愿；在项目投入物来自国内生产量增加的情况下，其影子费用就是增加生产所消耗资源的价值，即等于对这些资源的消费者支付意愿。

推而广之，项目出口产品的出口价格反映国外消费者对出口产品的支付意愿，项目进口投入物的进口价格反映国内消费者对进口投入物的支付意愿。

(5) 成本分解法

成本分解法是确定非外贸货物影子价格的一种重要方法。采用成本分解法对货物成本进行分解，可得到该货物的分解成本，用以反映货物的经济价值。

对于项目的非外贸投入物及替代国内原有企业产品的产出物，大多数不能直接按市场价格反映其影子价格或导出反映其影子价格（或影子效益、影子费用）的消费者支付意愿，而需要由成本分解法得到分解成本来反映。

用成本分解法求取非外贸货物的影子价格时，原则上应按边际成本进行分解。但在实践中，往往由于数据来源困难而用平均成本进行分解计算。对于必须用新增投资增加所需投入物供应的，应按其全部成本（包括可变成本和固定成本）进行分解；对于能发挥原有企业生产能力来满足供应的，应按其可变成本进行分解。

2. 影子价格的确定

国民经济评价中在确定影子价格时，首先将项目投入物与产出物分为外贸货物、非外贸货物和特殊投入物三种类型，然后按其特点及上述影子价格的计算方法分别确定其影子价格。

(1) 外贸货物影子价格的确定

外贸货物是指其生产或使用直接或间接影响国家进出口的货物。包括：项目产出物中的直接出口（增加出口）、间接出口（替代其他企业产品供应国内市场而使其他企业增加出口）或替代进口（以产品满足其他企业或最终消费从而减少进口）者；项目投入物中的直接进口（增加进口）、间接进口（挤占其他企业投入物而使其增加进口）或减少出口（挤占原可用于出口的国内产品）者。

外贸货物的影子价格以实际可能发生的国际市场价格（一般取口岸价格）为基础来确定。口岸价格的选取应注意国际市场的变化趋势，进行有根据的预测，注意剔除倾销、暂时紧缺、短期波动等因素的影响，同时还要考虑质量价差。口岸价格选定后，可按下述定价方法确定外贸货物的影子价格（$SP$，项目产出物为出厂价格，项目投入物为到厂价格）：

① 直接出口产品的影子价格：离岸价格（$FOB$）乘影子汇率（$SER$），减去国内运输费用（$T_1$）和贸易费用（$T_{r1}$），其表达式为

$$SP = FOB \times SER - (T_1 + T_{r1}) \tag{9-1}$$

② 间接出口产品的影子价格：离岸价格乘影子汇率，减去原供应厂到口岸的运输费用（$T_2$）及贸易费用（$T_{r2}$），加上原供应厂到用户的运输费用（$T_3$）及贸易费用（$T_{r3}$），再减去拟建项目到用户的运输费用（$T_4$）及贸易费用（$T_{r4}$），其表达式为

$$SP = FOB \times SER - (T_2 + T_{r2}) + (T_3 + T_{r3}) - (T_4 + T_{r4}) \tag{9-2}$$

③ 替代进口产品的影子价格：原进口货物的到岸价格（$CIF$）乘影子汇率，加上口岸到用

户的运输费用($T_5$)及贸易费用($T_{r5}$),减去拟建项目到用户的运输费用及贸易费用,其表达式为

$$SP = CIF \times SER + (T_5 + T_{r5}) - (T_4 + T_{r4}) \tag{9-3}$$

④ 直接进口产品的影子价格:到岸价格乘影子汇率,加上国内运输费用和贸易费用,其表达式为

$$SP = CIF \times SER + (T_1 + T_{r1}) \tag{9-4}$$

⑤ 间接进口产品的影子价格:到岸价格乘影子汇率,加上口岸到原用户的运输费用及贸易费用,减去供应厂到原用户的运输费用及贸易费用,再加上供应厂到拟建项目的运输费用($T_6$)及贸易费用($T_{r6}$),其表达式为

$$SP = CIF \times SER + (T_5 + T_{r5}) - (T_3 + T_{r3}) + (T_6 + T_{r6}) \tag{9-5}$$

当供应厂和其原用户难以确定时,可按直接进口考虑。

⑥ 减少出口产品的影子价格:离岸价格乘影子汇率,减去供应厂到口岸的运输费用及贸易费用,加上供应厂到拟建项目的运输费用及贸易费用,其表达式为

$$SP = FOB \times SER - (T_2 + T_{r2}) + (T_6 + T_{r6}) \tag{9-6}$$

当供应厂难以确定时,可按离岸价格计算。

(2) 非外贸货物影子价格的确定

非外贸货物是指其生产或使用不影响国家进出口的货物。包括:建筑、国内运输等基础设施以及商业的产品和服务;由于运输费用过高或受国内、国外贸易政策和其他条件的限制而不能进行外贸的货物。非外贸货物的影子价格按下述原则和方法确定。

① 增加国内市场供应量的项目产出物,按以下原则和方法定价后计算为出厂价格:供求均衡的,按财务价格定价;供不应求的,参照国内市场价格并考虑价格变化趋势进行定价,但不应高于相同质量产品的进口价格;无法判断供求情况的,取上述价格中较低者。

② 替代国内原生产企业部分或全部生产的项目产出物,按以下原则和方法定价后计算为出厂价格:其质量与被替代产品的质量相同的,按被替代企业相应产品的可变成本分解定价;提高产品质量的,原则上按被替代产品的可变成本分解加提高产品质量所带来的国民经济效益定价。其中,提高产品质量所带来的效益可近似按国际市场价格与被替代产品的价格之差确定。

③ 通过原有企业挖潜(不增加投资)供应的项目投入物,按可变成本分解定价后计算为到厂价格。

④ 由增加投资、扩大生产规模供应的项目投入物,按全部成本分解定价后计算为到厂价格。当难以获得分解成本所需资料时,可参照国内市场价格定价后计算为到厂价格。

⑤ 挤占原用户供应量来供应的项目投入物,参照国内市场价格、国家统一价格加补贴中较高者定价后计算为到厂价格。

(3) 特殊投入物影子价格的确定

特殊投入物是指劳动力和土地。其影子价格或影子费用应能反映劳动力、土地用于拟建项目而使社会为此放弃的效益和为此增加的资源消耗。

① 劳动力的影子工资可通过财务评价所用的工资及福利费乘影子工资换算系数求得。

影子工资换算系数由国家统一测定发布。目前，我国规定一般项目的影子工资换算系数为1，在建设期内使用大量民工的水利、公路等项目的影子工资换算系数为0.5。

② 土地的影子费用可按土地机会成本加国民经济为项目占用土地而新增加的资源消耗费用（如拆迁费用、剩余农业劳动力安置费等）确定。其中，新增加的资源消耗费用应是按影子价格计算的费用；土地机会成本可按下式计算：

$$OC=\sum_{t=1}^{n}NB_0(1+g)^{t+\tau-1}(1+i_s)^{-t} \tag{9-7}$$

式中，$OC$ 为土地机会成本；$NB_0$ 为测算年土地最好可替代用途的年净效益；$n$ 为项目占用土地年限，一般取项目计算期；$\tau$ 为测算年距项目占用土地开始年（一般为建设开始年）的年份数；$g$ 为土地最好可替代用途年净效益的平均增长率；$i_s$ 为社会折现率。

## 9.4 国民经济评价参数

### 9.4.1 社会折现率

社会折现率反映社会对资金时间价值的估量，通过确定资金的机会成本来确定社会折现率。在国民经济评价中，用社会折现率计算经济净现值和经济内部收益率。它是国民经济评价的重要通用参数，是计算经济净现值等指标或资金等值换算时采用的折现率，也是经济内部收益率的判断依据。社会折现率由国家统一测定发布，目前我国社会折现率规定值为12%。

### 9.4.2 影子汇率

影子汇率是指从国民经济角度对外汇价值进行估量，是外汇的影子价格。在国民经济评价中，影子汇率用于外汇和人民币之间的换算，同时也作为经济换汇或节汇成本的判断依据。影子汇率取值的高低，直接影响项目（或方案）比选中的进出口抉择，影响对产品进口替代型项目和产品出口型项目的决策。按原国家计划委员会规定，我国进行国民经济评价时，用国家外汇牌价乘影子汇率换算系数得到影子汇率，即

$$\text{影子汇率}=\text{官方汇率}\times\text{影子汇率换算系数} \tag{9-8}$$

式中，影子汇率换算系数是一个重要的通用参数，由国家统一测定发布，目前规定取值为1.08。

现今我国已放松对外汇的管制，官方汇率等于外汇调剂市场汇率。由于该汇率已基本上能够反映外汇的真实价值，因而在进行国民经济评价时，可以直接以外汇调剂市场汇率为影子汇率。

### 9.4.3 贸易费用率

国民经济评价中的贸易费用是指物资系统、外贸公司和各级商品批发站等部门花费在货物流通过程中的按影子价格计算的费用（长途运输费用除外）。贸易费用率则是用以计算贸易费用的、反映贸易费用相当于货物影子价格的一个综合比率。贸易费用率的取值一般为6%，对于少数价格高、体积及质量较小的货物，取值可适当降低。用贸易费用率计算货物的贸易费用时使用下列公式：

$$\text{进口货物的贸易费用}=CIF\times SER\times r \tag{9-9}$$

式中，$r$ 为贸易费用率。

$$\text{出口货物的贸易费用}=(FOB\times SER-T)\div r(1+r) \tag{9-10}$$

式中，$T$ 为国内长途运输费用。

$$\text{非外贸货物的贸易费用}=\text{出厂影子价格}\times r \tag{9-11}$$

### 9.4.4 影子工资

影子工资是劳动力的影子价格，体现国家和社会为拟建项目使用劳动力而在别处被迫放弃的劳动边际产出，一般由劳动力的边际产出和劳动力就业或转移所引起的社会资源耗费两部分组成。

影子工资的确定可采用下列公式：

$$\text{影子工资}=\text{财务评价中的工资及福利费}\times\text{影子工资换算系数} \tag{9-12}$$

影子工资换算系数应主要根据我国劳动力的状况、结构及就业水平等因素来确定。如在就业压力较大的地区，对于占用大量非熟练劳动力的项目，可以取小于 1 的影子工资换算系数。又如对于占用大量短缺的专业技术人员的项目，可以取大于 1 的影子工资换算系数。

## 9.5 国民经济评价方法

### 9.5.1 国民经济评价步骤

国民经济评价可以直接进行，也可以在财务评价的基础上进行。

1. *直接进行国民经济评价*

直接对项目进行国民经济评价的步骤如下。

(1) 分析项目的直接效益：根据项目的数量、种类和产出物的影子价格确定项目的直接效益。

(2) 对项目进行投资估算、流动资金估算等：根据影子工资、影子汇率、货物的影子价格等参数直接进行项目的投资估算和流动资金估算，并根据生产经营的实物消耗计算经营费用。

(3) 识别项目的间接效益和间接费用，对能定量的进行定量计算，对不能定量的进行定性分析。

(4) 计算相应指标，编制报表，进行成果分析。

2. *在财务评价基础上进行国民经济评价*

在项目财务评价的基础上对这类项目进行国民经济评价的步骤如下。

(1) 调整效益和费用的范围：分析效益和费用中的转移支付，识别间接效益和间接费用，对能定量的进行定量计算，对不能定量的进行定性分析。

(2) 调整效益和费用的数值：主要采用影子价格重新计算投资、成本费用和销售收入等。

对于固定资产投资，剔除投资中的关税和增值税，用影子价格、影子汇率和贸易费用进行调整。

对于经营费用，先用货物的影子价格、影子工资等参数调整人工、材料等费用，然后汇总，即得到调整后的经营费用。

对于销售收入，先确定项目产出物的影子价格，然后调整销售收入。

当项目涉及外汇时，应用影子汇率计算外汇借款的成本。

(3) 编制国民经济评价报表和计算国民经济评价指标。

## 9.5.2 国民经济评价指标体系

国民经济效果的评价是指通过对项目的投入费用和产出效益的分析，评价项目对国民经济的贡献。

国民经济评价指标包括反映项目经济盈利能力的指标和反映国民经济外汇效果的指标两方面。

(一) 反映项目经济盈利能力的指标

对项目经济盈利能力的分析主要采用经济内部收益率和经济净现值等评估指标。根据项目特点和实际需要，在多方案经济效益比选时，还可采用经济净现值率、差额投资内部收益率等指标对不同投资项目进行排序；在项目初选时，也可采用投资净收益率和投资净增值率等静态指标。

1. 经济内部收益率($EIRR$)

经济内部收益率是项目在寿命期(计算期)内逐年累计的经济净效益流量的现值等于零时的折现率，即项目动态投资最大收益率。它是反映项目对国民经济净贡献的一项相对效果指标，是项目评估的主要判断依据。其表达式为

$$\sum_{t=1}^{n}\left[(B-C)_t(1+EIRR)^{-t}\right]=0 \qquad (9-13)$$

式中，$B$ 为效益流入量；$C$ 为费用流出量；$(B-C)_t$ 为第 $t$ 年的净效益流量；$n$ 为计算期。

一般情况下，对于经济内部收益率大于或等于社会折现率的项目，应认为是可以考虑接受的，这表明项目对国民经济的净贡献超过了或达到了所要求的水平。

2. 经济净现值($ENPV$)

经济净现值是反映项目对国民经济净贡献的一项绝对效果指标，是用来进行项目评估和方案选择的主要依据。它等于按指定的社会折现率将项目建设和生产服务年限内各年的净效益流量折算到基准年的现值之和。其计算公式为

$$ENPV=\sum_{t=1}^{n}\left[(B-C)_t\times(1+i_s)^{-t}\right] \qquad (9-14)$$

式中，$i_s$ 为社会折现率。

一般情况下，对于经济净现值大于或等于零的项目，应认为可以考虑接受。

3. 经济净现值率($ENPVR$)

在对若干个不同投资规模的拟建项目或投资方案进行排序选择时，可采用经济净现值率等指标进行评估。

经济净现值率是反映项目单位投资对国民经济所作贡献的相对效果的动态评估指标。它等于经济净现值与总投资现值之比，即单位投资现值的经济净现值。其计算公式为

$$ENPVR=ENPV/I_p \qquad (9-15)$$

式中，$I_p$ 为项目总投资(包括固定资产投资和流动资金)的现值。

在对不同投资规模或不同部门、行业的投资方案进行比较选择时，一般应选择经济净现值率高的投资方案。这项指标也可作为按经济效益高低给综合投资部门和计划部门进行排序的依据。

（二）反映国民经济外汇效果的指标

1. 经济外汇净现值($ENPV_F$)

经济外汇净现值，是指生产出口产品的项目外汇流入和外汇流出的差额，采用影子价格和影子工资计算，等于按特定的折现率（如国外贷款利率、社会折现率等）折算到基准年的现值总和。它可用以衡量项目对国家外汇真正的净贡献（创汇）或净消耗（用汇），亦是分析评价项目实施后对国家外汇收支直接影响和间接影响的重要指标。通过经济外汇流量表可直接求得经济外汇净现值。

经济外汇净现值的表达式为

$$ENPV_F = \sum_{t=1}^{n}[(FI - FO)_t(1 + i_s)^{-t}] \quad (9-16)$$

式中，$FI$ 为生产出口产品的外汇流入；$FO$ 为生产出口产品的外汇流出；$i_s$ 为社会折现率；$n$ 为计算期。

一般情况下，当经济外汇净现值大于零时，项目即可取。

2. 经济换汇成本

经济换汇成本等于用货物的影子价格、影子工资和社会折现率等参数计算项目生产出口产品及替代进口产品所消耗的国内资源价值的现值与外汇（美元）净收益的现值之比，即获取1美元净外汇收入或节省1美元外汇所需消耗的国内资源价值（元）。其表达式为

$$经济换汇成本 = \frac{\sum_{t=1}^{n}[DR_t(1 + t_s)^{-t}]}{\sum_{t=1}^{n}[(FI - FO)_t(1 + i_s)^{-t}]} \quad (9-17)$$

式中，$DR_t$ 为第 $t$ 年为生产出口产品及替代进口产品投入的国内资源价值，元；$FI$ 为生产出口产品及替代进口产品的外汇流入，美元；$FO$ 为生产出口产品及替代进口产品的外汇流出，美元。

当经济换汇成本小于或等于影子汇率时，表明该项目可行。

3. 经济节汇成本

有些项目的产品虽属内销，但经主管部门批准后可按替代进口产品对待。经济节汇成本等于项目计算期内生产替代进口产品所投入的国内资源现值与生产替代进口产品的经济外汇净现值之比，即节约1美元外汇所需的人民币金额。其表达式为

$$经济节汇成本 = \frac{\sum_{t=1}^{n}[DR'_t(1 + t_s)^{-t}]}{\sum_{t=1}^{n}[(FI' - FO')_t(1 + i_s)^{-t}]} \quad (9-18)$$

式中，$DR'_t$ 为第 $t$ 年为生产替代进口产品投入的国内资源价值，元；$FI'$ 为生产替代进口产品所节约的外汇，美元；$FO'$ 为生产替代进口产品的外汇流出，美元。

当经济节汇成本小于或等于影子汇率时，表明该项目可行。

### 9.5.3 国民经济评价报表的编制

一般对国内投资项目进行国民经济评价时，要编制全投资国民经济效益费用流量表，如表9-1所示。

表 9-1　国民经济效益费用流量表(全投资)

| 序号 | 项　　目 | 年　序 | | | 合　计 |
|---|---|---|---|---|---|
| | | 建设期 | 运行初期 | 正常运行期 | |
| 1<br>1.1<br>1.2<br>1.3<br>1.4 | 效益流量($CI$)<br>产品销售收入<br>回收固定资产余值<br>回收流动资金<br>项目间接效益 | | | | |
| 2<br>2.1<br>2.2<br>2.3<br>2.4 | 费用流量($CO$)<br>固定资产投资<br>流动资金<br>经营费用<br>项目间接费用 | | | | |
| 3 | 净效益流量($CI-CO$) | | | | |
| 4 | 累计净效益流量 | | | | |
| 评价指标：经济内部收益率=<br>经济净现值= | | | | | |

对于利用外资的项目，除了编制全投资国民经济效益费用流量表，还须编制国内投资国民经济效益费用流量表，如表 9-2 所示。

表 9-2　国民经济效益费用流量表(国内投资)

| 序号 | 项　　目 | 年　序 | | | 合　计 |
|---|---|---|---|---|---|
| | | 建设期 | 运行初期 | 正常运行期 | |
| 1<br>1.1<br>1.2<br>1.3<br>1.4 | 效益流量($CI$)<br>产品销售收入<br>回收固定资产余值<br>回收流动资金<br>项目间接效益 | | | | |
| 2<br>2.1<br>2.2<br>2.3<br>2.4 | 费用流量($CO$)<br>国内固定资产投资<br>国内流动资金<br>经营费用<br>流至国外的资金 | | | | |
| | (国外借款本金偿还) | | | | |
| | (国外借款利息支付) | | | | |
| 2.5 | 项目间接费用 | | | | |
| 3 | 净效益流量($CI-CO$) | | | | |
| 4 | 累计净效益流量 | | | | |
| 评价指标：经济内部收益率=<br>经济净现值= | | | | | |

对于涉及产品出口创汇及替代进口节汇的项目，还应编制经济外汇流量表，如表 9-3 所示。

表 9-3　经济外汇流量表

| 序号 | 项　目 | 年　序 | | | 合　计 |
|---|---|---|---|---|---|
| | | 建设期 | 运行初期 | 正常运行期 | |
| 1 | 外汇流入 | | | | |
| 1.1 | 产品外销收入 | | | | |
| 1.2 | 外汇贷款 | | | | |
| 1.3 | 其他外汇收入 | | | | |
| 2 | 外汇流出 | | | | |
| 2.1 | 固定资产投资中外汇流出 | | | | |
| 2.2 | 进口原材料 | | | | |
| 2.3 | 进口零部件 | | | | |
| 2.4 | 技术转让费 | | | | |
| 2.5 | 偿还外汇借款本息 | | | | |
| 2.6 | 其他外汇支出 | | | | |
| 3 | 净外汇流量(1—2) | | | | |
| 4 | 累计净外汇流量 | | | | |
| 评价指标：经济内部收益率＝<br>经济净现值＝ | | | | | |

### 9.5.4　案例分析

本案例分析为某市区道路改建项目的经济评价。

1. 项目概况

某市区道路位于某市东北部，东西走向。该路是在 1958 年建成的，其后虽然经过整修，但由于近年来该市的经济及人口增长快，该路周边人口数量以及过往车辆与行人数急剧增加，交通堵塞及道路损坏情况严重，交通事故有增无减。为改善交通状况，方便生产与生活，市政当局拟出资改建此道路，由原先双向四车道改建为六车道，并建两座立交桥和若干过街天桥。项目预计 2 年完成，总投资预计为 9 亿元。

2. 收益和成本的识别与估算

(1) 收益的识别与估算

① 与原交通流量相比的收益

A. 时间的节省。原交通流量已达到饱和，特别是在每天早、晚的交通高峰期，堵塞情况更为严重。新路建成后，预计每辆车每天平均节省的通行时间为 1 小时，相应金额为 10 元。原路每天平均车流量为 1.5 万辆，由此每年(按 365 天计)节省的时间价值为 5 475 万元(10 元/辆×1.5 万辆/天×365 天)。该路对步行者和骑自行车者的影响不大，有关分析与估算从略。

B. 为通行者增加的舒适和方便。新路会明显增加通行的舒适性和方便性，原路每天平均乘车过往人数为 6 万人，每人获得的改善价值为 0.2 元，由此每年获得的收益为 438 万元(0.2 元/人×6 万人/天×365 天)。

C. 行驶成本的节约。行驶成本的节约既包括燃油的节约，也包括通行时间缩短和道路平整性改善所带来的车辆磨损的减少。预计每辆车每天由此获得的节约额为0.5元，故每年此项收益约为274万元（0.5元/辆×1.5万辆/天×365天）。

D. 车祸损失的减少。车祸事件有三类：人员死亡、人员受伤和财产损失。关于三类事件发生的比例关系，原路的统计资料表明，该路每因车祸死亡1人，就会发生40人受伤事件和120件财产损失事件。三类事件的损失额估计如下：

每死亡1人：损失15万元

每受伤1人：损失0.5万元

每件财产损失事件：损失0.45万元

根据以上数据，每发生一名人员死亡事件的损失以及相应比例的人员受伤事件和财产损失事件的损失如下：

每人死亡的损失：15万元

人员受伤事件的损失：20万元（0.5万元/人×40人）

财产损失事件的损失：54万元（0.45万元/件×120件）

合计：89万元。

原路的统计资料还表明，以往2年内该路平均每年死亡15人。道路改建后，预计每年至少可以减少2/3的死亡率及其他事件，由此每年减少10名人员死亡及其他损失的收益为890万元（89万元/人×10人）。

以上四项合计，该项目每年为原交通流量增加的收益为7 077万元（5 475万元＋438万元＋274万元＋890万元）。

② 新增交通流量的收益

A. 时间的节省。新路每天平均车流量预计可达3万辆（实际上每年的车流量会有不同比率的增长，本案例为计算简便而假设其各年相等），每天新增车流量为1.5万辆。如果不改建此道路，它们就会加剧交通堵塞或不得不绕道而行，每次多费时间平均为1.2小时，每小时价值为10元，由此每年节约的金额为10×1.2×1.5×365＝6 570（万元）。

B. 行驶成本的节约。通行时间的缩短和道路平整性的改善为新增车辆节约燃油和减少车辆磨损，每辆车每次由此受益0.5元，新增车辆每年共受益0.5×1.5×365≈274（万元）。

C. 新增使用者的其他收益。它包括道路的新增使用者在舒适性等方面的受益，预计每年此项收益为450万元。

以上三项合计，每年共受益6 570＋274＋350＝7 294（万元）。

③ 非此道路通行者的间接收益

A. 时间的节省。改建道路的新增使用者中有相当一部分来自市区其他道路，他们是由于改建道路的经济方便、快速舒适而转移过来的使用者，他们的转移改善了其他道路的通行速度。预计改建道路为其他道路通行者每年节省的时间价值为2 800万元。

B. 行驶成本的节约。改建道路减轻了其他部分道路的交通压力，增加了车速，由此每年可节约燃油、修理费用等达250万元。

C. 舒适性与方便性的改善。改建道路改善了其他部分道路使用的舒适性和方便性，由此每年所获收益为436万元。

以上三项合计，每年收益为2 800＋250＋436＝3 486（万元）。

(2) 成本的识别与估算

① 投资支出。项目总投资预计为9亿元，其中包括拆迁费、补偿费。建设期为2年，第1

年和第2年的投资比例分别为45%和55%。

② 新增道路维护费。道路改建后,将比原路每年新增维护费180万元。

③ 新增管理费可忽略不计。

④ 改建期间的间接损失。道路改建期间,道路通行被阻断,车辆和行人由此每年损失估计为6 000万元。

3. 计算与评价

道路服务年限为30年,期末残值忽略不计,折现率为10%。综合前述收益和成本数据,该项目的成本、收益和经济指标计算结果见表9-4。

**表9-4 道路改建项目收益成本表** 单位:万元

| 序 号 | 项 目 | 第1年 | 第2年 | 第3~32年 |
|---|---|---|---|---|
| 1 | 收益 | | | 17 857 |
| 1.1 | 与原交通流量相比收益 | | | 7 077 |
| 1.1.1 | 时间节省 | | | 5 475 |
| 1.1.2 | 舒适和方便 | | | 438 |
| 1.1.3 | 行驶成本节约 | | | 274 |
| 1.1.4 | 车祸损失减少 | | | 890 |
| 1.2 | 新增交通流量收益 | | | 7 294 |
| 1.2.1 | 时间节省 | | | 6 570 |
| 1.2.2 | 行驶成本节约 | | | 274 |
| 1.2.3 | 其他收益 | | | 450 |
| 1.3 | 其他道路通行者间接收益 | | | 3 486 |
| 1.3.1 | 时间节省 | | | 2 800 |
| 1.3.2 | 行驶成本节约 | | | 250 |
| 1.3.3 | 舒适与方便 | | | 436 |
| 2 | 成本 | 46 500 | 55 500 | 180 |
| 2.1 | 投资支出 | 40 500 | 49 500 | |
| 2.2 | 新增道路维护费 | | | 180 |
| 2.3 | 新增管理费 | | | |
| 2.4 | 改建期间间接损失 | 6 000 | 6 000 | |
| 3 | 净收益(1—2) | —46 500 | —55 500 | 17 677 |
| | 收益成本比($B/C$) | 1.55 | | |
| | 净现值($NPV$) | 49 574 万元 | | |
| | 内部收益率 | 16.2% | | |

由表9-4可知，项目的收益成本比大于1，净现值大于0，内部收益率大于基准折现率(10%)，故项目的经济性良好，可以接受。

4. 敏感性分析(略)

## 复习思考题

1. 简述国民经济评价与财务评价的关系。
2. 如何识别国民经济评价中的费用与效益？
3. 什么是社会折现率？如何确定社会折现率？
4. 什么是影子价格？什么是影子汇率？为什么要在国民经济评价中采用影子价格和影子汇率？
5. 国民经济评价指标有哪些？
6. 进行国民经济评价有哪些步骤？

# 第10章　设备更新经济分析与决策

## 内容提要

设备更新的根本原因；设备磨损的经济影响及补偿方式；设备更新经济分析的特点；经济寿命的概念及确定；设备大修的经济分析与决策；设备更新方案的经济分析与决策。

## 思政元素

(1) 自主研发的责任担当：组织学生学习、讨论我国高科技设备的发展现状，让学生了解设备技术水平对企业乃至整个国家经济发展的影响，了解我国高科技设备技术发展的优势和问题，激发学生自主研发的责任担当。

(2) 创新精神：介绍设备更新的经济分析与决策方法，融合技术创新相关案例，激发学生的创新精神。

**引例**

某食品机械制造公司于5年前购置了一台普通机床，价值为75万元，购置时预期使用寿命为15年，残值为零。对该设备进行直线折旧，目前已提折旧费25万元，账面净值为50万元。利用这一设备，该公司每年消耗的经营成本为70万元。现在市场上推出一种数控机床，单台价值为120万元(含运输、安装、调试等所有费用)，使用寿命为12年，预计12年后残值为零。此设备由于技术先进、效率较高，其经营成本(指原材料消耗、劳动力工资等)由每年70万元下降到每年50万元。如果现在将旧机床出售，估计售价为10万元。

**思考题：**

(1) 该公司更换数控机床划算吗？如何分析？

(2) 设备更新经济分析与投资新项目经济分析相比有何特点？

设备是企业进行现代化生产的物质条件，也是国民经济的物质技术基础。各种机器设备的质量和技术水平是判断一个企业技术能力、开发能力、创新能力的重要标准，也是衡量一个国家生产技术水平的重要标志。

企业购置设备之后，从投入使用到最后报废，通常要经历一段较长的时间。在这段时间内，设备会逐渐发生磨损，当设备因物理损坏或陈旧落后而不能继续使用或不宜继续使用时，就需要进行更新。由于技术进步的速度加快，设备更新的速度相应加快，作为企业，为了促进技术进步和提高经济效益，需要对设备在整个运行期间的技术经济状况进行分析和研究，以做出正确的决策。因此，设备更新是企业投资决策的重要组成部分。而且，随着全球竞争压力的持续增加，对更高质量的商品和服务、更短的响应时间以及其他变化的要求逐渐提高，这类决策出现得越来越频繁。

## 10.1　设备的磨损及其补偿方式

### 10.1.1　设备的磨损

设备在使用(或闲置)过程中会逐渐发生磨损，这是设备更新的主要原因。磨损有有形磨损和无形磨损两种形式。

(1) 设备的有形磨损

机器设备在使用(或闲置)过程中，由于摩擦、振动、腐蚀、老化等物理的或化学的原因，其零件、部件及有关装置发生损耗，这种损耗称为设备的有形磨损，亦称物理磨损。

引起设备有形磨损的主要原因是生产过程中对设备的使用。运转中的机器设备，在外力的作用下，其零部件会发生摩擦、振动和疲劳，以致机器设备的实体发生磨损，这种磨损叫作第一种有形磨损。它通常表现为

① 机器设备零部件的原始尺寸发生变化，甚至形状也发生变化；

② 公差配合性质发生变化，精度降低；

③ 零部件损坏。

第一种有形磨损可使设备精度降低，劳动生产率下降。当这种有形磨损达到一定程度时，整个机器的功能就会下降，发生故障，导致设备使用费用剧增，甚至难以继续正常工作，失去工作能力，丧失使用价值。

自然力的作用是造成有形磨损的另一个原因，因此产生的磨损，称为第二种有形磨损。这种磨损与生产过程中的使用无关，甚至在一定程度上还同使用程度成反比。因此，设备闲置或封存不用时同样也会产生有形磨损，如金属件生锈、腐蚀，橡胶件老化等。设备使用价值的降低或丧失，会使设备的原始价值下降或基本丧失。这种有形磨损与管理好坏、闲置时间长短有关。

要消除设备的有形磨损，使之局部恢复或完全恢复使用价值，必须支出相应的补偿费用，以抵偿相应贬值的部分。

(2) 设备的无形磨损

机器设备除遭受有形磨损之外，还遭受无形磨损(亦称经济磨损)。无形磨损不是由生产过程中的使用或自然力的作用造成的，所以它不表现为设备实体的变化，而表现为设备原始价值的下降。

无形磨损按形成原因也可分为两种。第一种无形磨损是由机械设备制造工艺不断改进，成本不断降低，劳动生产率不断提高，生产同种机器设备所需的社会必要劳动力减少，因而机器设备的市场价格降低，这样就使原来购买的机械设备相应地贬值造成的。这种无形磨损的后果只是现有设备的原始价值部分下降，设备本身的技术特性和功能即使用价值并未发生变化，既然使用价值并未因此改变，就不会产生更换现有设备的问题。

第二种无形磨损是由于技术进步，社会上出现了技术更先进、结构更完善、生产效率更高、

原材料和能源耗费更少的新型设备，而使原有机器设备在技术上显得陈旧落后所造成的。它的后果不仅是原有设备价值降低，而且是原有设备局部或全部丧失其使用价值。这是因为，虽然原有设备的使用期限还未达到其物理寿命，能够正常工作，但由于技术上更先进的新设备的发明和使用，原有设备的生产效率远远低于社会平均生产效率，如果继续使用就会使产品成本大大高于社会平均成本。在这种情况下，就形成新设备代替旧设备的可能性和必要性。但是这种更新的经济合理性不取决于相同用途的新设备的出现，而取决于旧设备贬值的程度及在生产过程中继续使用而使经济效益下降的幅度，这就需要进行具体的计算和分析。如果使用新设备比使用旧设备在经济上更合算，原设备就应该被淘汰。

(3) 设备的综合磨损

机器设备在使用期限内，既要遭受有形磨损，又要遭受无形磨损，所以机器设备所遭受的磨损是双重的、综合的。两种磨损都引起机器设备原始价值的下降，这一点上两者是相同的。不同的是，遭受有形磨损的设备，特别是有形磨损严重的设备，在修理之前，常常不能工作；而遭受无形磨损的设备，即使无形磨损很严重，仍然可以使用，只不过继续使用它在经济上是否合算，需要分析研究。

### 10.1.2 设备磨损的补偿方式

要维持企业生产的正常进行，必须对设备的磨损及时地进行补偿。由于机器设备遭受磨损的形式不同，补偿磨损的方式也不一样。补偿分为局部补偿和完全补偿。设备有形磨损的局部补偿是修理，设备无形磨损的局部补偿是现代化改装，设备有形磨损和无形磨损的完全补偿是更新，见图 10-1。

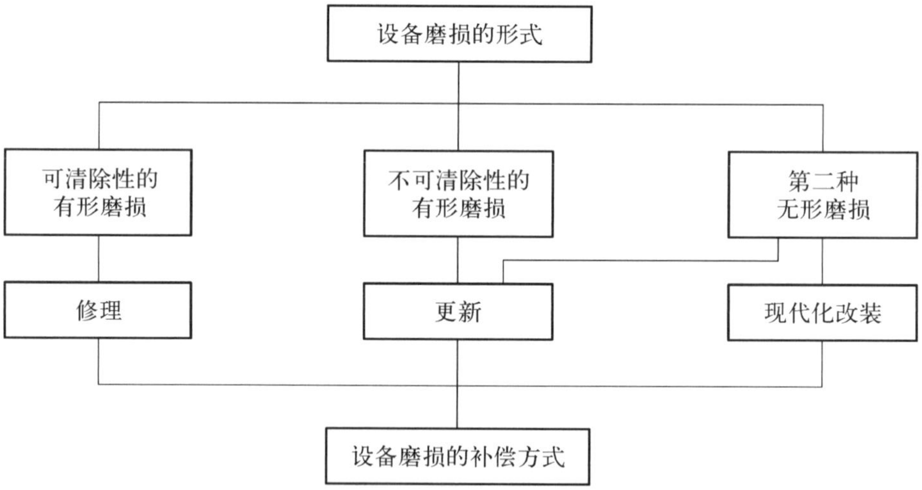


**图 10-1　设备磨损的形式与补偿方式的关系**

(1) 修理

修理是指对设备在使用过程中产生的有形磨损进行局部恢复，以恢复设备的生产功能和生产效率为主，属于局部补偿。由于设备零部件的材质、使用条件、使用状态不同，不同的零部件随着时间推移的磨损程度是不一样的，因而设备修理的形式也有所不同，主要有小修、中修、大修三种形式。小修的工作量最小，时间间隔短；中修是指对设备主要零部件或较多的磨损件进行更换和修复，工作量较大，时间间隔较长；大修是指对设备进行全方位的拆修、调整、修复和大面积的更换，以恢复设备的性能、精度和生产效率，工作量最大，时间间隔长。设备如果不能修复，只能进行更新。

（2）现代化改装

现代化改装是针对设备的无形磨损，尤其是第二种无形磨损进行实体性补偿的一种方式，是指用现代的科学技术成果改变现有设备落后的结构，如增添新的、必需的零部件，以增加设备的生产功能和提高设备的生产效率，属于局部补偿。在大多数情况下，设备的现代化改装具有很强的针对性和适应性，改装过程中能充分考虑产品的特点、工艺要求，有时比设备的更新更具适应性。但如果出现完全不同于现有设备的新型设备，改造很难再适应新技术的要求，那么需要进行设备更新。

（3）更新

更新是指对整个设备进行更换，属于完全补偿。更新有两种形式：原型更新和出现新设备的更新。原型更新是指用相同设备更换有形磨损严重、不能继续使用的旧设备。这种方式只能解决设备的不可修复的有形磨损，不能解决设备的无形磨损，不能促进技术进步。出现新设备的更新是指用技术更先进、结构更完善、效率更高、性能更好、原材料和能源消耗更低的新设备更换技术落后、经济上不合理的旧设备。这种方式不仅能解决设备的有形磨损，而且能解决设备技术落后的问题。

## 10.2　设备更新经济分析的特点

设备更新经济分析不同于投资一个全新项目的经济分析，需要把握其以下特点。

（1）只考虑当前和未来发生的现金流量

旧设备经过折旧后所剩下的账面价值并不一定等于其当前的市场价值，严格来说，账面价值是过去决策的结果，即最初投资该资产的决策及折旧方法选择决策的结果。所以，更新旧设备往往会产生一笔沉没成本，即资产的账面价值和市场价值之间的差额。

$$沉没成本=旧设备账面价值-当前市场价值(残值)$$

例如，某企业计划以 210 000 元的价格购买一辆新汽车来替换现有汽车，现有汽车可以在公开市场上以 100 000 元的价格出售。现有汽车是 3 年前用现金购买的，其当前的账面价值为 120 000 元。那么在这个更新方案中，现有汽车的账面价值 120 000 元和公开市场价格 100 000 元之间的差额就是沉没成本。

在设备更新经济分析中，只考虑今后发生的现金流量，对于以前发生的沉没成本，因为它们都属于不可恢复的费用，与更新决策无关，所以它们不需再参与经济计算。这是设备更新经济分析中一个重要的特点。

（2）应站在咨询者的立场上分析问题

在设备更新经济分析中，需要确定现有设备的价值和新设备或替代方案的价值。认识到账面价值和沉没成本的无关性，有助于在替代更新目的下正确地对现有设备和新设备进行价值评估。站在咨询者的立场上而不是站在旧设备所有者的立场上，有助于客观地评估旧资产的市场价值。咨询者的立场是公正第三方会采取的立场，咨询者并不拥有任何资产，故若要保留旧设备，首先要付出相当于旧设备当前市场价值的现金，才能取得旧设备的使用权。这种立场迫使分析者在设备更新经济分析中专注于当前和未来的现金流量，从而避免沉溺于过去（沉没）成本的诱惑。

如果保留旧设备，就等于放弃此时获得其市场价值的机会。因此，旧设备的现有市场价值是保留旧设备的机会成本。当然，如果需要任何新的投资支出(例如大修费)来升级现有资产，使其在服务水平上与替代方案竞争，那么额外的金额应该加到当前可实现的市场价值上，以确定在更新分析中旧设备的总投资。另外，旧设备的市场价值不应该同时被当作替代方案减少的投资。

**【例 10-1】** 一家公司正在考虑更换其拥有的压力容器。旧压力容器每年的运营和维护费用为 60 000 元，并且可以再使用 5 年，届时其市场价值将为零。如果现在出售旧压力容器，可以获得 30 000 元。新压力容器可以以 120 000 元的价格被购买。新压力容器在 5 年后将有 50 000 元的市场价值，并且每年的运营和维护费用为 30 000 元。假定基准收益率为 20%，那么是否应该更换压力容器？

分析：在本例中，首先需要确定旧压力容器的投资价值。站在咨询者角度，旧压力容器的投资价值是其当前市场价值 30 000 元。然后计算每个选择的费用现值($PC$)或费用年值($AC$)，并决定是否应该继续使用旧压力容器或立即更换。

解：保留旧压力容器：$PC=30\,000+60\,000(P/A,\ 20\%,\ 5)=209\,436$(元)

更换新压力容器：$PC=120\,000$ 元 $+30\,000(P/A,\ 20\%,\ 5)-50\,000(P/F,\ 20\%,\ 5)=189\,623$(元)

因此，应立即更换压力容器。

(3) 只比较设备的费用，且以费用年值法为主

通常在比较设备更新方案时，假定设备产生的收益是相同的，因此只对它们的费用进行比较。由于不同设备方案的服务寿命不同，因此通常采用费用年值法进行比较。

**【例 10-2】** 设备 X 在 4 年前以原始费用 2 200 元被购置，估计可以使用 10 年，第 10 年年末的净残值为 200 元，年使用费用为 750 元，目前的售价是 600 元。现在市场上同类型的设备 Y 的原始费用为 2 400 元，估计可以使用 10 年，第 10 年年末的净残值为 300 元，年使用费用为 400 元。有两个方案：方案一，继续使用设备 X；方案二，把设备 X 出售，然后购买设备 Y。已知基准折现率为 15%，比较这两个方案的优劣。

解：根据设备更新的原则，设备 X 的原始费用是 4 年前发生的，是沉没成本。目前设备 X 的价值是 600 元。采用年费用指标进行方案比较。两个方案的现金流量图如图 10-2 所示。

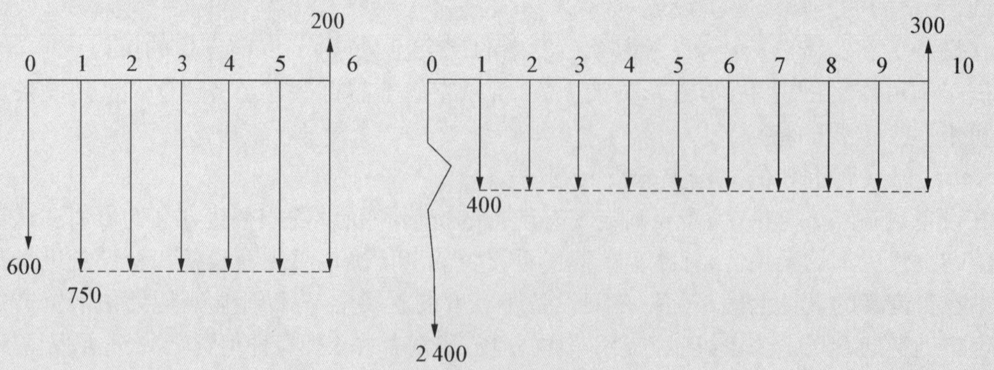


**图 10-2 两方案的现金流量图(单位：元)**

方案一：

$AC(X)=600(A/P, 15\%, 6)-200(A/F, 15\%, 6)+750=885.68$(元)

方案二：

应该从客观的角度去比较，即决策者这时相当于在花 600 元购买旧设备和花 2 400 元购买新设备之间比较分析。

$AC(Y)=2\,400(A/P, 15\%, 10)-300(A/F, 15\%, 10)+400=863.53$(元)

因为 $AC(X)>AC(Y)$，所以采纳方案二可以比采纳方案一节约费用。

## 10.3　设备的经济寿命

设备在投入使用后有三种寿命：自然寿命、技术寿命和经济寿命。

(1) 自然寿命，也称物理寿命，是指一台设备从全新状态开始使用，产生有形磨损，逐渐出现老化、损坏，直至报废所经历的全部时间。自然寿命主要取决于设备有形磨损的速度。

(2) 技术寿命，又称有效寿命，是设备在开始使用后持续地能够满足使用者需要功能的时间。具体来说，技术寿命是指设备从开始使用到因技术落后而被淘汰所延续的时间，主要与设备的无形磨损有关，技术进步越快，设备的技术寿命越短。

(3) 经济寿命，是设备的年平均使用成本最低的年数，是由设备的有形磨损和无形磨损共同决定的。具体来说，经济寿命是指能使投入使用的设备等额年总成本(包括购置成本和运营成本)最低或等额年净收益最高的期限。在设备更新经济分析中，经济寿命是确定设备最优更新时机的主要依据。

设备更新的时机，一般取决于设备的技术寿命和经济寿命。技术寿命是从技术角度看设备最合理的使用期限，经济寿命是从经济角度看设备最合理的使用期限。

设备的年总费用由年运行成本和每年分摊的设备购置费用(年等额资产恢复成本)组成。年运行成本是指机器设备在使用过程中发生的费用，包括能源费、保养费、修理费(包括大修费)、停工损失、废次品损失等。所以，设备的年平均使用成本包括年平均运营成本和年等额资产恢复成本。年平均运营成本随着使用年限的增加而增加，而年等额资产恢复成本随着使用年限的增加却减小。这就是说，设备在整个使用过程中，其年平均使用成本是随着使用时间变化的，在最适宜的使用年限内会出现年平均使用成本的最低值，而能使年平均使用成本最低的年数，就是设备的经济寿命，如图 10－3 所示。

一般情况下，随着设备使用期限的增加，运行成本每年以某种速度递增，这种运行费的逐年递增称为设备的劣化。为简单起见，首先假定每年运行费的增量是均等的，即运行费呈线性增长。设每年运行成本增加额为 $\lambda$，若设备使用 $T$ 年，则第 $T$ 年的运行成本为

$$C_T=C_1+(T-1)\lambda \tag{10-1}$$

式中，$C_1$ 为运行成本的初始值，即第 1 年的运行成本；$T$ 为设备使用年数。

设备年运行成本随设备使用年数变动的情况见图 10－4。

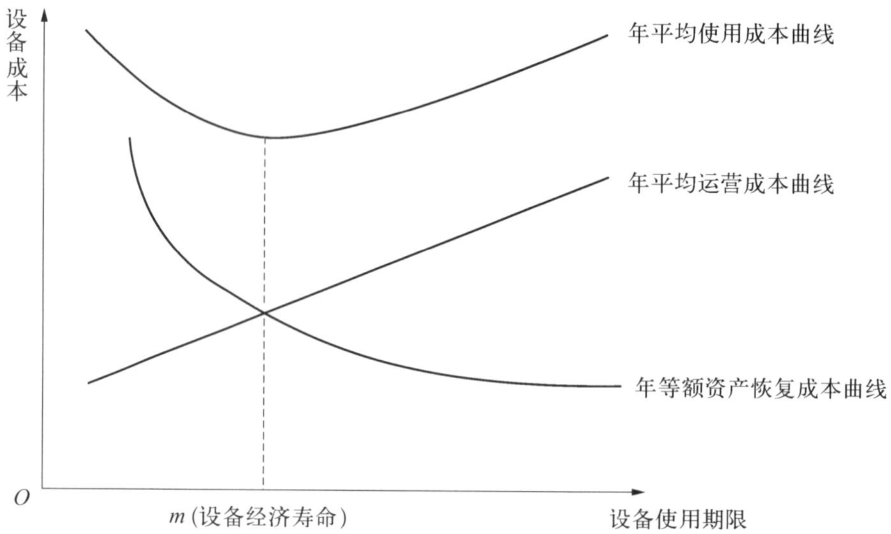


**图 10-3　设备的年平均使用成本变化曲线**

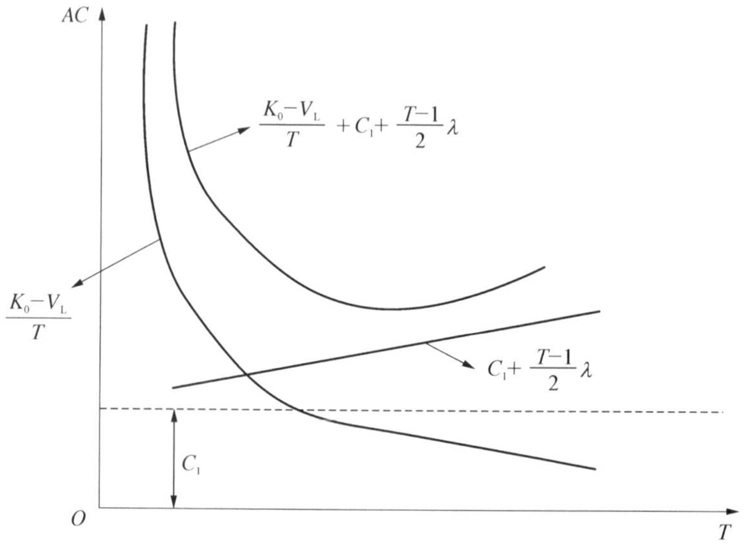


**图 10-4　设备年运行成本随设备使用年数变动的情况**

那么 $T$ 年内运行成本的年平均值为

$$\overline{C}_T = C_1 + \frac{T-1}{2}\lambda \tag{10-2}$$

除年运行成本外，设备的年总费用中还有每年分摊的设备购置费用，其金额为

$$\frac{K_0 - V_L}{T} \tag{10-3}$$

式中，$K_0$ 为设备的原始价值；$V_L$ 为设备处理时的残值。

随着设备使用时间的延长，每年分摊的设备购置费用是逐年下降的，而年平均运行成本却逐年线性上升。综合考虑这两个方面的因素，一般来说，随着使用时间的延长，设备的年平均总费用的变化规律是先降后升，变化曲线呈“U”形(图 10-4)。年平均总费用的计算公式为

$$AC = \frac{K_0 - V_L}{T} + C_1 + \frac{T-1}{2}\lambda \tag{10-4}$$

可用求极值的方法找出设备的经济寿命，即设备更新的最佳时期。

设 $V_L$ 为一常数，令 $\frac{dAC}{dT}=0$，则经济寿命：

$$T_E = \sqrt{\frac{2(K_0 - V_L)}{\lambda}} \tag{10-5}$$

例如，若设备的原始价值为 8 000 元，预计残值为 800 元，运行成本初始值为 800 元/年，运行成本劣化值为 300 元/年，则设备的经济寿命：

$$T_E = \sqrt{\frac{2(8\,000 - 800)}{300}} \approx 7(年)$$

如果设备的残值不能被视为常数，运行成本不呈线性增长，各年有所不同，且无规律可循，这时可根据工厂的记录或者对实际情况的预测，用列表法判断设备的经济寿命。

**【例 10-3】** 某设备的原始价值为 10 000 元，物理寿命为 10 年，运行成本初始值为 700 元，各年运行成本初始值与劣化值(增加值)之和、年末残值见表 10-1。求该设备的经济寿命。

解：如表 10-1 所示，通过计算，该设备的年平均总费用在使用年限为 8 年时最低，其值为 2 326 元，故该设备的经济寿命为 8 年。

**表 10-1 设备经济寿命的计算** 单位：元

| 使用年数 | 运行成本初始值与劣化值之和 | 年末残值 | 运行成本与劣化值的年平均值 | 年平均设备费用 | 年平均总费用 |
|---|---|---|---|---|---|
| ① | ② | ③ | ④=Σ②/① | ⑤=(10 000−③)/① | ⑥=④+⑤ |
| 1 | 700+0=700 | 7 200 | 700 | 2 800 | 3 500 |
| 2 | 700+100=800 | 5 300 | 750 | 2 350 | 3 100 |
| 3 | 700+150=850 | 3 500 | 783 | 2 167 | 2 950 |
| 4 | 700+250=950 | 2 200 | 825 | 1 950 | 2 775 |
| 5 | 700+400=1 100 | 1 100 | 880 | 1 780 | 2 660 |
| 6 | 700+600=1 300 | 900 | 950 | 1 517 | 2 467 |
| 7 | 700+850=1 550 | 700 | 1 036 | 1 329 | 2 365 |
| 8 | 700+1 150=1 850 | 500 | 1 138 | 1 188 | * 2 326 |
| 9 | 700+1 500=2 200 | 300 | 1 256 | 1 078 | 2 334 |
| 10 | 700+2 000=2 700 | 100 | 1 400 | 990 | 2 390 |

上述对经济寿命的计算忽略了资金的时间价值，如果考虑资金的时间价值，假定基准折现率为 10%，上例的数据变化如表 10-2 所示。从表 10-2 中可看出，年平均总费用最低的设备

使用年限是 9 年，即经济寿命为 9 年。

**表 10-2 折现率为 10%时经济寿命的计算** 单位：元

| 使用年数 | 运行成本劣化值 | 运行成本初始值 | 现值系数 $(P/F, i, n)$ | 运行成本劣化值现值 | 运行成本劣化值现值的累计 | 资金回收系数 $(A/P, i, n)$ | 运行成本劣化值的年平均值 | 年平均设备费用 | 年末残值 | 偿债基金系数 $(A/F, i, n)$ | 年平均残值回收 | 年平均总费用 |
|---|---|---|---|---|---|---|---|---|---|---|---|---|
| | ① | ② | ③ | ④=①×③ | ⑤ | ⑥ | ⑦=⑤×⑥ | ⑧=10 000×⑥ | ⑨ | ⑩ | ⑪=⑨×⑩ | ⑫=②+⑦+⑧−⑪ |
| 1 | 0 | 700 | 0.909 1 | 0.0 | 0.0 | 1.100 00 | 0.0 | 11 000.0 | 7 200 | 1.100 00 | 7 200.0 | 4 500.0 |
| 2 | 100 | 700 | 0.826 4 | 82.6 | 82.6 | 0.576 19 | 47.6 | 5 761.9 | 5 300 | 0.476 19 | 2 523.8 | 3 985.7 |
| 3 | 150 | 700 | 0.751 3 | 112.7 | 195.3 | 0.402 11 | 78.5 | 4 021.1 | 3 500 | 0.302 11 | 1 057.4 | 3 742.2 |
| 4 | 250 | 700 | 0.683 0 | 170.8 | 366.1 | 0.315 47 | 115.5 | 3 154.7 | 2 200 | 0.215 47 | 474.0 | 3 496.2 |
| 5 | 400 | 700 | 0.620 9 | 248.4 | 614.5 | 0.263 80 | 162.1 | 2 638.0 | 1 100 | 0.163 80 | 180.2 | 3 319.9 |
| 6 | 600 | 700 | 0.564 5 | 338.7 | 953.2 | 0.229 61 | 218.9 | 2 296.1 | 900 | 0.129 61 | 116.6 | 3 098.4 |
| 7 | 850 | 700 | 0.513 2 | 436.2 | 1 389.4 | 0.205 41 | 285.4 | 2 054.1 | 700 | 0.105 41 | 73.8 | 2 965.7 |
| 8 | 1 150 | 700 | 0.466 5 | 536.5 | 1 925.9 | 0.187 44 | 361.0 | 1 874.4 | 500 | 0.087 44 | 43.7 | 2 891.7 |
| 9 | 1 500 | 700 | 0.424 1 | 636.2 | 2 562.1 | 0.173 64 | 444.9 | 1 736.4 | 300 | 0.073 64 | 22.1 | 2 859.2 |
| 10 | 2 000 | 700 | 0.385 5 | 771.0 | 3 333.1 | 0.162 75 | 542.5 | 1 627.5 | 100 | 0.062 75 | 6.3 | 2 763.7 |

在考虑资金时间价值的条件下，设备的年平均总费用的计算公式为

$$AC = K_0(A/P, i_0, n) - V_L(A/F, i_0, n) + C_1 + \left[\sum_{j=1}^{n} W_j(P/F, i_0, j)\right](A/P, i_0, n) \tag{10-6}$$

式中，$W_j$ 为第 $j$ 年的运行成本劣化值。

若运行成本劣化值是呈线性变化的，设每年的劣化值增量为 $\lambda$，即 $W_j=(j-1)\lambda$，则

$$AC = K_0(A/P, i_0, n) - V_L(A/F, i_0, n) + C_1 + \lambda(A/G, i_0, n) \tag{10-7}$$

式中，$(A/P, i_0, n)$为资金回收系数；$(A/F, i_0, n)$为偿债基金系数；$(A/G, i_0, n)$为等差序列年值系数。

当给定基准折现率时，令 $AC$ 最小的使用年限为设备的经济寿命。

## 10.4 设备大修的经济分析与决策

### 10.4.1 设备大修的概念

设备零部件有形磨损的不均衡性，决定了设备修理的可行性。修理是恢复设备在使用过程中局部丧失的工作能力的过程。其主要包括小修和大修。

小修：排除设备运转中出现的突发性故障和异常，以及对损坏较严重的局部进行调整

修理。

大修：通过拆解遭受磨损的设备，修复或更换磨损零部件，重新设置或调整设备初值，恢复设备丧失的生产能力，力图使设备技术性能恢复到出厂时的状态。

大修往往耗资巨大。因此，设备被磨损后应该大修还是更新，需要进行经济分析。

### 10.4.2　设备大修的经济界限

大修过的设备，不论是从精度、运行速度、故障率等技术方面，还是从生产效率、有效运行时间等经济角度，与同类型的新设备相比会逊色。

综合性能下降趋势：大修一次，恢复性能标准降低一次；大修一定的次数后，综合性能指标（特别是经济性能指标）再也无法达到继续使用的要求（超出一定的经济界限）。

设备大修的经济界限主要体现为以下两点：

① 若大修费小于或等于设备现价（新设备费）与设备残值的差额，则大修在经济上是合理的；否则，宁可购买新设备也不进行大修。

② 大修后设备生产单位产品的成本应小于或等于同种新设备生产单位产品的成本。

**【例 10 - 4】** 某造船厂一台锻造设备已使用 6 年，需要进行第 1 次大修，预计大修费为 5 000 元，大修后年平均生产 45 吨锻件，年平均运行成本为 2 530 元，大修时残值为 3 000 元，设备大修后可继续使用 4 年，进行第 2 次大修时残值为 2 000 元。新设备的价值为 32 000 元，预计使用 5 年后进行第 1 次大修，此时残值为 7 500 元，在第 1 次大修期内年平均生产 63 吨锻件，年平均运行费用为 2 260 元。基准收益率为 10%，试问：大修是否合理？

解：最低经济界限

$$R = 5\,000 \text{ 元；} \quad K - L = 32\,000 - 3\,000 = 29\,000(\text{元})$$

$$R \leqslant K - L$$

$$C_j = \frac{[5\,000 + 3\,000 - 2\,000(P/F,\ 10\%,\ 4)](A/P,\ 10\%,\ 4)}{45} + \frac{2\,530}{45} = 126.6(\text{元})$$

$$C_0 = \frac{[32\,000 - 7\,500(P/F,\ 10\%,\ 5)](A/P,\ 10\%,\ 5)}{63} + \frac{2\,260}{63} = 137.5(\text{元})$$

$C_j < C_0$，大修比更新好。

### 10.4.3　设备重置与大修的方案比较

当设备因使用而遭受磨损时，企业可以考虑对其进行大修，修复后继续使用，也可以考虑更新。进行大修，需要花费大修费；买新设备，需要支付购置费。这就要在两者之间进行比较和选择。原则上说，这一问题并不复杂，只要将大修费与购置费相比较，按经济原则，哪个方案花费少，就采用哪个方案。但是实际上，不仅大修费与购置费不同，旧设备大修后的使用寿命与新设备的使用寿命往往不一致，甚至大修后的旧设备与购置来的新设备在经营使用费上也不相同，这就增加了比较的复杂性和难度。

设备重置与大修的方案比较必须在同一可比的基础上，同一可比的基础主要是指：① 设备的性能效果基本一致；② 设备的使用期限基本一致；③ 设备的经营使用费基本一致。如果以上几个主要方面并不一致，应通过换算，达到一致后才能进行比较。

**【例10-5】** 某企业有一台机器，需要经过大修才能使用，大修费为12 000元，大修后预计可使用4年。如果购置同样型号的新机器，购置费为20 000元，使用期限为6年。假定大修和重置机器的生产效率、经营费用基本相同，资金年利率为10%。试通过经济分析，做出合理的方案选择。

解：大修和重置机器的使用期限不同，应将其换算到共同的使用期限后才能进行比较。取最小公倍数12年作为比较的统一基础，在此期间，机器需大修3次或重置2次。同时，将以后各年的费用按资金年利率统一贴现成第1年的费用（现值）。机器大修与重置费用的计算如表10-3所示。

**表10-3 机器大修与重置费用计算表**

| 年序 | 大修费/元 | 现值系数 $(P/F, i, n)$ | 大修费现值/元 | 年序 | 重置费/元 | 现值系数 $(P/F, i, n)$ | 重置费现值/元 |
|---|---|---|---|---|---|---|---|
| 0 | 12 000 | 1.000 | 12 000 | 0 | 20 000 | 1.000 | 20 000 |
| 4 | 12 000 | 0.683 | 8 200 | 6 | 20 000 | 0.565 | 11 300 |
| 8 | 12 000 | 0.467 | 5 600 | | | | |
| 小计 | | | 25 800 | | | | 31 300 |

由表10-3可知，进行大修比进行重置可节约资金5 500元，因此应对旧机器进行大修，修复后继续使用比较经济。

假定旧机器报废后尚可卖得残值5 000元，其余条件不变，则如重置新机器，尚需补算残值收入一项（几年后的残值收入同样应换算为第1年的收入）。

若使用旧设备和使用新设备在经营费用上逐年有所不同，则应将逐年的经营费用算出，并统一换算为第1年的费用后，与大修费和重置费合在一起，再加以比较，然后按经济原则进行选择。

## 10.5 设备更新方案的经济分析与决策

### 10.5.1 设备更新的概念

设备更新是除修理以外的另一种设备磨损的补偿方式，就是用更经济或性能和效率更高的设备更换在技术上不能继续使用或在经济上不宜继续使用的设备。设备更新是尽快形成新的生产能力，维护和扩大社会再生产的必要条件。

设备更新有两种形式，一种是用相同的设备更换有形磨损严重、不能继续使用的旧设备。这种更新只能解决设备的损坏问题，不具有技术更新的性质，不能促进技术进步。另一种是用较经济和完备的新设备，即技术更先进、结构更完善、效率更高、性能更好、原材料和能源耗费更少的新型设备，更换那些技术上不能继续使用或经济上不宜继续使用的旧设备。这种更新不仅能解决设备的损坏问题，而且能解决设备技术落后的问题。适时地更换设备，既能促进技术进步，加速经济增长，又能节约资源，提高经济效益，是生产发展和技术进步的客观需要。

对设备进行更新不仅仅要考虑促进技术进步，同时也要能够获得较好的经济效益。通常新设备的特点是原始费用高，但运行和维修费用低，而旧设备恰恰相反。为了决定设备是否需要更新，在什么时间更新，选用什么设备更新，应权衡利弊、全面比较，以经济效益的高低作为判断依据。

### 10.5.2　设备更新的经济分析

设备更新决策涉及三个方面的内容：第一，设备是否要更新，即旧设备是修复后继续使用还是更新；第二，如果要更新，那么何时更新，即更新时机如何选择；第三，如何在多个更新的方案中选择最佳方案。

在设备更新决策中，既可以用总费用现值比较法，也可以用年费用比较法进行比较分析。

(1) 原型设备更新经济分析

所谓原型设备更新，就是假定企业的生产经营期较长，并且设备均采用原型设备重复更新。这类分析的本质是找出设备的最优更新期，也就是确定何时更新最好的问题，因此归结为求解该设备的经济寿命的问题。

(2) 新型设备更新经济分析

所谓新型设备更新，就是假定企业现有设备可被其经济寿命内等额年总成本最低的新设备取代。对于这类分析，就是要比较继续使用旧设备和购置新设备两种方案。也就是说，要解决是继续使用旧设备在经济上有利，还是购置新设备有利的问题。设备更新即便在经济上是有利的，也未必应该立即更新。换言之，设备更新经济分析还包括一种所谓的更新时机选择问题。

新型设备更新经济分析的步骤如下：

① 计算新设备在其经济寿命内的费用年值；

② 计算旧设备在继续使用至其经济寿命时的费用年值，将决策点的残值视为投资；

③ 比较新、旧设备的费用年值。如果旧设备的费用年值小于新设备的费用年值，就无须更新，继续使用至经济寿命，若新设备的费用年值较小，则需更新，进一步计算何时更新；

④ 分别计算继续使用旧设备 1 年、2 年、3 年……至经济寿命的费用年值，分别与新设备的费用年值比较，直至旧设备被淘汰。

**【例 10-6】** M 公司于 2 年前用 80 000 元购买了一台软饮料处理机，其经济寿命为 7 年，在今后 5 年的服务寿命中，其年运行成本分别为 2 000 元、10 000 元、18 000 元、25 300 元、34 000 元，目前的残值为 40 000 元，以后各年的残值均为零。目前市场上出现一种新型软饮料处理机，单台价格为 70 000 元，使用寿命为 5 年，该机器一旦使用就无残值，每年运行费用均为 8 000 元。试求：

(1) 新处理机的经济寿命是几年？

(2) 如果 $i=10\%$，并且 M 公司长期经营，是否更新旧处理机？如果更新，何时更新最为有利？

解：(1) 因为新处理机的年平均总费用为 $AC_{新}=70\,000(A/P,\ i,\ n)+8\,000$，由于 $n$ 越大，$(A/P,\ i,\ n)$越小，故新处理机的经济寿命等于机器的物理寿命，即 5 年。

(2) 先计算旧处理机的剩余经济寿命，然后与新处理机的进行比较。用 $AC_{旧}(t)$表示旧处理机再使用 $t$ 年的年费用，则有

$$AC_{旧}(1)=40\,000(1+i_c)+2\,000=45\,200(元)$$

$$AC_{旧}(2)=\left[\frac{2\,000}{1+i_c}+\frac{10\,000}{(1+i_c)^2}+40\,000\right]\frac{i_c(1+i_c)^2}{(1+i_c)^2-1}=28\,277(元)$$

同理，$AC_{旧}(3)=25\,111$ 元，$AC_{旧}(4)=25\,153$ 元，$AC_{旧}(5)=26\,661$ 元。根据计算，可确定旧处理机的剩余经济寿命为 3 年，其年平均总费用最小值为 25 111 元。新处理机的经济寿命为 5 年，其年平均总费用分别为

$$AC_{新}(1)=70\,000(1+i_c)+8\,000=86\,300(元)$$

$$AC_{新}(2)=70\,000\frac{i_c(1+i_c)^2}{(1+i_c)^2-1}+8\,000=47\,254(元)$$

同理，$AC_{新}(3)=35\,162$ 元，$AC_{新}(4)=29\,134$ 元，$AC_{新}(5)=25\,532$ 元。

如果继续使用旧处理机 3 年后保留使用 1 年，由于旧处理机无残值，其年平均总费用为当年运行成本 33 500 元，仍低于新处理机的最低年平均总费用 25 532 元，故继续使用 3 年后不应该更新。

继续使用旧处理机 4 年后是否应该更新？如果不更新，再继续使用 1 年，那么其年平均总费用将高达 34 000 元，远高于使用新处理机的 25 532 元，故应该在继续使用旧处理机 4 年之后立即更新。

(3) 更新设备方案的选择

如果有几种更新设备可供选择，它们的功用、性能与生产效率基本相同，但设备的购置费与年经营费用都不一样，那么应该选择哪种设备呢？

**【例 10-7】** 有甲、乙两种设备，它们能以相同的生产效率完成同样的生产任务，使用期限为 5 年。设备甲的购置费为 10 000 元，设备乙的购置费为 16 000 元，但设备甲的年经营费用高，而设备乙的年经营费用低。它们在 5 年内各年总费用的计算如表 10-4 所示。请问：如何在两种设备中做出选择？

**表 10-4 总费用计算表**

| 年序 | 各年总费用/元 | | 现值系数 $(P/F, i, n)$ | 换算为现值的各年总费用/元 | | 备注 |
|---|---|---|---|---|---|---|
| | 设备甲 | 设备乙 | | 设备甲 | 设备乙 | |
| 0 | 13 000 | 18 000 | 1.000 | 13 000 | 18 000 | 1. 第 1 年的费用包括购置费<br>2. 换算为现值时资金年利率为 10% |
| 1 | 4 000 | 3 000 | 0.909 | 3 636 | 2 727 | |
| 2 | 5 500 | 4 500 | 0.826 | 4 545 | 3 718 | |
| 3 | 8 000 | 6 500 | 0.751 | 6 008 | 4 882 | |
| 4 | 11 500 | 9 000 | 0.683 | 7 855 | 6 147 | |
| | 42 000 | 41 000 | | 36 044 | 36 474 | |
| | +1 000 | | | −430 | | |

解：由表 10-4 中的计算结果可知两种设备在 5 年内实际的总费用，设备甲要比设备乙多 1 000 元，似乎选择设备乙比较有利。但是，这样的比较是不够全面的。因为它只考虑了 5 年内所花费用的简单加和，而没有考虑到这些费用具体各年的情况。通过换算为现值再比较，就可发现选择设备甲还是比较经济的，它比设备乙节省 430 元。如果甲、乙两种设备的功能和生产效率相同，但是使用期限不同，那么应该换算成年总费用后进行比较。

## 复习思考题

1. 设备的磨损有哪几种形式？其特点如何？
2. 设备磨损的补偿方式有哪些？
3. 如何理解设备的经济寿命？
4. 设备更新的概念是什么？有哪些形式？
5. 设备更新的经济分析有哪些特点？
6. 设备更新决策涉及哪几个方面的内容？

## 练习题

1. 某设备的原始价值为 80 000 元，预计残值为 6 000 元，运行成本劣化值为 2 000 元/年，试求该设备的经济寿命。

2. 某工厂生产需要一台压缩机。该压缩机的购置成本为 6 000 元，第 1 年的使用费用为 1 000 元，以后以每年 300 元的金额逐年递增；开始使用 1 年后净残值为 3 600 元，以后以每年 400 元的金额逐年递减。该压缩机的最大使用年限为 8 年。已知折现率为 15%，试求该压缩机的经济寿命。

3. 某设备的原始价值为 62 000 元，物理寿命为 7 年，运行成本初始值为 10 000 元，各年运行成本初始值与劣化值(增加值)之和以及年末残值如表 10-5 所示。求该设备的经济寿命。若考虑其资金的时间价值($i=10\%$)，结论又如何？

**表 10-5 某设备的价值**

| 使用年数 | 1 | 2 | 3 | 4 | 5 | 6 | 7 |
|---|---|---|---|---|---|---|---|
| 运行成本初始值与劣化值之和/元 | 10 000 | 12 000 | 14 000 | 18 000 | 22 500 | 27 500 | 33 000 |
| 年末残值/元 | 32 000 | 17 000 | 9 500 | 5 750 | 4 000 | 2 000 | 1 000 |

4. 某设备的现有净值为 3 000 元，可继续使用 3 年，届时残值为零，且 3 年内各年的经营费用分别为 1 200 元、1 800 元、2 500 元。现在考虑对该设备采取更新措施，提出大修和重置两种方案，具体数据如表 10-6 所示。该设备是否值得采取如下更新措施？若值得更新，在尚需持续 3 年、4 年、5 年或 6 年时，各应选择哪种方案($i=10\%$)。

表 10－6 设备更新两种方案的数据 单位：元

| 方 式 | 投 资 | 运行成本劣化值 | 运行成本初始值 | 年末残值 | | | | | |
|---|---|---|---|---|---|---|---|---|---|
| | | | | 第1年 | 第2年 | 第3年 | 第4年 | 第5年 | 第6年 |
| 大修 | 5 000 | 250 | 500 | 6 000 | 5 000 | 4 000 | 3 000 | 2 000 | 1 000 |
| 重置 | 15 650 | 80 | 320 | 8 000 | 7 000 | 6 000 | 5 000 | 4 000 | 3 000 |

5. 某设备的原始价值为 9 200 元，使用寿命为 8 年，已使用 4 年，当前净值为 5 800 元，估计后 4 年的年运行费用为 6 000 元，残值为 1 000 元。现在有一种新设备，价格为 14 000 元，年维护费用为 4 000 元，使用寿命为 4 年，残值为 3 000 元。如买入新设备，旧设备可以以 3 600 元售出。若 $i=15\%$，判断现在是否应更换设备。

6. 某公司于 4 年前花费 2 200 元购置了设备 A，目前设备 A 的剩余使用寿命为 6 年，使用寿命结束时的残值为 200 元，设备 A 每年的运行费用为 700 元。目前，有一个设备制造厂出售与设备 A 具有相同功能的设备 B，设备 B 的售价为 2 400 元，使用寿命为 10 年，残值为 300 元，每年的运行费用为 400 元。设 $i=15\%$，问该公司应如何抉择？

## 案例分析题

某设备可继续使用 3 年，其目前的价值为 7 000 元，继续使用的年支出、年收入和残值如表 10－7 所示。

表 10－7 某设备的价值

| 继续使用年数 | 年支出/元 | 年收入/元 | 残值/元 |
|---|---|---|---|
| 1 | 3 000 | 8 000 | 5 000 |
| 2 | 4 000 | 8 000 | 3 000 |
| 3 | 6 000 | 8 000 | 2 000 |

如果立即将该设备大修，大修费为 12 000 元，各年的支出、收入、残值如表 10－8 所示。

表 10－8 某设备大修后的价值

| 使用年数 | 年支出/元 | 年收入/元 | 残值/元 |
|---|---|---|---|
| 1 | 750 | 8 000 | 16 000 |
| 2 | 1 000 | 8 000 | 13 000 |
| 3 | 1 500 | 8 000 | 10 000 |
| 4 | 2 500 | 8 000 | 7 000 |
| 5 | 3 000 | 8 000 | 5 000 |
| 6 | 4 000 | 8 000 | 3 000 |
| 7 | 6 000 | 8 000 | 2 000 |

试根据下述条件决定大修策略：

(1) 根据市场需求，该设备只需使用 2 年。

(2) 需要使用 3 年。

# 第11章　价值工程理论与应用

## 内容提要

价值工程的基本概念，对企业的价值；价值工程分析程序；价值工程对象选择的方法；功能分析与评价的方法；方案创造的原理和评价；价值工程的综合应用。

## 思政元素

(1) 哲学思想：从"MILES"式思考的逻辑中抓住主要矛盾或矛盾的主要方面，基于价值管理效能的ABC分类法，抓关键的、少数的矛盾论观点，展示人们为了项目"有效性"不断进取、不断创新、不断发展的历史进程，感悟从局部入手到系统推进的哲学思想。

(2) 系统思维：结合真实项目案例，系统理解、把握价值管理流程，用系统的观点、思维和方法进行工作优化，以提升工作效能和活动价值；学习基于价值提升的功能和成本协同设计的系统观点，权衡用户价值、厂商价值和产品价值，培养用户、研发、设计、生产、材料、工艺等全员参与的系统思维。

**引例**

随着全球对减少碳排放和可持续发展关注度的提高，新能源汽车市场迅速扩大。新能源汽车市场竞争激烈，不断有新的竞争者和创新产品出现。消费者对新能源汽车的期望越来越高，不仅仅要求车辆有更长的续驶里程、更快的充电速度、更高的安全性和智能化水平，同时也希望价格合理。为保持竞争力，新能源汽车公司必须提供具有先进技术和优越性能的产品，同时也需要控制成本以提供具有吸引力的价格。

为了提高新能源汽车的市场竞争力，某新能源汽车公司决定启动价值工程项目，旨在优化新能源汽车的设计，如采用更高效的电池技术、使用更轻量化的材料、选用更优化的能源管理系统等，以期在提升产品功能的同时降低成本。具体目标：降低新能源汽车的生产成本至少20%，保持或提升车辆的续驶里程、安全性和驾驶体验，提升产品的市场份额和消费者满意度。

**思考题：**

(1) 新能源汽车的功能模块包含哪些？其重要性如何衡量？

(2) 该新能源汽车公司为何选择价值工程进行降本增效？

## 11.1　价值工程理论概述

### 11.1.1　价值工程的产生和发展

价值工程(value engineering, VE),于 1947 年前后起源于美国。第二次世界大战期间,美国的军事工业获得了很大发展,但同时也出现了原材料供应紧张的问题。设计工程师 L. D. 麦尔斯当时在美国通用电气公司采购部门工作,他的工作是为通用电气公司寻找与取得军事生产中的短缺材料和产品。由于材料采购困难,麦尔斯认为如果得不到所需要的材料和产品,同样可以利用其他材料和产品替代而获得相同的功能,于是他就开始研究材料替代性问题。比较典型的是"石棉板事件"。当时,通用电气公司需要购买的石棉板的价格成倍地增加,给采购工作和财务预算带来了很大困难。于是,麦尔斯提出了这样的问题:为什么要使用石棉板?它的功能是什么?原来,他们在给产品上涂料时容易把地板弄脏,要在地板上铺一层东西。涂料的溶剂是易燃品,消防法规定要垫石棉板。由于石棉板奇缺且价格飞涨,他们就想使用代用材料。采购员找到了一种不燃烧的纸,不仅采购容易,而且价格便宜,但根据当时消防法的规定,不能使用代用品。后来,经过一番周折,修改了消防法后才允许代用。麦尔斯等人通过他们的实践活动,总结出一套在保证同样功能的前提下降低成本的比较完整的科学方法,当时称它为价值分析(value analysis, VA)。

第二次世界大战以后,价值分析在美国得到了迅速发展。1954 年,美国海军率先推行,主要用这种方法指导新产品的设计,取得了显著的效果,仅在第一年就节约了 3 500 万美元,并将"价值分析" 更名为"价值工程"。20 世纪 60 年代,价值工程传到了西欧和日本,得到了广泛的应用,并实现了显著的效果。据报道,20 世纪 60 年代初期,通用电气公司总经理 R. S. 麦克纳马拉出任美国国防部部长,规定 10 万美元以上物资采购需进行价值分析。在 1961～1970 年的 10 年间,美国仅在订货费用上就节约了几百亿美元,连一向不重视成本的航天局也采用了价值工程。麦克纳马拉曾说:"为谋求国防部采购物资时在性能、交货期、成本三方面取得协调,最好的管理手段之一是价值工程。"美国根据原联邦德国价值工程协会秘书长的介绍,将价值工程应用于产品更新,可降低成本 20%～25%,如应用于新产品的设计和制造,效果更为显著。日本后来居上,把价值工程与全面质量管理巧妙地结合起来,取得了成本低、质量好的效果。目前许多大学开设了价值工程课程,不少国家设立了价值工程学会组织。另外,不少企业规定,没有经过价值分析的新产品不能投产,工程不准开工,方案不准实施。

1978 年以后,价值工程被介绍到我国,为许多企业所采用并取得了很好的经济效益。经过多年的应用实践,价值工程这一理论和方法已被广大学术界,尤其是企业界所认可,成为改进产品质量、降低产品成本、提高经济效益的有效方法之一。

### 11.1.2　价值工程的概念

人们从事任何经济活动或其他活动,客观上都存在着两个基本问题:一是活动的目的和效果分别是什么;二是从事活动所付出的代价是什么。我们日常遇到的大量活动应当两者兼顾。以产品来说,顾客在市场上选择时一般有两个准则:一是产品必须具有自己所需要的某种功能;二是支出较低的价格。例如对于一台电冰箱,顾客既要看它的制冷性能(如能达到的最低温度、制冷速度等)、容量、款式(单门、双门)、外观,还要看价格及使用中的耗电、维修情况等。由此可见，评价一种产品，要看它的功能和成本之间的比值，这个比值称为价值。所谓价值工程，是指以产品或作业的功能分析为核心，以提高产品或作业的价值为目标，力求用最低的寿命期成本可靠地实现必要功能的有组织的创造性活动。

这个定义概括性地表述了价值工程的目的、核心、性质。目的是“用最低的寿命期成本可靠地实现必要功能”，核心是“功能分析”，性质是“有组织的创造性活动”。从价值工程的定义中可以看到，要真正、深刻理解价值工程的含义，必须明确价值工程的三个基本概念：功能、寿命期成本和价值。

1. 功能

这里的功能是指产品的具体用途，即功用、效用、能力等。例如，电灯的功能是照明，卡车的功能是装载和运输物品，车床的功能是车削工件。具有同样功能的不同产品，给用户带来的满足程度通常是不同的。例如，16 英寸黑白电视机与 55 英寸彩色电视机，由于其产品类型、规格、技术指标不同，用户的满足感是不同的。即使是同一类型、同一规格，由于图像清晰度、性能稳定性、使用方便性等方面的差别，产品的市场效果也会不同。上述功能在实现程度上的差异是通过功能水平来反映的，它由一系列的技术经济指标和综合特性指标表示，如产品的类型、规格、各项性能指标、体积、质量、可靠性、安全性、使用和维修的方便性、能源消耗、使用寿命、外形装饰等。

产品的功能是价值工程的核心内容，研究它的目的是以恰当的功能水平实现用户要求的功能。恰当的功能水平，就是应达到的标准功能水平。在一定的产品市场和企业条件下，标准功能水平主要取决于用户要求，还取决于用户使用功能的环境条件和费用支出能力。要掌握标准功能水平，应从用户的使用条件和经济条件两方面着手，调查功能使用系统的技术结构和环境条件，调查用户的消费意愿和支出能力，从而明确实现用户功能要求的产品特性指标。

2. 寿命期成本

所谓寿命期成本，是指产品设计、制造、使用全过程的耗费。产品的寿命期成本包括生产成本 $C_M$ 和使用成本 $C_U$。在寿命期成本的分析过程中，使用成本应是扣除残值后的成本。产品的生产成本包括产品的科研、设计、试制费用和制造过程中的材料、工时及其他费用等。生产成本在短期内集中支出且体现在售价中，是生产企业可直接控制的成本，容易引起人们的重视。而产品的使用成本是用户在使用产品的过程中支付的各种费用的总和，包括产品在运输、安装、调试、维修、能耗等方面的费用。使用成本连续地发生在整个产品使用过程中，其大小与产品的功能水平有紧密的内在联系，是生产企业可间接控制的成本。使用成本常常是生产成本的很多倍，但其由于分散支出，因而容易被人们忽视。价值工程要求综合考虑生产、使用成本，同时兼顾生产企业和用户的利益。

寿命期成本与功能水平的关系如图 11-1 所示。随着功能水平的提高，使用成本下降，生产成本上升；反之，使用成本上升，生产成本下降。例如，一台设计合理、制造精良的空调，使用过程中的维修费用比较低；相反地，一台粗制滥造的空调频繁发生故障，用户不得不支付大额的维修费用。生产成本、使用成本和功能水平之间的这种变化规律决定了寿命期成本与功能水平的马鞍形曲线变化关系，决定了寿命期成本存在最低值。最低寿命期成本点 $G$ 对应的功能水平 $F_0$ 是从成本方面考虑的最为适宜的功能水平，与一定技术条件下用户从多方面考虑后要求的标准功能水平基本一致。在对产品进行价值分析时，要尽量向点 $G$ 靠近，力图以最低的寿命期成本实现用户对功能水平的要求。

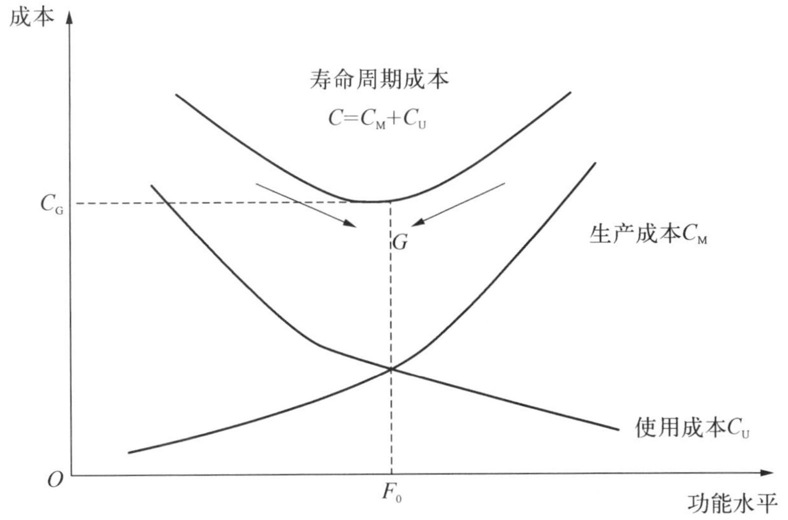


**图 11-1 寿命期成本与功能水平的关系**

3. 价值

价值工程中价值的定义和经济效果的定义是相吻合的。价值工程中的价值等于分析对象的功能与获得该功能的寿命期成本的比值。价值公式可表示为

$$价值(V)=功能(F)/寿命期成本(C) \tag{11-1}$$

价值工程的目标是提高价值,也就是提高经济效益。由上面的公式可以看出,要提高价值,可以采用以下五种方法:

(1) 功能不变,降低寿命期成本;

(2) 寿命期成本不变,提高功能;

(3) 寿命期成本增加一些,功能有很大的提高;

(4) 功能略下降,寿命期成本大幅下降;

(5) 提高功能,降低寿命期成本。

人们购买商品,不但求其性能好、可靠、耐用、美观,而且求其价格便宜,总之是物美价廉。对产品的生产企业来说,增加利润的前提是扩大市场,而物美价廉是产品占领市场、赢得用户的根本条件。因此,生产企业的价值观和用户的价值观应当是一致的。

4. 价值工程

价值工程是以最低的寿命期成本可靠地实现产品的必要功能,着重于功能分析的有组织的创造性活动。

按照国家标准 GB/T 8223.1—2009《价值工程 第 1 部分:基本术语》,价值工程是"通过各相关领域的协作,对研究对象的功能和费用进行系统分析,持续创新,旨在提高研究对象价值的一种管理思想和管理技术"。价值工程活动的目的,就是以产品的最低寿命期成本,可靠地实现使用者所需功能,以获取最佳的综合效益。

### 11.1.3 价值工程的中心内容和工作步骤

1. 价值工程的中心内容

价值工程的中心内容可用三个词概括——"功能""创造""信息"。

(1) 功能分析是核心

功能分析是价值工程分析问题和处理问题的方法，主张一切从用户要求的功能出发进行本质的思考。用户购买任何产品，不是购买产品的形态，而是购买功能。例如，用户买手表是买其“显示时间”的功能，买灯泡是买其“照明”的功能。只要具有相应的功能，就能满足用户的需要。例如，煤气和液化气可以用于燃烧，因而可以取代煤供给居民；日光灯可以用于照明，因而可以代替白炽灯使用。但是，具有相同功能而成分或结构不同的产品或零部件的成本一般是不相同的。价值工程就是要通过对实现功能的不同手段的比较，寻找最经济合理的途径。它透过人们司空见惯的产品生产、使用、买卖现象，抓住功能这一实质，从而取得观念上的突破，为提高经济效益开拓新的途径。

(2) 创造是关键

功能毕竟要有具体的实现手段。手段不同，效果也不同，想要取得好的效果，就必须找到更多更好的手段。手段是人们创造出来的，没有创造，一切都是空话。价值工程的全过程，都体现出为创造实现功能的新手段而开辟道路的宗旨，强调不断改革和创新，开拓新思路和新途径，从而获得关于功能载体的新方案。

(3) 信息是基础

价值工程以技术和经济这两方面的结合为特点，也以这两方面的信息为基础。技术上的创新绝大多数是在继承他人成果的基础上实现的，不了解国内外同行在材料、工艺、设备、产品等方面的现有技术，不了解技术发展的趋势，那么，提不出创新方案，或者耗时耗资甚多而收效甚微。不了解市场，不了解用户的意见，不了解同类产品的水平，就会无的放矢，甚至故步自封，最终会失去用户。总之，价值工程就是要从了解所要实现的功能出发，在掌握大量信息的基础上，进行创新改进，完成功能的再实现。

2. 价值工程的工作步骤

开展价值工程的过程是一个发现问题、解决问题的过程。针对价值工程的研究对象，逐层深入地提出一系列问题，通过回答问题来寻找答案，引发问题的解决。当前，价值工程已经发展成为一门比较完善的管理技术，在实践中形成了一套科学的实施程序，通常围绕以下七个环环相扣的逻辑性问题展开：

(1) VE 的对象是什么？

(2) 其作用是什么？

(3) 其成本是多少？

(4) 其价值是多少？

(5) 有无其他方法可以实现同样功能？

(6) 新方案的成本是多少？

(7) 新方案能满足要求吗？

价值工程的工作步骤包括选择分析对象、收集情报、功能分析、确定重点改进对象、方案创造、改进方案评价、实施、成果评价等八个具体步骤，可用框图(图 11－2)来表示。

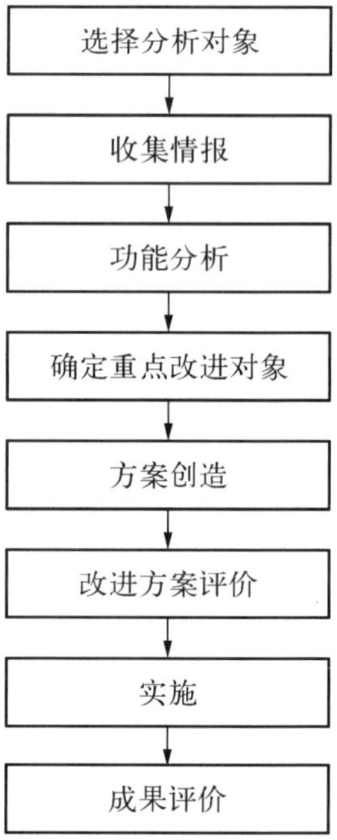


**图 11－2 价值工程工作步骤框图**

将八个具体步骤与七个问题对应起来，如表 11－1 所示。

**表 11－1　VE 的工作步骤与问题**

| VE 实施的具体步骤 | VE 的问题 |
|---|---|
| (1) 选择分析对象<br>(2) 收集情报<br>(3) 功能分析<br>(4) 确定重点改进对象<br>(5) 方案创造<br>(6) 改进方案评价<br>(7) 实施<br>(8) 成果评价 | (1) VE 的对象是什么?<br>(2) 其作用是什么?<br>(3) 其成本是多少?<br>(4) 其价值是多少?<br>(5) 有无其他方法可以实现同样功能?<br>(6) 新方案的成本是多少?<br>(7) 新方案能满足要求吗? |

它们之间的关系如下：选择分析对象，首先在企业全部产品中选择哪种或哪些产品为 VE 的对象，然后在选定的产品中确定哪些或哪种零部件为 VE 的目标。这一步回答了“VE 的对象是什么”。功能分析包括功能定义、功能整理和功能评价。功能定义回答了“其作用是什么”，功能整理和功能评价根据用户要求的功能，寻找实现功能的最低总费用，把功能与费用相比，回答了“其成本是多少”和“其价值是多少”。方案创造回答了“有无其他方法可以实现同样功能”。改进方案评价、实施和成果评价回答了“新方案的成本是多少”“新方案能满足要求吗”。

## 11.2　对象选择和信息收集

### 11.2.1　对象选择

价值工程中选择分析对象的总原则是优先选择改进潜力大、效益高、容易实施的产品和零部件。选择分析对象的方法有很多，每种都有自己的特点，应根据具体情况灵活地加以使用。

1. 定性方法

常用的定性方法是经验分析法。经验分析法是对象选择中最简单实用的方法，也称因素分析法。它是根据企业的经验，分析生产、经营和价值工程推行等方面的因素，对那些各方面或某几方面问题比较突出的对象予以优先选择的一种定性方法。经验分析法中的主要考虑因素如图 11－3 所示。

VE的对象选择
- 市场角度
  - 对企业利润有重大影响的主导产品
  - 用户意见大、意见多的产品
  - 返修率高的产品
  - 已进入产品生命期的衰退期、销售量面临大幅度下降的产品
- 设计角度
  - 结构复杂的产品或成套机组
  - 性能差、技术落后、亟待更新换代的产品
  - 设计上存在严重缺陷的产品
- 生产角度
  - 产量大的产品
  - 价格高的产品
  - 工艺复杂或工艺落后的产品
  - 质量大、体积大、物耗高的产品
  - 次废品率高的产品
- VE实施角度
  - 情报资料易收集齐全的产品
  - 在技术、人才方面有优势的产品
  - 改进牵涉面不大、不需要大量人力和物力的产品
  - 易于成功的产品

**图 11－3　经验分析法 VE 对象选择的主要考虑因素**

图 11－3 列出的因素主要是针对刚开始进行价值工程工作而言的。随着价值工程的进展和经验的积累，对象选择会由易到难、由简单到复杂逐步深入。

2. 定量方法

(1) ABC 分类法

ABC 分类法又称帕累托(Pareto)分析法或重点分析法，是价值工程活动对象选择中应用较多的方法之一。大量分析表明，产品零部件成本分布是不均匀的，往往少数零部件的成本要占整个产品成本的一半以上。根据这一特点，应用数理统计的方法，按局部成本在总成本中所占比重的大小选择价值工程研究的对象，这就是价值工程中的 ABC 分类法。其基本思路是把一个产品的各种零部件分成 A、B、C 三类。一般来说，A 类零部件数占总数的 8%～20%，成本则占总成本的 65%～75%；B 类零部件数占 10%～30%，成本占 10%～30%；C 类零部件数占 50%～70%，成本只占 5%～15%。价值工程中的对象选择正是利用成本的这一分布规律，选择 A 类零部件作为价值分析的重点对象。如条件允许，也可将 A、B 两类零部件作为价值分析的对象。ABC 分类法的具体做法如下：首先，将零部件按成本的大小从大到小依次排序；然后，分别求出各零部件的累计件数和累计件数所占百分比，以及累计成本和累计成本所占百分比；最后，进行 ABC 分类。

**【例 11－1】** 某产品由 31 件零部件组成，其中有两种零部件重复。一种零部件在产品中有 4 个，其单位成本为 1.41 元，另一种零部件在产品中有 2 个，其单位成本为 0.74 元，其他零部件的产品成本等于其单位成本，如表 11－2 所示。试用 ABC 分类法确定价值工程的改进对象。

解：表 11－2 显示了用 ABC 分类法对该产品的零部件进行分析的具体计算过程，从而确定价值工程的改进对象。

**表 11－2 某产品成本 ABC 分类计算**

| 序号 | 零部件产品成本/元 | 分类 | | | | 说明 |
|---|---|---|---|---|---|---|
| | | 累计种数 | 累计种数百分比 | 累计成本 | 累计成本百分比 | |
| 1 | 11.7 | 1 | 3.7 | 11.7 | 32.9 | A 类：<br>类种数百分比：11.1%<br>类成本百分比：70.1% |
| 2 | 7.61 | 2 | 7.4 | 19.31 | 54.2 | |
| 3 | 5.64<br>(=4×1.41) | 3 | 11.1 | 24.95 | 70.1 | |
| 4 | 2.44 | 1 | 3.7 | 2.44 | 6.9 | B 类：<br>类种数百分比：18.5%<br>类成本百分比：20.0% |
| 5 | 1.65 | 2 | 7.4 | 4.09 | 11.5 | |
| 6 | 1.48<br>(=2×0.74) | 3 | 11.1 | 5.57 | 15.6 | |
| 7 | 0.83 | 4 | 14.8 | 6.4 | 17.8 | |
| 8 | 0.71 | 5 | 18.5 | 7.11 | 20.0 | |
| 9 | 0.61 | 1 | 3.7 | 0.61 | 1.7 | C 类：<br>类种数百分比：70.4%<br>类成本百分比：9.9% |
| 10 | 0.43 | 2 | 7.4 | 1.04 | 2.9 | |
| … | … | … | … | … | … | |

续 表

| 序号 | 零部件产品成本/元 | 分类 | | | | 说明 |
| --- | --- | --- | --- | --- | --- | --- |
| | | 累计种数 | 累计种数百分比 | 累计成本 | 累计成本百分比 | |
| 27 | 0.05 | 19 | 70.4 | 3.54 | 9.9 | |
| | 总成本=35.6 | | | | | |

在进行上表的分类分析过程中，还可以通过绘制 ABC 分类图，直观地表示出 A 类、B 类、C 类中各自的类种数百分比和类成本百分比的大小。

根据上例中 A 类、B 类、C 类的类种数百分比和类成本百分比的大小，作出 ABC 分类图，如图 11-4 所示。从图 11-4 中可看出，A 类是“关键的少数”，C 类是“次要的多数”，即 A 类零部件是重点改进对象，其次是 B 类零部件。

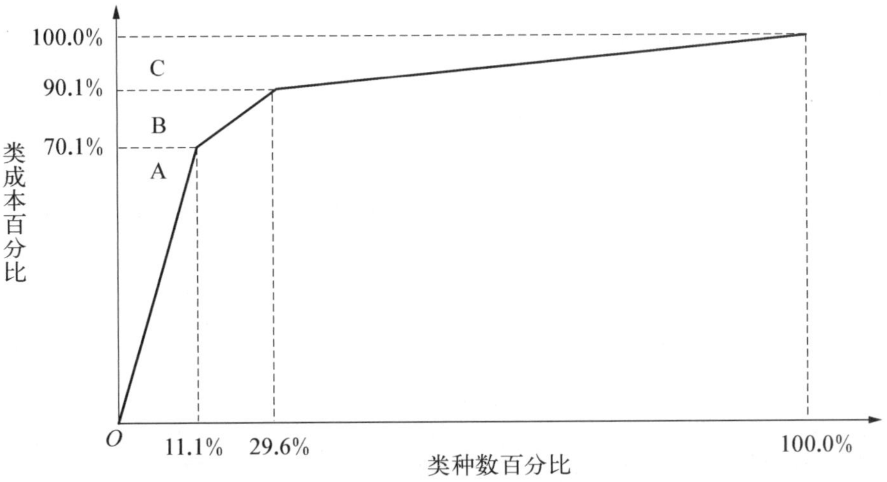


**图 11-4　ABC 分类图**

ABC 分类法从成本角度突出重点对象，是一种偏重成本的定量分析方法。其缺点是容易产生忽视功能改进的片面性，特别是那些功能很重要而成本分配较少的对象，往往被排在重点对象之外。所以，在用 ABC 分类法分析时，需要其他方法来补充。

(2) 功能成本比较法

功能成本比较法的具体做法如下：先对产品所包含的功能进行粗略分析，再计算其对应的成本。如图 11-5 所示，将产品功能按大小顺序排列，再将功能成本按大小顺序排列，将对应的功能和成本用箭头连起来。不难判断出箭头朝上(图中虚线箭头)对应的功能，其成本较低，应优先进行分析。

另外，还有一种强制确定法与功能成本比较法类似，不同的是以相对系数的比较代替功能成本比较法中绝对数的比较。

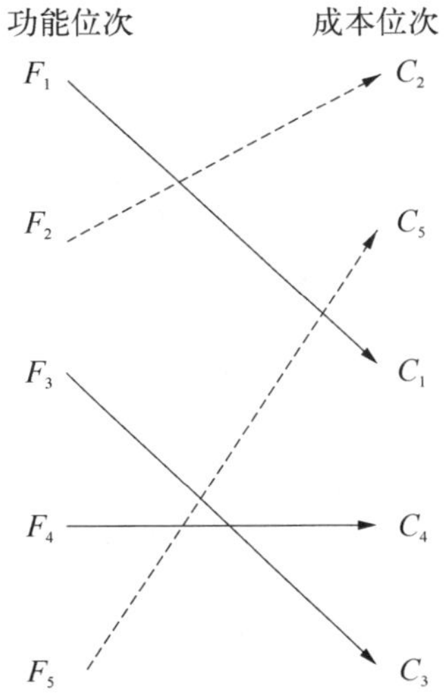


**图 11-5　功能成本比较图**

它以构成产品的零件为对象，某零件在整个产品中所占功能的百分数称为功能评价系数(零件功能评价系数＝零件功能得分/零件功能总分)，所占成本的百分数称为成本系数(零件成本系数＝零件成本/总成本)。计算零件功能评价系数与零件成本系数的比值，就得到零件价值系数(零件价值系数＝零件功能评价系数/零件成本系数)。价值系数的大小是选择价值工程对象的依据。该系数越小，说明其功能成本比越不合理，改进的空间就越大，应作为价值工程研究的首选对象。如果价值系数等于1，说明其功能与成本匹配恰当，不应作为价值工程的改进对象。

**【例11-2】** 某产品有10个零件，现实成本已知。使用强制确定法确定其功能重要性系数，并使用功能成本比较法选择VE的对象。

解：第一步：把10个零件在功能重要性分析表的第一行和第二列中分别按从左到右、由上而下的顺序排列好；各零件之间两两对比，功能重要的得1分，次要的0分，自身不比较，记“×”；将每个零件的得分累加，并与全部零件得分总数相比，求出功能重要性系数，如表11-3所示。

**表11-3 功能重要性分析表**

| 序号 | 零件名称 | A | B | C | D | E | F | G | H | I | J | 得分合计 | 功能重要性系数 |
|---|---|---|---|---|---|---|---|---|---|---|---|---|---|
| 1 | A | × | 0 | 0 | 0 | 1 | 1 | 1 | 1 | 1 | 1 | 6 | 0.133 |
| 2 | B | 1 | × | 1 | 1 | 1 | 1 | 1 | 1 | 1 | 1 | 9 | 0.200 |
| 3 | C | 1 | 0 | × | 0 | 1 | 1 | 1 | 1 | 1 | 1 | 7 | 0.156 |
| 4 | D | 1 | 0 | 1 | × | 1 | 1 | 1 | 1 | 1 | 1 | 8 | 0.178 |
| 5 | E | 0 | 0 | 0 | 0 | × | 1 | 1 | 0 | 0 | 1 | 3 | 0.067 |
| 6 | F | 0 | 0 | 0 | 0 | 0 | × | 1 | 0 | 0 | 1 | 2 | 0.044 |
| 7 | G | 0 | 0 | 0 | 0 | 0 | 0 | × | 0 | 0 | 0 | 0 | 0.000 |
| 8 | H | 0 | 0 | 0 | 0 | 1 | 1 | 1 | × | 0 | 1 | 4 | 0.089 |
| 9 | I | 0 | 0 | 0 | 0 | 1 | 1 | 1 | 1 | × | 1 | 5 | 0.111 |
| 10 | J | 0 | 0 | 0 | 0 | 0 | 0 | 1 | 0 | 0 | × | 1 | 0.022 |
| 合计 | 总分 $= n(n-1)/2 = 45$ | | | | | | | | | | | 45 | 1.000 |

第二步：计算成本系数 $C_i$，成本系数＝某一零件的目前成本/产品目前总成本。

第三步：计算功能系数 $V_i$，$V_i = F_i / C_i$。

第四步：依据功能成本比较法的原则，选 $V_i$ 较小者G、A作为VE的对象，如表11-4所示。

**表11-4 价值系数计算表**

| 序号 | 零件名称 | 功能重要性系数 | 现实成本/元 | 成本系数 | 功能系数 | VE的对象 |
|---|---|---|---|---|---|---|
| 1 | A | 0.133 | 35.0 | 0.350 | 0.380 | △ |
| 2 | B | 0.200 | 9.5 | 0.095 | 2.105 | |
| 3 | C | 0.156 | 18.5 | 0.185 | 0.843 | |

续　表

| 序号 | 零件名称 | 功能重要性系数 | 现实成本/元 | 成本系数 | 功能系数 | VE的对象 |
|---|---|---|---|---|---|---|
| 4 | D | 0.178 | 4.2 | 0.042 | 4.238 | |
| 5 | E | 0.067 | 10.5 | 0.105 | 0.638 | |
| 6 | F | 0.044 | 7.8 | 0.078 | 0.564 | |
| 7 | G | 0.000 | 0.5 | 0.005 | 0.000 | △ |
| 8 | H | 0.089 | 3.5 | 0.035 | 2.534 | |
| 9 | I | 0.111 | 8.5 | 0.085 | 1.306 | |
| 10 | J | 0.022 | 2.0 | 0.020 | 1.100 | |
| 合　计 | | 1.000 | 100.0 | 1.000 | | |

## 11.2.2　信息收集

价值工程提出问题、分析问题、解决问题过程中的每个步骤都必须依赖有关的资料和信息来进行。所以，价值工程一开始就要围绕研究对象有计划、有目的地进行相关资料和信息的收集，作为价值工程活动的依据。只有掌握了较为全面、精确的资料和信息，才能将功能及其成本分析做到深刻、细致，从而找出问题所在，提出相应的改进方案，取得突破性的成效。

信息收集工作应该有详细的计划，以保证这项活动高质量、高效率地完成。计划内容应包括：

(1) 收集的范围和深度(以能充分解决问题为准，过粗不好利用，过细则浪费时间)。

(2) 从哪里收集？(选择可靠的信息源)

(3) 收集工作的期限。

(4) 怎样收集？(采用最合适的方法)

(5) 由谁负责收集？

(6) 怎样汇总整理？

价值工程的信息是指在一定范围内，对实现价值工程目标有益的一切情况、知识和资料。从内容上看，除了国家、地方政府和社会有关部门法规、条例等方面的信息，它主要可以分为两大类：技术信息和经济信息。

1. 技术信息

(1) 设计新原理。新原理会促进一代全新产品的产生，对技术和经济都会产生重大影响。例如，将微电子技术应用于计时仪表，使钟表设计发生了重大变革。

(2) 新工艺、新设备。新工艺的出现可能使加工方法发生重大变化，对设计、设备提出新要求。例如，精锻、精铸工艺可减少金属零件切削，甚至免除切削加工，对锻、铸设备和模具的要求变得更高了。

(3) 新材料。新材料的应用对产品性能、成本有很大影响，同时要求工艺、设备做相应改变。例如，用塑料代替铁皮制造洗衣机内桶和外壳，可提高耐腐蚀性、减轻质量，生产效率得到大幅度提高，工艺、设备变得完全不同了。

(4) 环境和劳动改善条件。减少粉尘和有害液体、气体外泄，减少噪声污染，减轻劳动强度，保障人身安全的技术越来越受到重视，这也对产品的设计、生产产生了一定影响。

2. 经济信息

(1) 用户要求、消费倾向、市场需求量。这是产品设计和生产的前提。

(2) 用户对产品的意见反馈。这是产品改进的依据，是一种宝贵的信息资源。

(3) 同类产品和零部件的生产成本。这是明确差距、找准改进对象的重要信息。

价值工程信息的来源有很多，既有国内的，也有国外的，既有内部的，也有外部的。外部信息必须尽力收集，同时企业内的资料也不可忽视。例如，产品设计图纸、工艺文件、测试报告、试验报告要力求齐全，各零部件和各工序成本要尽量准确、完备。

收集到的信息要进行分类、整理、仔细分析，并做出评价：哪些是可靠的，可作为分析的依据；哪些是不可靠的；哪些是可供参考的。

## 11.3 功能分析

所谓功能分析，就是对构成产品的零部件进行系统的分析，确定其功能成本，进而决定产品的价值。功能分析是价值工程的核心，价值工程依靠功能分析来达到降低成本的目的。功能分析包括功能定义、功能整理和功能评价，在叙述这三部分内容之前，先介绍一下功能分类。

### 11.3.1 功能定义

功能定义是价值工程的特殊方法，是指对产品及其零部件的各种功能用简明准确的语言进行描述，明确功能的内容和水平。

1. 功能定义的目的

第一，明确产品和零部件的功能。要实现价值工程中以产品结构为中心的研究向以功能为重点的研究的转变，就必须准确掌握用户所要求的功能，这正需要功能定义来完成。

第二，便于进行功能评价。评价不以产品或零部件为依据，而是针对功能进行的，所定义的功能要方便定性和定量的评价。

第三，有利于开阔思路。寻找实现同一功能的各种可替代的方案，必须以其功能为依据。功能定义要摆脱现有结构框架的束缚，围绕用户要求的功能，以提出创新性的改进方案。

因此，功能定义要确切，同时又要适当地概括和抽象。

2. 功能定义的方法

功能定义一般采用“动宾法”。“动宾法”通常要求用动词谓语和名词宾语把功能简洁地表达出来。主语是被定义的对象，如表 11－5 所示。

**表 11－5 功能定义举例**

| 被定义的对象 | 功　能 | |
|---|---|---|
| 主语(名词) | 谓语(动词) | 宾语(名词) |
| 手表 | 指示 | 时间 |
| 杯子 | 盛 | 水 |
| 电线 | 传递 | 电流 |

续 表

| 被定义的对象 | 功 能 | |
|---|---|---|
| 传动轴 | 传递 | 扭矩 |
| 机床 | 切削 | 工件 |
| 日光灯 | 照 | 明 |

3. 功能定义的注意事项

(1) 动词要采用扩展思路的词汇，以利于开阔思路。例如，定义一种在零件上做孔的工艺的功能，可以定义为“钻孔”，人们自然联系到用钻床；如果定义为“打孔”，人们会想到除用钻床以外，还可用冲床、电加工、激光加工等方法；如果定义为“做孔”，人们不仅会想到以上方法，还会想到在零件上直接铸造出或锻造出孔。“钻”“打”“做”一字之差，但一个比一个抽象，同时也确切，容易开阔思路。

(2) 名词要尽量用可测量的词汇，以利于定量化。例如，将电线的功能定义为“传电”就不如“传递电流”好。

(3) 要站在物的立场上。例如，把花瓶的功能定义为“插花”就不好。

(4) 给一个功能下一个定义。一个物品有几个功能，就要下几个定义。功能定义不仅仅针对产品整体，更重要的是针对产品的各组成部分(如部件、组件、零件等)。例如，保温瓶的功能可以被定义为“提供保温容器”，其中各零件的功能定义如表 11-6 所示。

**表 11-6 保温瓶零件的功能定义**

| 序 号 | 零件名称 | 功 能 定 义 |
|---|---|---|
| 1 | 底托 | 支承容器底部，减振 |
| 2 | 三眼 | 容纳支承件，调节支承位置 |
| 3 | 瓶底 | 容纳支承构件，保护容器，方便装配，形成外观 |
| 4 | 筒衬 | 方便装配 |
| 5 | 铆钉 | 固定构件 |
| 6 | 提把 | 方便使用，形成外观 |
| 7 | 铁筒 | 保护容器，连接支承构件，形成外观 |
| 8 | 瓶胆 | 贮水，防止热对流，防止热传导，防止热辐射 |
| 9 | 瓶肩 | 保护容器，容纳支承构件，支承防尘罩，方便装配，形成外观 |
| 10 | 瓶盖 | 防尘，形成外观 |
| 11 | 口圈 | 支承容器颈部，减振 |
| 12 | 瓶嘴 | 容纳支承件，保护容器，形成外观 |
| 13 | 瓶塞 | 防尘，防止热对流，防止热传导 |

总之，进行功能定义时绝不是简单地用动词和名词表达一下，而应该先把功能一项项地加以区分和规定，然后把这些概念明确化，最后分别用一个简明而确切的动词和名词表达出来。

### 11.3.2 功能分类

1. 从性质角度，可将功能分为使用功能和美学功能

使用功能不仅要求产品的可用性，还要求产品的可靠性、安全性、易维修性。例如，一辆汽车不仅要能开动，而且要故障少、转弯灵活、制动可靠、操纵方便，保证用户安全、舒适，发生故障或机件磨损后要便于维修。美学功能包括造型、色彩、图案、包装装饰等方面的内容。随着生活水平的提高，人们要求产品多样化，对美学功能日益重视。在市场上，造型新颖、色彩宜人、图案精美、包装装饰美观、能体现时代气息的产品外观首先给人以深刻的印象，在性能、价格相当的条件下，这样的产品更具竞争力。

不同的产品，对使用功能和美学功能有不同的侧重。有些产品，如原材料、燃料、地下管道、潜水泵、潜油泵等，只有使用功能。有些产品，如工艺品、国画、书法作品等，只有美学功能。多数产品则要求两者兼备，不仅像电冰箱、洗衣机、家具等家庭生活用品是如此，就连载重汽车、机床等机械设备也要求在性能优越的同时有好的外观。

2. 以功能重要程度分，包括基本功能和辅助功能

基本功能是产品的主要功能，也是用户购买的原因和企业生产的依据。辅助功能则是次要功能，是为了辅助基本功能更好地被实现或由于设计、制造的需要而附加的功能。例如，小轿车的基本功能是提供乘坐舒适的快速交通工具，同时，车的尾部设有一后备厢，为乘客存放行李提供方便，这就是其辅助功能。基本功能是设计者、制造者的注意力之所在，但不等于说可以忽视辅助功能。

3. 按功能的有用性，可分为必要功能和不必要功能

使用功能、美学功能、基本功能、辅助功能都是必要功能。但不必要功能并不少见，其表现有三。

第一，多余功能。有些功能纯属画蛇添足，不但无用，有时甚至有害。例如，初期的洗衣机上曾设计有脸盆，并无必要。又如，在电风扇的扇叶保护罩上，有人设计了许多图案，似乎增加了美学功能，其实不仅无用，而且挡风。

第二，重复功能。两个或两个以上功能重复，可以去掉。例如，越野型吉普车多在城市使用，只要单桥驱动就足够了，双桥驱动就重复了，这样提高了成本，增加了自重，油耗也增加。

第三，过剩功能。有些功能虽是必要的，但满足需要有余，这是最常见的一种不必要功能。如过高的安全系数、过大的拖动力、结构寿命不匹配等，造成产品结构笨重，“大马拉小车”，浪费原材料和能源。这在我国机械产品中相当普遍，在其他产品中也不少见。例如，某机床厂生产的铣床主电机的功率为 7.5 千瓦，而实际上 4.5 千瓦就足够了，结果是生产厂多花了成本，用户多耗了电力。又如，某橡胶厂生产的胶鞋，鞋底比鞋帮的寿命高 50%，未穿坏的鞋底最后只能变成废品或垃圾。

### 11.3.3 功能整理

1. 什么是功能整理？

经过定义的功能可能有很多，它们不是孤立的，而是有内在联系的，为了把这种内在联系表现出来，必须将其系统化。这种将各部分功能按一定逻辑排列起来，使之系统化的工作就叫功能整理。其结果是形成“功能图纸”——功能系统图。它的格式如图 11-6 所示。

功能整理采取的逻辑是目的—手段。上位功能是目的，下位功能是手段。因此，上位功能也称为目的功能，下位功能便称为手段功能。图 11-6 中 $F_0$ 是产品的基本功能，即最上位功

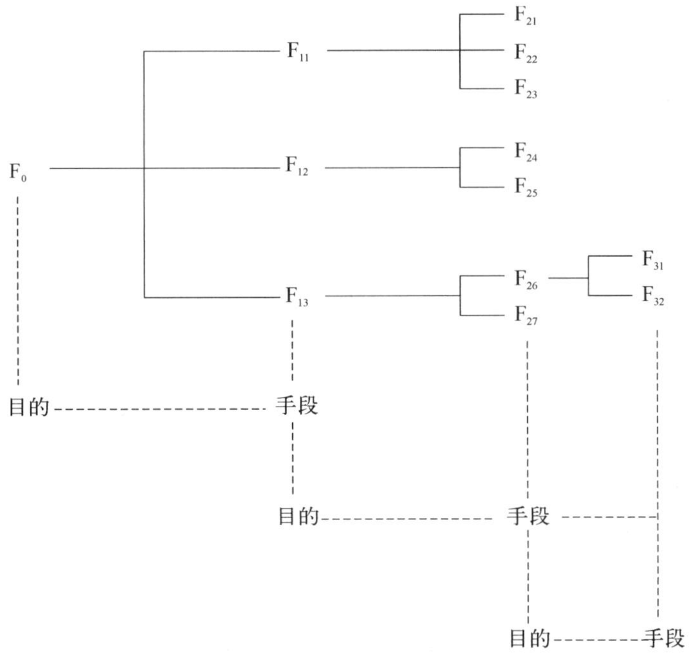


**图 11-6　功能系统图**

能。$F_{11}$、$F_{12}$、$F_{13}$ 是实现功能 $F_0$ 的手段，是 $F_0$ 的下位功能，又是 $F_{21}$、$F_{22}$、$F_{23}$、$F_{24}$、$F_{25}$、$F_{26}$、$F_{27}$ 的上位功能。

功能系统图表明整个功能系统的内部联系，更进一步地阐明分析对象的“功能是什么”的问题，反映设计意图和构思。功能系统图为功能评价和改进创新提供基础，使功能评价得以按功能域逐级进行，给改进创新提供可供选择的全部功能域。

保温瓶的功能系统图如图 11-7 所示。

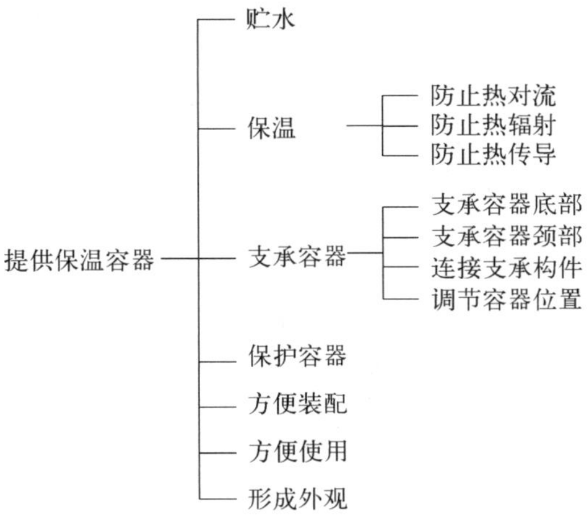


**图 11-7　保温瓶的功能系统图**

功能系统图的复杂程度和细化程度可根据需要而定。不同的功能系统图的细化程度有很大差别，粗的只到大部件，如变速箱，甚至只到一部机器，如发动机；细的到小零件，如保温瓶的底托，甚至将一个零件的功能细分到工艺结构，如保温瓶瓶胆的镀银工艺（用于防止热辐射）。就是在同一功能系统图中，细化程度也有差别。对于像汽车这样复杂的产品，细化到所有零件是不可能的,必要时可将某些功能单独抽出,另画更细的功能系统图。

功能系统图一般不是一次就能完美无缺地画好的,需要反复修改、完善。为了使功能系统图中的末位功能都能与零件的功能定义相对应,在功能整理的过程中,有时还要调整零件的功能定义。例如,保温瓶瓶胆的功能定义可以是“保温”,但在功能系统图中想要更清楚地表达保温方式,于是将瓶胆的功能定义改成“防止热对流”“防止热辐射”“防止热传导”。

2. 功能系统图的检查

功能整理的过程是对产品功能进一步理解的过程。如果说,功能定义强调对单一功能深入理解的话,那么功能整理强调对整个产品功能系统的深入理解。功能整理是对功能定义的继续深化和系统化。

功能系统图的表示方式具有多样性,由于功能系统图是功能系统内在联系的反映,它又有严密性的一面。以下几点在画功能系统图时需予以注意。

(1) 功能系统图中的功能要与产品的构件实体相对应。功能系统图中的功能应能包容全部有用构件的功能;功能系统图中的功能要由构件实体来实现。

如图 11-8 所示,提把的功能未包括在内,“贮水”功能未包括在内,而“提供恒温”功能又无构件实体来实现。

(2) 下位功能的全体应能保证上位功能的实现。在图 11-8 中,仅有“缓冲压力”“承受压力”,不能保证“支承、保护容器”功能的实现,其下位功能不完全。

(3) 上、下位功能要有“目的—手段”关系;同位功能之间不存在“目的—手段”关系,是互相独立的。例如,在图 11-8 中,“容纳物体”不是“提供恒温”的手段,它们不是上、下位功能。又如,在图 11-9 中,“防止泄漏”是“贮水”“保温”的手段,而不是并列的同位功能。

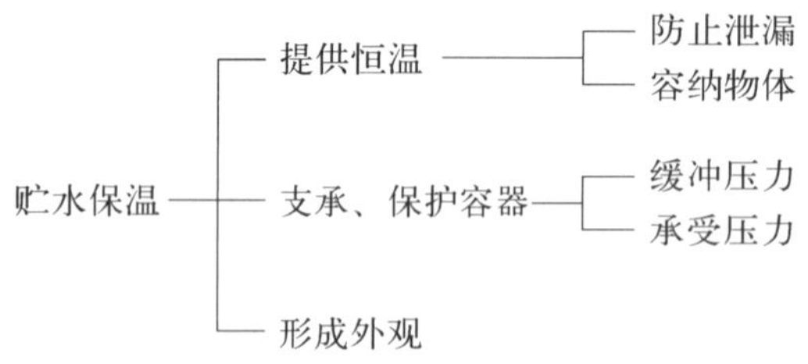


**图 11-8 错误的功能系统图(一)**

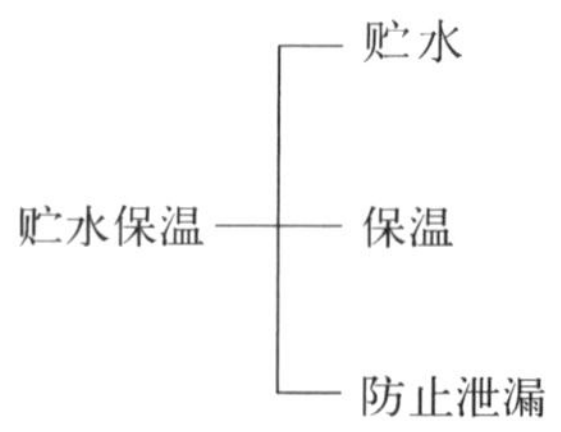


**图 11-9 错误的功能系统图(二)**

### 11.3.4 功能评价

所谓功能评价,是要回答“价值是多少”的问题,就是根据功能与成本的对比关系,确定功能价值,找出低价值的功能,明确改进功能的具体范围,以提高价值。功能评价的方法主要有功能成本法、功能评价系数法和最合适区域法等。

1. 功能成本法

功能成本法是以实现功能的最低成本为标准,通过同该功能的目前成本进行比较来对功能进行评价。其步骤如下:

(1) 确定功能的目标成本(也称功能值);

(2) 确定功能的现实成本;

(3) 计算功能价值;

(4) 计算功能成本降低幅度;

(5) 按改善期望值由大到小的顺序排列，确定 VE 的重点对象。

因此，要求出各分功能价值，就要解决两个问题：一是产品整体的目标成本怎么定；二是功能重要度系数如何求。下面分别讨论这两个问题。

(1) 确定功能的目标成本

A. 总目标成本的确定。目标成本既要有先进性，即必须经过努力才能达到；又要有可行性，即有实现的可能。同行业先进水平对多数企业来说既有先进性又有可行性，可作为目标。数据的取得可采用调查法。收集同类产品的性能指标和成本资料，画在同一直角坐标系上，如图 11－10 所示。横坐标表示功能完好度，可由产品技术性能指标评价得出，纵坐标表示各种产品性能对应的成本。不同厂家的成本是不同的，将最低成本连成一条曲线，称为最低成本线。找出所分析对象的功能完好度，如 $F_P$，其与最低成本线相交点对应的成本 $C$，为该产品的目标成本。

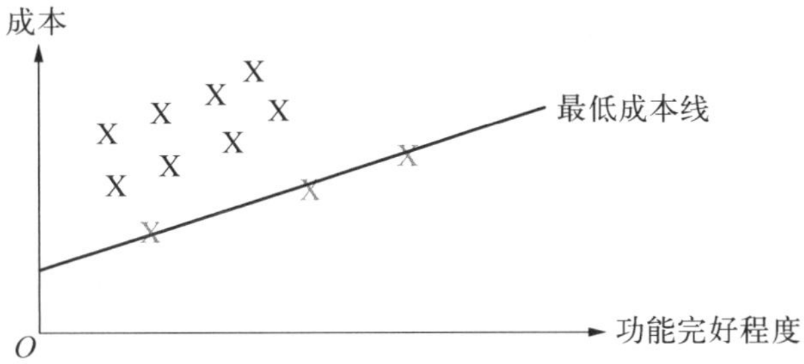


**图 11－10　最低功能成本对应图**

对于已处于先进水平的企业，可根据企业经营目标，例如打入国际市场的要求，对比国外先进水平，确定一个先进、可行的目标。另外，据统计，价值工程普遍可降低成本 5%～30%，这一统计结果亦可作为制定目标成本的参考。

B. 功能重要度系数的确定。总目标成本在各分功能之间如何分配，是一项困难的工作，至今还没有特别有效的方法。

价值工程就是要寻求功能和成本的匹配。因此，有理由按各分功能重要程度分配总目标成本，尽管有时会与实际有较大出入，但仍不失为一种可行的办法。功能重要度的确定主要靠经验判断。为了减小经验估计的偏差，一方面参加评价的人应该富有经验，另一方面参加的人数不宜过少，结果可取平均值。

确定功能重要度的方法不少，这里主要介绍以下几种。

① 0—1 评分法。这种方法是将功能一一对比，重要的得 1 分，不重要的得 0 分。例如，有 5 个功能，可形成表 11－7 的评分矩阵。

**表 11－7　0—1 评分表**

| | $F_1$ | $F_2$ | $F_3$ | $F_4$ | $F_5$ | 累计得分 | 修正得分 | 功能重要度系数 |
|---|---|---|---|---|---|---|---|---|
| $F_1$ | × | 1 | 1 | 1 | 1 | 4 | 5 | 5/15≈0.33 |
| $F_2$ | 0 | × | 1 | 1 | 1 | 3 | 4 | 4/15≈0.27 |
| $F_3$ | 0 | 0 | × | 0 | 1 | 1 | 2 | 2/15≈0.13 |
| $F_4$ | 0 | 0 | 1 | × | 1 | 2 | 3 | 3/15=0.20 |
| $F_5$ | 0 | 0 | 0 | 0 | × | 0 | 1 | 1/15≈0.07 |
| 合　计 | | | | | | 10 | 15 | 1.00 |

为避免最不重要的功能(例中的 $F_5$)得 0 分，可将各功能累计得分加 1 分进行修正，用总

分分别除各功能修正得分，即得到重要度系数。

② 0—4 评分法。0—1 评分法中重要程度差别仅为 1 分，不能拉开档次，为弥补这一不足，将分档扩大为 5 级，其评分矩阵仍同 0—1 评分法。档次划分如下：

非常重要的功能得 4 分，另一个与之相比功能很不重要时得 0 分；

比较重要的功能得 3 分，另一个与之相比功能不太重要时得 1 分；

两个功能同等重要时则各得 2 分；

不太重要的功能得 1 分，另一个与之相比比较重要时得 3 分；

很不重要的功能得 0 分，另一个与之相比非常重要时得 4 分。

例如，某产品有 6 个零件，相互重要度对比结果如表 11-8 所示。

**表 11-8　0—4 评分表**

| | A | B | C | D | E | F | 得分 | 功能重要度系数 |
|---|---|---|---|---|---|---|---|---|
| A | × | 4 | 4 | 3 | 3 | 2 | 16 | 0.266 |
| B | 0 | × | 3 | 2 | 4 | 3 | 12 | 0.2 |
| C | 0 | 1 | × | 1 | 2 | 3 | 7 | 0.117 |
| D | 1 | 2 | 3 | × | 3 | 3 | 12 | 0.2 |
| E | 1 | 0 | 2 | 1 | × | 2 | 6 | 0.1 |
| F | 1 | 1 | 2 | 1 | 2 | × | 7 | 0.117 |
| 合　计 | | | | | | | 60 | 1 |

③ 比率法。这种方法是先比较相邻两功能的重要程度，给出重要度倍数值，然后令最后一个被比较的功能（下例中的 $F_5$）为 1，依次修正重要度比率，并将各比率相加，最后用各功能所得修正重要度比率除以总比率，可得出相应重要度系数。举例请见表 11-9。

**表 11-9　比率法评分表**

| 功　能 | 暂定重要度比率 | 修正重要度比率 | 重要度系数 $f_i$ |
|---|---|---|---|
| $F_1$ | $(F_1:F_2)1.5$ | 4.5 | $f_1=4.5/17.5\approx0.26$ |
| $F_2$ | $(F_2:F_3)0.5$ | 3.0 | $f_2=3.0/17.5\approx0.17$ |
| $F_3$ | $(F_3:F_4)2.0$ | 6.0 | $f_3=6.0/17.5\approx0.34$ |
| $F_4$ | $(F_4:F_5)3.0$ | 3.0 | $f_4=3.0/17.5\approx0.17$ |
| $F_5$ | — | 1.0 | $f_5=1.0/17.5\approx0.06$ |
| 合　计 | | 17.5 | $f=1.00$ |

重要度系数除了可以用以上方法确定，还可以直接按百分比给出各分功能的重要度系数。

C. 逐级确定功能重要度系数。需要指出，为便于对功能重要度进行比较，重要度系数宜在同一功能域中的功能之间分配。因此，功能重要度系数的确定要逐级、逐个功能域进行。下面以保温瓶为例说明功能重要度系数的确定方法。

① 进行一级功能重要度系数分配。本例采用比率法，分配结果见表 11－10。

**表 11－10　保温瓶一级功能重要度评定表**

| 功　　能 | 暂定重要度比率 | 修正重要度比率 | 重要度系数 |
| --- | --- | --- | --- |
| $F_2$(保温) | 1.40 | 6.29 | 0.29 |
| $F_3$(支承容器) | 1.15 | 4.49 | 0.21 |
| $F_7$(形成外观) | 1.25 | 3.90 | 0.18 |
| $F_4$(保护容器) | 2.00 | 3.12 | 0.14 |
| $F_1$(贮水) | 1.20 | 1.56 | 0.07 |
| $F_5$(方便装配) | 1.30 | 1.30 | 0.06 |
| $F_6$(方便使用) | — | 1.00 | 0.05 |
| 合　计 | | 21.66 | 1.00 |

② 进行二级功能重要度系数分配。本例二级功能有两个功能域，需分别进行。采用直接百分比法，即先用 100%在同位功能间分配，然后用其上位功能重要度系数乘相应百分比，得各分功能重要度系数，结果见表 11－11。

**表 11－11　保温瓶二级功能重要度评定表**

| 功　　能 | | 重要度百分比 | 重要度系数 |
| --- | --- | --- | --- |
| $F_2$(保温)(0.29) | $F_{21}$(防止热对流) | 15% | 0.29×0.15≈0.044 |
| | $F_{22}$(防止热辐射) | 35% | 0.29×0.35≈0.102 |
| | $F_{23}$(防止热传导) | 50% | 0.29×0.50=0.145 |
| $F_3$(支承容器)(0.21) | $F_{31}$(支承容器底部) | 35% | 0.21×0.35≈0.074 |
| | $F_{32}$(支承容器颈部) | 20% | 0.21×0.20=0.042 |
| | $F_{33}$(连接支承构件) | 40% | 0.21×0.40=0.084 |
| | $F_{34}$(调节容器位置) | 5% | 0.21×0.05≈0.011 |

D. 确定各功能域的功能值。将总目标成本乘各功能域的重要度系数，就可得到各功能域的目标成本，即功能值。

(2) 功能现实成本分析。功能现实成本分析是指对所分析的功能的现实成本进行分析。功能现实成本分析一般从功能系统图中的末位功能开始，逐级向上计算。末位功能成本计算中有两个常见的问题：一是一个功能由多个零件实现，对于这一问题，可将各零件成本相加解决；二是一个零件具有多个功能，如保温瓶瓶胆具有贮水、保温两个功能，此时必须根据该零件花费在各功能上的实际成本进行分摊，可将保温瓶瓶胆的夹层、抽真空、镀银等工艺结构和工艺步骤的成本分摊到“保温”这一功能上。有时功能成本难以从统计数据中直接得到，可请有经验的人员估算。成本分摊和计算可在成本分配表中进行，如表 11－12 所示，表的每列之和为对应功能的成本。

**表 11－12　保温瓶现实成本分配表**

| 序号 | 零件名称 | 现实成本/元 | $F_1$（贮水） | $F_{21}$（防止热对流） | $F_{22}$（防止热辐射） | $F_{23}$（防止热传导） | $F_{31}$（支承容器底部） | $F_{32}$（支承容器颈部） | $F_{33}$（连接支承构件） | $F_{34}$（调节容器位置） | $F_4$（保护容器） | $F_5$（方便装配） | $F_6$（方便使用） | $F_7$（形成外观） |
|---|---|---|---|---|---|---|---|---|---|---|---|---|---|---|
| 1 | 底托 | 0.05 | | | | | 40%<br>0.02 | | | | 60%<br>0.03 | | | |
| 2 | 三眼 | 0.09 | | | | | 70%<br>0.06 | | | 30%<br>0.03 | | | | |
| 3 | 瓶底 | 0.37 | | | | | 40%<br>0.15 | | | | 20%<br>0.07 | 30%<br>0.11 | | 10%<br>0.04 |
| 4 | 筒衬 | 0.11 | | | | | | | | | | 0.11 | | |
| 5 | 铆钉 | 0.02 | | | | | | | | | | | 0.02 | |
| 6 | 提把 | 0.16 | | | | | | | | | | | 80%<br>0.13 | 20%<br>0.03 |
| 7 | 铁筒 | 0.75 | | | | | | | 40%<br>0.30 | | 35%<br>0.26 | | | 25%<br>0.19 |
| 8 | 瓶胆 | 0.94 | 20%<br>0.19 | 10%<br>0.09 | 30%<br>0.28 | 40%<br>0.38 | | | | | | | | |
| 9 | 瓶肩 | 0.34 | 5%<br>0.02 | | | | | 20%<br>0.07 | | | 25%<br>0.09 | 20%<br>0.06 | | 30%<br>0.10 |
| 10 | 瓶盖 | 0.26 | 10%<br>0.03 | | | | | | | | | | | 90%<br>0.23 |
| 11 | 口圈 | 0.09 | | | | | | 60%<br>0.05 | | | 40%<br>0.04 | | | |
| 12 | 瓶嘴 | 0.05 | | | | | | 50%<br>0.03 | | | 20%<br>0.01 | | | 30%<br>0.01 |
| 13 | 瓶塞 | 0.06 | 10%<br>0.01 | 70%<br>0.04 | | 20%<br>0.01 | | | | | | | | |
| 合计 | | 3.29 | 0.25 | 0.13 | 0.28 | 0.39 | 0.23 | 0.15 | 0.30 | 0.03 | 0.50 | 0.28 | 0.15 | 0.60 |

（3）功能价值计算。有了功能值和其对应的现实成本，就可以计算价值（或称价值系数）了，举例见表 11－13，本例的目标成本为 3.00 元。为了使各功能域的价值系数一目了然，可将功能系统图与价值系数计算结合在一起。

**表 11－13　保温瓶功能价值计算表**

| 末位功能 | 功能重要度系数 $f_i$ | 功能值 $F_i = C^{*}f_i$ | 现实成本 $C_i$ | 价值 $V_i = F_i/C_i$ | 预计成本降低额/元 |
|---|---|---|---|---|---|
| 贮水 | 0.07 | 0.21 | 0.25 | 0.84 | 0.04 |
| 防止热对流 | 0.044 | 0.13 | 0.13 | 1.00 | |
| 防止热辐射 | 0.102 | 0.31 | 0.28 | 1.11 | |

续　表

| 末位功能 | 功能重要度系数 $f_i$ | 功能值 $F_i = C^* f_i$ | 现实成本 $C_i$ | 价值 $V_i = F_i / C_i$ | 预计成本降低额/元 |
|---|---|---|---|---|---|
| 防止热传导 | 0.145 | 0.44 | 0.39 | 1.13 | |
| 支承容器底部 | 0.074 | 0.22 | 0.23 | 0.96 | 0.01 |
| 支承容器颈部 | 0.042 | 0.13 | 0.15 | 0.87 | 0.02 |
| 连接支承构件 | 0.084 | 0.25 | 0.30 | 0.83 | 0.05 |
| 调节容器位置 | 0.011 | 0.03 | 0.03 | 1.00 | |
| 保护容器 | 0.14 | 0.42 | 0.50 | 0.84 | 0.08 |
| 方便装配 | 0.06 | 0.18 | 0.28 | 0.64 | 0.10 |
| 方便使用 | 0.05 | 0.15 | 0.15 | 1.00 | |
| 形成外观 | 0.18 | 0.54 | 0.60 | 0.90 | 0.06 |
| 合　计 | | | | | 0.36 |

(4) 预计成本降低额计算。将各功能域的现实成本减去目标成本，即得到预计成本降低额。上例各功能域的预计成本降低额计算结果如表 11 - 13 所示。根据预计成本降低额的大小，可以确定方便装配和保护容器为改善的具体对象。

2. 功能评价系数法

功能评价系数法的步骤包含以下几个过程。

(1) 求功能评价系数。利用上文介绍的 0—1 评分法或 0—4 评分法对各功能的重要程度进行打分，然后把各功能得分累加起来，被全部功能得分总数除，得到各功能的评价系数。

(2) 求成本系数。按上文介绍的方法得出各功能的现实成本，被全部功能的现实成本之和除，得到各功能的成本系数。

(3) 求价值系数。将功能评价系数除以成本系数，即得到价值系数。根据价值系数进行分析：

① 当价值系数等于或接近于 1 时，说明功能所占的比重同成本所占的比重是基本匹配的，可不作为重点分析对象。

② 当价值系数小于 1 时，说明功能不太重要，而成本所占的比重较大，应降低成本，作为重点分析对象。

③ 当价值系数大于 1 时，说明功能重要而分配的成本较低，应检查分析是否有过剩功能，可作为次要分析对象。

功能评价系数计算表如表 11 - 14 所示。

**表 11 - 14　功能评价系数计算表**

| | A | B | C | D | E | 得分 | 功能评价系数 | 成本系数 | 价值系数 |
|---|---|---|---|---|---|---|---|---|---|
| A | × | 1 | 1 | 0 | 1 | 3 | 0.3 | 0.26 | 1.154 |
| B | 0 | × | 1 | 0 | 1 | 2 | 0.2 | 0.16 | 1.25 |
| C | 0 | 0 | × | 1 | 0 | 1 | 0.1 | 0.36 | 0.278 |

续 表

| | A | B | C | D | E | 得分 | 功能评价系数 | 成本系数 | 价值系数 |
|---|---|---|---|---|---|---|---|---|---|
| D | 1 | 1 | 0 | × | 1 | 3 | 0.3 | 0.06 | 5 |
| E | 0 | 0 | 1 | 0 | × | 1 | 0.1 | 0.16 | 0.625 |
| 合 计 | | | | | | 10 | 1 | 1 | |

假设各功能的现实成本分别为100元、60元、104元、25元和60元，求得它们的成本系数，并将各功能的评价系数除以成本系数得到价值系数，由计算结果可将C、E作为重点分析对象。

3. 最合适区域法

最合适区域法也叫田中法，它也是根据价值系数的大小选择改进对象的方法。不同的是，在考虑价值系数相同或相近的零件时，注意到功能评价系数和成本系数绝对值的大小，绝对值大的从严控制，绝对值小的可适当放宽。这是因为在价值系数相同或相近的情况下，由于绝对值的大小不同，改进后对企业的整体效果不一样。例如，有两个零件a和b，它们的功能评价系数和成本系数为$F_a=0.0045$，$C_a=0.009$，$F_b=0.45$，$C_b=0.9$，但它们的价值系数却同为$V_i=0.5$。很明显，零件b的成本偏高、功能偏低，应列为价值工程的重点对象，而零件a，虽价值系数小于1，但成本本来就不高，故不应与零件b给予同等对待。

日本东京大学的田中教授认为，如果把一个产品所有的零部件的功能评价系数和成本系数画在一个坐标系内，那么每个零部件对应着坐标平面上的一个点，如图11-11所示。在直线$C=F$上的点，因价值系数等于1，故不是价值工程的重点，对直线$C=F$附近的点，则应视成本系数的大小区别对待。在原点附近的点(如点$A$、点$B$)，可以适当放宽要求，而对远离原点的点(如点$F$)，尽管它的价值系数接近于1，但因其成本系数过高，故应视为价值工程的重点。田中认为，应该找出一个如图中阴影部分所示的区域，区域内的点不作为价值工程的重点，而在该区域外寻找价值工程的重点对象。由于该区域内的点的价值情况比较适当，因而称该区域为“最合适区域”。

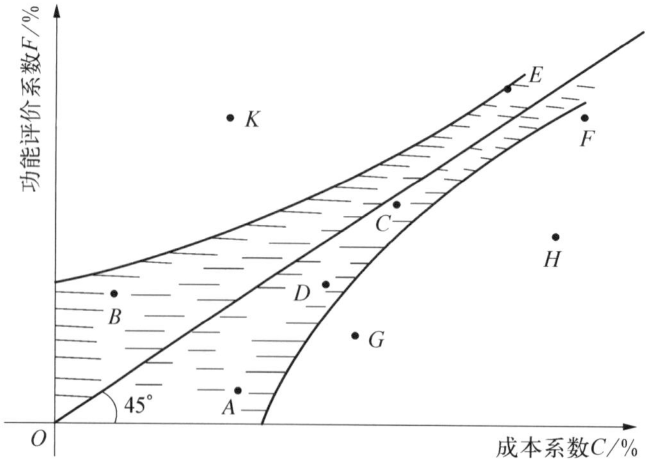


图11-11 最合适区域图

阴影部分边界曲线的确定：如图 11－12 所示，曲线上任意一点 $Q$ 至标准线 $V=1$ 的垂线 $QP$ 的长度，即点 $Q$ 到标准线的距离 $R$，与线段 $OP$ 的长度，即点 $P$ 到坐标中心 $O$ 的距离 $L$，$R$ 与 $L$ 的乘积是一个给定的常数 $S$，即

$$R \times L = R_1 \times L_1 = R_2 \times L_2 = S$$

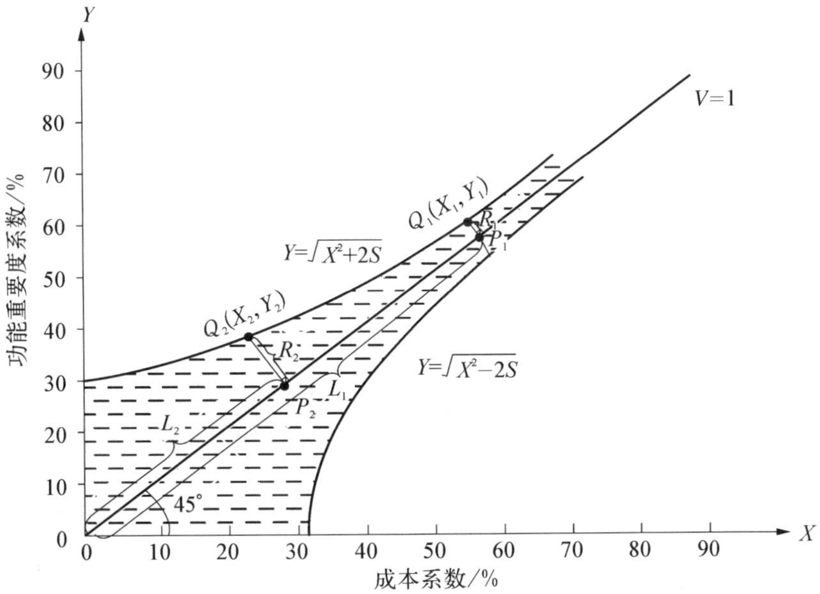


**图 11－12　价值系数图**

其中，$S$ 大，阴影部分的面积大，VE 的目标被选择得少；反之，若给定的 $S$ 小，则选定的 VE 目标多一些。

$S$ 取值的确定：视选择目标的需要，人为给定。在应用时，可以通过试验，代入不同的 $S$ 值，直到获得满意结果为止。

## 11.4　改进方案的制定和实施

经过前面的分析和评价，明确了目标，但这些目标能否得以圆满地实现，还要看在制定方案阶段能否创造出理想的且具体可行的方案，这是发挥集体智慧和才能的阶段，是价值工程活动中的关键环节。制定改进方案的过程是一个由抽象到具体、由粗到精的过程，其主要步骤如图 11－13 所示。

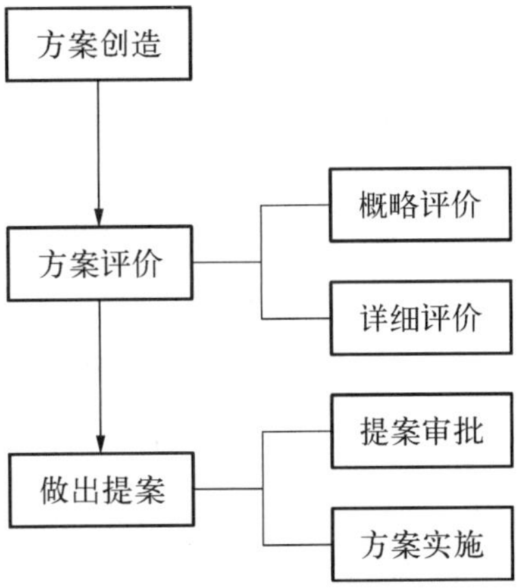


**图 11－13　制定改进方案的主要步骤**

### 11.4.1　方案创造

方案创造是指针对功能评价确定的需要改善的功能领域，按照用户的功能要求，运用各种经验、知识和技能进行设计构思，创造出尽可能多地实现功能的新方案。

为了创造理想方案，在创造方案时，应遵循迈尔斯

十三条原则：① 避免一般化、概念化，要做具体分析；② 收集一切可用的费用数据；③ 使用最好的、最可靠的情报；④ 打破现有框框，进行创新和提高；⑤ 发挥真正的独创性；⑥ 找出障碍，克服障碍；⑦ 请教专家，扩充专业知识；⑧ 对于重要的公差，要换算成加工费来认真考虑；⑨ 尽量利用专业化工厂生产的产品；⑩ 利用和购买专业化工厂的生产技术；⑪ 采用专门生产工艺；⑫ 尽量采用适合的标准；⑬ 以"我是否这样花自己的钱"为判断标准。

在进行方案创造时，一般可采用下面的方法。

1. 头脑风暴法

头脑风暴法是在提出方案阶段使用较多的方法。这种方法是邀请 5～15 个熟悉产品的人员参加，由主持人主持会议，主持人头脑清醒、思维敏感、作风民主，既善于活跃气氛，又善于启发引导，使与会者感到无拘无束、思路开阔、思维活跃，能够自由奔放地发表见解和设想，鼓励打破原来的旧框架，要求提出的方案越多越好，可以在别人所提方案的基础上进行补充和改进。与会者各自提案，互不批判，互不批评。会议应有记录人员，会后参加提案整理。

2. 哥顿法(抽象提前法)

哥顿法是由美国人哥顿提出的适合自由联想的技术创新方法。这种方法的指导思想是把要研究的问题适当抽象，以利于开拓思路。在研究改进的会议开始时，会议主持者并不把要解决的具体问题全部摊开，只是把问题抽象地向大家介绍，要求大家海阔天空地提出各种设想。随着问题的逐渐明确，方案越来越集中。采用这种方式，有可能产生大量的方案，也有可能诱发出十分新颖的方案。例如，要研究改进剪草机的方案，开始只是提出："用什么可以把一种东西断开?"当会议上提出可以用剪切、刀切、扯断等不同方式时，再宣布改进剪草机的方案。这样就可能提出各种设想方案，便于对比选择。

实行哥顿法的关键是会议主持者要善于引导和启发，解开具体问题要选择适当的时机。

3. 德尔菲法

德尔菲法是由美国兰德公司首创的方法。在研究问题时，如果让专家们互相接触，一起讨论，固然其好处是可以互相启发，取长补短，便于把问题分析得更深入一些，但往往会产生一些不利影响。例如，不同专家的权威大小、表达能力、个人面子等都会影响意见的充分发表。

因此，可以先由一个决策分析小组提出方案，然后分送各方面专家进行征询审查，让他们在各自熟悉的领域提出问题和改进意见。收到意见后进行归纳，并以不公布专家姓名的方式把归纳结果寄给同一批专家，再征询意见，然后再归纳。如此经过几轮，使方案的意见逐渐趋于集中。这样提方案的好处是由于专家姓名只有组织者知道，专家们彼此并不知道，可以避免互相的消极影响，但缺乏互相启发。运用该方法的关键如下：

(1) 选择好专家，这主要取决于决策所涉及的问题或机会的性质；

(2) 决定适当的专家人数，一般 10～50 人较好；

(3) 拟定好意见征询表，因为它的质量直接关系到决策的有效性。

此外，方案创造的方法还有检查提问法、列举法、仿生学法、反向探求法等，这里不再详述。

### 11.4.2 方案评价与选择

经过创造阶段，得到了大量方案，需要进行筛选，因此要对方案做评价。方案评价一般分为概略评价、详细评价两种。概略评价是指采用定性分析法对方案进行粗选，舍弃明显不合理的方案，筛选出少数价值高的方案予以具体化，以节约进一步的研究与评价成本，提高工作效率。详细评价是指对通过筛选的少数方案进一步做调查研究和技术经济分析，最后选出最令人满意的方案。详细评价是在掌握了较为充足的数据和资料的基础上进行的，需要全面地分析粗选后留下的各个方案，比概略评价要深入、复杂很多。

方案评价不论概略评价和详细评价，都包括技术评价、经济评价和社会评价三个方面。技术评价主要评价方案能否实现所要求的功能，以及方案本身在技术上能否实现。方案的经济评价包括费用的节省、对企业或公众产生的效益，同时还应考虑产品的市场情况、销路及同类产品的竞争、盈利情况。社会评价是指大量投产对社会有利或有害的影响，诸如噪声污染、能源消耗等。在技术评价、经济评价和社会评价的基础上，要进行总体性的综合评价，其目的是找出一个在技术效益、经济效益和社会效益三方面都彼此协调的最优方案。

综合评价的常用方法有加权打分法、理想系数法等。

1. 加权打分法

加权评分法是将定性分析转化为定量分析的一种较好的办法。例如，用加权打分法评价一产品改进提案，其步骤如下。

(1) 确定评价项目及其重要度权数：经方案粗选后还有 A、B、C 三个方案待评价。经分析，影响方案优劣的有成本(指标 1)和三个技术性能(指标 2、3、4)，共四项评价项目。进一步分析认为，这四个指标重要度(加权系数)分别为 40%、20%、10%、30%。

(2) 评定各方案对各评价项目的满足程度评分：方案对评价项目的满足程度越高，满足程度评分越高。可以采用直接比较评分等方法来评定满足程度评分。各方案打分(百分制)及计算如表 11-15 所示，其中加权分为用百分制的评分乘加权系数后的结果。

**表 11-15　方案评价评分表**

| | | A 方案 | | B 方案 | | C 方案 | |
|---|---|---|---|---|---|---|---|
| | | 初评分 | 加权分 | 初评分 | 加权分 | 初评分 | 加权分 |
| 指标 1 | 0.40 | 80 | 32 | 90 | 36 | 70 | 28 |
| 指标 2 | 0.20 | 60 | 12 | 80 | 16 | 90 | 18 |
| 指标 3 | 0.10 | 70 | 7 | 60 | 6 | 80 | 8 |
| 指标 4 | 0.30 | 90 | 27 | 70 | 21 | 70 | 21 |
| 累计得分 | | | 78 | | 79 | | 75 |

(3) 计算各方案的评分权数和，选择最优方案：各方案的评分权数和是方案之间的一个综合的、可比的指标，评分权数和越大，说明方案越好。经评定，B 方案的评分权数和最大，因而认为其为最优方案。

2. 理想系数法

方案的效果好坏可以邀请有经验的专家来评分，评分表如表 11-16 所示。

**表 11-16　专家评分表**

| 方案接近理想完成的程度 | 给　分　值 |
|---|---|
| 理想方案 | 4 |
| 好的方案 | 3 |

续 表

| 方案接近理想完成的程度 | 给 分 值 |
|---|---|
| 过得去的方案 | 2 |
| 勉强过得去的方案 | 1 |
| 不能满足要求的方案 | 0 |

(1) 分析技术价值系数，技术价值系数用 $X$ 表示：

$$X=\frac{\sum P}{n\cdot P_{max}} \tag{11-2}$$

式中，$P$ 是各方案满足功能的数据；$P_{max}$ 是满足功能的最高得分，为 4 分。

(2) 从经济价值角度对方案进行评价，经济价值系数用 $Y$ 表示：

$$Y=\frac{H_{理}-H}{H_{理}} \tag{11-3}$$

式中，$H_{理}$ 为理想成本(可用老产品原成本来计算)；$H$ 为新方案的预计成本。

(3) 对各方案做综合评价，综合评价系数用 $K$ 表示：

$$K=\sqrt{XY} \tag{11-4}$$

综合评价系数越大，方案越好。

以手表为例，手表的原始成本为每只 10 元。

首先，进行技术功能评价，如表 11-17 所示。

**表 11-17 技术功能评价表**

| 技术功能目标 | A 方案 | B 方案 | C 方案 | 理想方案 |
|---|---|---|---|---|
| 走时准确 | 3 | 2 | 1 | 4 |
| 防振性能 | 3 | 2 | 1 | 4 |
| 防水性能 | 3 | 2 | 1 | 4 |
| 防磁性能 | 4 | 2 | 1 | 4 |
| 夜光性能 | 0 | 3 | 0 | 4 |
| 样式新颖 | 3 | 3 | 3 | 4 |

经计算得：

$$X_A=0.66;\qquad X_B=0.58;\qquad X_C=0.29。$$

其次，计算经济价值系数，进行经济评价，如表 11-18 所示。

表 11－18　经济价值系数表

| 方案名称 | 新方案的预计成本/元 | 理想成本/元 | 经济价值系数 |
|---|---|---|---|
| A | 8 | 10 | 0.2 |
| B | 7 | 10 | 0.3 |
| C | 6 | 10 | 0.4 |

最后，进行综合评价：

$$K_A = 0.3633;\quad K_B = 0.4171;\quad K_C = 0.3406。$$

因为 B 方案的综合评价系数最大，所以 B 方案为最优方案。

经过评价选出的方案就可以组织实施，这需要多方面协同努力。一个有作为的企业应该在科学分析的基础上，勇于创新，克服障碍，创造条件，为先进的管理技术的应用做出不懈努力。

## 11.5　价值工程成果评价

在一个产品的价值工程分析实现之后，要进行活动成果评价。价值工程成果评价是指将改进方案的各项技术经济指标与原设计进行比较，以考查方案所取得的综合效益。完整的价值工程成果评价内容一般应包括企业经济效果评价和方案实施的社会效果评价。

### 11.5.1　企业经济效果评价

企业经济效果评价指标包括技术效果、经济指标。

1. *产品性能与功能条件的改善*

它包括各项性能指标、质量、寿命、外观，以及可靠性、安全性、操作性、可维修性等。

2. *产品经济指标*

(1) 节约率

$$节约率 = \frac{原成本 - 改进后成本}{原成本} \tag{11-5}$$

(2) 年净节约额

$$年净节约额 = \frac{原成本 - 改进后成本}{年产量} - VE 方案附加价值 \tag{11-6}$$

(3) 节约倍数

$$节约倍数 = \frac{年净节约额}{VE 活动经费} \tag{11-7}$$

### 11.5.2　方案实施的社会效果评价

方案实施的社会效果表现在：填补国内外科学技术或品种发展的空白；满足国家经济或国防建设重点需要；节约贵重稀缺物资；节约能源消耗；降低用户购买成本或其他使用成本；防止或减少污染；等等。多数社会效果评价指标是很难准确地进行定量分析的，实际中常用用户直接经济效益、使用费用节约率、投资节约额等指标来评价。

价值工程活动是一项具有创造性的活动，既有成功经验，也有失败教训。待全部工作结束后，要进行总结。通过总结找出成功和失败所在及其原因，以有效地指导今后价值工程活动的持续开展。

## 11.6 价值工程应用案例

本案例为价值工程在B电动汽车公司电驱系统开发目标成本优化中的应用。

1. 案例背景

B公司作为新能源汽车市场的关键零部件供应商，其产品线涵盖了电机、蓄电池、传动技术、动力电子设备以及热管理系统等关键领域。近年来，公司在新产品开发中过分强调产品系列功能的多样性和产品解决方案的先进性，而对成本管理的重视不足，则导致产品成本持续居高不下。随着市场竞争的加剧，B公司的可持续发展正面临严峻挑战。如何优化产品开发过程中的成本管理、提升企业的盈利能力，已成为B公司当前亟须解决的紧迫问题。为此，B公司决定在产品全生命周期中运用价值工程进行目标成本优化，以期在实现成本效益的最大化的同时，确保产品的质量和性能，从而在激烈的市场竞争中立于不败之地。

2. 电驱系统开发价值工程对象的选定

B公司选定了一款广受客户青睐的电驱系统产品作为研究的对象。这款产品在市场上的表现十分出色，年销量占据了所有同类产品的32%。该产品由几个关键部件构成，包括电机总成、减速器总成和控制器总成等。价值工程对象的选定后，需要成立价值工程实施小组。由于电驱系统产品成本的发生贯穿于整个电驱系统开发项目全过程，涉及采购部、制造管理部、外协管理部、精益生产与装配部、成品调试部、销售部、人力资源部、技术中心、财务部及质量部等。所以，价值工程实施小组应由这些部门抽调人员成立。

3. 基于价值工程的电驱系统开发方案评价与选优

价值工程实施小组成立后，快速开展工作。首先，根据电驱系统的功能要求，对技术人员的设计方案进行整理，得到多种可行性方案，具体如表11-19所示。

**表11-19 电驱系统设计方案表**

| 方案类别 | 主要外购件 | 非外购件 | 模具种类 |
| --- | --- | --- | --- |
| 方案1 | 国产 | 自制+外协 | 国产 |
| 方案2 | 进口 | 自制+外协 | 国产 |
| 方案3 | 国产+进口 | 自制+外协 | 国产 |
| 方案4 | 国产 | 自制+外协 | 进口 |
| 方案5 | 进口 | 自制+外协 | 进口 |
| 方案6 | 国产+进口 | 自制+外协 | 进口 |
| 方案7 | 国产 | 自制+外协 | 进口 |
| 方案8 | 进口 | 自制+外协 | 进口 |
| 方案9 | 国产+进口 | 自制+外协 | 国产 |

接着，对表 11-19 中的电驱系统可行性方案采用评分法对其进行评价。评分法就是针对电驱系统各个方案的技术价值、经济价值和综合价值进行评分计算。

(1) 技术价值评价。技术价值评价就是将可行性设计方案按照技术指标评分，根据不同可行性方案总分与理想方案的总分值的比值，得出电驱系统设计方案的技术价值评价系数，如表 11-20 所示。

**表 11-20　电驱系统设计方案的技术价值评价系数**

| 技术评价指标 | 方案 1 | 方案 2 | 方案 3 | 方案 4 | 方案 5 | 方案 6 | 方案 7 | 方案 8 | 方案 9 | 理想方案 |
|---|---|---|---|---|---|---|---|---|---|---|
| 功率密度 | 3 | 3 | 4 | 3 | 3 | 4 | 3 | 4 | 4 | 4 |
| 控制精度 | 3 | 3 | 3 | 3 | 3 | 3 | 3 | 3 | 3 | 4 |
| 响应时间 | 3 | 3 | 3 | 3 | 3 | 3 | 3 | 3 | 3 | 4 |
| 耐久性能 | 2 | 4 | 4 | 2 | 4 | 4 | 2 | 4 | 4 | 4 |
| 效率 | 1 | 3 | 3 | 1 | 3 | 2 | 1 | 4 | 3 | 4 |
| 加速性 | 2 | 3 | 3 | 2 | 4 | 4 | 2 | 4 | 3 | 4 |
| 噪声水平 | 2 | 2 | 2 | 3 | 3 | 3 | 3 | 3 | 3 | 4 |
| 电磁兼容性 | 1 | 3 | 3 | 1 | 3 | 4 | 1 | 3 | 3 | 4 |
| 安全性 | 3 | 4 | 4 | 3 | 4 | 4 | 3 | 4 | 4 | 4 |
| 总分数 $F_i$ | 20 | 28 | 29 | 21 | 30 | 31 | 21 | 32 | 30 | $F=36$ |
| 技术价值 $X_1$ | 0.556 | 0.778 | 0.806 | 0.583 | 0.833 | 0.861 | 0.583 | 0.889 | 0.833 | $X_1=1$ |

(2) 经济价值评价。对不同的电驱系统设计方案进行全生命周期的费用和成本预测，具体如表 11-21 所示。

**表 11-21　电驱系统设计方案的目标成本预测表**　　单位：元

| 类　别 | 方案 1 | 方案 2 | 方案 3 | 方案 4 | 方案 5 | 方案 6 | 方案 7 | 方案 8 | 方案 9 |
|---|---|---|---|---|---|---|---|---|---|
| 预测销售价格 | 12 000 | 12 000 | 12 000 | 12 000 | 12 000 | 12 000 | 12 000 | 12 000 | 12 000 |
| 目标利润 | 4 778 | 4 575 | 4 870 | 4 670 | 4 353 | 4 860 | 4 550 | 4 350 | 4 400 |
| 税金＋管理费用＋财务费用 | 600 | 600 | 600 | 600 | 600 | 600 | 600 | 600 | 600 |
| 目标成本合计 | 6 622 | 6 825 | 6 530 | 6 730 | 7 148 | 6 540 | 6 850 | 7 150 | 7 000 |

电驱系统设计的理想方案的成本通过价值工程小组的经验估算并结合历史成本数据确定为 6 000 元，然后将不同的电驱系统设计方案成本与理想方案的成本相除，得出经济价值系数，具体如表 11-22 所示。

**表 11-22　电驱系统设计方案经济价值系数表**

| 方案名称 | 理想方案成本 $H_{理}$/元 | 预选方案成本 $H$/元 | 经济价值系数 |
|---|---|---|---|
| 方案 1 | 6 000 | 6 622 | 0.906 |
| 方案 2 | 6 000 | 6 825 | 0.879 |

续 表

| 方案名称 | 理想方案成本 $H_{理}$/元 | 预选方案成本 $H$/元 | 经济价值系数 |
|---|---|---|---|
| 方案 3 | 6 000 | 6 530 | 0.919 |
| 方案 4 | 6 000 | 6 730 | 0.892 |
| 方案 5 | 6 000 | 7 148 | 0.839 |
| 方案 6 | 6 000 | 6 540 | 0.917 |
| 方案 7 | 6 000 | 6 850 | 0.876 |
| 方案 8 | 6 000 | 7 150 | 0.839 |
| 方案 9 | 6 000 | 7 000 | 0.857 |

(3) 综合价值评价。将电驱系统的各设计方案的技术价值系数和经济价值系数进行综合分析,得到电驱系统的技术经济价值系数,具体如表 11－23 所示。

**表 11－23　电驱系统方案技术经济价值系数表**

| 方案名称 | 技术价值系数 $X$ | 经济价值系数 $Y$ | 技术经济价值系数 $S$ |
|---|---|---|---|
| 方案 1 | 0.566 | 0.906 | 0.710 |
| 方案 2 | 0.778 | 0.879 | 0.827 |
| 方案 3 | 0.806 | 0.919 | 0.861 |
| 方案 4 | 0.583 | 0.892 | 0.721 |
| 方案 5 | 0.833 | 0.839 | 0.836 |
| 方案 6 | 0.861 | 0.917 | 0.889 |
| 方案 7 | 0.583 | 0.876 | 0.715 |
| 方案 8 | 0.889 | 0.839 | 0.864 |
| 方案 9 | 0.833 | 0.857 | 0.845 |

从表 11－23 中可以看出 B 公司电驱系统产品的技术方案 6 的技术经济价值系数最高,方案 6 的内容为“国产＋进口”结合的外购件、“自制＋外协”的非外购件及进口模具的组合。

4. 基于价值工程的产品目标成本优化

根据上文电驱系统产品可行性方案的设计和评选,最终得出方案 6 作为最终确定方案。电驱系统产品的目标成本也随之确定,具体如表 11－24 所示。

**表 11－24　电驱系统产品的目标成本确定表**　　单位:元

| 类　　别 | 方案 6 |
|---|---|
| 预测销售价格 | 12 000 |
| 目标利润 | 486 |
| 税金＋管理费用＋财务费用 | 600 |
| 目标成本合计 | 6 540 |

续 表

| 类　　别 | 方案 6 |
| --- | --- |
| 设计目标成本 | 1 308 |
| 生产制造目标成本 | 4 690 |
| 上市销售寄售后目标成本 | 542 |

电驱系统产品的目标成本确定以后，需要对其目标成本进行层层分解，即形成可执行、可实现的子目标成本。这样有利于更好地针对电驱系统产品的目标成本进行实施和控制。

(1) 电驱系统开发的功能模块分析及目标成本的分解

通过对电驱系统产品的功能单元进行定义，可形成功能定义表(表 11 - 25)。

**表 11 - 25　电驱系统产品功能定义表**

| 组成部件 | 功 能 单 元 | 功　能　定　义 |
| --- | --- | --- |
| 电机 | 定子铁芯 | 固定定子绕线，增加槽满率 |
| | 定子绕线 | 提供感应电流，控制扭矩输出 |
| | 转子总成 | 转化能量，驱动负载 |
| 减速器 | 减速器总成 | 改变传动比，增大轮边扭矩输出 |
| | 冷却水套 | 提供热传递媒介，提升系统效率 |
| 控制器 | 功率模块 | 逆变直流为交流，实现功率转化 |
| | 电源管理模块 | 提供稳定电压，保证系统稳定工作 |
| | 控制模块 | 处理实时信号，集成控制算法 |
| | 壳体总成 | 固定支撑，配合整车装配 |
| 包装 | 包装组件 | 包装产品，保证运输安全 |

下一步应将电驱系统产品的功能单元细分到零配件上，由于 B 公司资料的保密性，所有涉及 B 公司具体的零件，下文中均采用零件编码进行具体功能分析，如表 11 - 26 所示。

**表 11 - 26　电驱系统产品零部件功能明细表**

| 功能编码 | 功能单元 | 功　能　定　义 | 零件编码 |
| --- | --- | --- | --- |
| a | 定子铁芯 | 固定定子绕线，增加槽满率 | $A_1$ |
| | | | $A_2$ |
| | | | $A_3$ |
| b | 定子绕线 | 提供感应电流，控制扭矩输出 | $B_1$ |
| | | | $B_2$ |
| | | | $B_3$ |
| c | 转子总成 | 转化能量，驱动负载 | $C_1$ |
| | | | $C_2$ |
| | | | $C_3$ |

续 表

| 功能编码 | 功能单元 | 功 能 定 义 | 零件编码 |
|---|---|---|---|
| d | 减速器总成 | 改变传动比，增大轮边扭矩输出 | $D_1$ |
| e | 冷却水套 | 提供热传递媒介，提升系统效率 | $E_1$ |
| f | 功率模块 | 逆变直流为交流，实现功率转化 | $F_1$ |
| | | | $F_2$ |
| | | | $F_3$ |
| | | | $F_4$ |
| g | 电源管理模块 | 提供稳定电压，保证系统稳定工作 | $G_1$ |
| | | | $G_2$ |
| h | 控制模块 | 处理实时信号，集成控制算法 | $H_1$ |
| | | | $H_2$ |
| | | | $H_3$ |
| i | 壳体总成 | 固定支撑，配合整车装配 | $I_1$ |
| | | | $I_2$ |
| j | 包装组件 | 包装产品，保证运输安全 | $J_1$ |

为了提高对电驱系统产品的零件功能分析的精确度，选择0—4两两对比法对电驱系统产品进行零配件功能评分，计算确定功能重要度系数如表11-27所示。

获得各功能的重要度系数后，将电驱系统产品的目标成本按功能进行分摊，从而分解得出零配件的目标成本。电驱系统产品全生命周期阶段的目标成本为6 540元，生产制造阶段的目标成本为4 690元，参考往期同类电驱系统生产阶段的装配组装调试的人工费用和制造费用，最终确定电驱系统产品的零部件成本为4 690—820=3 870(元)。电驱系统产品零部件的目标成本按照功能系数进行分解，如表11-27所示。

**表11-27 电驱系统产品零件功能系数与子目标成本表**

| 序 号 | 零 件 编 码 | 功能系数 $F$ | 子目标成本/元 |
|---|---|---|---|
| 1 | $A_1$ | 0.034 1 | 131.97 |
| 2 | $A_2$ | 0.036 2 | 140.09 |
| 3 | $A_3$ | 0.021 0 | 81.27 |
| 4 | $B_1$ | 0.035 5 | 137.39 |
| 5 | $B_2$ | 0.033 3 | 128.87 |
| 6 | $B_3$ | 0.037 0 | 143.19 |
| 7 | $C_1$ | 0.041 3 | 159.83 |
| 8 | $C_2$ | 0.032 6 | 126.16 |
| 9 | $C_3$ | 0.031 9 | 123.45 |

续 表

| 序 号 | 零 件 编 码 | 功能系数 $F$ | 子目标成本/元 |
|---|---|---|---|
| 10 | $D_1$ | 0.033 3 | 128.87 |
| 11 | $E_1$ | 0.035 5 | 137.39 |
| 12 | $F_1$ | 0.081 2 | 314.24 |
| 13 | $F_2$ | 0.062 3 | 241.10 |
| 14 | $F_3$ | 0.055 8 | 215.95 |
| 15 | $F_4$ | 0.052 9 | 204.72 |
| 16 | $G_1$ | 0.059 4 | 229.88 |
| 17 | $G_2$ | 0.041 3 | 159.83 |
| 18 | $H_1$ | 0.076 1 | 294.51 |
| 19 | $H_2$ | 0.068 1 | 263.55 |
| 20 | $H_3$ | 0.044 2 | 171.05 |
| 21 | $I_1$ | 0.032 6 | 126.16 |
| 22 | $I_2$ | 0.026 8 | 103.72 |
| 23 | $J_1$ | 0.027 6 | 106.81 |
| 合 计 | | 1.00 | 3 870 |

(2) 电驱系统开发子零部件的价值系数计算

价值工程小组成员需要根据电驱系统产品生产制造的特点，围绕零配件成本系数和功能系数得出价值系数，如表 11－28 所示。

**表 11－28 电驱系统产品零件价值系数表**

| 序 号 | 零件编码 | 功能系数 $F$ | 成本系数 $C$ | 价值系数 $V$ |
|---|---|---|---|---|
| 1 | $A_1$ | 0.034 1 | 0.091 4 | 0.373 1 |
| 2 | $A_2$ | 0.036 2 | 0.110 4 | 0.327 9 |
| 3 | $A_3$ | 0.021 0 | 0.016 3 | 1.288 3 |
| 4 | $B_1$ | 0.035 5 | 0.021 0 | 1.690 5 |
| 5 | $B_2$ | 0.033 3 | 0.022 8 | 1.460 5 |
| 6 | $B_3$ | 0.037 0 | 0.031 6 | 1.170 9 |
| 7 | $C_1$ | 0.041 3 | 0.035 3 | 1.170 0 |
| 8 | $C_2$ | 0.032 6 | 0.021 1 | 1.545 0 |
| 9 | $C_3$ | 0.031 9 | 0.023 2 | 1.375 0 |
| 10 | $D_1$ | 0.033 3 | 0.023 3 | 1.429 2 |

续 表

| 序 号 | 零件编码 | 功能系数 $F$ | 成本系数 $C$ | 价值系数 $V$ |
|---|---|---|---|---|
| 11 | $E_1$ | 0.035 5 | 0.020 4 | 1.740 2 |
| 12 | $F_1$ | 0.081 2 | 0.052 1 | 1.558 5 |
| 13 | $F_2$ | 0.062 3 | 0.092 0 | 0.677 2 |
| 14 | $F_3$ | 0.055 8 | 0.067 5 | 0.826 7 |
| 15 | $F_4$ | 0.052 9 | 0.095 3 | 0.555 1 |
| 16 | $G_1$ | 0.059 4 | 0.036 7 | 1.618 5 |
| 17 | $G_2$ | 0.041 3 | 0.025 7 | 1.607 0 |
| 18 | $H_1$ | 0.076 1 | 0.055 9 | 1.361 4 |
| 19 | $H_2$ | 0.068 1 | 0.043 8 | 1.554 8 |
| 20 | $H_3$ | 0.044 2 | 0.045 8 | 0.965 1 |
| 21 | $I_1$ | 0.032 6 | 0.026 6 | 1.225 6 |
| 22 | $I_2$ | 0.026 8 | 0.022 4 | 1.196 4 |
| 23 | $J_1$ | 0.027 6 | 0.019 4 | 1.442 7 |
| 合 计 | | 1.00 | 1.00 | — |

(3) 电驱系统开发子零部件重点改进对象确定

价值工程的重点改进对象是针对电驱系统产品中价值系数小于 1 的零件。从表 11－28 的数据来看，价值系数小于 1 的有零件 $A_1$、零件 $A_2$、零件 $F_2$、零件 $F_3$、零件 $F_4$、零件 $H_3$，表示这些零件存在功能价值偏低或实际成本偏高的问题，需要实施价值工程对该零件的功能进行提高或对该零件的成本进行降低。

为了便于对电驱系统产品的零件成本进行具体差异分析，将重点改进零件目标成本与实际成本对比分析，如表 11－29 所示。

**表 11－29 电驱系统产品重点改进零件目标成本与实际成本差异表**

| 序 号 | 零件编码 | 类 型 | 零件目标成本 | 零件实际成本 | 两 者 差 异 |
|---|---|---|---|---|---|
| 1 | $A_1$ | 自制 | 131.97 | 378.31 | −246.34 |
| 2 | $A_2$ | 外协 | 140.09 | 456.75 | −316.65 |
| 13 | $F_2$ | 外购 | 241.10 | 380.47 | −139.37 |
| 14 | $F_3$ | 外购 | 215.95 | 279.43 | −63.48 |
| 15 | $F_4$ | 外购 | 204.72 | 394.41 | −189.68 |
| 20 | $H_3$ | 外购 | 171.05 | 189.35 | −18.29 |

(4) 结果分析与优化措施

从表 11－29 中可以看出，针对价值系数小于 1 的零件进行分析，零件 $A_1$ 属于自制零件，目标成本与实际成本差异为－246.34 元；零件 $A_2$ 属于外协零件，目标成本与实际成本差异为－316.65 元，这两类零件都属于电机总成的组件，起到能量转换的基础作用，目标成本与实际成本的差异过大。零件 $F_2$、零件 $F_3$、零件 $F_4$ 属于外购件，这三类零件均是减速器的部件，起着重要的作用，目标成本与实际成本存在着部分差异。零件 $H_3$ 也属于外购件，它是控制器的组件，承担电驱系统产品的主要功能，同样也存在目标成本与实际成本的差异。

因此需要对以上价值系数小于 1 的零件存在的问题重点进行改进，并提出具体的改进方案（略）。

5. 优化结果

在进行电驱系统产品的目标成本事中控制时，价值工程小组需要根据企业的实际情况，调整实际成本，使得实际成本与目标成本相吻合。通过整理可得到最终的成本对比明细（表 11－30）。

**表 11－30　电驱系统产品零件目标成本与实际成本调整表**　　单位：元

| 序　号 | 零件编码 | 类　型 | 零件目标成本 | 调整后实际成本 | 成　本　减　少 |
|---|---|---|---|---|---|
| 1 | $A_1$ | 自制 | 131.97 | 131.97 | 0 |
| 2 | $A_2$ | 外协 | 140.09 | 140.09 | 0 |
| 3 | $A_3$ | 外购 | 81.27 | 67.53 | 13.74 |
| 4 | $B_1$ | 外购 | 137.39 | 86.94 | 50.45 |
| 5 | $B_2$ | 外购 | 128.87 | 94.33 | 34.54 |
| 6 | $B_3$ | 自制 | 143.19 | 130.57 | 12.62 |
| 7 | $C_1$ | 外购 | 159.83 | 146.22 | 13.62 |
| 8 | $C_2$ | 自制 | 126.16 | 87.22 | 38.94 |
| 9 | $C_3$ | 自制 | 123.45 | 96.04 | 27.41 |
| 10 | $D_1$ | 自制 | 128.87 | 96.44 | 32.43 |
| 11 | $E_1$ | 自制 | 137.39 | 84.58 | 52.81 |
| 12 | $F_1$ | 外购 | 314.24 | 215.53 | 98.72 |
| 13 | $F_2$ | 外购 | 241.10 | 241.10 | 0 |
| 14 | $F_3$ | 外购 | 215.95 | 215.95 | 0 |
| 15 | $F_4$ | 外购 | 204.72 | 204.72 | 0 |
| 16 | $G_1$ | 外购 | 229.88 | 151.95 | 77.93 |
| 17 | $G_2$ | 外购 | 159.83 | 106.47 | 53.37 |
| 18 | $H_1$ | 自制 | 294.51 | 231.33 | 63.18 |
| 19 | $H_2$ | 自制 | 263.55 | 181.14 | 82.41 |
| 20 | $H_3$ | 外购 | 171.05 | 171.05 | 0 |
| 21 | $I_1$ | 外购 | 126.16 | 109.87 | 16.29 |

续 表

| 序 号 | 零件编码 | 类 型 | 零件目标成本 | 调整后实际成本 | 成 本 减 少 |
| --- | --- | --- | --- | --- | --- |
| 22 | $I_2$ | 外购 | 103.72 | 92.64 | 11.08 |
| 23 | $J_1$ | 外购 | 106.81 | 80.03 | 26.79 |
| 合 计 | | | 3 870.00 | 3 163.69 | 706.31 |

从表 11－30 中可以看出，电驱系统产品零件的目标成本为 3 870 元，调整前的实际成本为 4 137.51 元，而调整后的实际成本为 3 163.69 元，与目标成本相比，成本降低了 706.31 元，成本降幅显著，B 公司的成本控制的效果非常明显。

## 复习思考题

1. 什么是价值工程？它的目的、核心和性质分别是什么？
2. 什么是功能？怎样进行功能分类？不必要功能有哪些表现形式？试举例说明。
3. 什么是寿命期成本？生产成本和使用成本有何区别？它们与功能水平的关系如何？
4. 什么是价值？提高价值的途径有哪些？用现实产品举例说明。
5. 如何选择价值工程的对象？
6. 功能分析的含义是什么？
7. 什么是功能定义？进行功能定义的目的是什么？如何进行功能定义？
8. 什么是功能整理？绘制功能系统图时的注意点有哪些？
9. 如何进行功能评价？有哪几类功能评价的方法？
10. 试述方案评价的内容。综合评价的方法主要有哪些？

## 练习题

1. 已知某产品由 10 个零件组成，各零件的个数及每个零件的成本见表 11－31，试用 ABC 分类法选择价值工程研究的对象。

**表 11－31 某产品零件成本表**

| 零件名称 | a | b | c | d | e | f | g | h | i | j |
| --- | --- | --- | --- | --- | --- | --- | --- | --- | --- | --- |
| 零件个数 | 1 | 2 | 1 | 16 | 1 | 1 | 5 | 6 | 4 | 8 |
| 每个零件的成本/元 | 6.38 | 4.63 | 1.86 | 2.25 | 0.56 | 2.45 | 2.38 | 5.69 | 2.36 | 0.10 |

2. 某种手表由 6 个零部件组成，它们的现实成本如表 11－32 所示。该手表的功能被定义为 6 种具体功能，各种功能的评分及零部件所承担具体功能的分解情况也如表 11－32 所示。试计算：

(1) 各零部件的功能评分和功能评价系数；

(2) 各零部件的成本系数；

(3) 各零部件的价值系数，并做出分析评价；

(4) 设定该手表的目标成本为 40 元，试按各零部件的功能评分计算它们的目标成本；

(5) 各零部件的成本改善期望值。

**表 11－32　成本和功能资料表**

| 序号 | 零部件名称 | 现实成本/元 | 功能项目及评分 | | | | | |
|---|---|---|---|---|---|---|---|---|
| | | | 计时 | 美观 | 耐用 | 防水 | 防振 | 防磁 |
| | | | 35% | 25% | 15% | 11% | 9% | 5% |
| 1 | 夹板 | 17.2 | 15 | 8 | 30 | | | |
| 2 | 原动系统 | 4.1 | 25 | | | | | |
| 3 | 调速系统 | 4.4 | 60 | | | | | 100 |
| 4 | 防振器 | 8.5 | | 2 | | | 100 | |
| 5 | 表盘 | 2.6 | | 30 | | | | |
| 6 | 表壳 | 13.2 | | 60 | 70 | 100 | | |
| 合　计 | | 50 | 100 | 100 | 100 | 100 | 100 | 100 |

3. 某产品各功能的功能评价系数和目前成本见表 11－33，试用功能评价系数法确定产品改进的具体目标。

**表 11－33　产品功能评价系数和目前成本表**

| 功能 | $F_1$ | $F_2$ | $F_3$ | $F_4$ | $F_5$ | 合　计 |
|---|---|---|---|---|---|---|
| 功能评价系数 | 0.35 | 0.25 | 0.20 | 0.15 | 0.05 | 1.00 |
| 目前成本/元 | 210 | 80 | 120 | 60 | 30 | 500 |

## 案例分析题

某企业生产的水杯由杯身、杯盖和杯盖中的密封垫圈三部分组成。目前存在的问题有：一是密封垫圈不严，可能导致漏水；二是杯身所用材料和样式单一，为玻璃材质和简单的圆柱体。

试用价值工程的方法对该水杯进行分析，提出改进的相应方案。主要包括：

(1) 水杯各组成部分的功能分别是什么？

(2) 水杯的成本包括哪些？最主要的成本要素是什么？

(3) 如何对水杯的功能和成本进行定量分析，并建立模型进行分析？

(4) 提出各种可能的改进方案。

# 附录　复利系数表

附表 1　($F/P$, $i$, $n$)表

| | 0.75% | 1% | 1.5% | 2% | 2.5% | 3% | 4% | 5% | 6% | 7% | 8% | 9% | 10% | 12% | 15% | 20% | 25% | 30% |
|---|---|---|---|---|---|---|---|---|---|---|---|---|---|---|---|---|---|---|
| 1 | 1.007 5 | 1.010 0 | 1.015 0 | 1.020 0 | 1.025 0 | 1.030 0 | 1.040 0 | 1.050 0 | 1.060 0 | 1.070 0 | 1.080 0 | 1.090 0 | 1.100 0 | 1.120 0 | 1.150 0 | 1.200 0 | 1.250 0 | 1.300 0 |
| 2 | 1.015 1 | 1.020 1 | 1.030 2 | 1.040 4 | 1.050 6 | 1.060 9 | 1.081 6 | 1.102 5 | 1.123 6 | 1.144 9 | 1.166 4 | 1.188 1 | 1.210 0 | 1.254 4 | 1.322 5 | 1.440 0 | 1.562 5 | 1.690 0 |
| 3 | 1.022 7 | 1.030 3 | 1.045 7 | 1.061 2 | 1.076 9 | 1.092 7 | 1.124 9 | 1.157 6 | 1.191 0 | 1.225 0 | 1.259 7 | 1.295 0 | 1.331 0 | 1.404 9 | 1.520 9 | 1.728 0 | 1.953 1 | 2.197 0 |
| 4 | 1.030 3 | 1.040 6 | 1.061 4 | 1.082 4 | 1.103 8 | 1.125 5 | 1.169 9 | 1.215 5 | 1.262 5 | 1.310 8 | 1.360 5 | 1.411 6 | 1.464 1 | 1.573 5 | 1.749 0 | 2.073 6 | 2.441 4 | 2.856 1 |
| 5 | 1.038 1 | 1.051 0 | 1.077 3 | 1.104 1 | 1.131 4 | 1.159 3 | 1.216 7 | 1.276 3 | 1.338 2 | 1.402 6 | 1.469 3 | 1.538 6 | 1.610 5 | 1.762 3 | 2.011 4 | 2.488 3 | 3.051 8 | 3.712 9 |
| 6 | 1.045 9 | 1.061 5 | 1.093 4 | 1.126 2 | 1.159 7 | 1.194 1 | 1.265 3 | 1.340 1 | 1.418 5 | 1.500 7 | 1.586 9 | 1.677 1 | 1.771 6 | 1.973 8 | 2.313 1 | 2.986 0 | 3.814 7 | 4.826 8 |
| 7 | 1.053 7 | 1.072 1 | 1.109 8 | 1.148 7 | 1.188 7 | 1.229 9 | 1.315 9 | 1.407 1 | 1.503 6 | 1.605 8 | 1.713 8 | 1.828 0 | 1.948 7 | 2.210 7 | 2.660 0 | 3.583 2 | 4.788 4 | 6.274 9 |
| 8 | 1.061 6 | 1.082 9 | 1.126 5 | 1.171 7 | 1.218 4 | 1.266 8 | 1.368 6 | 1.477 5 | 1.593 8 | 1.718 2 | 1.850 9 | 1.992 6 | 2.143 6 | 2.476 0 | 3.059 0 | 4.299 8 | 5.960 5 | 8.157 3 |
| 9 | 1.069 6 | 1.093 7 | 1.143 4 | 1.195 1 | 1.248 9 | 1.304 8 | 1.423 3 | 1.551 3 | 1.689 5 | 1.838 5 | 1.999 0 | 2.171 9 | 2.357 9 | 2.773 1 | 3.517 9 | 5.159 8 | 7.450 6 | 10.604 5 |
| 10 | 1.077 6 | 1.104 6 | 1.160 5 | 1.219 0 | 1.280 1 | 1.343 9 | 1.480 2 | 1.628 9 | 1.790 8 | 1.967 2 | 2.158 9 | 2.367 4 | 2.593 7 | 3.105 8 | 4.045 6 | 6.191 7 | 9.313 2 | 13.785 8 |
| 11 | 1.085 7 | 1.115 7 | 1.177 9 | 1.243 4 | 1.312 1 | 1.384 2 | 1.539 5 | 1.710 3 | 1.898 3 | 2.104 9 | 2.331 6 | 2.580 4 | 2.853 1 | 3.478 5 | 4.652 4 | 7.430 1 | 11.641 5 | 17.921 6 |
| 12 | 1.093 8 | 1.126 8 | 1.195 6 | 1.268 2 | 1.344 9 | 1.425 8 | 1.601 0 | 1.795 9 | 2.012 2 | 2.252 2 | 2.518 2 | 2.812 7 | 3.138 4 | 3.896 0 | 5.350 3 | 8.916 1 | 14.551 9 | 23.298 1 |
| 13 | 1.102 0 | 1.138 1 | 1.213 6 | 1.293 6 | 1.378 5 | 1.468 5 | 1.665 1 | 1.885 6 | 2.132 9 | 2.409 8 | 2.719 6 | 3.065 8 | 3.452 3 | 4.363 5 | 6.152 8 | 10.699 3 | 18.189 9 | 30.287 5 |
| 14 | 1.110 3 | 1.149 5 | 1.231 8 | 1.319 5 | 1.413 0 | 1.512 6 | 1.731 7 | 1.979 9 | 2.260 9 | 2.578 5 | 2.937 2 | 3.341 7 | 3.797 5 | 4.887 1 | 7.075 7 | 12.839 2 | 22.737 4 | 39.373 8 |
| 15 | 1.118 6 | 1.161 0 | 1.250 2 | 1.345 9 | 1.448 3 | 1.558 0 | 1.800 9 | 2.078 9 | 2.396 6 | 2.759 0 | 3.172 2 | 3.642 5 | 4.177 2 | 5.473 6 | 8.137 1 | 15.407 0 | 28.421 7 | 51.185 9 |
| 16 | 1.127 0 | 1.172 6 | 1.269 0 | 1.372 8 | 1.484 5 | 1.604 7 | 1.873 0 | 2.182 9 | 2.540 4 | 2.952 2 | 3.425 9 | 3.970 3 | 4.595 0 | 6.130 4 | 9.357 6 | 18.488 4 | 35.527 1 | 66.541 7 |
| 17 | 1.135 4 | 1.184 3 | 1.288 0 | 1.400 2 | 1.521 6 | 1.652 8 | 1.947 9 | 2.292 0 | 2.692 8 | 3.158 8 | 3.700 0 | 4.327 6 | 5.054 5 | 6.866 0 | 10.761 3 | 22.186 1 | 44.408 9 | 86.504 2 |
| 18 | 1.144 0 | 1.196 1 | 1.307 3 | 1.428 2 | 1.559 7 | 1.702 4 | 2.025 8 | 2.406 6 | 2.854 3 | 3.379 9 | 3.996 0 | 4.717 1 | 5.559 9 | 7.690 0 | 12.375 5 | 26.623 3 | 55.511 2 | 112.455 4 |
| 19 | 1.152 5 | 1.208 1 | 1.327 0 | 1.456 8 | 1.598 7 | 1.753 5 | 2.106 8 | 2.527 0 | 3.025 6 | 3.616 5 | 4.315 7 | 5.141 7 | 6.115 9 | 8.612 8 | 14.231 8 | 31.848 0 | 69.388 9 | 146.192 0 |
| 20 | 1.161 2 | 1.220 2 | 1.346 9 | 1.485 9 | 1.638 6 | 1.806 1 | 2.191 1 | 2.653 3 | 3.207 1 | 3.869 7 | 4.661 0 | 5.604 4 | 6.727 5 | 9.646 3 | 16.366 5 | 38.337 6 | 86.736 2 | 190.049 6 |
| 21 | 1.169 9 | 1.232 4 | 1.367 1 | 1.515 7 | 1.679 6 | 1.860 3 | 2.278 8 | 2.786 0 | 3.399 6 | 4.140 6 | 5.033 8 | 6.108 8 | 7.400 2 | 10.803 8 | 18.821 5 | 46.005 1 | 108.420 2 | 247.064 5 |
| 22 | 1.178 7 | 1.244 7 | 1.387 6 | 1.546 0 | 1.721 6 | 1.916 1 | 2.369 9 | 2.925 3 | 3.603 5 | 4.430 4 | 5.436 5 | 6.658 6 | 8.140 3 | 12.100 3 | 21.644 7 | 55.206 1 | 135.525 3 | 321.183 9 |
| 23 | 1.187 5 | 1.257 2 | 1.408 6 | 1.576 9 | 1.764 6 | 1.973 6 | 2.464 7 | 3.071 5 | 3.819 7 | 4.740 5 | 5.871 5 | 7.257 9 | 8.954 3 | 13.552 3 | 24.891 5 | 66.247 4 | 169.406 6 | 417.539 1 |
| 24 | 1.196 4 | 1.269 7 | 1.429 5 | 1.608 4 | 1.808 7 | 2.032 8 | 2.563 3 | 3.225 1 | 4.048 9 | 5.072 4 | 6.341 2 | 7.911 1 | 9.849 7 | 15.178 6 | 28.625 2 | 79.496 8 | 211.758 2 | 542.800 8 |
| 25 | 1.205 4 | 1.282 4 | 1.450 9 | 1.640 6 | 1.853 9 | 2.093 8 | 2.665 8 | 3.386 4 | 4.291 9 | 5.427 4 | 6.848 5 | 8.623 1 | 10.834 7 | 17.000 1 | 32.919 0 | 95.396 2 | 264.697 8 | 705.641 0 |
| 26 | 1.214 4 | 1.295 3 | 1.472 7 | 1.673 4 | 1.900 3 | 2.156 6 | 2.772 5 | 3.555 7 | 4.549 4 | 5.807 4 | 7.396 4 | 9.399 2 | 11.918 2 | 19.040 1 | 37.856 8 | 114.475 5 | 330.872 2 | 917.333 3 |
| 27 | 1.223 5 | 1.308 2 | 1.494 8 | 1.706 9 | 1.947 8 | 2.221 3 | 2.883 4 | 3.733 5 | 4.822 3 | 6.213 9 | 7.988 1 | 10.245 1 | 13.110 0 | 21.324 9 | 43.535 3 | 137.370 6 | 413.590 3 | 1 192.533 3 |
| 28 | 1.232 7 | 1.321 3 | 1.517 2 | 1.741 0 | 1.996 5 | 2.287 9 | 2.998 7 | 3.920 1 | 5.111 7 | 6.648 8 | 8.627 1 | 11.167 1 | 14.421 0 | 23.883 9 | 50.065 6 | 164.844 7 | 516.987 9 | 1 550.293 3 |
| 29 | 1.242 0 | 1.334 5 | 1.540 0 | 1.775 8 | 2.046 4 | 2.356 6 | 3.118 7 | 4.116 1 | 5.418 4 | 7.114 3 | 9.317 3 | 12.172 2 | 15.863 1 | 26.749 9 | 57.575 5 | 197.813 6 | 646.234 9 | 2 015.381 3 |
| 30 | 1.251 3 | 1.347 8 | 1.563 1 | 1.811 4 | 2.097 6 | 2.427 3 | 3.243 4 | 4.321 9 | 5.743 5 | 7.612 3 | 10.062 7 | 13.267 7 | 17.449 4 | 29.959 9 | 66.211 8 | 237.376 3 | 807.793 6 | 2 619.995 6 |
| 31 | 1.260 7 | 1.361 3 | 1.586 5 | 1.847 6 | 2.150 0 | 2.500 1 | 3.373 1 | 4.538 0 | 6.088 1 | 8.145 1 | 10.867 7 | 14.461 8 | 19.194 3 | 33.555 1 | 76.143 5 | 284.851 6 | 1 009.742 0 | 3 405.994 3 |
| 32 | 1.270 1 | 1.374 9 | 1.610 3 | 1.884 5 | 2.203 8 | 2.575 1 | 3.508 1 | 4.764 9 | 6.453 4 | 8.715 3 | 11.737 1 | 15.763 3 | 21.113 8 | 37.581 7 | 87.565 1 | 341.821 9 | 1 262.177 4 | 4 427.792 6 |
| 33 | 1.279 6 | 1.388 7 | 1.634 5 | 1.922 2 | 2.258 9 | 2.652 3 | 3.648 4 | 5.003 2 | 6.840 6 | 9.325 3 | 12.676 0 | 17.182 0 | 23.225 2 | 42.091 5 | 100.699 8 | 410.186 3 | 1 577.721 8 | 5 756.130 4 |
| 34 | 1.289 2 | 1.402 6 | 1.659 0 | 1.960 7 | 2.315 3 | 2.731 9 | 2.794 3 | 5.253 3 | 7.251 0 | 9.978 1 | 13.690 1 | 18.728 4 | 25.547 7 | 47.142 5 | 115.804 8 | 492.223 5 | 1 972.152 3 | 7 482.969 6 |
| 35 | 1.298 9 | 1.416 6 | 1.683 9 | 1.999 9 | 2.373 2 | 2.813 9 | 3.946 1 | 5.516 0 | 7.686 1 | 10.676 6 | 14.785 3 | 20.414 0 | 28.102 4 | 52.799 6 | 133.177 5 | 590.668 2 | 2 465.190 3 | 9 727.860 4 |
| 40 | 1.348 3 | 1.488 9 | 1.814 0 | 2.208 0 | 2.885 1 | 3.262 0 | 4.801 0 | 7.040 0 | 10.285 7 | 14.974 5 | 21.724 5 | 31.409 4 | 45.259 3 | 93.051 0 | 267.863 5 | 1 469.771 6 | | |
| 45 | 1.399 7 | 1.564 8 | 1.954 2 | 2.437 9 | 3.037 9 | 3.781 6 | 5.841 2 | 8.985 0 | 13.764 6 | 21.002 5 | 31.920 4 | 48.327 3 | 72.890 5 | 163.987 6 | 538.769 3 | 3 657.262 0 | | |
| 50 | 1.453 0 | 1.644 6 | 2.105 2 | 2.691 6 | 3.437 1 | 4.383 9 | 7.106 7 | 11.467 4 | 18.420 2 | 29.457 0 | 48.901 6 | 74.357 5 | 117.390 9 | 289.002 2 | 1 083.657 4 | 9 100.438 2 | | |
| 55 | 1.508 3 | 1.728 5 | 2.267 9 | 2.971 7 | 3.888 8 | 5.082 1 | 8.646 4 | 14.635 6 | 24.650 3 | 41.315 0 | 88.913 9 | 114.408 3 | 189.059 1 | | | | | |
| 60 | 1.565 7 | 1.816 7 | 2.443 2 | 3.281 0 | 4.399 8 | 5.891 6 | 10.519 6 | 18.679 2 | 32.987 7 | 57.946 4 | 101.257 1 | 176.031 3 | 304.481 6 | | | | | |
| 65 | 1.625 3 | 1.909 4 | 2.632 0 | 3.622 5 | 4.978 0 | 6.830 0 | 12.798 7 | 23.839 9 | 44.145 0 | 81.272 9 | 148.779 8 | 270.846 0 | 490.370 7 | | | | | |
| 70 | 1.687 2 | 2.006 8 | 2.835 5 | 3.999 6 | 5.632 1 | 7.917 8 | 15.571 6 | 30.426 4 | 59.075 9 | 113.989 4 | 218.606 4 | 416.730 1 | 789.747 0 | | | | | |
| 75 | 1.751 4 | 2.109 1 | 3.054 8 | 4.415 8 | 6.372 2 | 9.178 9 | 18.945 3 | 38.832 7 | 79.056 9 | 159.876 0 | 321.204 5 | 641.190 9 | 1 271.895 4 | | | | | |
| 80 | 1.818 0 | 2.216 7 | 3.290 7 | 4.875 4 | 7.209 6 | 10.640 9 | 23.049 8 | 49.561 4 | 105.796 0 | 224.234 4 | 471.954 8 | 986.551 7 | 2 048.400 2 | | | | | |
| 85 | 1.887 3 | 2.329 8 | 3.545 0 | 5.382 9 | 8.157 0 | 12.335 7 | 28.036 3 | 63.254 4 | 141.578 9 | 314.500 3 | 693.456 5 | 1 517.932 0 | 3 298.869 0 | | | | | |
| 90 | 1.959 1 | 2.448 6 | 3.818 9 | 5.943 1 | 9.228 9 | 14.300 5 | 34.119 6 | 80.730 4 | 189.464 5 | 441.103 0 | 1 018.915 1 | 2 335.526 8 | 5 313.022 6 | | | | | |
| 95 | 2.033 7 | 2.573 5 | 4.114 1 | 6.561 7 | 10.441 6 | 16.578 2 | 41.511 4 | 103.034 7 | 253.546 3 | 618.869 7 | 1 497.120 5 | 3 593.497 1 | 8 556.676 0 | | | | | |
| 100 | 2.111 1 | 2.704 8 | 4.432 0 | 7.244 6 | 11.813 7 | 19.218 6 | 50.504 9 | 131.501 3 | 339.302 1 | 867.716 3 | 2 199.761 3 | 5 529.0408 | 13 780.612 3 | | | | | |

**附表 2 （*P*/*F*，*i*，*n*）表**

| | 0.75% | 1% | 1.5% | 2% | 2.5% | 3% | 4% | 5% | 6% | 7% | 8% | 9% | 10% | 12% | 15% | 20% | 25% | 30% |
|---|---|---|---|---|---|---|---|---|---|---|---|---|---|---|---|---|---|---|
| 1 | 0.992 6 | 0.990 1 | 0.985 2 | 0.980 4 | 0.975 6 | 0.970 9 | 0.961 5 | 0.952 4 | 0.943 4 | 0.934 6 | 0.925 9 | 0.917 4 | 0.909 1 | 0.892 9 | 0.869 6 | 0.833 3 | 0.800 0 | 0.769 2 |
| 2 | 0.985 2 | 0.980 3 | 0.970 7 | 0.961 2 | 0.951 8 | 0.942 6 | 0.924 6 | 0.907 0 | 0.890 0 | 0.873 4 | 0.857 3 | 0.841 7 | 0.826 4 | 0.797 2 | 0.756 1 | 0.694 4 | 0.640 0 | 0.591 7 |
| 3 | 0.977 8 | 0.970 6 | 0.956 3 | 0.942 3 | 0.928 6 | 0.915 1 | 0.889 0 | 0.863 8 | 0.839 6 | 0.816 3 | 0.793 8 | 0.772 2 | 0.751 3 | 0.711 8 | 0.657 5 | 0.578 7 | 0.512 0 | 0.455 2 |
| 4 | 0.970 6 | 0.961 0 | 0.942 2 | 0.923 8 | 0.906 0 | 0.888 5 | 0.854 8 | 0.822 7 | 0.792 1 | 0.762 9 | 0.735 0 | 0.708 4 | 0.683 0 | 0.635 5 | 0.571 8 | 0.482 3 | 0.409 6 | 0.350 1 |
| 5 | 0.963 3 | 0.951 5 | 0.928 3 | 0.905 7 | 0.883 9 | 0.862 6 | 0.821 9 | 0.783 5 | 0.747 3 | 0.713 0 | 0.680 6 | 0.649 9 | 0.620 9 | 0.567 4 | 0.497 2 | 0.401 9 | 0.327 7 | 0.269 3 |
| 6 | 0.956 2 | 0.942 0 | 0.914 5 | 0.888 0 | 0.862 3 | 0.837 5 | 0.790 3 | 0.746 2 | 0.705 0 | 0.666 3 | 0.630 2 | 0.596 3 | 0.564 5 | 0.506 6 | 0.432 3 | 0.334 9 | 0.262 1 | 0.207 2 |
| 7 | 0.949 0 | 0.932 7 | 0.901 0 | 0.870 6 | 0.841 3 | 0.813 1 | 0.759 9 | 0.710 7 | 0.665 1 | 0.622 7 | 0.583 5 | 0.547 0 | 0.513 2 | 0.452 3 | 0.375 9 | 0.279 1 | 0.209 7 | 0.159 4 |
| 8 | 0.942 0 | 0.923 5 | 0.887 7 | 0.853 5 | 0.820 7 | 0.789 4 | 0.730 7 | 0.676 8 | 0.627 4 | 0.582 0 | 0.540 3 | 0.501 9 | 0.466 5 | 0.403 9 | 0.326 9 | 0.232 6 | 0.167 8 | 0.122 6 |
| 9 | 0.935 0 | 0.914 3 | 0.874 6 | 0.836 8 | 0.800 7 | 0.766 4 | 0.702 6 | 0.644 6 | 0.591 9 | 0.543 9 | 0.500 2 | 0.460 4 | 0.424 1 | 0.380 8 | 0.284 3 | 0.193 8 | 0.134 2 | 0.094 3 |
| 10 | 0.928 0 | 0.905 3 | 0.861 7 | 0.820 3 | 0.781 2 | 0.744 1 | 0.675 6 | 0.613 9 | 0.558 4 | 0.508 3 | 0.463 2 | 0.422 4 | 0.385 5 | 0.322 0 | 0.247 2 | 0.161 5 | 0.107 4 | 0.072 5 |
| 11 | 0.921 1 | 0.896 3 | 0.848 9 | 0.804 3 | 0.762 1 | 0.722 4 | 0.649 6 | 0.584 7 | 0.526 8 | 0.475 1 | 0.428 9 | 0.387 5 | 0.350 5 | 0.287 5 | 0.214 9 | 0.134 6 | 0.085 9 | 0.055 8 |
| 12 | 0.914 2 | 0.887 4 | 0.836 4 | 0.788 5 | 0.743 6 | 0.701 4 | 0.624 6 | 0.556 8 | 0.497 0 | 0.444 0 | 0.397 1 | 0.355 5 | 0.318 6 | 0.256 7 | 0.186 9 | 0.112 2 | 0.068 7 | 0.042 9 |
| 13 | 0.907 4 | 0.878 7 | 0.824 0 | 0.773 0 | 0.725 4 | 0.681 0 | 0.600 6 | 0.530 3 | 0.468 8 | 0.415 0 | 0.367 7 | 0.326 2 | 0.289 7 | 0.229 2 | 0.162 5 | 0.093 5 | 0.055 0 | 0.033 0 |
| 14 | 0.900 7 | 0.870 0 | 0.811 8 | 0.757 9 | 0.707 7 | 0.661 1 | 0.577 5 | 0.505 1 | 0.442 3 | 0.387 8 | 0.340 5 | 0.299 2 | 0.263 3 | 0.204 8 | 0.141 3 | 0.077 9 | 0.044 0 | 0.025 4 |
| 15 | 0.894 0 | 0.861 3 | 0.799 9 | 0.743 0 | 0.690 5 | 0.641 9 | 0.555 3 | 0.481 0 | 0.417 3 | 0.362 4 | 0.315 2 | 0.274 5 | 0.239 4 | 0.182 7 | 0.122 9 | 0.064 9 | 0.035 2 | 0.019 5 |
| 16 | 0.887 3 | 0.852 8 | 0.788 0 | 0.728 4 | 0.673 6 | 0.623 2 | 0.533 9 | 0.458 1 | 0.393 6 | 0.338 7 | 0.291 9 | 0.251 9 | 0.217 6 | 0.163 1 | 0.106 9 | 0.054 1 | 0.028 1 | 0.015 0 |
| 17 | 0.830 7 | 0.844 4 | 0.776 4 | 0.714 2 | 0.657 2 | 0.605 0 | 0.513 4 | 0.436 3 | 0.371 4 | 0.316 6 | 0.270 3 | 0.231 1 | 0.197 8 | 0.145 6 | 0.092 9 | 0.045 1 | 0.022 5 | 0.011 6 |
| 18 | 0.874 2 | 0.836 0 | 0.764 9 | 0.700 2 | 0.641 2 | 0.587 4 | 0.493 6 | 0.415 5 | 0.350 3 | 0.295 9 | 0.250 2 | 0.212 0 | 0.179 9 | 0.130 0 | 0.080 8 | 0.037 6 | 0.018 0 | 0.008 8 |
| 19 | 0.867 6 | 0.827 7 | 0.753 6 | 0.686 4 | 0.625 5 | 0.570 3 | 0.474 6 | 0.395 7 | 0.330 5 | 0.276 5 | 0.231 7 | 0.194 5 | 0.163 5 | 0.116 1 | 0.070 3 | 0.031 3 | 0.014 4 | 0.006 8 |
| 20 | 0.861 2 | 0.819 5 | 0.742 5 | 0.673 0 | 0.610 3 | 0.553 7 | 0.456 4 | 0.376 9 | 0.311 8 | 0.258 4 | 0.214 5 | 0.178 4 | 0.148 6 | 0.103 7 | 0.061 1 | 0.026 1 | 0.011 5 | 0.005 3 |
| 21 | 0.854 8 | 0.811 4 | 0.731 5 | 0.659 8 | 0.595 4 | 0.537 5 | 0.438 8 | 0.358 9 | 0.294 2 | 0.241 5 | 0.198 7 | 0.163 7 | 0.135 1 | 0.092 6 | 0.053 1 | 0.021 7 | 0.009 2 | 0.004 0 |
| 22 | 0.848 4 | 0.803 4 | 0.720 7 | 0.646 8 | 0.580 9 | 0.521 9 | 0.422 0 | 0.341 8 | 0.277 5 | 0.225 7 | 0.183 9 | 0.150 2 | 0.122 8 | 0.082 6 | 0.046 2 | 0.018 1 | 0.007 4 | 0.003 1 |
| 23 | 0.842 1 | 0.795 4 | 0.710 0 | 0.634 2 | 0.566 7 | 0.506 7 | 0.405 7 | 0.325 6 | 0.261 8 | 0.210 9 | 0.170 3 | 0.137 8 | 0.111 7 | 0.073 8 | 0.040 2 | 0.015 1 | 0.005 9 | 0.002 4 |
| 24 | 0.835 8 | 0.787 6 | 0.699 5 | 0.621 7 | 0.552 9 | 0.491 9 | 0.390 1 | 0.310 1 | 0.247 0 | 0.197 1 | 0.157 7 | 0.126 4 | 0.101 5 | 0.065 9 | 0.034 9 | 0.012 6 | 0.004 7 | 0.001 8 |
| 25 | 0.829 8 | 0.779 8 | 0.689 2 | 0.609 5 | 0.539 4 | 0.477 6 | 0.375 1 | 0.295 3 | 0.233 0 | 0.184 2 | 0.146 0 | 0.116 0 | 0.092 3 | 0.058 8 | 0.030 4 | 0.010 5 | 0.003 8 | 0.001 4 |
| 26 | 0.823 4 | 0.772 0 | 0.679 0 | 0.597 6 | 0.526 2 | 0.463 7 | 0.360 7 | 0.281 2 | 0.219 8 | 0.172 2 | 0.135 2 | 0.106 4 | 0.083 9 | 0.052 5 | 0.026 4 | 0.008 7 | 0.003 0 | 0.001 1 |
| 27 | 0.817 3 | 0.764 4 | 0.669 0 | 0.585 9 | 0.513 4 | 0.450 2 | 0.346 8 | 0.267 8 | 0.207 4 | 0.160 9 | 0.125 2 | 0.097 6 | 0.076 3 | 0.046 9 | 0.023 0 | 0.007 3 | 0.002 4 | 0.000 8 |
| 28 | 0.811 2 | 0.756 8 | 0.659 1 | 0.574 4 | 0.500 9 | 0.437 1 | 0.333 5 | 0.255 1 | 0.195 6 | 0.150 4 | 0.115 9 | 0.089 5 | 0.069 3 | 0.041 9 | 0.020 0 | 0.006 1 | 0.001 9 | 0.000 6 |
| 29 | 0.805 2 | 0.749 3 | 0.649 4 | 0.563 1 | 0.488 7 | 0.424 3 | 0.320 7 | 0.242 9 | 0.184 6 | 0.140 6 | 0.107 3 | 0.082 2 | 0.063 0 | 0.037 4 | 0.017 4 | 0.005 1 | 0.001 5 | 0.000 5 |
| 30 | 0.799 2 | 0.741 9 | 0.639 8 | 0.552 1 | 0.476 7 | 0.412 0 | 0.308 3 | 0.231 4 | 0.174 1 | 0.134 1 | 0.099 4 | 0.075 4 | 0.057 3 | 0.033 4 | 0.015 1 | 0.004 2 | 0.001 2 | 0.000 4 |
| 31 | 0.793 2 | 0.734 6 | 0.630 3 | 0.541 2 | 0.465 1 | 0.400 0 | 0.296 5 | 0.220 4 | 0.164 3 | 0.122 8 | 0.092 0 | 0.069 1 | 0.052 1 | 0.029 8 | 0.013 1 | 0.003 5 | 0.001 0 | 0.000 3 |
| 32 | 0.787 3 | 0.727 3 | 0.621 0 | 0.530 6 | 0.453 8 | 0.388 3 | 0.285 1 | 0.209 9 | 0.155 0 | 0.114 7 | 0.085 2 | 0.063 4 | 0.047 4 | 0.026 6 | 0.011 4 | 0.002 9 | 0.000 8 | 0.000 2 |
| 33 | 0.781 5 | 0.720 1 | 0.611 8 | 0.520 2 | 0.442 7 | 0.377 0 | 0.274 1 | 0.199 9 | 0.146 2 | 0.107 2 | 0.078 9 | 0.058 2 | 0.043 1 | 0.023 8 | 0.009 9 | 0.002 4 | 0.000 6 | 0.000 2 |
| 34 | 0.775 7 | 0.713 0 | 0.602 8 | 0.510 0 | 0.431 9 | 0.366 0 | 0.263 6 | 0.190 4 | 0.137 9 | 0.100 2 | 0.073 0 | 0.053 4 | 0.039 1 | 0.021 2 | 0.008 6 | 0.002 0 | 0.000 5 | 0.000 1 |
| 35 | 0.769 9 | 0.705 9 | 0.593 9 | 0.500 0 | 0.421 4 | 0.355 4 | 0.253 4 | 0.181 3 | 0.130 1 | 0.093 7 | 0.067 6 | 0.049 0 | 0.035 6 | 0.018 9 | 0.007 5 | 0.001 7 | 0.000 4 | 0.000 1 |
| 40 | 0.741 6 | 0.671 7 | 0.551 3 | 0.452 9 | 0.372 4 | 0.306 6 | 0.208 3 | 0.142 0 | 0.097 2 | 0.066 8 | 0.046 0 | 0.031 8 | 0.022 1 | 0.010 7 | 0.003 7 | 0.000 7 | | |
| 45 | 0.714 5 | 0.639 1 | 0.511 7 | 0.410 2 | 0.329 2 | 0.264 4 | 0.171 2 | 0.111 3 | 0.072 7 | 0.047 6 | 0.031 3 | 0.020 7 | 0.013 7 | 0.006 1 | 0.001 9 | 0.000 3 | | |
| 50 | 0.688 3 | 0.608 0 | 0.475 0 | 0.371 5 | 0.280 9 | 0.228 1 | 0.140 7 | 0.087 2 | 0.054 3 | 0.033 9 | 0.021 3 | 0.013 4 | 0.008 5 | 0.003 5 | 0.000 9 | 0.000 1 | | |
| 55 | 0.663 0 | 0.578 5 | 0.440 9 | 0.336 5 | 0.257 2 | 0.196 8 | 0.115 7 | 0.068 3 | 0.040 8 | 0.024 2 | 0.014 5 | 0.008 7 | 0.005 3 | | | | | |
| 60 | 0.638 7 | 0.550 4 | 0.409 3 | 0.304 8 | 0.227 3 | 0.169 7 | 0.095 1 | 0.053 5 | 0.030 3 | 0.017 3 | 0.009 9 | 0.005 7 | 0.003 3 | | | | | |
| 65 | 0.615 3 | 0.523 7 | 0.379 9 | 0.276 1 | 0.200 9 | 0.146 4 | 0.078 1 | 0.041 9 | 0.022 7 | 0.012 3 | 0.006 7 | 0.003 7 | 0.002 0 | | | | | |
| 70 | 0.592 7 | 0.493 3 | 0.352 7 | 0.250 0 | 0.177 6 | 0.126 3 | 0.064 2 | 0.032 9 | 0.016 9 | 0.008 8 | 0.004 6 | 0.002 4 | 0.001 3 | | | | | |
| 75 | 0.571 0 | 0.474 1 | 0.327 4 | 0.226 5 | 0.156 9 | 0.108 9 | 0.052 8 | 0.025 8 | 0.012 6 | 0.006 3 | 0.003 1 | 0.001 6 | 0.000 8 | | | | | |
| 80 | 0.550 0 | 0.451 1 | 0.303 9 | 0.205 1 | 0.138 7 | 0.094 0 | 0.043 4 | 0.020 2 | 0.009 5 | 0.004 5 | 0.002 1 | 0.001 0 | 0.000 5 | | | | | |
| 85 | 0.529 9 | 0.429 2 | 0.282 1 | 0.185 8 | 0.122 6 | 0.081 1 | 0.035 7 | 0.015 8 | 0.007 1 | 0.003 2 | 0.001 4 | 0.000 7 | 0.000 3 | | | | | |
| 90 | 0.510 4 | 0.408 4 | 0.261 9 | 0.168 3 | 0.108 4 | 0.069 9 | 0.029 3 | 0.012 4 | 0.005 3 | 0.002 3 | 0.001 0 | 0.000 4 | 0.000 2 | | | | | |
| 95 | 0.491 7 | 0.388 6 | 0.243 1 | 0.152 4 | 0.095 8 | 0.060 3 | 0.024 1 | 0.009 7 | 0.003 9 | 0.001 6 | 0.000 7 | 0.000 3 | 0.000 1 | | | | | |
| 100 | 0.473 7 | 0.369 7 | 0.225 6 | 0.138 0 | 0.084 6 | 0.052 0 | 0.019 8 | 0.007 8 | 0.002 9 | 0.001 2 | 0.000 5 | 0.000 2 | 0.000 1 | | | | | |

## 附表 3 (*F*/*A*, *i*, *n*)表

| | 0.75% | 1% | 1.5% | 2% | 2.5% | 3% | 4% | 5% | 6% | 7% | 8% | 9% | 10% | 12% | 15% | 20% | 25% | 30% |
|---|---|---|---|---|---|---|---|---|---|---|---|---|---|---|---|---|---|---|
| 1 | 1.000 0 | 1.000 0 | 1.000 0 | 1.000 0 | 1.000 0 | 1.000 0 | 1.000 0 | 1.000 0 | 1.000 0 | 1.000 0 | 1.000 0 | 1.000 0 | 1.000 0 | 1.000 0 | 1.000 0 | 1.000 0 | 1.000 0 | 1.000 0 |
| 2 | 2.007 5 | 2.010 0 | 2.015 0 | 2.020 0 | 2.025 0 | 2.030 0 | 2.040 0 | 2.050 0 | 2.060 0 | 2.070 0 | 2.080 0 | 2.090 0 | 2.100 0 | 2.120 0 | 2.150 0 | 2.200 0 | 2.250 0 | 2.300 0 |
| 3 | 3.022 6 | 3.030 1 | 3.045 2 | 3.060 4 | 3.075 6 | 3.090 9 | 3.121 6 | 3.152 5 | 3.183 6 | 3.214 9 | 3.246 4 | 3.278 1 | 3.310 0 | 3.374 4 | 3.472 5 | 3.640 0 | 3.812 5 | 3.990 0 |
| 4 | 4.045 2 | 4.060 4 | 4.090 9 | 4.121 6 | 4.152 5 | 4.183 6 | 4.246 5 | 4.310 1 | 4.374 6 | 4.439 9 | 4.506 1 | 4.573 1 | 4.641 0 | 4.779 3 | 4.993 4 | 5.368 0 | 5.765 6 | 6.187 0 |
| 5 | 5.075 6 | 5.101 0 | 5.152 3 | 5.204 0 | 5.256 3 | 5.309 1 | 5.416 3 | 5.525 6 | 5.637 1 | 5.750 7 | 5.866 6 | 5.984 7 | 6.105 1 | 6.352 8 | 6.742 4 | 7.441 6 | 8.207 0 | 9.043 1 |
| 6 | 6.113 6 | 6.152 0 | 6.229 6 | 6.308 1 | 6.387 7 | 6.468 4 | 6.633 0 | 6.801 9 | 6.975 3 | 7.153 3 | 7.335 9 | 7.523 3 | 7.715 6 | 8.115 2 | 8.753 7 | 9.929 9 | 11.258 8 | 12.756 0 |
| 7 | 7.159 5 | 7.213 5 | 7.323 0 | 7.434 3 | 7.547 4 | 7.662 5 | 7.898 3 | 8.142 0 | 8.393 8 | 8.654 0 | 8.922 8 | 9.200 4 | 9.487 2 | 10.089 0 | 11.066 8 | 12.915 9 | 15.073 5 | 17.582 8 |
| 8 | 8.213 1 | 8.285 7 | 8.432 8 | 8.583 0 | 8.736 1 | 8.892 3 | 9.214 2 | 9.549 1 | 9.897 5 | 10.259 8 | 10.636 6 | 11.028 5 | 11.435 9 | 12.299 7 | 13.726 8 | 16.499 1 | 19.841 9 | 23.857 7 |
| 9 | 9.274 8 | 9.368 5 | 9.559 3 | 9.754 6 | 9.954 5 | 10.159 1 | 10.582 8 | 11.026 6 | 11.491 3 | 11.978 0 | 12.487 6 | 13.021 0 | 13.579 5 | 14.775 7 | 16.785 8 | 20.798 9 | 25.802 3 | 32.015 0 |
| 10 | 10.344 3 | 10.462 2 | 10.702 7 | 10.949 7 | 11.203 4 | 11.463 9 | 12.006 1 | 12.577 9 | 13.180 8 | 13.816 4 | 14.486 6 | 15.192 9 | 15.937 4 | 17.548 7 | 20.303 7 | 25.958 7 | 33.252 9 | 42.619 5 |
| 11 | 11.421 9 | 11.566 8 | 11.863 3 | 12.168 7 | 12.483 5 | 12.807 8 | 13.486 4 | 14.206 8 | 14.971 6 | 15.783 6 | 16.645 5 | 17.560 3 | 18.531 2 | 20.654 6 | 24.349 3 | 32.150 4 | 42.566 1 | 56.405 3 |
| 12 | 12.507 6 | 12.682 5 | 13.041 2 | 13.412 1 | 13.795 6 | 14.192 0 | 15.025 8 | 15.917 1 | 16.869 9 | 17.888 5 | 18.977 1 | 20.140 7 | 21.384 3 | 24.133 1 | 29.001 7 | 39.580 5 | 54.207 7 | 74.327 0 |
| 13 | 13.601 4 | 13.809 3 | 14.236 8 | 14.680 3 | 15.140 4 | 15.617 8 | 16.626 8 | 17.713 0 | 18.882 1 | 20.140 6 | 21.495 3 | 22.953 4 | 24.522 7 | 28.029 1 | 34.351 9 | 48.496 6 | 68.759 8 | 97.625 0 |
| 14 | 14.703 4 | 14.947 4 | 15.450 4 | 15.973 9 | 16.519 0 | 17.086 3 | 18.291 9 | 19.598 6 | 21.015 1 | 22.550 5 | 24.214 9 | 26.019 2 | 27.975 0 | 32.392 6 | 40.504 7 | 59.195 9 | 86.949 5 | 127.912 5 |
| 15 | 15.813 7 | 16.096 9 | 16.682 1 | 17.293 4 | 17.931 9 | 18.598 9 | 20.023 6 | 21.578 6 | 23.276 0 | 25.129 0 | 27.152 1 | 29.360 9 | 31.775 2 | 37.279 7 | 47.580 4 | 72.035 1 | 109.886 8 | 167.286 3 |
| 16 | 16.932 3 | 17.257 9 | 17.932 4 | 18.639 3 | 19.380 2 | 20.156 9 | 21.824 5 | 23.857 5 | 25.672 5 | 27.888 1 | 30.324 3 | 33.003 4 | 35.949 7 | 42.753 3 | 55.717 5 | 87.442 1 | 138.108 5 | 218.472 2 |
| 17 | 18.059 3 | 18.430 4 | 19.201 4 | 20.012 1 | 20.864 7 | 21.761 6 | 23.697 5 | 25.840 4 | 28.212 9 | 30.840 2 | 33.750 2 | 36.973 7 | 40.544 7 | 48.883 7 | 65.075 1 | 105.930 6 | 173.635 7 | 285.013 9 |
| 18 | 19.194 7 | 19.614 7 | 20.489 4 | 21.412 3 | 22.386 3 | 23.414 4 | 25.645 4 | 28.132 4 | 30.905 7 | 33.999 0 | 37.450 2 | 41.301 3 | 45.599 2 | 55.749 7 | 75.836 4 | 128.116 7 | 218.044 6 | 371.518 0 |
| 19 | 20.338 7 | 20.810 9 | 21.796 7 | 22.840 6 | 23.946 0 | 25.116 9 | 27.671 2 | 30.539 0 | 33.760 0 | 37.379 0 | 41.446 3 | 46.018 5 | 51.159 1 | 63.439 7 | 88.211 8 | 154.740 0 | 273.555 8 | 483.973 4 |
| 20 | 21.491 2 | 22.019 0 | 23.123 7 | 24.297 4 | 25.544 7 | 26.870 4 | 29.778 1 | 33.066 0 | 36.785 6 | 40.995 5 | 45.762 0 | 51.160 1 | 57.275 0 | 72.052 4 | 102.443 8 | 186.688 0 | 342.944 7 | 630.165 5 |
| 21 | 22.652 4 | 23.239 2 | 24.470 5 | 25.783 3 | 27.183 3 | 28.676 5 | 31.969 2 | 35.719 3 | 39.992 7 | 44.865 2 | 50.422 9 | 56.764 5 | 64.002 5 | 81.698 7 | 118.810 1 | 225.025 6 | 429.680 9 | 820.215 1 |
| 22 | 23.822 3 | 24.471 6 | 25.837 6 | 27.299 0 | 28.862 9 | 30.536 8 | 34.248 0 | 38.505 2 | 43.392 3 | 49.005 7 | 55.456 8 | 62.873 3 | 71.402 7 | 92.502 6 | 137.631 6 | 271.030 7 | 538.101 1 | 1 067.279 6 |
| 23 | 25.001 0 | 25.716 3 | 27.225 1 | 28.845 0 | 30.584 4 | 32.452 9 | 36.617 9 | 41.430 5 | 46.995 8 | 53.436 1 | 60.893 3 | 69.531 9 | 79.543 0 | 104.602 9 | 159.276 4 | 326.236 9 | 673.626 4 | 1 388.463 5 |
| 24 | 26.188 5 | 26.973 5 | 28.633 5 | 30.421 9 | 32.349 0 | 34.426 5 | 39.082 6 | 44.502 0 | 50.815 6 | 58.176 7 | 66.764 8 | 76.789 8 | 88.497 3 | 118.155 2 | 184.167 8 | 392.484 2 | 843.032 9 | 1 806.002 6 |
| 25 | 27.384 9 | 28.243 2 | 30.063 0 | 32.030 3 | 34.157 8 | 36.459 3 | 41.645 9 | 47.727 1 | 54.864 5 | 63.249 0 | 73.105 9 | 84.700 9 | 98.347 1 | 133.333 9 | 212.793 0 | 471.981 1 | 1 054.791 2 | 2 348.803 3 |
| 26 | 28.590 3 | 29.525 6 | 31.514 0 | 33.670 9 | 36.011 7 | 38.553 0 | 44.311 7 | 51.113 5 | 59.156 4 | 68.676 5 | 79.954 4 | 93.324 0 | 109.181 8 | 150.333 9 | 245.712 0 | 567.377 3 | 1 319.489 0 | 3 054.444 3 |
| 27 | 29.804 7 | 30.820 9 | 32.986 7 | 35.344 3 | 37.912 0 | 40.709 6 | 47.084 2 | 54.669 1 | 63.705 8 | 74.483 8 | 87.350 8 | 102.723 1 | 121.099 9 | 169.374 0 | 283.568 8 | 681.852 8 | 1 650.381 2 | 3 971.777 6 |
| 28 | 31.028 2 | 32.129 1 | 34.481 5 | 37.051 2 | 39.859 8 | 42.930 9 | 49.967 6 | 58.402 6 | 68.528 1 | 80.697 7 | 95.338 8 | 112.968 2 | 134.209 9 | 190.698 9 | 327.104 1 | 819.223 3 | 2 063.951 5 | 5 164.310 9 |
| 29 | 32.260 9 | 33.450 4 | 35.998 7 | 38.792 2 | 41.856 3 | 45.218 9 | 52.966 3 | 62.322 7 | 73.639 8 | 87.346 5 | 103.965 9 | 124.135 4 | 148.630 9 | 214.582 8 | 377.169 7 | 984.068 0 | 2 580.939 4 | 6 714.604 2 |
| 30 | 33.502 9 | 34.784 9 | 37.538 7 | 40.568 1 | 43.902 7 | 47.575 4 | 56.084 9 | 66.438 8 | 79.058 2 | 94.460 8 | 113.283 2 | 136.307 5 | 164.494 0 | 241.332 7 | 434.745 1 | 1 181.881 6 | 3 227.174 3 | 8 729.985 5 |
| 31 | 34.754 2 | 36.132 7 | 39.101 8 | 42.379 4 | 46.000 3 | 50.002 7 | 59.328 3 | 70.760 8 | 84.801 7 | 102.073 0 | 123.345 9 | 149.575 2 | 181.943 4 | 271.292 6 | 500.956 9 | 1 419.257 8 | 4 034.967 8 | 11 349.981 1 |
| 32 | 36.014 8 | 37.494 1 | 40.688 3 | 44.227 0 | 48.150 3 | 52.502 8 | 62.701 5 | 75.298 8 | 90.889 8 | 110.218 2 | 134.213 5 | 164.037 0 | 201.137 8 | 304.847 7 | 577.100 5 | 1 704.109 5 | 5 044.709 8 | 14 755.975 5 |
| 33 | 37.284 9 | 38.869 0 | 42.298 6 | 46.111 8 | 50.354 0 | 55.077 8 | 66.209 5 | 80.063 8 | 97.343 2 | 118.933 4 | 145.950 6 | 178.800 3 | 222.251 5 | 342.429 4 | 664.665 5 | 2 045.931 4 | 6 306.887 2 | 19 183.768 1 |
| 34 | 38.564 6 | 40.257 7 | 43.933 1 | 48.033 8 | 52.612 9 | 57.730 2 | 69.857 9 | 85.067 0 | 104.183 8 | 128.258 8 | 158.626 7 | 196.982 3 | 245.476 7 | 384.521 0 | 765.365 4 | 2 456.117 6 | 7 884.609 1 | 24 939.898 5 |
| 35 | 39.853 8 | 41.660 3 | 45.592 1 | 49.994 5 | 54.928 2 | 60.462 1 | 73.652 2 | 90.320 3 | 111.434 8 | 138.236 9 | 172.316 8 | 215.710 8 | 271.024 4 | 431.663 5 | 881.170 2 | 2 948.341 1 | 9 856.761 3 | 32 422.868 1 |
| 40 | 46.446 5 | 48.886 4 | 54.267 9 | 60.402 0 | 67.402 6 | 75.401 3 | 95.025 5 | 120.799 8 | 154.762 0 | 199.635 1 | 259.056 5 | 337.882 4 | 442.592 6 | 767.091 4 | 1 779.090 3 | 7 343.857 8 | | |
| 45 | 53.290 1 | 56.481 1 | 63.614 2 | 71.892 7 | 81.516 1 | 92.719 9 | 121.029 4 | 159.700 2 | 212.743 5 | 285.749 3 | 386.505 6 | 525.858 7 | 718.804 8 | 1 358.230 0 | 3 585.128 5 | 18 281.309 8 | | |
| 50 | 60.394 3 | 64.463 2 | 73.682 8 | 84.579 4 | 97.484 3 | 112.796 9 | 152.667 1 | 209.348 0 | 290.335 9 | 406.528 9 | 573.770 2 | 815.083 6 | 1 163.908 5 | 2 400.018 2 | 7 217.716 3 | 45 497.190 8 | | |
| 55 | 67.768 8 | 72.852 5 | 84.529 6 | 98.588 5 | 115.550 9 | 136.071 6 | 191.159 2 | 272.712 6 | 394.172 0 | 575.928 6 | 848.923 2 | 1 260.091 8 | 1 880.591 4 | | | | | |
| 60 | 75.424 1 | 81.669 7 | 96.214 7 | 114.051 5 | 135.991 6 | 163.053 4 | 237.990 7 | 353.583 7 | 533.128 2 | 813.520 4 | 1 253.213 3 | 1 944.792 1 | 3 034.816 4 | | | | | |
| 65 | 83.370 9 | 90.936 6 | 108.802 8 | 131.126 2 | 159.118 3 | 194.332 8 | 294.968 4 | 458.798 0 | 719.082 9 | 1 146.755 2 | 1 847.248 1 | 2 998.288 5 | 4 893.707 3 | | | | | |
| 70 | 91.620 1 | 100.676 3 | 122.363 8 | 149.977 9 | 185.284 1 | 230.594 1 | 364.290 5 | 588.528 5 | 987.932 2 | 1 614.134 2 | 2 720.080 1 | 4 619.223 2 | 7 887.469 6 | | | | | |
| 75 | 100.183 3 | 110.912 8 | 136.972 8 | 170.791 8 | 214.888 3 | 272.630 9 | 448.631 4 | 756.653 7 | 1 300.948 7 | 2 269.657 4 | 4 002.556 6 | 7 113.232 1 | 12 708.953 7 | | | | | |
| 80 | 109.072 5 | 121.871 5 | 152.710 9 | 193.772 0 | 248.382 7 | 321.363 0 | 551.245 0 | 971.228 8 | 1 748.599 9 | 3 189.062 7 | 5 886.935 4 | 10 950.574 1 | 20 474.002 1 | | | | | |
| 85 | 118.300 1 | 132.979 0 | 169.665 2 | 219.143 9 | 286.278 6 | 377.857 0 | 676.090 1 | 1 245.087 1 | 2 342.981 7 | 4 478.576 1 | 8 655.706 1 | 16 854.800 3 | 32 979.690 3 | | | | | |
| 90 | 127.879 0 | 144.863 3 | 187.929 9 | 247.156 7 | 329.154 3 | 443.348 9 | 827.983 3 | 1 594.607 3 | 3 141.075 2 | 6 287.185 4 | 12 723.938 6 | 25 939.184 2 | 53 120.226 1 | | | | | |
| 95 | 137.822 5 | 157.353 8 | 207.606 1 | 278.085 0 | 377.664 2 | 518.272 0 | 1 012.784 6 | 2 040.693 5 | 4 209.104 2 | 8 823.853 5 | 18 701.506 9 | 39 916.635 0 | 85 556.760 5 | | | | | |
| 100 | 148.144 5 | 170.481 4 | 228.803 0 | 312.232 3 | 432.548 7 | 607.287 7 | 1 237.623 7 | 2 610.025 2 | 5 638.368 1 | 12 381.661 8 | 27 484.515 7 | 61 422.675 5 | 137 796.123 4 | | | | | |

## 附表 4 (A/F, i, n)表

| | 0.75% | 1% | 1.5% | 2% | 2.5% | 3% | 4% | 5% | 6% | 7% | 8% | 9% | 10% | 12% | 15% | 20% | 25% | 30% |
|---|---|---|---|---|---|---|---|---|---|---|---|---|---|---|---|---|---|---|
| 1 | 1.0000 | 1.0000 | 1.0000 | 1.0000 | 1.0000 | 1.0000 | 1.0000 | 1.0000 | 1.0000 | 1.0000 | 1.0000 | 1.0000 | 1.0000 | 1.0000 | 1.0000 | 1.0000 | 1.0000 | 1.0000 |
| 2 | 0.4981 | 0.4975 | 0.4963 | 0.4950 | 0.4938 | 0.4926 | 0.4902 | 0.4878 | 0.4854 | 0.4831 | 0.4808 | 0.4785 | 0.4762 | 0.4717 | 0.4651 | 0.4545 | 0.4444 | 0.4348 |
| 3 | 0.3308 | 0.3300 | 0.3264 | 0.3268 | 0.3251 | 0.3235 | 0.3203 | 0.3172 | 0.3141 | 0.3111 | 0.3080 | 0.3051 | 0.3021 | 0.2963 | 0.2880 | 0.2747 | 0.2623 | 0.2506 |
| 4 | 0.2472 | 0.2463 | 0.2444 | 0.2426 | 0.2408 | 0.2390 | 0.2355 | 0.2320 | 0.2286 | 0.2252 | 0.2219 | 0.2187 | 0.2155 | 0.2092 | 0.2003 | 0.1863 | 0.1734 | 0.1616 |
| 5 | 0.1970 | 0.1960 | 0.1941 | 0.1922 | 0.1902 | 0.1884 | 0.1848 | 0.1810 | 0.1774 | 0.1739 | 0.1705 | 0.1671 | 0.1638 | 0.1574 | 0.1483 | 0.1344 | 0.1218 | 0.1106 |
| 6 | 0.1636 | 0.1625 | 0.1605 | 0.1585 | 0.1565 | 0.1546 | 0.1508 | 0.1470 | 0.1434 | 0.1398 | 0.1363 | 0.1329 | 0.1296 | 0.1232 | 0.1142 | 0.1007 | 0.0888 | 0.0784 |
| 7 | 0.1397 | 0.1388 | 0.1366 | 0.1345 | 0.1325 | 0.1305 | 0.1266 | 0.1228 | 0.1191 | 0.1156 | 0.1121 | 0.1087 | 0.1054 | 0.0991 | 0.0904 | 0.0774 | 0.0663 | 0.0569 |
| 8 | 0.1218 | 0.1207 | 0.1188 | 0.1165 | 0.1145 | 0.1125 | 0.1085 | 0.1047 | 0.1010 | 0.0975 | 0.0940 | 0.0907 | 0.0874 | 0.0813 | 0.0729 | 0.0606 | 0.0504 | 0.0419 |
| 9 | 0.1078 | 0.1067 | 0.1046 | 0.1025 | 0.1005 | 0.0984 | 0.0945 | 0.0907 | 0.0870 | 0.0835 | 0.0801 | 0.0768 | 0.0736 | 0.0677 | 0.0596 | 0.0481 | 0.0388 | 0.0312 |
| 10 | 0.0967 | 0.0956 | 0.0934 | 0.0913 | 0.0893 | 0.0872 | 0.0833 | 0.0795 | 0.0759 | 0.0724 | 0.0690 | 0.0658 | 0.0627 | 0.0570 | 0.0493 | 0.0385 | 0.0301 | 0.0235 |
| 11 | 0.0876 | 0.0865 | 0.0843 | 0.0822 | 0.0801 | 0.0781 | 0.0741 | 0.0704 | 0.0668 | 0.0634 | 0.0601 | 0.0569 | 0.0540 | 0.0484 | 0.0411 | 0.0311 | 0.0235 | 0.0177 |
| 12 | 0.0800 | 0.0788 | 0.0767 | 0.0746 | 0.0725 | 0.0705 | 0.0666 | 0.0628 | 0.0593 | 0.0559 | 0.0527 | 0.0497 | 0.0468 | 0.0414 | 0.0345 | 0.0253 | 0.0184 | 0.0135 |
| 13 | 0.0735 | 0.0724 | 0.0702 | 0.0681 | 0.0660 | 0.0640 | 0.0601 | 0.0565 | 0.0530 | 0.0497 | 0.0465 | 0.0436 | 0.0408 | 0.0357 | 0.0291 | 0.0206 | 0.0145 | 0.0102 |
| 14 | 0.0680 | 0.0669 | 0.0647 | 0.0626 | 0.0605 | 0.0585 | 0.0547 | 0.0510 | 0.0476 | 0.0443 | 0.0413 | 0.0384 | 0.0357 | 0.0309 | 0.0247 | 0.0169 | 0.0115 | 0.0078 |
| 15 | 0.0632 | 0.0621 | 0.0599 | 0.0578 | 0.0558 | 0.0538 | 0.0499 | 0.0463 | 0.0430 | 0.0398 | 0.0368 | 0.0341 | 0.0315 | 0.0268 | 0.0210 | 0.0139 | 0.0091 | 0.0060 |
| 16 | 0.0591 | 0.0579 | 0.0558 | 0.0537 | 0.0516 | 0.0496 | 0.0458 | 0.0423 | 0.0390 | 0.0359 | 0.0330 | 0.0303 | 0.0278 | 0.0234 | 0.0179 | 0.0114 | 0.0072 | 0.0046 |
| 17 | 0.0554 | 0.0543 | 0.0521 | 0.0500 | 0.0479 | 0.0460 | 0.0422 | 0.0387 | 0.0354 | 0.0324 | 0.0296 | 0.0270 | 0.0247 | 0.0205 | 0.0154 | 0.0094 | 0.0058 | 0.0035 |
| 18 | 0.0521 | 0.0510 | 0.0488 | 0.0467 | 0.0447 | 0.0427 | 0.0390 | 0.0355 | 0.0324 | 0.0294 | 0.0267 | 0.0242 | 0.0219 | 0.0179 | 0.0132 | 0.0078 | 0.0046 | 0.0027 |
| 19 | 0.0492 | 0.0481 | 0.0459 | 0.0438 | 0.0418 | 0.0398 | 0.0361 | 0.0327 | 0.0296 | 0.0268 | 0.0241 | 0.0217 | 0.0195 | 0.0158 | 0.0113 | 0.0065 | 0.0037 | 0.0021 |
| 20 | 0.0465 | 0.0454 | 0.0432 | 0.0412 | 0.0391 | 0.0372 | 0.0336 | 0.0302 | 0.0272 | 0.0244 | 0.0219 | 0.0195 | 0.0175 | 0.0139 | 0.0098 | 0.0054 | 0.0029 | 0.0016 |
| 21 | 0.0441 | 0.0430 | 0.0409 | 0.0388 | 0.0368 | 0.0349 | 0.0313 | 0.0280 | 0.0250 | 0.0223 | 0.0198 | 0.0176 | 0.0156 | 0.0122 | 0.0084 | 0.0044 | 0.0023 | 0.0012 |
| 22 | 0.0420 | 0.0409 | 0.0387 | 0.0366 | 0.0346 | 0.0327 | 0.0292 | 0.0260 | 0.0230 | 0.0204 | 0.0180 | 0.0159 | 0.0140 | 0.0108 | 0.0073 | 0.0037 | 0.0019 | 0.0009 |
| 23 | 0.0400 | 0.0389 | 0.0367 | 0.0347 | 0.0327 | 0.0308 | 0.0273 | 0.0241 | 0.0213 | 0.0187 | 0.0164 | 0.0114 | 0.0126 | 0.0096 | 0.0063 | 0.0031 | 0.0015 | 0.0007 |
| 24 | 0.0382 | 0.0371 | 0.0349 | 0.0329 | 0.0309 | 0.0290 | 0.0256 | 0.0225 | 0.0197 | 0.0172 | 0.0150 | 0.0130 | 0.0113 | 0.0085 | 0.0054 | 0.0025 | 0.0012 | 0.0006 |
| 25 | 0.0385 | 0.0354 | 0.0333 | 0.0312 | 0.0293 | 0.0274 | 0.0240 | 0.0210 | 0.0182 | 0.0158 | 0.0137 | 0.0118 | 0.0102 | 0.0075 | 0.0047 | 0.0021 | 0.0009 | 0.0004 |
| 26 | 0.0350 | 0.0339 | 0.0317 | 0.0297 | 0.0278 | 0.0259 | 0.0226 | 0.0196 | 0.0169 | 0.0146 | 0.0125 | 0.0107 | 0.0092 | 0.0067 | 0.0041 | 0.0018 | 0.0008 | 0.0003 |
| 27 | 0.0336 | 0.0324 | 0.0303 | 0.0283 | 0.0264 | 0.0246 | 0.0212 | 0.0183 | 0.0157 | 0.0134 | 0.0114 | 0.0097 | 0.0083 | 0.0059 | 0.0035 | 0.0015 | 0.0006 | 0.0003 |
| 28 | 0.0322 | 0.0311 | 0.0290 | 0.0270 | 0.0251 | 0.0233 | 0.0200 | 0.0171 | 0.0146 | 0.0124 | 0.0105 | 0.0089 | 0.0075 | 0.0052 | 0.0031 | 0.0012 | 0.0005 | 0.0002 |
| 29 | 0.0310 | 0.0299 | 0.0278 | 0.0258 | 0.0239 | 0.0221 | 0.0189 | 0.0160 | 0.0136 | 0.0114 | 0.0096 | 0.0081 | 0.0067 | 0.0047 | 0.0027 | 0.0010 | 0.0004 | 0.0001 |
| 30 | 0.0298 | 0.0287 | 0.0268 | 0.0246 | 0.0228 | 0.0210 | 0.0178 | 0.0151 | 0.0126 | 0.0106 | 0.0088 | 0.0073 | 0.0061 | 0.0041 | 0.0023 | 0.0008 | 0.0003 | 0.0001 |
| 31 | 0.0288 | 0.0277 | 0.0256 | 0.0236 | 0.0217 | 0.0200 | 0.0169 | 0.0141 | 0.0118 | 0.0098 | 0.0081 | 0.0067 | 0.0055 | 0.0037 | 0.0020 | 0.0007 | 0.0002 | 0.0001 |
| 32 | 0.0278 | 0.0267 | 0.0246 | 0.0226 | 0.0208 | 0.0190 | 0.0159 | 0.0133 | 0.0110 | 0.0091 | 0.0075 | 0.0061 | 0.0050 | 0.0033 | 0.0017 | 0.0006 | 0.0002 | 0.0001 |
| 33 | 0.0268 | 0.0257 | 0.0236 | 0.0217 | 0.0199 | 0.0182 | 0.0151 | 0.0125 | 0.0103 | 0.0084 | 0.0069 | 0.0056 | 0.0045 | 0.0029 | 0.0015 | 0.0005 | 0.0002 | 0.0001 |
| 34 | 0.0259 | 0.0248 | 0.0228 | 0.0208 | 0.0190 | 0.0173 | 0.0143 | 0.0118 | 0.0096 | 0.0078 | 0.0063 | 0.0051 | 0.0041 | 0.0026 | 0.0013 | 0.0004 | 0.0001 | 0.0000 |
| 35 | 0.0251 | 0.0240 | 0.0219 | 0.0200 | 0.0182 | 0.0165 | 0.0136 | 0.0111 | 0.0090 | 0.0072 | 0.0058 | 0.0046 | 0.0037 | 0.0023 | 0.0011 | 0.0003 | 0.0001 | 0.0000 |
| 40 | 0.0215 | 0.0205 | 0.0184 | 0.0166 | 0.0148 | 0.0133 | 0.0105 | 0.0083 | 0.0065 | 0.0050 | 0.0039 | 0.0030 | 0.0023 | 0.0013 | 0.0006 | 0.0001 | | |
| 45 | 0.0188 | 0.0177 | 0.0157 | 0.0139 | 0.0123 | 0.0108 | 0.0083 | 0.0063 | 0.0047 | 0.0035 | 0.0026 | 0.0019 | 0.0014 | 0.0007 | 0.0003 | 0.0001 | | |
| 50 | 0.0166 | 0.0155 | 0.0136 | 0.0118 | 0.0103 | 0.0089 | 0.0066 | 0.0048 | 0.0034 | 0.0025 | 0.0017 | 0.0012 | 0.0009 | 0.0004 | 0.0001 | 0.0000 | | |
| 55 | 0.0148 | 0.0137 | 0.0118 | 0.0101 | 0.0087 | 0.0073 | 0.0052 | 0.0037 | 0.0025 | 0.0017 | 0.0012 | 0.0008 | 0.0005 | | | | | |
| 60 | 0.0133 | 0.0122 | 0.0104 | 0.0088 | 0.0074 | 0.0061 | 0.0042 | 0.0028 | 0.0019 | 0.0012 | 0.0008 | 0.0005 | 0.0003 | | | | | |
| 65 | 0.0120 | 0.0110 | 0.0092 | 0.0076 | 0.0063 | 0.0051 | 0.0034 | 0.0022 | 0.0014 | 0.0009 | 0.0005 | 0.0003 | 0.0002 | | | | | |
| 70 | 0.0109 | 0.0099 | 0.0082 | 0.0067 | 0.0054 | 0.0043 | 0.0027 | 0.0017 | 0.0010 | 0.0006 | 0.0004 | 0.0002 | 0.0001 | | | | | |
| 75 | 0.0100 | 0.0090 | 0.0073 | 0.0059 | 0.0047 | 0.0037 | 0.0022 | 0.0013 | 0.0008 | 0.0004 | 0.0002 | 0.0001 | 0.0001 | | | | | |
| 80 | 0.0092 | 0.0082 | 0.0065 | 0.0052 | 0.0040 | 0.0031 | 0.0018 | 0.0010 | 0.0006 | 0.0003 | 0.0002 | 0.0001 | 0.0000 | | | | | |
| 85 | 0.0085 | 0.0075 | 0.0059 | 0.0048 | 0.0035 | 0.0026 | 0.0015 | 0.0008 | 0.0004 | 0.0002 | 0.0001 | 0.0001 | 0.0000 | | | | | |
| 90 | 0.0078 | 0.0069 | 0.0053 | 0.0040 | 0.0030 | 0.0023 | 0.0012 | 0.0006 | 0.0003 | 0.0002 | 0.0001 | 0.0000 | 0.0000 | | | | | |
| 95 | 0.0073 | 0.0064 | 0.0048 | 0.0036 | 0.0026 | 0.0019 | 0.0010 | 0.0005 | 0.0002 | 0.0001 | 0.0001 | 0.0000 | 0.0000 | | | | | |
| 100 | 0.0068 | 0.0059 | 0.0044 | 0.0032 | 0.0023 | 0.0016 | 0.0008 | 0.0004 | 0.0002 | 0.0001 | 0.0000 | 0.0000 | 0.0000 | | | | | |

# 附表 5 (*P*/*A*, *i*, *n*)表

| | 0.75% | 1% | 1.5% | 2% | 2.5% | 3% | 4% | 5% | 6% | 7% | 8% | 9% | 10% | 12% | 15% | 20% | 25% | 30% |
|---|---|---|---|---|---|---|---|---|---|---|---|---|---|---|---|---|---|---|
| 1 | 0.992 6 | 0.990 1 | 0.985 2 | 0.980 4 | 0.975 8 | 0.970 9 | 0.961 5 | 0.952 4 | 0.943 4 | 0.934 6 | 0.925 9 | 0.917 4 | 0.909 1 | 0.892 9 | 0.869 6 | 0.833 3 | 0.800 0 | 0.769 2 |
| 2 | 1.977 7 | 1.970 4 | 1.955 9 | 1.941 6 | 1.927 4 | 1.913 5 | 1.886 1 | 1.859 4 | 1.833 4 | 1.808 0 | 1.783 3 | 1.759 1 | 1.735 5 | 1.690 1 | 1.625 7 | 1.527 8 | 1.440 0 | 1.360 9 |
| 3 | 2.955 6 | 2.941 0 | 2.912 2 | 2.883 9 | 2.856 0 | 2.828 6 | 2.775 1 | 2.723 2 | 2.673 0 | 2.624 3 | 2.577 1 | 2.531 3 | 2.486 9 | 2.401 6 | 2.283 2 | 2.106 5 | 1.952 0 | 1.816 1 |
| 4 | 3.926 1 | 3.902 0 | 3.854 4 | 3.807 7 | 3.762 0 | 3.717 1 | 3.629 9 | 3.546 0 | 3.465 1 | 3.387 2 | 3.312 1 | 3.239 7 | 3.169 9 | 3.037 3 | 2.855 0 | 2.588 7 | 2.361 6 | 2.166 2 |
| 5 | 4.889 4 | 4.853 4 | 4.782 8 | 4.713 5 | 4.645 8 | 4.579 7 | 4.451 8 | 4.329 5 | 4.212 4 | 4.100 2 | 3.992 7 | 3.889 7 | 3.790 8 | 3.604 8 | 3.352 2 | 2.990 6 | 2.689 3 | 2.435 6 |
| 6 | 5.845 6 | 5.795 5 | 5.697 2 | 5.601 4 | 5.508 1 | 5.417 2 | 5.242 1 | 5.075 7 | 4.917 3 | 4.766 5 | 4.622 9 | 4.485 9 | 4.355 3 | 4.111 4 | 3.784 5 | 3.325 5 | 2.951 4 | 2.642 7 |
| 7 | 6.794 6 | 6.728 2 | 6.598 2 | 6.472 0 | 6.349 4 | 6.230 3 | 6.002 1 | 5.786 4 | 5.582 4 | 5.389 3 | 5.206 4 | 5.033 0 | 4.868 4 | 4.663 8 | 4.160 4 | 3.604 6 | 3.161 1 | 2.802 1 |
| 8 | 7.736 6 | 7.651 7 | 7.485 9 | 7.325 5 | 7.170 1 | 7.019 7 | 6.732 7 | 6.463 2 | 6.209 8 | 5.971 3 | 5.746 6 | 5.534 8 | 5.334 9 | 4.967 6 | 4.487 3 | 3.837 2 | 3.328 9 | 2.924 7 |
| 9 | 8.671 6 | 8.566 0 | 8.360 5 | 8.162 2 | 7.970 9 | 7.786 1 | 7.435 3 | 7.107 8 | 6.801 7 | 6.515 2 | 6.246 9 | 5.995 2 | 5.759 0 | 5.328 2 | 4.771 6 | 4.031 0 | 3.463 1 | 3.019 0 |
| 10 | 9.599 6 | 9.471 3 | 9.222 2 | 8.982 6 | 8.752 1 | 8.530 2 | 8.110 9 | 7.721 7 | 7.360 1 | 7.023 6 | 6.710 1 | 6.417 7 | 6.144 6 | 5.650 2 | 5.018 8 | 4.192 5 | 3.570 5 | 3.091 5 |
| 11 | 10.502 7 | 10.367 6 | 10.071 1 | 9.786 8 | 9.514 2 | 9.252 6 | 8.760 5 | 8.306 4 | 7.886 9 | 7.498 7 | 7.139 0 | 6.805 2 | 6.495 1 | 5.937 7 | 5.233 7 | 4.327 1 | 3.656 4 | 3.147 3 |
| 12 | 11.434 9 | 11.255 1 | 10.907 5 | 10.575 3 | 10.257 8 | 9.954 0 | 9.385 1 | 8.863 3 | 8.383 8 | 7.942 7 | 7.536 1 | 7.160 7 | 6.813 7 | 6.194 4 | 5.420 6 | 4.439 2 | 3.725 1 | 3.190 3 |
| 13 | 12.342 3 | 12.133 7 | 11.731 5 | 11.348 4 | 10.983 2 | 10.635 0 | 9.985 6 | 9.393 6 | 8.852 7 | 8.357 7 | 7.903 8 | 7.486 9 | 7.103 4 | 6.423 5 | 5.583 1 | 4.532 7 | 3.780 1 | 3.223 3 |
| 14 | 13.243 0 | 13.003 7 | 12.543 4 | 12.106 2 | 11.690 9 | 11.288 1 | 10.563 1 | 9.898 6 | 9.295 0 | 8.745 5 | 8.244 2 | 7.788 2 | 7.366 7 | 6.628 2 | 5.724 5 | 4.610 6 | 3.824 1 | 3.248 7 |
| 15 | 14.137 0 | 13.865 1 | 13.343 2 | 12.849 3 | 12.381 4 | 11.937 9 | 11.118 4 | 10.379 7 | 9.712 2 | 9.107 9 | 8.559 5 | 8.060 7 | 7.606 1 | 6.810 9 | 5.847 4 | 4.675 5 | 3.859 3 | 3.268 2 |
| 16 | 15.024 3 | 14.717 9 | 14.131 3 | 13.577 7 | 13.055 0 | 12.561 1 | 11.652 3 | 10.837 8 | 10.105 9 | 9.448 6 | 8.851 4 | 8.312 6 | 7.823 7 | 6.974 0 | 5.954 2 | 4.729 6 | 3.887 4 | 3.283 2 |
| 17 | 15.905 0 | 15.562 3 | 14.907 6 | 14.291 9 | 13.712 2 | 13.166 1 | 12.165 7 | 11.274 1 | 10.477 3 | 9.763 2 | 9.121 6 | 8.543 6 | 8.021 6 | 7.119 8 | 6.047 2 | 4.774 6 | 3.909 9 | 3.294 8 |
| 18 | 16.779 2 | 16.398 3 | 15.672 6 | 14.992 0 | 14.353 4 | 13.753 5 | 12.659 3 | 11.689 6 | 10.827 6 | 10.059 1 | 9.371 9 | 8.755 6 | 8.201 4 | 7.249 7 | 6.128 0 | 4.812 2 | 3.927 9 | 3.303 7 |
| 19 | 17.646 8 | 17.226 0 | 16.426 2 | 15.678 5 | 14.978 9 | 14.323 8 | 13.133 9 | 12.085 3 | 11.158 1 | 10.335 6 | 9.603 6 | 8.950 1 | 8.364 9 | 7.365 8 | 6.198 2 | 4.843 5 | 3.942 4 | 3.310 5 |
| 20 | 18.508 0 | 18.045 6 | 17.168 6 | 16.351 4 | 15.589 2 | 14.877 5 | 13.590 3 | 12.462 2 | 11.469 9 | 10.694 0 | 9.818 1 | 9.128 5 | 8.513 6 | 7.469 4 | 6.259 3 | 4.869 8 | 3.953 9 | 3.315 8 |
| 21 | 19.362 8 | 18.857 0 | 17.900 1 | 17.011 2 | 16.184 5 | 15.415 0 | 14.029 2 | 12.821 2 | 11.764 1 | 10.835 5 | 10.016 8 | 9.292 2 | 8.648 7 | 7.562 0 | 6.312 5 | 4.891 3 | 3.963 1 | 3.319 8 |
| 22 | 20.211 2 | 19.660 4 | 18.620 8 | 17.658 0 | 16.765 4 | 15.936 9 | 14.451 1 | 13.163 0 | 12.041 6 | 11.061 2 | 10.200 7 | 9.442 4 | 8.771 5 | 7.644 6 | 6.358 7 | 4.909 4 | 3.970 5 | 3.323 0 |
| 23 | 21.053 3 | 20.455 8 | 19.330 9 | 18.292 2 | 17.332 1 | 16.443 6 | 14.856 8 | 13.488 6 | 12.303 4 | 11.272 2 | 10.871 1 | 9.580 2 | 8.883 2 | 7.718 4 | 6.398 8 | 4.924 5 | 3.976 4 | 3.325 4 |
| 24 | 21.889 1 | 21.243 4 | 20.030 4 | 18.913 9 | 17.885 0 | 16.935 5 | 15.247 0 | 13.798 6 | 12.550 4 | 11.469 3 | 10.528 8 | 9.706 6 | 8.984 7 | 7.784 3 | 6.433 8 | 4.937 1 | 3.981 1 | 3.327 2 |
| 25 | 22.718 8 | 22.023 2 | 20.719 6 | 19.523 5 | 18.424 4 | 17.413 1 | 15.622 1 | 14.093 9 | 12.783 4 | 11.653 6 | 10.674 8 | 9.822 6 | 8.077 0 | 7.843 1 | 6.464 1 | 4.947 8 | 3.984 9 | 3.328 6 |
| 26 | 23.542 2 | 22.795 2 | 21.398 6 | 20.121 0 | 18.950 6 | 17.876 8 | 15.982 8 | 14.375 2 | 13.003 2 | 11.825 8 | 10.810 0 | 9.828 0 | 8.160 9 | 7.895 7 | 6.490 8 | 4.956 3 | 3.987 9 | 3.329 7 |
| 27 | 24.359 5 | 23.559 6 | 22.067 6 | 20.706 9 | 19.464 0 | 18.327 0 | 16.329 6 | 14.643 0 | 13.210 5 | 11.986 7 | 10.935 2 | 10.026 6 | 9.237 2 | 7.942 6 | 6.513 5 | 4.963 6 | 3.990 3 | 3.330 5 |
| 28 | 25.170 7 | 24.316 4 | 22.726 7 | 21.281 3 | 19.964 9 | 18.764 1 | 16.663 1 | 14.898 1 | 13.406 2 | 12.137 1 | 11.051 1 | 10.116 1 | 9.308 6 | 7.924 4 | 6.533 5 | 4.969 7 | 3.992 3 | 3.331 2 |
| 29 | 25.975 9 | 25.065 8 | 23.376 1 | 21.844 4 | 20.453 5 | 19.188 5 | 16.983 7 | 15.141 1 | 13.590 7 | 12.277 7 | 11.158 4 | 10.198 3 | 9.369 6 | 8.021 8 | 6.550 9 | 4.974 7 | 3.993 8 | 3.331 7 |
| 30 | 26.775 1 | 25.807 7 | 24.015 8 | 22.396 5 | 20.930 3 | 19.600 4 | 17.292 0 | 15.372 5 | 13.764 8 | 12.409 0 | 11.257 8 | 10.273 7 | 9.428 9 | 8.055 2 | 6.566 0 | 4.978 9 | 3.995 0 | 3.332 1 |
| 31 | 27.588 3 | 26.542 3 | 24.646 1 | 22.937 7 | 21.395 4 | 20.000 4 | 17.588 5 | 15.592 8 | 13.929 1 | 12.537 8 | 11.349 8 | 10.342 8 | 9.479 0 | 8.085 0 | 6.579 1 | 4.982 4 | 3.996 0 | 3.332 4 |
| 32 | 28.355 7 | 27.269 6 | 25.267 1 | 23.468 3 | 21.849 2 | 20.388 8 | 17.873 6 | 15.802 7 | 14.084 0 | 12.646 6 | 11.435 0 | 10.406 2 | 9.526 4 | 8.111 6 | 6.590 5 | 4.985 4 | 3.996 8 | 3.332 6 |
| 33 | 29.137 1 | 27.989 7 | 25.879 0 | 23.988 6 | 22.291 9 | 20.765 8 | 18.147 6 | 16.002 5 | 14.230 2 | 12.753 8 | 11.513 9 | 10.464 4 | 9.569 4 | 8.135 4 | 6.600 5 | 4.987 8 | 3.997 5 | 3.332 8 |
| 34 | 29.912 8 | 28.702 7 | 26.481 7 | 24.498 6 | 22.723 8 | 21.131 8 | 18.411 2 | 16.192 9 | 14.368 1 | 12.854 0 | 11.588 9 | 10.517 8 | 9.608 6 | 8.156 6 | 6.609 1 | 4.989 8 | 3.998 0 | 3.332 9 |
| 35 | 30.682 7 | 29.408 6 | 27.075 6 | 24.998 6 | 23.145 2 | 21.487 2 | 18.664 6 | 16.374 2 | 14.498 2 | 12.947 7 | 11.654 6 | 10.566 8 | 9.844 2 | 8.175 5 | 6.616 6 | 4.991 5 | 3.998 4 | 3.333 0 |
| 40 | 34.446 9 | 32.834 7 | 29.915 8 | 27.355 5 | 25.102 8 | 23.114 8 | 19.792 8 | 17.159 1 | 15.046 3 | 13.331 7 | 11.924 6 | 10.757 4 | 9.779 1 | 8.243 8 | 6.641 8 | 4.998 6 | | |
| 45 | 38.073 2 | 36.094 5 | 32.552 3 | 29.490 2 | 26.833 0 | 24.518 7 | 20.720 0 | 17.774 1 | 15.455 8 | 13.605 5 | 12.102 4 | 10.881 2 | 9.862 8 | 8.282 5 | 6.654 3 | 4.998 6 | | |
| 50 | 41.566 4 | 39.196 1 | 34.999 7 | 31.423 6 | 28.362 3 | 25.729 8 | 21.482 2 | 18.255 9 | 15.761 9 | 13.800 7 | 12.233 5 | 10.961 7 | 9.914 8 | 8.304 5 | 6.660 5 | 4.999 5 | | |
| 55 | 44.931 6 | 42.147 2 | 37.271 5 | 33.174 8 | 29.714 0 | 26.774 4 | 22.108 6 | 18.633 5 | 15.990 5 | 13.939 9 | 12.318 6 | 11.014 9 | 9.947 1 | | | | | |
| 60 | 48.173 4 | 44.955 0 | 39.380 3 | 34.760 9 | 30.908 7 | 27.675 6 | 22.623 5 | 18.929 3 | 16.161 4 | 14.039 2 | 12.378 8 | 11.048 0 | 9.987 2 | | | | | |
| 65 | 51.296 3 | 47.626 6 | 41.337 8 | 36.197 5 | 31.964 6 | 28.452 9 | 23.046 7 | 19.161 1 | 16.289 1 | 14.109 9 | 12.416 0 | 11.070 1 | 9.979 6 | | | | | |
| 70 | 54.304 6 | 50.168 5 | 43.154 9 | 37.498 6 | 32.897 9 | 29.123 4 | 23.394 5 | 19.342 7 | 16.384 5 | 14.180 4 | 12.442 8 | 11.084 4 | 9.987 3 | | | | | |
| 75 | 57.202 7 | 52.587 1 | 44.841 6 | 38.677 1 | 33.722 7 | 29.701 8 | 23.680 4 | 19.485 0 | 16.455 8 | 14.186 4 | 12.461 1 | 11.093 8 | 9.992 1 | | | | | |
| 80 | 59.994 4 | 54.888 2 | 46.407 3 | 39.744 5 | 34.451 8 | 30.200 8 | 23.915 4 | 19.596 5 | 16.509 1 | 14.222 0 | 12.473 5 | 11.099 8 | 9.995 1 | | | | | |
| 85 | 62.683 8 | 57.077 7 | 47.860 7 | 40.711 3 | 35.096 2 | 30.631 2 | 24.108 5 | 19.683 8 | 16.548 9 | 14.240 3 | 12.482 0 | 11.103 1 | 9.997 0 | | | | | |
| 90 | 65.274 6 | 59.160 9 | 49.209 9 | 41.586 9 | 35.665 8 | 31.002 4 | 24.267 3 | 19.752 3 | 16.578 7 | 14.253 3 | 12.487 7 | 11.106 4 | 9.998 1 | | | | | |
| 95 | 67.770 4 | 61.143 0 | 50.462 2 | 42.380 0 | 36.169 2 | 31.322 7 | 24.397 8 | 19.805 9 | 16.600 9 | 14.262 6 | 12.491 7 | 11.108 0 | 9.998 8 | | | | | |
| 100 | 70.174 6 | 63.028 9 | 51.624 7 | 43.098 4 | 36.614 1 | 31.598 9 | 24.505 0 | 19.847 9 | 16.617 5 | 14.269 3 | 12.494 3 | 11.109 1 | 9.999 3 | | | | | |

## 附表 6 (*A*/*P*, *i*, *n*)表

| | 0.75% | 1% | 1.5% | 2% | 2.5% | 3% | 4% | 5% | 6% | 7% | 8% | 9% | 10% | 12% | 15% | 20% | 25% | 30% |
|---|---|---|---|---|---|---|---|---|---|---|---|---|---|---|---|---|---|---|
| 1 | 1.007 5 | 1.010 0 | 1.015 0 | 1.020 0 | 1.025 0 | 1.030 0 | 1.040 0 | 1.050 0 | 1.060 0 | 1.070 0 | 1.080 0 | 1.090 0 | 1.100 | 1.120 0 | 1.150 0 | 1.200 0 | 1.250 0 | 1.300 0 |
| 2 | 0.505 6 | 0.507 5 | 0.511 3 | 0.515 0 | 0.518 8 | 0.522 6 | 0.530 2 | 0.537 8 | 0.545 4 | 0.553 1 | 0.560 8 | 0.568 5 | 0.576 2 | 0.591 7 | 0.615 1 | 0.654 5 | 0.694 4 | 0.734 8 |
| 3 | 0.338 3 | 0.340 0 | 0.343 4 | 0.346 8 | 0.350 1 | 0.353 5 | 0.360 3 | 0.367 2 | 0.374 1 | 0.381 1 | 0.388 0 | 0.395 1 | 0.402 1 | 0.416 3 | 0.438 0 | 0.474 7 | 0.512 3 | 0.550 6 |
| 4 | 0.254 7 | 0.256 3 | 0.259 4 | 0.262 6 | 0.265 8 | 0.269 0 | 0.275 5 | 0.282 0 | 0.288 6 | 0.295 2 | 0.301 9 | 0.308 7 | 0.315 5 | 0.329 2 | 0.350 3 | 0.386 3 | 0.423 4 | 0.461 6 |
| 5 | 0.204 5 | 0.206 0 | 0.209 1 | 0.212 2 | 0.215 2 | 0.218 4 | 0.224 6 | 0.231 0 | 0.237 4 | 0.243 9 | 0.250 5 | 0.257 1 | 0.263 8 | 0.277 4 | 0.298 3 | 0.334 4 | 0.371 8 | 0.410 6 |
| 6 | 0.171 1 | 0.172 5 | 0.175 5 | 0.178 5 | 0.181 5 | 0.184 6 | 0.190 8 | 0.197 0 | 0.203 4 | 0.209 8 | 0.216 3 | 0.222 9 | 0.229 6 | 0.243 2 | 0.264 2 | 0.300 7 | 0.338 8 | 0.378 4 |
| 7 | 0.147 2 | 0.148 6 | 0.151 6 | 0.154 5 | 0.157 5 | 0.160 5 | 0.166 6 | 0.172 8 | 0.179 1 | 0.185 6 | 0.192 1 | 0.198 7 | 0.205 4 | 0.219 1 | 0.240 4 | 0.277 4 | 0.316 3 | 0.356 9 |
| 8 | 0.129 3 | 0.130 7 | 0.133 6 | 0.136 5 | 0.139 5 | 0.142 5 | 0.148 5 | 0.154 7 | 0.161 0 | 0.167 5 | 0.174 0 | 0.180 7 | 0.187 4 | 0.201 3 | 0.222 9 | 0.260 6 | 0.300 4 | 0.341 9 |
| 9 | 0.115 3 | 0.116 7 | 0.119 6 | 0.122 5 | 0.125 5 | 0.128 4 | 0.134 5 | 0.140 7 | 0.147 0 | 0.153 5 | 0.160 1 | 0.166 8 | 0.173 6 | 0.187 7 | 0.209 6 | 0.248 1 | 0.288 8 | 0.331 2 |
| 10 | 0.104 2 | 0.105 6 | 0.108 4 | 0.111 3 | 0.114 3 | 0.117 2 | 0.123 3 | 0.129 5 | 0.135 9 | 0.142 4 | 0.149 0 | 0.155 8 | 0.162 7 | 0.177 0 | 0.199 3 | 0.238 5 | 0.280 1 | 0.323 5 |
| 11 | 0.095 1 | 0.096 5 | 0.099 3 | 0.102 2 | 0.105 1 | 0.108 1 | 0.114 1 | 0.120 4 | 0.126 8 | 0.133 4 | 0.140 1 | 0.146 9 | 0.154 0 | 0.168 4 | 0.191 1 | 0.231 1 | 0.273 5 | 0.317 7 |
| 12 | 0.087 5 | 0.088 8 | 0.091 7 | 0.094 6 | 0.097 5 | 0.100 5 | 0.106 6 | 0.112 8 | 0.119 3 | 0.125 9 | 0.132 7 | 0.139 7 | 0.146 8 | 0.161 4 | 0.184 5 | 0.225 3 | 0.268 4 | 0.313 5 |
| 13 | 0.081 0 | 0.082 4 | 0.085 2 | 0.088 1 | 0.091 0 | 0.094 0 | 0.100 1 | 0.106 5 | 0.113 0 | 0.119 7 | 0.126 5 | 0.133 6 | 0.140 8 | 0.155 7 | 0.179 1 | 0.220 6 | 0.264 5 | 0.310 2 |
| 14 | 0.075 5 | 0.076 9 | 0.079 7 | 0.082 6 | 0.085 5 | 0.088 5 | 0.094 7 | 0.101 0 | 0.107 6 | 0.114 3 | 0.121 3 | 0.128 4 | 0.135 7 | 0.150 9 | 0.174 7 | 0.216 9 | 0.261 5 | 0.307 8 |
| 15 | 0.070 7 | 0.072 1 | 0.074 9 | 0.077 8 | 0.080 8 | 0.083 8 | 0.089 9 | 0.096 3 | 0.103 0 | 0.109 8 | 0.116 8 | 0.124 1 | 0.131 5 | 0.146 8 | 0.171 0 | 0.213 9 | 0.259 1 | 0.306 0 |
| 16 | 0.066 6 | 0.067 9 | 0.070 8 | 0.073 7 | 0.076 6 | 0.079 6 | 0.085 8 | 0.092 3 | 0.099 0 | 0.105 9 | 0.113 0 | 0.120 3 | 0.127 8 | 0.143 4 | 0.167 9 | 0.211 4 | 0.257 2 | 0.304 6 |
| 17 | 0.062 9 | 0.064 3 | 0.067 1 | 0.070 0 | 0.072 9 | 0.076 0 | 0.082 2 | 0.088 7 | 0.095 4 | 0.102 4 | 0.109 6 | 0.117 0 | 0.124 7 | 0.140 5 | 0.165 4 | 0.209 4 | 0.255 8 | 0.303 5 |
| 18 | 0.059 6 | 0.061 0 | 0.063 8 | 0.066 7 | 0.069 7 | 0.072 7 | 0.079 0 | 0.085 5 | 0.092 4 | 0.099 4 | 0.106 7 | 0.114 2 | 0.121 9 | 0.137 9 | 0.163 2 | 0.207 8 | 0.254 6 | 0.302 7 |
| 19 | 0.056 7 | 0.058 1 | 0.060 9 | 0.063 8 | 0.066 8 | 0.069 8 | 0.076 1 | 0.082 7 | 0.089 6 | 0.096 8 | 0.104 1 | 0.111 7 | 0.119 5 | 0.135 8 | 0.161 3 | 0.206 5 | 0.253 7 | 0.302 1 |
| 20 | 0.054 0 | 0.055 4 | 0.058 2 | 0.061 2 | 0.064 1 | 0.067 2 | 0.073 6 | 0.080 2 | 0.087 2 | 0.094 4 | 0.001 9 | 0.109 5 | 0.117 5 | 0.133 9 | 0.159 8 | 0.205 4 | 0.252 9 | 0.301 6 |
| 21 | 0.051 6 | 0.053 0 | 0.055 9 | 0.058 8 | 0.061 8 | 0.064 9 | 0.071 3 | 0.078 0 | 0.085 0 | 0.092 3 | 0.099 8 | 0.107 6 | 0.115 6 | 0.132 2 | 0.158 4 | 0.204 4 | 0.252 3 | 0.301 2 |
| 22 | 0.049 5 | 0.050 9 | 0.053 7 | 0.056 6 | 0.059 6 | 0.062 7 | 0.069 2 | 0.076 0 | 0.083 0 | 0.090 4 | 0.098 0 | 0.105 9 | 0.114 0 | 0.130 8 | 0.157 3 | 0.203 7 | 0.251 9 | 0.300 9 |
| 23 | 0.047 5 | 0.048 9 | 0.051 7 | 0.054 7 | 0.057 7 | 0.060 8 | 0.067 3 | 0.074 1 | 0.081 3 | 0.088 7 | 0.096 4 | 0.104 4 | 0.112 6 | 0.129 6 | 0.156 3 | 0.203 1 | 0.251 5 | 0.300 7 |
| 24 | 0.045 7 | 0.047 1 | 0.049 9 | 0.052 9 | 0.055 9 | 0.059 0 | 0.065 6 | 0.072 5 | 0.079 7 | 0.087 2 | 0.095 0 | 0.103 0 | 0.111 3 | 0.128 5 | 0.155 4 | 0.202 5 | 0.251 2 | 0.300 6 |
| 25 | 0.044 0 | 0.045 4 | 0.048 3 | 0.051 2 | 0.054 3 | 0.057 4 | 0.064 0 | 0.071 0 | 0.078 2 | 0.085 8 | 0.093 7 | 0.101 8 | 0.110 2 | 0.127 5 | 0.154 7 | 0.202 1 | 0.250 9 | 0.300 4 |
| 26 | 0.042 5 | 0.043 9 | 0.046 7 | 0.049 7 | 0.052 8 | 0.055 9 | 0.062 6 | 0.069 6 | 0.076 9 | 0.084 6 | 0.092 5 | 0.100 7 | 0.109 2 | 0.126 7 | 0.154 1 | 0.201 8 | 0.250 8 | 0.300 3 |
| 27 | 0.041 1 | 0.042 4 | 0.045 3 | 0.048 3 | 0.051 4 | 0.054 6 | 0.061 2 | 0.068 3 | 0.075 7 | 0.083 4 | 0.091 4 | 0.099 7 | 0.108 3 | 0.125 9 | 0.153 5 | 0.201 5 | 0.250 6 | 0.300 3 |
| 28 | 0.039 7 | 0.041 1 | 0.044 0 | 0.047 0 | 0.050 1 | 0.053 3 | 0.060 0 | 0.067 1 | 0.074 6 | 0.082 4 | 0.090 5 | 0.098 9 | 0.107 5 | 0.125 2 | 0.153 1 | 0.201 2 | 0.250 5 | 0.300 2 |
| 29 | 0.038 5 | 0.039 9 | 0.042 8 | 0.045 8 | 0.048 9 | 0.052 1 | 0.058 9 | 0.066 0 | 0.073 6 | 0.081 4 | 0.089 6 | 0.098 1 | 0.106 7 | 0.124 7 | 0.152 7 | 0.201 0 | 0.250 4 | 0.300 1 |
| 30 | 0.037 3 | 0.038 7 | 0.041 6 | 0.044 6 | 0.047 8 | 0.051 0 | 0.057 8 | 0.065 1 | 0.072 6 | 0.080 6 | 0.088 8 | 0.097 3 | 0.106 1 | 0.124 1 | 0.152 3 | 0.200 8 | 0.250 3 | 0.300 1 |
| 31 | 0.036 3 | 0.037 7 | 0.040 6 | 0.043 6 | 0.046 7 | 0.050 0 | 0.056 9 | 0.064 1 | 0.071 8 | 0.079 8 | 0.088 1 | 0.096 7 | 0.105 5 | 0.123 7 | 0.152 0 | 0.200 7 | 0.250 2 | 0.300 1 |
| 32 | 0.035 3 | 0.036 7 | 0.039 6 | 0.042 6 | 0.045 8 | 0.049 0 | 0.055 9 | 0.063 3 | 0.071 0 | 0.079 1 | 0.087 5 | 0.096 1 | 0.105 0 | 0.123 3 | 0.151 7 | 0.200 6 | 0.250 2 | 0.300 1 |
| 33 | 0.034 3 | 0.035 7 | 0.038 6 | 0.041 7 | 0.044 9 | 0.048 2 | 0.055 1 | 0.062 5 | 0.070 3 | 0.078 4 | 0.086 9 | 0.095 6 | 0.104 5 | 0.122 9 | 0.151 5 | 0.200 5 | 0.250 2 | 0.300 1 |
| 34 | 0.033 4 | 0.034 8 | 0.037 8 | 0.040 8 | 0.044 0 | 0.047 3 | 0.054 3 | 0.061 8 | 0.069 6 | 0.077 8 | 0.086 3 | 0.095 1 | 0.104 1 | 0.122 6 | 0.151 3 | 0.200 4 | 0.250 1 | 0.300 0 |
| 35 | 0.032 6 | 0.034 0 | 0.036 9 | 0.040 0 | 0.043 2 | 0.046 5 | 0.053 6 | 0.061 1 | 0.069 0 | 0.077 2 | 0.085 8 | 0.094 6 | 0.103 7 | 0.122 3 | 0.151 1 | 0.200 3 | 0.250 1 | 0.300 0 |
| 40 | 0.029 0 | 0.030 5 | 0.033 4 | 0.036 6 | 0.039 8 | 0.043 3 | 0.050 5 | 0.058 3 | 0.066 5 | 0.075 0 | 0.083 9 | 0.093 0 | 0.102 3 | 0.121 3 | 0.150 6 | 0.200 1 | | |
| 45 | 0.026 3 | 0.027 7 | 0.030 7 | 0.033 9 | 0.037 3 | 0.040 8 | 0.048 3 | 0.056 3 | 0.064 7 | 0.073 5 | 0.082 6 | 0.091 9 | 0.101 4 | 0.120 7 | 0.150 3 | 0.200 1 | | |
| 50 | 0.024 1 | 0.025 5 | 0.028 6 | 0.031 8 | 0.035 3 | 0.038 9 | 0.046 6 | 0.054 8 | 0.063 4 | 0.072 5 | 0.081 7 | 0.091 2 | 0.100 9 | 0.120 4 | 0.150 1 | 0.200 0 | | |
| 55 | 0.022 3 | 0.023 7 | 0.026 8 | 0.030 1 | 0.033 7 | 0.037 3 | 0.045 2 | 0.053 7 | 0.062 5 | 0.071 7 | 0.081 2 | 0.090 8 | 0.100 5 | | | | | |
| 60 | 0.020 8 | 0.022 2 | 0.025 4 | 0.028 8 | 0.032 4 | 0.036 1 | 0.044 2 | 0.052 8 | 0.061 9 | 0.071 2 | 0.080 8 | 0.090 5 | 0.100 3 | | | | | |
| 65 | 0.019 5 | 0.021 0 | 0.024 2 | 0.027 6 | 0.031 3 | 0.035 1 | 0.043 4 | 0.052 2 | 0.061 4 | 0.070 9 | 0.080 5 | 0.090 3 | 0.100 2 | | | | | |
| 70 | 0.018 4 | 0.019 9 | 0.023 2 | 0.026 7 | 0.030 4 | 0.034 3 | 0.042 7 | 0.051 7 | 0.061 0 | 0.070 6 | 0.080 4 | 0.090 2 | 0.100 1 | | | | | |
| 75 | 0.017 5 | 0.019 0 | 0.022 3 | 0.025 9 | 0.029 7 | 0.033 7 | 0.042 2 | 0.051 3 | 0.060 8 | 0.070 4 | 0.080 2 | 0.090 1 | 0.100 1 | | | | | |
| 80 | 0.016 7 | 0.018 2 | 0.021 5 | 0.025 2 | 0.029 0 | 0.033 1 | 0.041 8 | 0.051 0 | 0.060 6 | 0.070 3 | 0.080 2 | 0.090 1 | 0.100 0 | | | | | |
| 85 | 0.016 0 | 0.017 5 | 0.020 9 | 0.024 6 | 0.028 5 | 0.032 6 | 0.041 5 | 0.050 8 | 0.060 4 | 0.070 2 | 0.080 1 | 0.090 1 | 0.100 0 | | | | | |
| 90 | 0.015 3 | 0.016 9 | 0.020 3 | 0.024 0 | 0.028 0 | 0.032 3 | 0.041 2 | 0.050 6 | 0.060 3 | 0.070 2 | 0.080 1 | 0.090 0 | 0.100 0 | | | | | |
| 95 | 0.014 8 | 0.016 4 | 0.019 8 | 0.023 6 | 0.027 6 | 0.031 9 | 0.041 0 | 0.050 5 | 0.060 2 | 0.070 1 | 0.080 1 | 0.090 0 | 0.100 0 | | | | | |
| 100 | 0.014 3 | 0.015 9 | 0.019 4 | 0.023 2 | 0.027 3 | 0.031 6 | 0.040 8 | 0.050 4 | 0.060 2 | 0.070 1 | 0.080 0 | 0.090 0 | 0.100 0 | | | | | |

# 参 考 文 献


[1] 蒋景楠，佘金凤，陆雷. 工程经济理论与实务[M]. 上海：华东理工大学出版社，2008.

[2] 郭献芳，潘智峰，焦俊，等. 工程经济学[M]. 3版. 北京：中国电力出版社，2016.

[3] Sullivan W G, Wicks E M, Koelling C P. Engineering Economy[M]. 16th ed. New Jersey: Prentice Hall, 2014.

[4] 刘玉明. 工程经济学[M]. 2版. 北京：清华大学出版社，2014.

[5] 蒋太才，卢宇，龚辉锋，等. 技术经济学[M]. 北京：清华大学出版社，2021.

[6] 杨克磊，廖青虎. 工程经济学[M]. 2版. 上海：复旦大学出版社，2021.

[7] 吴锋，叶锋. 工程经济学[M]. 2版. 北京：机械工业出版社，2015.

[8] 刘新梅. 工程经济学[M]. 2版. 北京：北京大学出版社，2017.

[9] 傅家骥，仝允桓. 工业技术经济学[M]. 3版. 北京：清华大学出版社，1996.

[10] 胡珑瑛. 技术经济学[M]. 哈尔滨：哈尔滨工业大学出版社，2004.

[11] 王克强，王洪卫，刘红梅. 工程经济学[M]. 2版. 上海：上海财经大学出版社，2014.

[12] 王英. 工程经济[M]. 北京：中国科学技术出版社，2001.

[13] 赵国杰. 工程经济学[M]. 2版. 天津：天津大学出版社，2003.

[14] 虞晓芬，龚建立，张化尧. 技术经济学概论[M]. 6版. 北京：高等教育出版社，2022.

[15] 刘晓君，张炜，李玲燕. 工程经济学[M]. 4版. 北京：中国建筑工业出版社，2020.

[16] 李南，楚岩枫，周志鹏，等. 工程经济学[M]. 6版. 北京：科学出版社，2024.

[17] 简德三. 项目评估与可行性研究[M]. 2版. 上海：上海财经大学出版社，2009.

[18] 成其谦. 投资项目评价[M]. 6版. 北京：中国人民大学出版社，2021.

[19] 邵颖红，黄渝祥，邢爱芳，等. 工程经济学[M]. 5版. 上海：同济大学出版社，2015.